地球編年史
THE EARTH CHRONICLES
2

THE STAIRWAY TO HEAVEN

・通往天國的階梯・

撒迦利亞・西琴
ZECHARIA SITCHIN

李良波 譯

考察全面，極有說服力……這一次，西琴把目光從蘇美轉向埃及，解開金字塔的謎團，向我們揭露古人建造金字塔的真正目的。

——《圖書館雜誌》（*Library Journal*）

這是一本引人入勝的書，極富挑戰和吸引力，非讀不可！這是西琴大師充滿熱誠的研究，是繼《第十二個天體》後又一次傑出的表現，令人目不轉睛……他不僅做到了，而且做得很棒。

——《柯克斯書評》（*Kirkus Reviews*）

令人印象深刻，讓人不得不再次思考宇宙與生命的難題。

——美國合眾新聞社（United Press International）

《第十二個天體》揭示一個真相：地球上的人類是由「謎之行星」尼比魯的外星淘金者創造出來的，但被當成「原始工人」的人類卻擅自摘取了「知識之果」，於是被逐出伊甸園。「知識之果」究竟蘊含什麼知識，讓「神」不願人類知道？答案正是原始工人自我繁殖的能力。從此，人類在地球上崛起。而伊甸園還有另一種禁果：「生命之果」。此時，人類最大的夢想就是重返伊甸園，或在地球上某個隱祕的角落尋獲可讓人類永生的青春之泉。《通往天國的階梯》對這個敏感而重大的問題，有著揭開生命和來生的超級答案！不得不信，令人佩服！西琴在這本書裡，繼續他開創性的《地球編年史》奇異旅程。

——《書目雜誌》（*Booklist*）

三十週年紀念版序

地球人類並不孤獨！

謹以本書的這個版本獻給雙里程碑慶典的讀者。首先，它屬於《地球編年史》系列；其次，它的發行代表這套書的第一冊已經出版三十年了。

在出版史上，尤其是非文學類作品中，很少有這樣在出版界風靡多年、持續暢銷的讀物。《地球編年史》做到的不僅如此，還有更大的突破：它的平裝版由美國知名出版社AVON BOOKS印了四十五刷！這是一個紀錄。此外，還有二十二種語言的譯本（編按：截至二〇一八年，已被翻譯成三十種語言）。包括英語在內，有不同語言的硬殼精裝版、軟殼精裝版、平裝版、口袋版、光碟版，甚至是有聲書……都一再出版，使這套書已有了上千萬的讀者，並時常被引用（當然，免不了也會被錯誤的引用）。無數的書刊和媒體都稱它為「經典」。

不過，當我著手寫這本書的時候，從沒有預料過它會被放在如此炫目的高度，也沒有想過它（不，是它們）最終竟會有七本，成了厚厚的叢書。事實上，我當時也沒有意識到，我竟會在第一本書名上加入天體（Planet）一詞。我唯一的動力和渴望，就是還原《聖經》中的真實身分。納菲力姆（Nefillm）並非《聖經》譯成的巨人，而是蘇美神話裡叫做阿努納奇（Anunnaki）的天外訪客。這種全新的認識，帶給我新的思路和研究前景。最重要的突破，是來自於對蘇美以及巴比倫《創世史詩》的重新認識——它們是一份古老而精細的科學文檔。我從中得出的結論，尊重一個古老的觀點：在太陽系中，除了我們目前已知、並安居於此的天體（地球）之外，至少還有一個星球曾經可供某種生命生存，而且這個星球與我們地球有無比深刻的連結。顯然，這事關地球上生命的起源，以及發生在遙遠過去的太空旅行。對我來說，這種認識預示了之後一系列，這些在三十年前想都想不到的科學研究，諸如太空旅行、基因研究和其他不可思議的面向。

這本書展開了演化論和《聖經》的衝突雖然不是絕對的，但將是持久的。我相信這一點，因為它告訴我們人類起源的真相，以及——這一點非常重要——在廣袤的宇宙多次元時空中，我們並不孤獨。

撒迦利亞・西琴，二〇〇六年十月，紐約

目次

三十週年紀念版序　地球人類並不孤獨！……5

第1章　尋找天堂……10

青春不老之泉／摩西和亞歷山大大帝的互換／祭司王約翰／約翰・孟德維利騎士的旅行日誌

第2章　永生的祖先……32

亞歷山大向東尋找生命之水／以利亞乘旋風升天／以諾探訪七層天／以諾在大地盡頭的旅程

第3章　法老的來生之旅……52

王權即神權／《金字塔經文》

第4章　通往天國的階梯……67

法老通過塞特之地／杜亞特的十二區／國王搭乘荷魯斯之眼升空

第5章　眾神來到地球……92

本本／太空船零件／埃及神來自東方／《聖經》地名確實存在過／文明的起源

第6章 大洪水之前的年代……124
亞當的後代／星際淘金者／原始工人／大洪水／永生的以諾／納菲力姆／地球劃為四區

第7章 吉爾伽美什：拒絕死亡的國王……149
烏魯克／神人混血的吉爾伽美什／野人恩奇都／登陸區的天空異象／機器怪獸：胡哇哇和天空之牛／恩奇都之死／穿越死亡之海／馬舒山／神的祕密／《吉爾伽美什史詩》

第8章 駕雲而行……180
兩處飛行基地、兩種飛行器具／迦南神及其子女／達尼爾vs.亞伯拉罕／克雷特vs.約伯／巴爾和亞姆的嫡庶之爭／巴爾與莫特交手／撒分之頂

第9章 登陸區……209
黎巴嫩山谷遺址／三座神廟／巨大平臺／巴勒貝克／兩座太陽城／神諭圓石

第10章 提爾蒙：火箭之地……233
出埃及／吉爾伽美什第二次旅程／西奈半島地理氣候／綠松石與銅礦的產地／反駁其他觀點／棗椰樹

第11章 難以捉摸的山……257
聖凱薩琳修道院／穆薩山不是西奈山／西奈山難題／水下山脊：穿越點／四個出埃及穿越點／四條出埃及路線／第一次世界大戰／北方派證據／埃及、亞述的古代證據／兩座聖山

第12章 眾神和國王的金字塔……284
神聖測量者／登陸通道／埃及金字塔興建史／吉薩三座金字塔／大金字塔內部／金字塔不是法老陵寢

第13章 假託法老之名……312
吉薩三座金字塔是原型／古夫、卡夫拉、孟考拉沒有蓋金字塔／清單石碑／清單石碑是偽造的？／維斯的考古記事／拙劣錯誤之一：寫錯聖書體／拙劣錯誤之二：兩個名字／拙劣錯誤之三：位置不對／拙劣錯誤之四：抄的來源也錯了／拙劣錯誤之五：◍⊙不分／另一場考古騙局／回到「清單石碑」的證據

第14章 獅身人面像的凝視……349
登陸航道的兩條航標線／通訊導航設備／新的地面指揮中心：耶路撒冷／登陸航道的中線／北緯三十度線／獅身人面像／會說話的斯芬克斯／指引方向／精密布局

參考書目……380

1・尋找天堂

古老文獻告訴我們，曾經有一個時期，人類能獲得「永生」。

在那個「黃金時期」的遙遠年代，人和他的創造者都住在伊甸園裡，人照顧著美麗的園子，而神則在午後涼風中徐走。「耶和華神使各樣的樹從地裡長出來，可以悅人的眼目，其上的果子好作食物。園子當中又有生命樹和分別善惡的樹。有河從伊甸流出來，滋潤那園子，從那裡分為四道：第一道名叫比遜……第二道河名叫基訓……第三道河名叫希底結……第四道河就是伯拉河。」（《創世記》2：9—14）

園中除了善惡樹的果子之外，其他樹上的果子，人都可以食用。不過人受到蛇的誘惑，吃了善惡樹上的果子，現在神害怕人會獲得永生。

耶和華神說：「那人已經與我們相似，能知道善惡；現在恐怕他伸手又摘生命樹的果子吃，就永遠活著。」耶和華神便打發他出伊甸園去……又在伊甸園的東邊安設基路伯和四面轉動發火焰的劍，要把守生命樹的道路。（《創世記》3：22—24）

人就這樣被逐出了可以永生的地方。雖然人被奪去永生，但卻從來沒有忘記；不僅如此，人一直渴望重新獲得永生。

自從亞當被逐出天堂後，英雄們就去「大地的盡頭」尋找永生；只有少數被選中的人能瞥見一點，也有些普通人宣稱他們偶然間發現了永生。縱觀歷史，對天堂的追尋一直是許多人的終極目標。但直到西元第二個千禧年初期，歐洲大陸的強權王國才積極投入這種追尋。

青春不老之泉

我們被教導相信，西方會發現新世界，是因為探險家在尋找通往印度獲取財富的海上路線時，偶然得到的收穫。這是事實，但也不完全對；西班牙的斐迪南（Ferdinand）國王、伊莎貝拉（Isabel）王后，最渴望找到的是「青春不老之泉」（Fountain of Eternal Youth）：這裡的水能讓老年人返老還童，永保年輕，據說它是從天堂的一口井湧出來的。

當哥倫布和西班牙人剛抵達他們認為的「印度」（其實是美洲的西印度群島）時，他們其實有兩個目的：一個是發現新大陸，另一個則是尋找傳說中的青春不老之泉。西班牙人審訊「印度人」俘虜，甚至加以嚴刑拷打，希望能從他們口中挖出青春不老之泉的密址。

胡安・龐塞・德萊昂（Juan Ponce de Leon）是這方面頗有研究的專家，他也是職業軍人和探險家，一路高升，做到了伊斯帕尼奧拉島（現在的海地）和波多黎各的總督。一五一一年，德萊昂親眼見證了「印度人」俘虜的審問過程。這些「印度人」描述他們的島嶼，以及島上的金銀財寶。他們還讚頌了他們具神奇功效的流水。他們說，島上有股泉水，一個「受年老病痛嚴重折磨」的島民曾喝過。結果，他「恢復了年輕力氣和雄風，又娶了一個老婆，生了許多孩子」。

年老的德萊昂越聽越興奮，他堅信這些「印度人」描述的就是能讓人返老還童的青春之泉。「印度人」補充說明，那個老人在喝了青春之泉後重返年輕、恢復「雄風」，甚至娶了年輕的妻子又生了許多孩子，成為這則故事最具決定性的一頁。在西班牙，乃至於整個歐洲的宮庭裡，掛有許多描繪愛慕或性愛情景的名家畫作，裡面都有一個水池。也許這些畫作中，最知名的就是提香（Titian）的《神聖與世俗之愛》（*Love Sacred and Love Profane*），這幅畫完成的時間，大約就是西班牙人占領西印度群島時。眾所周知，畫中的水池暗示著人在黃金年齡時的性愛歡愉；水池中的流水代表青春之泉、長生不老、展現「雄風」。

史官皮特．馬特爾．德．安哥拉利亞（Peter Martyr de Angleria）記錄了德萊昂對斐迪南國王的報告。他在《新世界簡史》（*Decade de Orbe Novo*）一書寫道，從盧克雅思（Lucayos）和巴哈馬（Bahamas）群島來的「印度人」聲稱，「那裡有座島……島上有具神力的泉水，終年噴湧……只要喝了那裡的水，再搭配一些飲食，就可以使老年人變回年輕」。許多研究都確認了這點，例如李奧納多．奧斯基（Leonardo Olschki）在《德萊昂的青春之泉：一段地理之謎的歷史》（*Ponce de Leon's Fountain of Youth: History of a Geographical Myth*）一書，指出「當時最盛行、最具特色的是，青春之泉激勵了許多新世界征服者的野心和期望」。毫無疑問的，斐迪南國王就是其中一位被鼓舞的人，他對任何有關「青春之泉」的消息都感興趣。

因此，當德萊昂向斐迪南國王報告他的發現時，國王立刻（一五一二年二月二十三日）授予德萊昂專權，從伊斯帕尼奧拉（Hispaniola）島的北部調來一支探險隊，並命令海軍協助，給他最快的船隻和最好的水手，助他順利找到貝尼尼島（Beininy，編按：現在的米比尼島），行程不被耽誤。國王設了一個清楚的條件：「你到達那個島，知道哪裡有什麼之後，要向我報告島上的情況。」

一五一二年三月，德萊昂從北部出發，尋找貝尼尼島。這次遠征對外宣稱是為了「黃金和其他貴重金屬」，但真正的目的其實是要尋找青春不老之泉。水手不久後，就發現他們不是要去一座島而已，而是前往巴哈馬群島上百座島嶼。他們在一座座島的岸邊定錨停靠，上岸的隊員按指示去尋找的不是黃金，而是某股特別的泉水。他們嚐遍了每條溪流的流水，但都無效。在復活節星期日那天，長長的海岸線映入眼簾。德萊昂把這座「島」叫做佛羅里達（Florida）。德萊昂和他的水手們，沿著海岸線一直前行，不斷上岸，進入熱帶雨林，喝了無數的泉水，但都沒有他們期盼的神奇效果。

這次任務的失敗，並沒有撼動他們對青春之泉的信念：青春之泉只是尚未尋獲而已。他們審訊了更多「印度人」。有些人看起來比他們自報的年齡年輕得多，其他人則重複講著青春之泉的傳奇，確認它的存在。科廷（J. Curtin）在《早期美洲的創世神話》（*Creation Myths of Primitive America*）一書，敘述了這樣的傳說，當歐勒爾畢斯（Olelbis，意思是坐在上面的祂）創造人類時，派了兩個密使到地球上，建造了連接地球和天堂的梯子。祂們在天梯中間，設了休息的地方，那裡有一池供飲用的淨水。又在天梯頂端引出兩股清泉，一股用來沐浴，一股用來飲用。歐勒爾畢斯說，當人年老時，讓他爬到天梯頂端，飲用那裡的水及沐浴，就可以重獲青春。

青春之泉就在那些島嶼的某個地方，這個信念如此強烈。德萊昂尋找一年毫無所獲之後，一五一四年，皮特．馬特爾（Peter Martyr）在「他的第二個十年」向教宗里歐十世（Leo X）報告：

> 離伊斯帕尼奧拉島三百二十五里格（leagues，一里格等於四公里）的地方，有座島嶼叫做伯伍卡（Boyuca），又名「安娜尼奧」（Ananeo），據島上的人說，那裡有股特別的泉水，喝了之後將會返老還童。
>
> 別以為這是說著玩的；人們已經把這個消息當作事實，傳遍宮廷了。除了極少數智慧和財富有別於大眾的人之外，可以肯定的說，幾乎所有人都相信那是真的。

德萊昂不屈不撓做了一些調查後，認為他要找的泉水可能和某條河流的地下通道祕密相連。如果青春之泉在一座島上，那麼它的源頭可能就是佛羅里達島上的某條河嗎？

一五二一年，西班牙王室再次派遣德萊昂去尋找青春之泉，這次，他把目標放在佛羅里達島。他對這次任務的目的毫不遲疑。幾十年後，西班牙歷史學家安東尼奧．德．赫雷拉．陶德西拉斯（Antonio de Herrera y Tordesillas）在《印第安通史》（*Historia General de las Indias*）一書中寫道：「他（德萊昂）去尋找『印度人』十分有名的神聖之泉和河流，那裡的水能讓人重返年輕。」德萊昂十分專注的尋找貝尼尼島上的泉水及佛羅里達島上的河流，要找到古巴和伊斯帕尼奧拉島的「印度人」堅稱「老人在河裡沐浴後就立刻變年輕了」的地方。

德萊昂最後還是沒有找到青春之泉，反而被「印度人」用箭射死了。此後，雖然還有幾個人繼續尋找著神奇魔水，但由皇室支援的搜尋組織從此畫上了句號。

摩西和亞歷山大大帝的互換

青春之泉的追尋，從一開始就注定徒勞嗎？斐迪南國王、伊莎貝拉王后、德萊昂，還有那些在途中死去的人，都是像小孩子一樣相信童話的傻子嗎？

事情並不像今天的我們所理解的這麼簡單。在那個時代，《聖經》的記載、異教徒的信念，以及偉大探險家的紀錄，一致認定某個地方有一種水源（或是水果汁），能使人永遠年輕、長生不老。

凱爾特人（Celts）在島上生活時，曾留下一個古老的傳說：在某個祕密的地方，有股祕密的泉水，旁邊有棵祕密的果樹或藥草，找到它們的人可以永生不死。伊登（Idunn）女神住在一條神奇的小溪附近，她的園子有棵神奇的蘋果樹。眾神變老時，就會到這裡找她，吃下蘋果，重獲青春。的確！「伊登」的意思就是「回春」，她守護的蘋果樹也被稱為「眾神的長生不老之藥」。

這是海格力士（Herakles）十二項偉業傳說的回音嗎？海格力士從阿波羅神的女祭司得到了神諭：「把這些都完成以後，就可以得到永生。」他為了達成任務，做的第十一件事就是從赫斯佩里得斯（Hesperides）仙女的果園裡，帶回那顆神賜予的金蘋果。赫斯佩里得斯是「傍晚大地的女兒」，住在大地的盡頭。

希臘人和後來的羅馬人，沒有留傳凡人得永生的故事嗎？阿波羅（Apollo）神在薩爾珀冬（Sarpedon）的身上撒了聖水以後，他便活了幾輩子。希臘女神愛芙羅黛蒂（Aphrodite）賜予水手法翁（Phaon）魔水，他擦在身上後，就變成一個「能讓所有人傾心」的英俊青年。還有一個名叫德瑪芬（Demophon）的小孩，狄蜜特（Demeter）女神賜予他聖水，但他母親因為不知道狄蜜特的身分，把他從女神身邊奪走，不然，他也應該能夠獲得永生。

還有希臘神話，羅底亞國王坦塔洛斯（Tantalus）的故事，他在和眾神一起進餐時，偷了神的果汁和聖水，變得長生不老。坦塔洛斯殺了自己的兒子（後來被神復活），把肉剁成碎塊宴請眾神，讓神震怒，將他流放到一處地方，那裡有可口的果子和甘甜的池水，但他永遠嚐不到。此外，卡呂普索（Calypso）女神將奧德賽（Odysseus）困在她的海島七年，也曾給奧德賽永生的機會，只要他和她永遠在一起。但奧德賽為了回到家庭和妻子身邊，放棄了永生。

還記得那個平凡的漁夫葛勞寇斯（Glaukos）變成海神的故事嗎？有一天，他看到抓來的魚中，有條魚碰到一株藥草後，竟活了過來，跳進水裡。葛勞寇斯就把那株藥草放進自己嘴裡，朝魚跳入水的同一個地方跳了下去；海神俄克阿洛斯（Okeanos）和特提斯（Tethys）接納了他，讓葛勞寇斯也成為海神之一。

一四九二年，哥倫布從西班牙啟航出發時，正是伊比利半島的摩爾人（Moors）在格拉納達（Granada）敗退，結束了穆斯林的占領。伊比利半島在過去近八百年裡，穆斯林和基督教這兩種文化相互影響十分深遠。穆斯林聖書《古蘭經》裡記載的故事，摩爾人傳說的魚和青春之泉，和天主教徒已知的典故大同小異。從這一點不難看出葛勞寇斯傳說的真實性。這也是人們在「印度」（哥倫布發現的其實是西印度群島）尋找神奇泉水的原因之一。

《古蘭經》第十八章〈山洞〉，是有關穆薩的各種神奇探索。穆薩就是《聖經．出埃及記》裡的摩西。當穆薩因自己是「真主的使者」，認為自己是最有知識的人，真主命令他去尋找比他更有知識的「真主的僕人」，他帶著一個童僕出發，尋找這位神祕的老師，並得到線索：他要帶一條乾的魚出發；在魚跳起來並消失的地方，就會見到這位老師。

穆薩經過了許多徒勞的尋找後，他的童僕建議他停下來，放棄尋找，但穆薩堅持要到達「兩河的匯合處」。當他們走到那裡後，奇蹟悄悄發生了，但他們卻都沒有意識到：

當他倆到達兩河的匯合處時，他倆忘記了他倆的那條魚，而那魚也尋路入河悠閒游走了。

（《古蘭經》18：61）

當他倆繼續前進一段路之後，穆薩對他的童僕說：「拿出我們的早飯來吃！」但童僕卻回答魚不見了：

「你可曾記得？當我們到岩石上休息時，我的確把魚忘了，只有惡魔才會使我忘記提醒你：那魚尋路入河游走了。真是怪事！」……他說：「這就是我們要尋求的。」（《古蘭經》18：63—64）

《古蘭經》第十八章講述這個故事（見圖1），魚活過來，悠然游入海裡。

60 當時，穆薩對他的童僕說：「我將不停旅行，直到我到達兩河的匯合處，否則，我將旅行好幾年。」	٦٠- وَإِذْ قَالَ مُوسَىٰ لِفَتَاهُ لَا أَبْرَحُ حَتَّىٰ أَبْلُغَ مَجْمَعَ الْبَحْرَيْنِ أَوْ أَمْضِيَ حُقُبًا ○
61 當他倆到達兩河的匯合處時，他倆忘記了他倆的那條魚，而那魚也尋路入河悠閒游走了。	٦١- فَلَمَّا بَلَغَا مَجْمَعَ بَيْنِهِمَا نَسِيَا حُوتَهُمَا فَاتَّخَذَ سَبِيلَهُ فِي الْبَحْرِ سَرَبًا ○
62 當他倆走遠時，他對他的童僕說：「拿出我們的早飯來吃！我們的這次旅行實在太累了。」	٦٢- فَلَمَّا جَاوَزَا قَالَ لِفَتَاهُ آتِنَا غَدَاءَنَا لَقَدْ لَقِينَا مِنْ سَفَرِنَا هَٰذَا نَصَبًا ○
63 他說：「你可曾記得？當我們到岩石上休息時，我的確把魚忘了，只有惡魔才會使我忘記提醒你：那魚尋路入河游走了。真是怪事！」	٦٣- قَالَ أَرَأَيْتَ إِذْ أَوَيْنَا إِلَى الصَّخْرَةِ فَإِنِّي نَسِيتُ الْحُوتَ وَمَا أَنْسَانِيهُ إِلَّا الشَّيْطَانُ أَنْ أَذْكُرَهُ وَاتَّخَذَ سَبِيلَهُ فِي الْبَحْرِ عَجَبًا ○
64 他說：「這就是我們要尋求的。」於是他倆又順原路返回。	٦٤- قَالَ ذَٰلِكَ مَا كُنَّا نَبْغِ فَارْتَدَّا عَلَىٰ آثَارِهِمَا قَصَصًا ○

圖1 《古蘭經》第十八章〈山洞〉

先知穆薩和希臘神話故事有一點不同：在希臘神話裡，葛勞寇斯本身就是漁夫；而且在《古蘭經》裡，這不是一次偶然的發現，而是由真主所預知的事件，真主知道生命之水的位置，知道這裡的水可以讓死魚復活。

西班牙的國王王后都是虔誠的天主教徒，他們基本上都接受了《聖經．啟示錄》的觀點：「天使又指示我在城內街道當中一道生命水的河，明亮如水晶，從神和羔羊的寶座流出來。在河這邊與那邊有生命樹，結十二樣果子。」（《啟示錄》22：1—2）他們肯定也相信《聖經》的承諾：「我要將生命泉的水白白賜給那口渴的人喝。我必將神樂園中生命樹的果子賜給他吃。」（《啟示錄》21：6）而且，他們怎麼可能沒聽過《聖經》的詩篇？

> 我所賜的水要在他裡頭成為泉源，直湧到永生。（《約翰福音》4：14）

依據這些神聖經典，「青春之泉」或「永生之河」是毫無疑問的存在；但問題是，它在哪裡？又該如何才能找到它？

《古蘭經》第十八章似乎提供許多重要的線索。穆薩找到「真主的僕人」後，《古蘭經》繼續講述他面臨的三種生命悖論。這一章接下來發生了三個事件：第一，穆薩到了日落之處；接著，他走到日出之處；最後，他又循著一條路走到了「兩山之間」；那裡有神祕的「雅朱者和馬朱者」（相當於《聖經》的歌革和瑪各）正在搗亂大地。為了結束這場災難，故事出現了一位英雄，他名叫左勒蓋爾奈英（**Du-al'karnain**，意思是雙角人）。他在兩座陡峭的山之間堆滿了鐵塊和熔化的鉛，在雅朱者和馬朱者前方築起壁壘。對方只能望之卻步。把他們隔開後，就不會再為大地帶來災難了。

Karnain一詞，在阿拉伯語和希伯來語中都有「雙角」和「兩束光」的意思。《古蘭經》第十八章的三個事件緊接著穆薩的傳奇故事，從這裡似乎可以看出，穆薩或許有個叫做「左勒蓋爾奈英」的稱號，因為他從西奈山親眼見到主，下山後，臉上便綻放著榮光。然而，中世紀廣泛將這三地的稱號和旅程歸功於亞歷山大大帝——這位古代馬其頓國王於西元前四世紀，在橫跨歐亞的遼闊土地上，征服了大片地方，帝國東至印度。

將穆薩（摩西）和亞歷山大大帝互換的群眾信仰，起源於民眾對亞歷山大大帝偉業的稱頌，他不僅平定了歌革和瑪各人的叛亂，更重要的是，傳說亞歷山大和他的廚師發現青春之泉讓死魚復活！

歐洲和近東中世紀時期關於亞歷山大大帝的傳奇故事，都源於古希臘歷史學家奧林索斯的卡利斯提尼（Callisthenes of Olynthus）的作品。他當時受命記載亞歷山大大帝遠征亞洲的豐功偉績；但之後卻因觸怒亞歷山大大帝，死在獄中，作品也神祕的消失了。然而，經過幾個世紀後，歐洲卻流傳一本自稱源於卡利斯提尼原著的拉丁文譯本。學者們稱它為「偽卡利斯提尼」（pseudo-Callisthenes）。

許多世紀以來，人們認為所有在歐洲和中東流傳的亞歷山大功績譯本，都是源於這本「偽卡利斯提尼」。但後來發現了希伯來文、阿拉伯文、敘利亞文、亞美尼亞文和衣索比亞文，以及至少三個希臘文的版本。這些眾多的版本，有的可以追溯到西元前二世紀的亞歷山大港（Alexandria），版本之間有些不同；但大致上都有共通之處，顯示它們都是出自於同一個來源，也許就是當時卡利斯提尼所寫的作品，或是從亞歷山大寫給他的母親奧林匹亞絲（Olympias）和他的老師亞里斯多德（Aristotle）的信中摘錄出來的。

我們所關注的尋找青春之泉的神奇之旅，就在亞歷山大征服埃及後展開。那些記載既沒有說明亞歷山大出發的方向，也沒有按照精確的編年史或地理方位編寫。然而，從開篇的一些段落，也許可以解釋人們為什麼常將亞歷山大和摩西搞混：顯然，亞歷山大和摩西一樣，曾經離開埃及，把海水隔開，讓跟隨者步行橫越大海。

當亞歷山大到達紅海時，決定用熔化的鉛鑄成一道牆隔開海水，他的工人「一直不停往海水裡倒入熔化的鉛和其他物質，直到它們露出海面為止；然後他又在上面建了一座塔和橋墩，上面刻著他的圖像：頭上有兩隻角」。他在碑上寫道：「我要讓所有通過這裡穿越海洋的人知道，是我把海水隔開的。」

隔開海水以後，亞歷山大和他的手下開始過海。當然，為了保險起見，他先讓一些囚犯走在前面。但囚犯走到海中間的塔，「海浪翻騰起來拍打（囚犯），將他們吞沒……雙角人看到這一幕，對大海十分恐懼」，於是放棄了仿效摩西的念頭。

然而，亞歷山大十分急切想去海的對面，發現「黑暗之地」，於是決定繞行。據傳，在繞行的途中，他到了幼發拉底河和底格里斯河的源頭，在那裡研究「天國、星星和天體的祕密」。

亞歷山大將軍隊留下，隻身前往「黑暗之地」，到達沙漠邊緣一座叫做穆薩斯（Mushas）的高山。他經過幾天的行程，看見「一條沒有牆的直路，路非常平，沒有高低」。在那裡，他離開了身邊僅剩幾個值得信任的夥伴，獨自繼續前行。又經過了十二個日夜的旅程，「他感覺到天使的光輝」；但當他再走近時，發現那位天使是「一團熊熊燃燒的火」。亞歷山大這時才意識到，他已經到了「被世界包圍的山」。

天使和亞歷山大一樣，也十分疑惑。天使問道：「凡人，你是誰？到這裡來做什麼？」天使對亞歷山大居然能成功「鑽進這個其他人從來無法到達的黑暗地帶」，感到不可思議。亞歷山大回答說，是上帝給他力量，指引他「來到這裡，也就是天堂的地方」。

為了說服讀者那裡是天堂而非地獄，天堂也是可以穿過地下通道到達的，古代作者穿插了一篇亞歷山大和天使之間對神與人的討論。天使叫亞歷山大趕快回到朋友身邊，但亞歷山大堅持要找到天國和大地、神與人之間的祕密。最後，亞歷山大說讓他離開的條件是得到一般人從來沒有得到過的東西。天使對他說：「我會告訴你一些事，讓你能夠長生不死。」雙角人（亞歷山大）回答：「請說吧。」天使就向他說：

神在阿拉伯半島設了一片「黑暗中的黑暗」，那裡藏著這種知識的寶庫。那裡也有一股叫做「生命之水」的泉水；任何人喝了那裡的水，哪怕只有一滴，都可以長生不死。

天使還賦予了生命之水其他神奇的功效，比如「像天使一樣飛到天堂的能力」。但亞歷山大沒有得到更進一步的提示，著急問道：「這座泉水究竟在大地哪裡？」天使神祕的回答：「去問那個知識的傳人吧！」接著，天使給了亞歷山大一串葡萄，讓他帶回去給軍隊吃。

亞歷山大回到夥伴身邊後，告訴他們自己經歷的奇遇，給每人一顆葡萄。但「當他摘下葡萄後，一顆新的葡萄馬上又從原來的地方長了出來」，所以一串葡萄就足夠分給所有士兵及馬匹食用。

亞歷山大向所有他能找到具有知識的人，詢問青春之泉在何方。他問智者：「你曾從書裡讀過神有一處藏著知識的黑暗之地嗎？那裡有叫做『生命之泉』的泉水嗎？」希臘語的版本記載，亞歷山大在「大地的盡頭」尋找專家；衣索比亞語的版本則認為，那個知道生命之泉祕密的智者就在他的軍隊中，名字叫做馬登（Martun），他知道古老的文獻紀錄。馬登說那個地方是「在日出之地的右邊，距太陽升起來的地方很近」。

這些資訊多少為亞歷山大提供一些線索，於是他命馬登做嚮導，踏上了尋找生命之泉的旅程。終於，他們又進入了黑暗之地。亞歷山大在長途跋涉後，感到十分疲憊，在原地休息，他讓馬登一人先到前面開路。他交給馬登一顆寶石以備不時之需，這顆寶石是他從一位曾與眾神一起生活的老國王那裡得到的，也就是亞當被逐出天堂時帶出來的，它比世界上其他所有物質都重。

馬登小心翼翼的循著路徑前行，但最終還是迷失了方向。這時他拿出那顆神奇的寶石，把它放下來；寶石在接觸到地面的那一瞬間，發出了亮光。馬登藉著亮光，看到了一口井，他還不知道他已經找到了生命之泉。衣索比亞語的版本描述：

現在，帶著一條魚乾的他，感到十分饑餓，向水井走去，準備把魚洗淨後煮來吃……但當魚一碰到這水井中的水，就游走了。

「當馬登看到這一幕，立刻脫掉衣褲，跟著這條魚跳進水裡，他發現魚兒在水中真的活過來了。」馬登這才知道自己已經找到了生命之泉，於是便在井裡沐浴並飲用泉水。當他從井裡上來時，發現自己既沒有飢餓的感覺，也沒有任何俗世的煩擾，因為他已經變成EL-Khidr（意思是長青樹），也就是長生不老的人。

馬登回到營地後，並沒有向亞歷山大（衣索比亞語版本稱為「雙角人」）提起他的發現。之後，亞歷山大又繼續向前尋找，在黑暗裡努力探索正確的方向。突然他看見了那顆被馬登丟棄的寶石「在黑暗裡發著光；如今寶石已長出了兩隻眼睛，那光亮就是從眼裡射出的」。亞歷山大意識到他已經找到了正確的道路，於是急切向前衝。但一個聲音使他停了下來，這個聲音勸誡他停止不斷增長的野心，告訴他，如果他再這樣固執的找下去，不但不會得到永生，而且很快就會死亡。亞歷山大被這個警告嚇壞了，於是他放棄尋找生命之泉，回到了同伴和軍隊身邊。

其他一些版本描述，當亞歷山大到達一處鑲嵌著藍寶石、祖母綠和紅鋯石的地方，遇到一隻像人類的鳥攔住了他，勸他回去。傳說亞歷山大寫給他母親的信，描述兩個鳥人攔住了他的去路。

「偽卡利斯提尼」的希臘語版本，則是亞歷山大的廚師安德魯斯（Andreas）在「閃著雷電光」的泉水中洗魚乾。那魚接觸到水便活了過來，從廚師手裡滑走。廚師意識到他找到了生命之泉，便喝下裡面的水，並把水盛在銀碗裡，但對亞歷山大隻字未提。當亞歷山大（他在這個版本裡有三百六十個同伴）繼續尋找，他們到達一個沒有太陽、星星和月亮的地方，兩隻像人類的鳥攔住去路。

其中一個對亞歷山大說：「回去！你現在站的地方只屬於神。回去吧，可憐的凡人，神賜福的土地是不允許你們隨便涉足的！」亞歷山大和同伴嚇得渾身發抖，趕緊離開那個地方；但他們在離開之前，帶了一些泥土和石頭作為紀念品。經過許多日夜的旅途後，他們終於走出了那永夜的黑暗之地，當他們到達有光的地方時，才發現手中的「泥土和石頭」都是珍貴的珍珠、寶石及金塊。

此時，廚師安德魯斯才把魚乾活過來的事情告訴亞歷山大，但繼續隱瞞自己曾喝了裡面的水，還留了一碗。亞歷山大聞言暴怒，痛打廚師一頓，下令將他逐出營地。廚師不願意離開，因為他愛上亞歷山大的一個女兒。廚師告訴她所有的祕密，並把留的那碗水給她喝了。當亞歷山大發現後，把女兒也趕出去，並說：「妳已經變成和神一樣了，可以長生不老。因此，妳不能再和凡人一起生活，去上帝賜福之地吧！」至於那個廚師，亞歷山大在他的脖子上套了石頭，把他丟進海裡。不過，他不但沒有溺死，反而變成了海魔安德魯迪克（Andrentic）。

我們被告知：「因此，廚師和少女的下場就是最終的結局。」

祭司王約翰

對於中世紀歐洲國王王后那些博學多聞的謀士們來說，這眾多版本都確認了古代文獻記載亞歷山大及生命之泉存在的真實性。但這神奇的泉水到底位於何處呢？

亞歷山大真的穿過埃及的邊境摩西的西奈山舞臺嗎？他們真的抵達了幼發拉底河和底格里斯河的源頭，敘利亞北部的某個地方嗎？亞歷山大千里揮師來到大地的盡頭（印度），是為了尋找生命之泉嗎？還是當他從生命之泉離開後，才繼續其他的征服偉業？

當中世紀學者努力揭開這個謎底的同時，來自基督教世界的新作品開始對印度有同樣美好的描述。一本拉丁文的亞歷山大傳記《亞歷山大大帝在天堂》（*Alexander Magni Inter Ad Paradisum*），作者是敘利亞講道者薩拉格的雅各（Jakob of Sarug）主教；這本著作是亞美尼亞語版本的修訂版，接續地底通道、鳥人和神奇寶石的故事往下描述，把黑暗之地放在大地盡頭的黑暗之山。書中這樣寫道：亞歷山大坐船在恆河上航行，而恆河就是天堂四條河中的比遜河。就在印度（**或離岸邊不遠的島上**），亞歷山大到達了天堂之門。

當這些結論正在中世紀歐洲成形時，出現了一道完全出人意表的新曙光。一一四五年，德國弗賴辛的奧圖（Otto of Freising）主教在《編年史》（*Chronicorn*）一書裡寫了這樣精彩的一段：教宗收到一封來自印度一位不為人知的基督教統治者的信。這位國王在信中確定，天堂之河就在他統治的領地裡。

奧圖主教作為中間人，將信送到了教宗手中。據說，那位印度統治者就是祭司王約翰（Prester John），又稱「約翰長老」、「傳教人約翰」；他是東方三博士的後裔。祭司王約翰打敗了波斯的穆斯林國王，在大地的盡頭建立了一個龐大的基督教王國。

今天不少學者認為，這個故事是為了達到宣傳目的而虛構出來的。但也有人認為，教宗收到奧圖主教送來信件，其實是一起真實事件，只是被扭曲了。那時的基督教世界發起了反對穆斯林統治的十字軍東征，穆斯林已統治近東（**包括聖地**）近五十年，教宗的軍隊一一四四年在恩德撒（Edessa）慘敗。但在大地的盡頭，蒙古的統治者卻猛攻穆斯林帝國的大門，最終在一一四一年打敗了他們的蘇丹塞爾柱（Sanjar）。當這個消息傳到地中海沿岸城市，傳進了實為基督教國王的教宗耳中，讓他興起了攻打穆斯林的念頭。

如果尋找青春之泉不是一〇九五年第一次十字軍東征的原因之一，那麼它顯然是後來遠征的理由。因為當奧圖主教向教宗報告約翰長老和他領地內的天堂之河，教宗立即發出再次東征的檄文。兩年之後，也就是一一四七年，德意志國王康拉德（Konrad III）與其他統治者和貴族，發動了第二次十字軍東征。

當十字軍的命運飄搖時，歐洲再次響起了約翰主教的援助承諾。按照當時的史官說法，約翰長老在一一六五年寫信給拜占庭皇帝、神聖羅馬皇帝和其他小國王，信中明確宣稱，他將帶領他的軍隊進入聖地。又將他的領地描述得天花亂墜，說那裡是天堂之河（其實是天堂之門）的所在。

承諾的援助並沒有到來。從歐洲到印度的通路也沒有被打開。西元十三世紀末，十字軍東征因敗在穆斯林手下而結束了。

約翰・孟德維利騎士的旅行日誌

但在十字軍遠征以及撤退時，相信天堂之水在印度的堅定信念仍不斷增長和傳播。

西元十二世紀末，另一個有關亞歷山大大帝功業的新版本，在營地和城鎮廣場大為流行。它叫做《亞歷山大的傳奇故事》（*Romance of Alexander*），目前已知這是兩名法國人根據「偽卡利斯提尼」的拉丁文版本和馬其頓英雄的「傳奇」所編寫的作品。酒館裡的騎士、戰士、鎮民，可不在乎作者到底是誰；他們不懂法語，但這部作品生動描繪亞歷山大在陌生之地的冒險情境。

其中有三股奇妙之泉的故事。一股泉水能使人返老還童；第二股能使人獲得永生；第三股則能讓死者復活。《亞歷山大的傳奇故事》描述，這三股泉水位於不同的土地上，分別是西亞的底格里斯河與幼發拉底河，非洲的尼羅河，以及印度的恆河。這四條天堂之河，雖在不同土地上流淌，卻又同出一源：伊甸園——正如《聖經》的說法。

《亞歷山大的傳奇故事》描述，亞歷山大和他的手下發現的是青春之泉，能使人返老還童。這部作品如同記錄史實般的詳細講述，亞歷山大有五十六名年邁的同伴「在喝了青春之泉的水後，重返三十歲的氣色」。隨著《亞歷山大的傳奇故事》譯本的流傳越廣泛，對這一點的強調也變得越來越具體：那些高齡士兵恢復的不僅是外貌，還重振雄風和男子氣概。

但如果通往印度的道路被異教徒穆斯林擋住了，要如何取得位於印度的青春之泉呢？

幾位教宗不斷試圖聯絡上神祕的祭司王約翰，「這位印度著名而偉大的國王，耶穌親愛的孩子」。一二四五年，教宗伊諾森四世（Innocent IV）派遣喬萬尼・加賓尼（Friar Giovanni da Pian del Carpini），穿越俄羅斯南部，拜訪蒙古的統治者可汗。伊諾森四世認為蒙古人就是東正教的分支聶斯托尼教徒（Nestorians），而他們的可汗就是祭司王約翰。一二五四年，亞美尼亞的宗教領袖黑森（Haithon）微服出訪，經過土耳其東部，到達位於俄羅斯南部的蒙古統治者營地。關於他的這次旅程，有紀錄說他經過了裡海邊一個叫做鐵門（The Iron Gates）的地方，那是一條狹窄的通道。顯然，這個說法恰好和曾經用熔化的鐵澆鑄封住山口的亞歷山大大帝有幾分相似，亞歷山大認為在大地的盡頭有通往天堂之門。

當教宗和皇家使者出發前往印度拜訪祭司王約翰時，其他個人探險家很快也加入了。尼可洛和馬非歐・波羅（Nicolo and Maffeo Polo）這對兄弟，以及尼可洛的兒子馬克・波羅（Marco Polo）和來自德國堡登斯勒的威廉（William of Boldensele）爵士，後來也踏上了尋找祭司王約翰王國的旅程。

當他們的旅行日誌使得教會和宮廷的興趣日益增厚時，又有一本文學著作燃起了人們更大的興趣。這位出生在英國聖阿爾巴斯（St. Albans）的作者這樣介紹自己：「我是約翰・孟德維利

（John Maundeville）騎士。」他「在一三三二年穿過了海洋」。他在三十四年的旅行日誌結尾寫道，他曾「走上了通往聖地和耶路撒冷的道路；也到了大凱恩（Great Caan）之地，以及印度祭司王約翰的王國；還到了其他國家。我在旅途中遇到了許多新奇的事情。」《約翰．孟德維利騎士的旅行日誌》（*The Voyages and Travels of Sir John Maundeville, Knight*）的第二十七章，標題是〈祭司王約翰的皇家莊園〉，他這樣寫道：

祭司王約翰擁有的大片領地上，有許多高貴而漂亮的城市，海洋中有許多島嶼。從天堂來的洪水將印度分成了許多島嶼。這片土地十分肥沃……在祭司王約翰的土地上，有許多潛水人打撈出的物件和珍貴的寶石，非常漂亮，也非常大，他們這裡的人用它們來做盤子、碗和杯子等等……

接著，約翰．孟德維利爵士描述天堂之河：

在他的王國中，有片海叫做礫石之海（Gravelly Sea）……在距礫石之海之外三天行程的地方，可以看到群山，有條河是從天堂流出來的；河裡沒有一滴水，全是寶石；它的一側流經沙漠，盡頭就形成礫石之海。

天堂之河背後是「一座又長又寬闊的大島，叫做米爾斯德拉克（Milsterak）」，那就是大地上的天堂。那裡有「美得超出想像的花園，花園裡的樹上長著各種各樣的果子；各式各樣的香草散發出撲鼻的芳香」。約翰．孟德維利爵士描述的這個天堂有很多唯美的涼亭和小屋，都是為了各種尋歡作樂的需求而修建的。據說，建造它們的是一個很富有的邪惡之人。

約翰．孟德維利爵士已經透過寶石和其他財寶，燃起了讀者豐富的想像力（以及貪婪），現在他要激發讀者的性欲了。那個地方充滿了「十五歲以下最漂亮的少女和差不多年齡的帥氣小夥子，他們都穿著金縷衣；他們就是天使」。那個邪惡之人——

在那個地方建了三口十分漂亮且華麗的水井，水井的邊緣到處都鑲嵌著碧玉和水晶，飾以黃金，還有晶瑩剔透的寶石及珍貴的東方珍珠。他在地下安裝了水管，以便那三口水井能按照他的意願分別流出牛奶、酒和蜜。他稱那個地方為天堂。

這個狡猾的人引誘了許多「高尚、勇敢的俠義之士」，他在款待了這些騎士以後，勸說他們去殺死他的敵人；告訴他們不要畏懼死亡，因為即使死亡，他們也會復活，重返年輕。

他們死後就可以來到他的天堂，那時候他們會變年輕，與裡面的少女一樣的年紀，和她們一起尋歡作樂。之後他還會把他們帶到更公平的天堂，在那裡他們可以看見上帝，活在祂的莊嚴和賜福之中。

但約翰．孟德維利爵士又說，那並不是《聖經》中聞名的天堂。他在《旅行日誌》第三十章描述，真正的天堂在亞歷山大曾經造訪的島嶼和土地之後。到天堂的路，一直延伸至最遠的東方，朝向兩座富含金銀礦的島嶼，那裡是「紅海和大洋分開」的地方：

在那片土地和島嶼之後，是祭司王約翰領地上的沙漠，再一直往東直走的話，就會發現全是高山和岩石；那裡就是不論白天黑夜你都看不見東西的黑暗地區……那片沙漠和那個黑暗之地一直延伸到陸地的天堂，那裡是我們的祖先亞當和夏娃被安置的地方。

天堂之水就是從那裡流出來的：

在天堂最高的地方，更精確的說是在中間，有一口井，從井中流出四條溪流，它們分別流經不同的土地。第一條比遜河或恆河，流過印度；河裡有寶石、沉香木和含金的沙粒。第二條尼羅河或基訓河；它流經埃及後，穿過衣索比亞。第三條底格里斯河，流經亞述，再穿過亞美尼亞。第四條幼發拉底河，流經美地亞、亞美尼亞和波斯。

約翰．孟德維利承認他自己並沒有到達《聖經》中的伊甸園，但他解釋說：「沒有上帝的恩准，沒有人能夠到達天堂；所以對於那個地方我不能跟你多說什麼。」

儘管如此，眾多源於英文的其他譯本都保留了爵士的說法：「我，約翰．孟德維利，看見青春之泉，曾經三次和同伴一起喝了裡面的水，我喝了以後感覺通體舒暢。」雖然英文譯本裡寫約翰．孟德維利在離死不遠的日子裡，曾抱怨自己因罹患風濕病而飽受痛楚，但這對深受故事激勵的讀者來說，似乎並不意味著什麼。其實這也不重要，今天的學者幾乎一致認為，「約翰．孟德維利爵士」可能只是一名從未遠行的法國醫生，只不過從別人真正冒險遠行的作品中，巧妙的拼湊出了一本旅行日誌而已。

不過，他的這些幻想卻激發了其他人前去探索東方世界的遠航，以致最終促使了哥倫布發現美洲。安格爾．羅森布蘭特（Angel Rosenblat）總結這些證據：「人們相信大地上有一處天堂，以及相信有救世主的渴望；人們可以找到青春不老之泉。這是中世紀所有人的夢想。失落的天堂有了新的樣子，生命之樹轉換成生命之水，然後又成了青春之河或青春之源。」這種激勵堅信

「生命之泉來自印度……那裡面的泉水可以治療任何疾病，永保青春。約翰．孟德維利這位夢想家在印度的旅行遇到了這個故事……在祭司王約翰的基督教世界裡。」抵達印度，找到從天堂流出的河水，變成「人們對歡愉、年輕和幸福的永恆人性追求」。

由於敵人已經擋住了陸地上的通道，歐洲的基督教王國開闢了一條通往印度的海上新航線。在亨利（Henry）王子的大力推動下，葡萄牙在十五世紀通往東方的航海競賽中迅速崛起，成為歐洲的領先強國，他們的艦隊繞過非洲南端抵達印度。一四四五年，第一個繞過好望角前行的航海家是葡萄牙的迪納斯．迪亞斯（Dinas Dias），他到達了塞內加爾河的河口。他銘記著旅程的目的地，在報告中這樣寫道：「人們說它是尼羅河的一條支流。尼羅河是世界上最出名的河流之一，它是從伊甸園和大地上的天堂裡所流出來的。」此後，其他的航行者也都跟著這條路線走。一四九九年，瓦科斯．達．伽馬（Vasco da Gama）和他的艦隊繞過非洲南端的好望角，終於到達了期待已久的目標：印度。

雖然開啟「發現時代」的葡萄牙人最終沒能贏得這場海上競賽。他們勤奮的研究著古老地圖和曾經到東方遠航的探險家遊記。哥倫布，這名在義大利出生的水手，認為「向西」航行也可以到達印度，而且路程比葡萄牙人開闢的東邊航線更近。他為了尋找支持者，來到了斐迪南和伊莎貝拉的王宮。哥倫布在第一次航行時，帶了一本馬可．波羅（Marco Polo）著作的拉丁文譯本。其實，他也可以帶著約翰．孟德維利的作品，因為早在哥倫布之前的一個半世紀，他就說過，如果一個人到達了最遠的東邊，那他就到了西邊，因為「地球是圓的……我們的主創造的地球是圓的」。

一四九二年一月，斐迪南國王和伊莎貝拉王后打敗了穆斯林，把他們從伊比利半島趕走了。難道對於西班牙來說，這不是一個神聖的象徵嗎？因為他們做到了十字軍沒有做到的事情。同年八月三日，哥倫布在西班牙王室的支持下，找到了從西邊到達「印度」（西印度群島）的新航線。十月十二日，他看到了陸地。直到他在一五〇六年去世之前，都一直相信他所到達的眾多島嶼之地，就是傳說中祭司王約翰的領地。

二十年以後，斐迪南國王授命德萊昂刻不容緩的出發尋找青春之泉。西班牙人希望他們也能仿效當年亞歷山大大帝的旅程，但他們卻不知道，他們腳下的路途其實是更早的先人早已走過的古老足跡。

2・永生的祖先

亞歷山大大帝三十三歲死於巴比倫，他短暫的一生充滿了征服、冒險、探索，以及前往大地的盡頭解開未解之謎的熾烈欲望。

那並不是一次漫無目的的找尋。亞歷山大是奧林匹亞絲皇后與腓力二世（Philip II）的兒子，也是古希臘哲學家亞里斯多德的學生，曾向他學習古老的智慧。亞歷山大見證了父母之間的爭吵和離異，母親帶著年幼的他離開。後來他與父親和解，腓力二世卻被暗殺身亡；於是年僅二十歲的亞歷山大繼承了馬其頓王位。亞歷山大早期的軍事行動帶他到了希臘的德爾斐（Delphi），那裡是太陽神廟的所在地，以阿波羅的神諭聞名。亞歷山大聽到了關於自己的神諭：他將聞名天下，但會英年早逝。

亞歷山大向東尋找生命之水

在西班牙人尋找生命之水的一千八百多年前，英勇的亞歷山大就開始尋找它了。他為了找到生命之水，必須打開通往東方的道路。東方就是眾神居住的地方：宙斯從腓尼基的城市泰爾（Tyre）游過地中海，來到克里特島；愛芙羅黛蒂經過賽普勒斯島，穿過地中海；海神波塞頓從小亞細亞帶來一匹馬；雅典娜從西亞把橄欖樹帶到希臘……亞歷山大研讀了希臘歷史學家的著作，這些歷史學家都說東方就是青春之泉的所在地（見圖2）。

還有岡比西斯（Cambyses）的歷史故事。岡比西斯是波斯國王居魯士的兒子，經過敘利亞、巴勒斯坦和西奈山，攻打埃及。他打敗埃及人後，對他們十分殘忍，在神殿裡褻瀆他們的太陽神阿蒙（Ammon）。他刺進阿蒙神的心臟，又向南攻打「長壽的衣索比亞人」。在亞歷山大之前的一百多年，古希臘歷史學家希羅多德（Herodotus）在《歷史》（*History*）第三卷，如此描述：

他（岡比西斯）的間諜去了衣索比亞，假裝向衣索比亞國王獻禮，但實際上是記錄他們所看到的一切，特別是觀察有沒有傳說中的「太陽碑」……

岡比西斯的間諜為了引出衣索比亞人長壽的謠傳是否為真，故意對國王說：「八十歲就是波斯人最老的年齡。」

國王為了確認這點，領他們到了一個水池，當他們在裡面沐浴後，發現肌肉就像泡過油一樣，變得光滑又有光澤。泉水裡還發出紫羅蘭的芳香。

間諜回到岡比西斯身邊，向他描述那池水，「水非常軟，沒有任何東西可以浮在水面上，即使是木頭或其他更輕的物質，所有東西都會沉到水底。」希羅多德得出了以下結論：

如果對水池的描述屬實，那麼衣索比亞人長壽的原因，應該就是長期使用裡面的水。

青春之泉在衣索比亞，以及波斯國王岡比西斯褻瀆阿蒙神廟的故事，與亞歷山大的歷史有直

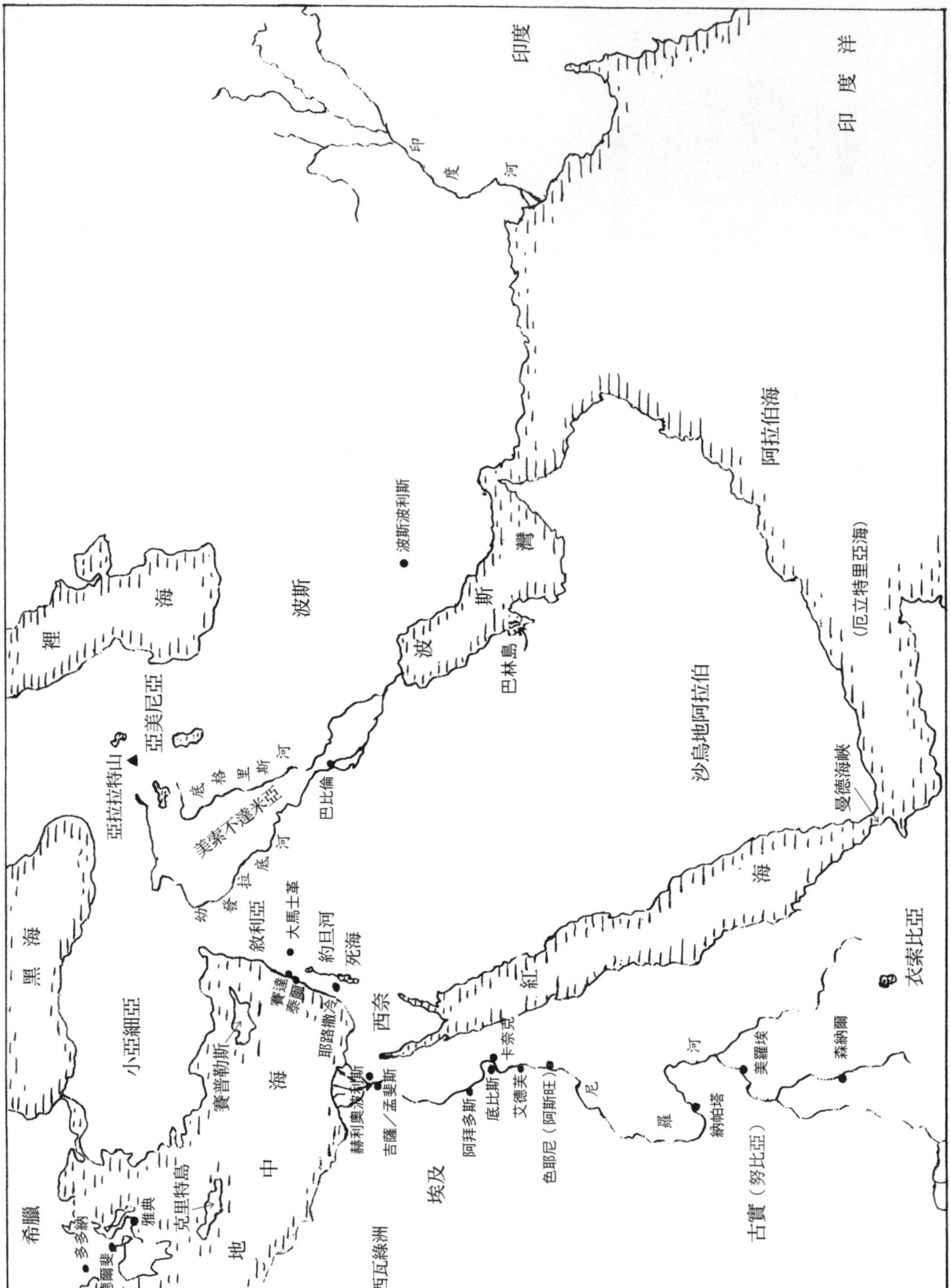

圖2　亞歷山大大帝的足跡

接的關聯。同時，還涉及亞歷山大身世的謠傳。據傳，亞歷山大並不是腓力二世的親生兒子，而是他的母親奧林匹亞絲和埃及阿蒙神（見圖3）的後代。而奧林匹亞絲和腓力二世的不和，正好證實了這些懷疑。

各種源自「偽卡利斯提尼作品」的版本，都提到希臘人稱為奈克塔內布（Nectanebus）的埃及法老，曾來訪腓力二世的宮廷。奈克塔內布是一位偉大的魔術師和預言家，他偷偷引誘奧林匹亞絲，但她並不知道奈克塔內布法老其實就是阿蒙神的化身。就這樣，她生下亞歷山大，生下了神的一個兒子。而這位神正是波斯國王岡比西斯曾褻瀆的神廟裡的阿蒙神。

亞歷山大在小亞細亞打敗波斯人之後，轉而攻打埃及。他預計將會遇到統治埃及的波斯總督的頑強抵抗，但與他的預想正好相反，他驚奇的發現，埃及這麼大片土地竟輕鬆落入手裡，沒有遭遇任何抵抗：毫無疑問的，這是一個預兆。接著，亞歷山大又朝著阿蒙神廟所在地的大綠洲前進。在那裡，阿蒙神親口和他確認了親子關係（據傳說的描述）。這一事實被確認以後，埃及祭司就視亞歷山大為法老；這樣一來，亞歷山大想逃脫凡人的命運，得到永生，就不是一種特權，而是身為神之子的權利了。從此以後，硬幣上的亞歷山大頭像就是一位有角的宙斯—阿

圖3　埃及阿蒙神

蒙神（見圖4）。

接下來，亞歷山大又南下卡奈克（Karnak），這裡是敬奉阿蒙神的中心。這次行程的意義不止表面所見而已。卡奈克在西元前三千多年就是一個著名的宗教中心，這裡有歷代法老為阿蒙神修建的許多神廟、聖壇和紀念碑。其中最經典、最龐大的建築，是哈特謝普蘇特（Hatshepsut）女王在亞歷山大造訪之前一千多年就建造的一座神廟。據說，她也是阿蒙神的女兒，是阿蒙神化身與皇后所生！

但那裡到底發生過什麼事情，沒有人真正知道。亞歷山大沒有將軍隊撤回東邊的波斯帝國中心地帶，而是選了一部分隨從和同伴南下更遠的地方。他的同伴都十分困惑，感覺亞歷山大好像是要進行一趟歡愉之旅——做愛的那種歡愉。

這個不尋常的插曲，無論是今天的歷史學家，還是當時亞歷山大的將領，都不甚瞭解。為了使這個故事合理化，這些寫下亞歷山大冒險旅程的記錄者，描寫他是要去見一名「絕世美女」，她「美得讓世人無法形容」。這名美女是埃及南部（現在的蘇丹）的女王，名字叫做甘大基（Candace）。與示巴女王向所羅門王提親的故事正好相反，亞歷山大大帝是去女王的土地。亞歷山大的同伴所不知的是，他要尋找的不是愛情，而是永生的祕密。

亞歷山大愉快的逗留一段時間後，女王決定告訴他一個祕密作為分別的禮物，祕密是「諸神聚集的奇妙洞穴」。亞歷山大按照女王的指引，發現了這個神聖的地方：

他和幾個士兵一起進去，看見一層帶著星光的薄霧。屋頂閃著光，就像是被星星照亮一般。諸神的外表看得很清楚，一群人正靜靜服侍祂們。一開始亞歷山大感到十分害怕和驚奇，但後來

圖4　亞歷山大的硬幣

他還是決定留下來看看會發生什麼事情，因為他看到這些斜倚的人物，眼睛裡發出像光束的光芒。

當他看到這些「斜倚的人物」眼睛裡發出光束這一幕後，他突然停了下來。這些人物是天神嗎？還是凡人變成的神？接著，他被一個聲音嚇了一跳：其中一位「人物」開始說話了：

祂說：「很高興見到你，亞歷山大。你知道我是誰嗎？」亞歷山大說：「不知道，我的主。」另外一位說：「我叫瑟桑圖瑟斯（Sesonchusis），征服世界的國王已經加入我們眾神的行列了。」

祂們對亞歷山大的出現並沒有十分驚訝，就像他是祂們正在尋找的那個人一樣。亞歷山大不是一位不速之客，相反的，他是受邀的，加入「整個宇宙的創造者和守望者」的行列。他「走進去後，看到了火亮的一團薄霧；王座上坐的是他曾見過的一位神——拉克泰德人（Rokôtide）敬拜的塞拉皮斯（Serapis）神」。（在希臘語的版本裡，則是酒神狄奧尼索斯。）

亞歷山大逮到機會提出他壽命的問題。他問：「主啊，我還有多少年可以活？」

但神沒有回答，神的沉默已經說明了一切。瑟桑圖瑟斯試圖安慰亞歷山大：「雖然我自己也是神的一員，卻沒有你幸運……我征服了整個世界和許多民族，但沒有人記得我的名字；而你卻不一樣，你聲名遠播……死後也會留傳千古。」瑟桑圖瑟斯用這樣的方式安慰亞歷山大：「你將永遠活在人們心中，因此也算是不死。」

亞歷山大感到十分失望，離開了洞穴，「繼續他的旅程」——他繼續向其他聖賢討教，繼續尋找逃脫凡人命運的方法；繼續仿效那些成功獲得永生神位的先人。

有一個版本說，亞歷山大所遇到的聖賢中有一位是以諾，他是《聖經》大洪水之前的一位族長，是挪亞的曾祖父。那次相遇是在一個群山遍布之地，「那裡是生命之地，天堂就位於該處」，「那裡就是聖人居住的地方」。山頂有座閃閃發光的建築物，從那裡開始，有一座朝天的巨大梯子。天梯是用二千五百塊黃金厚板做成的。亞歷山大在一間很大的大廳或一個洞穴裡，看到了「金色的人物，每位都站在自己的壁龕裡」，一座金色的祭壇，以及兩個高達六十英寸的「燭臺」。

在旁邊的一張臥榻上，一個身上披著鑲嵌黃金寶石覆蓋物的人斜倚著，臥榻上面有許多金葡萄樹的分支，藤上結著一串一串的寶石葡萄。

那個人突然開口說話，自稱是以諾。那個聲音警告亞歷山大：「不要刺探神的祕密。」亞歷山大聽從警告，回到他的軍隊身邊；但收到以前沒見過的一串葡萄作為餞別禮物，這串神奇的葡萄足以餵飽整個軍隊。

在其他版本中，亞歷山大遇到的古人，不是一名，而是兩位：以諾和先知以利亞——據《聖經》的傳說，他倆並未死亡。這件事情是發生在亞歷山大橫越一處荒無人煙的沙漠時。突然間，一個「靈」把亞歷山大連人帶馬高舉起來，把他帶到了閃閃發光的聖幕裡。他在裡面看到了以諾和以利亞。他們的臉十分白亮，牙齒比牛奶還白，眼睛比早晨的星光還亮；他們「長得十分高大而高雅」。他們告訴亞歷山大他們是誰，「神把他們從死亡藏起來」。還告訴他，那個地方是「生命倉庫之城」，「清澈的生命之水」就從那裡流出來。但還沒等亞歷山大發現更多，或喝到「生命之水」，一團「火焰馬車」就飛過來把他帶走了——之後他發現自己回到軍隊身邊。（根據穆斯林的傳說，先知穆罕默德也在一千年後騎著他的白馬奔向天堂。）

描寫眾神之穴的這一段，和其他有關亞歷山大歷史的段落一樣，是小說的虛構？是神話？還是對一起真實歷史事件的潤色增添？

真的曾有一位叫做甘大基的女王嗎？真的有一個叫做蘇美爾（Shamar）的皇城嗎？真的有一個叫做瑟桑圖瑟斯的世界征服者嗎？事實上，對古代的學者來說，這些古代名字的意義不大，它們直到最近才為人所知。如果這些名字只是埃及及皇室成員，或是埃及某一個神祕的省分，它們就像沙塵侵蝕的紀念碑，被時間掩埋了。沙漠上矗立的金字塔和人面獅身像讓這個謎團更難揭開；那些象形圖文難以辨識，無法解讀，只能證實曾有一些未解之謎存在過而已。來自古代的故事，透過希臘和羅馬人的傳承，融入了傳奇，最終逐漸朦朧消失。

拿破崙在一七九八年征服埃及時，歐洲才開始重新探索埃及。陪同拿破崙軍隊的是一群嚴謹的學者，他們開始移開那些沙塵，揭開被遺忘的帷幕。他們在羅塞塔（Rosetta）郊外發現了一塊石碑，上面刻著同一段詔書的三種語言版本。不久這個謎底就被揭開了：它們記錄的是法老的功績和對眾神的讚頌。

一八二〇年代，歐洲的探險家向南進入蘇丹，在尼羅河畔的美羅埃（Meroe）發現一處古代遺址（包括尖頂金字塔）。一八四二到一八四四年，一支皇家普魯士軍隊的挖掘工作，發現一群令人印象深刻的考古遺跡。一九一二到一九一四年，又發現了其他神祕的遺址；其中之一就是象形碑文裡記載的太陽神廟——或許就是岡比西斯那兩個間諜講的「太陽碑」。二十世紀進一步的挖掘工作，將考古發現拼湊起來，繼續破解碑文，確認了西元前一千年確實有一個努比亞王國；它就是《聖經》講的「古實全地」。

確實有甘大基女王。象形碑文透露，努比亞王國初期是被一位聰明而仁慈的女王統治著，她的名字叫做甘大基（見圖5）。此後，當一個女人繼承王位（這並不罕見）後，就一直沿用甘大基之名，象徵偉大的女皇統治權。再往美羅埃境內的更南部，努比亞王國的領地有一座城市叫森納爾（Sennar）——很可能就是亞歷山大故事裡的蘇美爾。

那麼瑟桑圖瑟斯呢？一部「偽卡利斯提尼」的衣索比亞版本說，亞歷山大和他的部下去了埃及（或是從埃及出發）時，經過一個鱷魚四伏的湖泊。那裡，曾有統治者修建了一座橫跨湖泊的建築物。「看啊，在湖岸邊有座建築，建築上方有座異教徒祭壇，上面寫著：『我是卡希（Kosh），世界之王，是穿越了這片湖泊的征服者。』」

圖5　甘大基女王

這位世界征服者卡希到底是誰？就是統治過古實或努比亞的國王嗎？這則故事的希臘版本說，這個在湖邊（描寫為紅海的部分水域）留下紀念的征服者叫做瑟桑圖瑟斯；所以，瑟桑圖瑟斯和卡希就是同一位統治者，一位曾統治過埃及和努比亞的法老。努比亞的古紀念碑寫道，這位統治者收到來自「閃閃發光的神」所送長得像椰棗的生命之果（見圖6）。

埃及的文獻紀錄，確實提及在西元前兩千年初期，有一位偉大的法老，他是一個真正的世界的征服者，名字叫做希努瑟（Senusert）；他尊奉阿蒙神。希臘的歷史學家，相信希努瑟征服了利比亞和阿拉伯，更重要的是，他還征服了紅海所有的島嶼，占領了亞洲很多土地，據傳，他的帝國疆界比後來的波斯人還更東；他也經過小亞細亞，侵略歐洲。希羅多德描寫這位法老的眾多功績，把他叫做塞索斯特里斯（Sesostris），他不管走到哪裡都會修建紀念柱。希羅多德寫道：「這些他修建的柱子，迄今依然可以看見。」當亞歷山大看到湖邊的柱子時，只是印證了希羅多德在一個多世紀以前所寫的東西。

瑟桑圖瑟斯也是真實存在的。他埃及名字的意思是「他將會永生」。因為憑藉他埃及法老的身分，他有權利加入眾神之列，長生不老。

以利亞乘旋風升天

在尋找生命之水或青春之泉的過程中，確保過去曾有其他人成功尋到，因而自己的尋找不至於徒勞，這點是非常重要的。還有，如果這股泉水是從失樂園流出來，那麼，探訪曾去過那裡的人，從他們身上得知前往生命之水的道路，不就是一種更好的學習方法嗎？

亞歷山大正是考慮到這一點，才開始尋找那些已經得到永生的先人。他是否真的遇過他們並不重要：重要的是，在基督教時代之前的許多世紀裡，亞歷山大或他的歷史學家（或兩者都有）相信永生的先人是存在的——在他們那個古老的年代，如果得到上帝的恩准，凡人可以得到永生。

亞歷山大歷史的作者或編輯，對亞歷山大遇到瑟桑圖瑟斯、以利亞和以諾（或只有見過以諾），有各式各樣的說法。瑟桑圖瑟斯的真實身分只是猜想，也沒有記載敘述他是如何變成神

圖6　神送給法老生命之果

的。以利亞也是如此。根據一個亞歷山大故事的版本，以利亞是以諾在「閃亮神廟」的夥伴。

以利亞是《聖經》的先知，活躍於西元前九世紀亞哈和亞哈謝統治的以色列王國；以利亞（Eli-Yah）就像他名字所表達的一樣「我的神是耶和華」，當信徒崇拜迦南神巴力，對耶和華的信仰三心二意時，以利亞為耶和華挺身而出，站在祂那一邊。以利亞有段時間藏在約旦河附近一個祕密的地方，接受神的訓練；他被授予具有神奇魔力的「毛衣」，學會使用神力。之後他前往腓尼基人的西頓，住在哪裡，施行他第一個被記錄的神力（《列王紀上》第17章）：以利亞寄居在一個寡婦家，他將寡婦僅剩的一點油和麵粉，變成足夠她吃一輩子。寡婦的兒子忽然因病去世，以利亞又求告神，請神讓他復活。以利亞還能召喚神從天降下火來，在國王和先知抵擋不住異教徒的誘惑時派上用場。

《聖經》說以利亞沒有死，而是「乘旋風升天去了」。根據猶太人的傳說，以利亞仍然是個凡人；逾越節晚宴會邀請以利亞重返人間，他將宣布救贖的到來。《舊約》詳細描寫以利亞怎樣一步一步升天。正如《列王紀下》第二章的記載，這起事件並不是偶然的意外。相反的，那是一個事先安排和計畫好的行動，地點早就告訴以利亞了。

那個指定的地方就在約旦谷，位於約旦河的東岸——也許就是以利亞被神任命為「神人」的地方。當他前往最後的旅程，到達吉甲（一個《聖經》所說紀念早期奇蹟的地方）的時候，他忠實的門徒以利沙一直跟著他，而以利亞卻想擺脫他。沿途中，兩個先知不斷被信徒截住，他們不斷問以利沙這位「先知門徒」：神真的今天要把以利亞帶到天堂嗎？

讓《聖經》的講述者用他自己的話來告訴我們這個故事吧：

耶和華要用旋風接以利亞升天的時候，以利亞與以利沙從吉甲前往。以利亞對以利沙說：「耶和華差我往伯特利去，你可以在這裡等候。」以利沙說：「我指著永生的耶和華，又敢在你面前起誓，我必不離開你。於是二人下到伯特利。」住伯特利的先知門徒出來見以利沙，對他說：「耶和華今日要接你的師傅離開你，你知道不知道？」他說：「我知道，你們不要作聲。」（《列王紀下》2：1—3）

現在，以利亞才對以利沙坦承，他的目的地是約旦河畔的耶利哥。以利亞叫以利沙在這裡等候，但以利沙再一次拒絕了，「於是二人到了耶利哥」。

住耶利哥的先知門徒就近以利沙，對他說：「耶和華今日要接你的師傅離開你，你知道不知道？」他說：「我知道，你們不要作聲。」（《列王紀下》2：5）

以利亞想獨行的嘗試幾經失敗後，他要求以利沙待在耶利哥，自己一人到約旦河邊去。但以利沙又拒絕了，說自己不會離開他。先知門徒也受到了以利沙的鼓勵，「有先知門徒去了五十人，遠遠地站在他們對面；二人在約旦河邊站住」。

以利亞將自己的外衣捲起來，用以打水，水就左右分開，二人走乾地而過。（《列王紀下》2：8）

當他們兩人穿越後，以利沙請求以利亞讓聖靈充滿他；但還沒得到回應前——

他們正走著說話，忽有火車火馬將二人隔開，以利亞就乘旋風升天去了。以利沙看見，就呼叫說：「我父啊！我父啊！以色列的戰車馬兵啊！」以後不再見他了。（《列王紀下》2：11—12）

以利沙目瞪口呆的待在原地一會兒，然後看到以利亞留下的外衣。這是偶然的意外，還是故意留下的呢？以利沙為了找到答案，拿著以利亞留下的外衣，回去站在約旦河岸邊，呼叫耶和華的名字，用那件外衣打水。看啊——「水也左右分開，以利沙就過來了。」那些住在河西岸耶利哥平原上的先知門徒「從對面看見他，就說：『感動以利亞的靈感動以利沙了。』他們就來迎接他，在他面前俯伏於地」。

那五十個門徒不相信他們的眼睛，懷疑以利亞是不是真的被永遠帶上了天堂。也許神的旋風只是把他帶到不遠處，把他放到了某座山上或某個峽谷裡？他們問道。以利沙難以推辭，於是他們尋找了三天。當他們無功而返，以利沙說：「我豈沒有告訴你們不必去嗎？」因為他非常瞭解事實：以色列的神已經用「火車火馬」把以利亞帶上天堂了。

以諾探訪七層天

在亞歷山大的故事裡，寫到他和以諾的相遇，是為了尋找《舊約》和《新約》具體記載的一位「永生的祖先」的永生之道；這位祖先升天的傳奇比《聖經》成書的時間還要早，有自己的紀錄。

根據《聖經》記載，以諾是大洪水前的第七個族長，他是亞當第三個兒子塞特之子（和亞當傳該隱的那條系譜不同支）。以諾是大洪水英雄挪亞的曾祖父。《創世記》第五章列了這些族長的系譜，寫出他們在幾歲生了合法的繼承人，又在幾歲去世。但以諾是一個例外：裡面沒有提到他的死亡。《創世記》解釋說：「以諾與神同行，神將他取去，他就不在世了。」並且說在他三百六十五歲（實際或象徵的年齡，三百六十五剛好是太陽曆一年的數字）時，以諾從大地消失了，「神已經把他接去了」。

猶太評論家常放大《聖經》的陳述，引用其他古老的資料，這些資料似乎描述以諾是一個真實的古人，他到了天堂。有些版本把升天後的以諾譯為梅塔特隆（Metatron）——「神貌的王子」，因為他就站在神的寶座之後。

拉夫那（I. B. Lavner）蒐集這些傳說，寫成《以色列傳說大全》（*Kol Agadoth Israel*）一書，當以諾被神召喚升天時，派了一匹火焰馬給以諾。當時他正在人群中宣講公義，人們看到這匹從天而降的火焰馬時，要求以諾解釋。以諾對他們說：「你們知道嗎？我已經到了離開你們，升天的時候了。」當他騎上馬之後，人們卻不願他離開，跟在他後面一整個星期。「第七天，一輛由數匹火焰馬拉著的火焰馬車載著天使下來，把以諾送到了天上。」在他升天後，天使不滿的對神說：「為什麼一個女人所生的人類竟能升到天堂？」神指出以諾的虔誠和奉獻，向他打開了生命之門和智慧之門；還賜給他一件華麗的衣服和一頂發光的王冠。

就像其他例子一樣，這些有隱含意義的參考經常暗示古代編輯相信他們的讀者對於其奧義的延伸閱讀十分熟悉，還具體提到了諸如《公義之書》（*The Book of Righteousness*）、《耶和華戰爭之書》（*The Book of the Wars of Yahweh*）等已經失傳的書籍。對於以諾的事蹟，《新約．希伯來書》11：5增加了一個隱密的敘述，說他被神「接去」（translated，**編按：translated是《英王欽定本》的用法，其他版本是taken up，《和合本》等中譯本都譯為「接去」**），「不至於見死」。這兩句話來自以諾的口述，是在他「不至於見死」之前寫下或指出的。《猶大書》第十四節，同樣提到了以諾的預言（「**看哪，主帶著祂的千萬聖者降臨**」），也被認為是這位祖先的真實著作。

幾個世紀以來各種基督教作品，也包含了類似的暗示和參考；早在西元前二世紀時，就已經有一些版本的《以諾書》（*Book of Enoch*）流傳於世。當十九世紀學者研究這些手稿時，得出結論，認為這些版本主要出自兩個來源。第一個來源叫做《以諾一書》（*I Enoch*），又名《衣索比亞以諾啟示錄》（*Ethiopic Book of Enoch*），其原文可能是以用希伯來文（**或亞拉姆文**）寫成的。

另一個來源叫做《以諾二書》（*II Enoch*），又名《以諾的祕密之書》（*The Book of the Secrets of Enoch*），是譯自希臘語版本的斯拉夫語譯本。

研究過這些版本的學者，並不排除《以諾一書》和《以諾二書》都出於一個更早的原作；古代可能有一本叫做《以諾書》的書。查理斯（R. H. Charles）一九一三年出版《舊約的偽經與偽書》（*The Apocrypha and Pseudepigrapha of the Old Testament*），仍是《以諾書》和其他早期被《舊約》與《新約》排除的作品最主要的英譯本。

《以諾的祕密之書》用第一人稱，以一個具體的時間和地點開始：

> 在第三百六十五年第一個月的第一天，我獨自在家中，躺在床上，不久就睡著了……有兩個非常高大的人出現在我面前，他們的樣貌是我在地上從未見過的；他們的面貌如同烈日放光，眼睛如同燃燒的火把；並且有火焰從他們嘴裡噴出來。他們的衣服有羽毛，腳是紫色的。他們的翅膀比黃金還要明亮；他們的手比雪還要白。他們站在我的床頭，叫我的名字。

因為當這兩個陌生人來的時候，以諾已經睡著了，他之後又補充他是清醒的：「我清清楚楚看見這兩個人站在我面前」。他對他們十分尊敬，還有一點害怕。而那兩個人卻向他保證說：

> 當剛強壯膽，以諾，不要怕；永生的上帝差我們來見你，你今天要跟我一同升到天上去。

然後他們要以諾去把家人和僕人都叫醒，並且告訴他們，「直至上主把你交還給他們」之前，都不必尋找他。以諾按照他們說的去做了，並用這個機會教導兒子應該如何行公義。接著，出發的時間到了：

當我正跟兒子說話時，那兩個人呼喚我。他們把我背上翅膀，接我到了雲層之上；啊，雲在移動……飛到高處，我看到了大氣，再高處，我看到了蒼天；他們把我放在第一層天；給我看比地上大海更大的海洋。

就這樣從「移動的雲」繼續向上，以諾離開了「管理眾星和兩百位天使」的第一層天，飛到第二層天，陰暗天堂；接著又到第三層天。在這裡——

他看到了一個漂亮的園子，有美麗芳香的樹木和果子。在園子中央，有一棵生命之樹——神來到天堂時，會在那裡休息。

以諾被生命之樹的神奇震懾住了，他設法用以下文字描述生命之樹：「它比人類創造的所有東西都還要美麗；從各個角度來看都是黃金色和深紅色，透明如火。」從它的根部流出四股泉水，分別流出蜜、牛奶、油和酒。他們從天堂般的這層天往下走，就到了伊甸園，繞著地球旋轉。有三百位「十分榮耀」的天使守護著第三層天和生命之樹；第三層天除了有公義之地，也有讓惡人受折磨的恐怖地帶。

再往上就到了第四層天，以諾看到發光體、各種各樣的生物，以及神的主人。到了第五層天，他看到更多「主人」；在第六層天，「一大群天使在研究星星的旋轉和運行」。然後他到了第七層天，那裡有最大的天使匆忙來去，他「遠遠」看到神坐在寶座上。

那兩個有翅膀的人和他們移動的雲，把以諾放在第七層天的邊緣就離開了；神在那裡派了大天使加百列帶以諾入列。

以諾在三十三天裡學到一切有關過去未來的智慧和事情；然後他被一名有「非常老的面孔」、

讓人敬畏的天使送回地上。總括來說，以諾在天堂待了六十天。而他回到地上，只是為了向兒子傳授聖訓；過了三十天，他又被帶到天堂，這一次則是待到永遠。

以諾在大地盡頭的旅程

作為一本個人的聖約和歷史回顧，衣索比亞語版本的《以諾書》最早的書名可能叫做《以諾語錄》（*The Words of Enoch*），描述他的天堂之行和大地四個角落的旅程。當他到達北方，向著「大地北部的盡頭走」，他「看到了一個偉大輝煌的裝置」，但沒有描述這個裝置的性質。他在那裡和大地西邊盡頭都看見「天堂的三個入口」；門後下著冰雹和大雪，冷風和寒霜透進來。「然後我就到了大地南端的盡頭」，天堂之門後吹著露水和雨水。他又去了東邊的門，看見門後有天堂的星星運行通過。

當以諾去了「大地的中間」和大地的東西兩邊時，過去和未來主要的祕密及奇蹟才在他眼前出現。「大地的中間」是耶路撒冷未來聖殿的所在地；東邊是知識之樹；西邊則看到了生命之樹。

以諾朝東的行程，經過群山和沙漠，看到從雲、雪和冰（「不流動的水」）覆蓋的山峰流下的河道；看到了散發不同香味的樹木。他往更遠的東邊走，發現自己回到了與厄立特里亞海（Erythraean Sea，現在的阿拉伯海和紅海）接壤的群山裡。他繼續走，經過了佐提爾（Zotiel），這裡有天使看守著天堂的入口，他「走進公義之園」；他在許許多多的樹裡看到了「知識之樹」，有冷杉那麼高，葉子就像角豆莢，果實如葡萄般是一串串的。陪同他的天使說，那就是亞當和夏娃被趕出伊甸園前曾吃過的果子。

以諾繼續西行的途中，來到了一座「日夜燃燒的山脈」。橫越這座山脈後，是一處被六座山圍成的圓形地帶，群山被「深險的峽谷」分開。中間矗立著第七座山，「山上就像是個寶座，芳香四溢的樹木環繞著它。群樹之中，有一棵樹的香味我從未聞過……它的果子長得像棗椰樹的果實」。

陪同他的天使說，中間那座山是「偉大的造物主，神聖的上帝，永生的國王，下訪大地時會坐」的寶座，至於那棵果子像椰棗的樹，天使說：

至於這棵香樹，在大審判之前，所有凡人都不許碰它……它的果實是給選中的人吃的……它的芳香會留在他們的骨頭裡，他們會在大地上得到長壽。

在這些旅程中，以諾看到了「那些天使的翅膀上套著很長的細繩前往北方」。當以諾問這是什麼時，陪同他的天使說：「他們去做測量的工作了……他們會帶回來最準確的測量結果，以及他們最準確的繩子……這些測量結果可以揭開大地所有的祕密。」

以諾拜訪大地一切的祕密地方後，現在到了前往天堂旅行的時候了。他先是被帶到「一座巔峰直通天堂的高山」，又去了黑暗之地：

他們把我帶到了一個地方，這裡的人就像熊熊燃燒的火焰一樣，他們可以根據自己的意願變成人的樣子。接著，他們又把我帶到了一片漆黑的地方，去一座山的山頂，直通天堂。我看見了發光的房間、星星和雷聲的府庫，在黑暗的更深處，有火焰弓、箭、箭頭和箭袋，以及一把火焰劍和所有的閃電。

在這樣關鍵的階段，從亞歷山大的手中滑走的永生（因為和他的命運背道而馳）——以諾和之後的法老一樣，正受到神的賜福。在這個關鍵時刻，神認為以諾是值得賜福的；所以「天使帶我去了生命之水」。

他繼續旅程，到達「火之屋」：

當我走進去的時候，靠近一道水晶做的牆，牆被火焰包圍著；我開始感覺有點害怕了。我走進包圍的火焰，來到一間用水晶建造的大房子裡；牆上鑲嵌著水晶，天花板像是由星星和閃電鋪成的通道，牆和天花板之間是著火的基路伯，他們的天堂就像水一樣。熊熊燃燒的火焰包圍牆壁周圍，門也著火了。當我進入那個房間時，我既感覺像火燒般的熱，也感覺像冰凍般的冷……我又看到了景象，有第二間房子，比前一間還要大；它整個大門向我敞開，門是用熊熊燃燒的烈火組成的……裡面有一個極高的寶座：看上去是水晶做的，寶座的輪子像太陽一樣閃閃發光，也有基路伯圍繞。寶座下方噴出火焰，擋住我的視線，難以繼續往下看。

以諾到了「火焰河」後，被高高舉起。

他看到了整個地球——「大地上所有河流的河口……所有的基石……還有大地上風吹雲動的景象」。再往高處，他就到了「風從天堂拱頂的地方延展，在天地之間有一些駐地，我看見天堂之風把太陽和星星從四周吹過來」。以諾跟著「天使的路」走，到達了「蒼天之上」的位置，從那裡可以看到「大地的盡頭」。

以諾從那裡還看到了浩瀚的天國：他能夠看到「七顆星星就像宏偉發光的大山」——「七座璀璨的寶石山」。無論他從哪個角度看這些天體，「三個朝東」，那裡是「天堂的火焰地帶」；以諾在那裡看到了不斷升降的「一團團火焰」——火焰噴出的量「無法測量，無限寬廣，無窮高大」。在另一邊，有三個天體「朝南」；以諾在這裡看到「一個無底洞，上面沒有天，下面也沒有地……是一個虛空奇妙之處」。當以諾問天使是誰帶著他往高處飛，天使回答：「馬上就到天堂了……那裡是天堂和大地的盡頭，也是拘留星星和天堂之主的牢獄。」

中間那顆星星「像神的寶座一樣到達天堂」。寶座光潔雪白，「寶座的頂部像是藍寶石」，那顆星星就像是「一團熊熊燃燒的火」。

以諾繼續在天堂旅行，他說：「我到了一個混沌之地，看見一些恐怖的事情。」他所看到的是「天堂的星星都被綁在一起」。天使向他解釋說：「這些星星在天堂違反了上帝的誡命，它們要等到一萬年以後才能放開。」

以諾總結他的第一次天堂之旅，說道：「我，以諾，獨自看到了所有景象，所有事物的終點；沒有人會看到我所看見的。」他在上面的天堂被傳授了各式各樣的智慧，他回到大地是為了向人們傳授這些知識。有一段不確定會有多長的時間，「以諾被藏了起來，人類之子都不知道他被藏到哪裡去了；沒有人知道他住哪裡，也沒有人知道他變成什麼樣子」。但當大洪水來臨時，他寫了一封信給他的曾孫挪亞，勸告他要行公義，這樣做就會得救。

在那以後，以諾又「從大地居民之間升了天。他被聖靈的戰車載上天，他的『名字』從此在他們之中消失了」。

3・法老的來生之旅

亞歷山大尋找永生先人的探險，顯然也包含了這些元素：洞穴、天使、地下火焰、火焰馬和火焰馬車。更明確的是，在基督時代之前的幾個世紀，亞歷山大或他的歷史學家（也可能兩者皆是）都相信，如果一個人想得到永生的話，就必須仿效埃及的法老。

亞歷山大宣稱自己有半神的血統，而且是來自一位埃及神祇的血脈，而不是和當地希臘神祇有血緣關係，是從一起很複雜的事件演變而來的。這不僅是一則傳奇而已，也有歷史根據。亞歷山大在小亞細亞擊潰波斯人的防線後，並沒有繼續追擊波斯軍隊，卻去了埃及，他覺得必須如此；他去那裡是為了尋找他傳說中的「根」，並在那裡開始尋找青春之泉。

希伯來人、希臘人和古代其他民族都有這樣的傳說，描述少數獨一無二的凡人怎樣因神的邀請，從而擺脫了凡人的命運；而古埃及人則把這種奇遇由個人從神得到的優待，變成了權利。當然，這種權利不是一般人都可以擁有的，也不是保留給行公義的義人，只有坐在埃及王位上的國王才擁有這種特權。因為根據古埃及的信仰傳說，埃及的第一批統治者並不是人，而是神。

王權即神權

埃及的信仰傳說中，保留了遠古時代的「天國諸神」無數次從天碟來到地球的事件。當埃及被洪水淹沒時，「最早的時候，一位非常偉大的神就出現（到地球上）了」，祂修築堤壩，攔住尼羅河水，開墾田地，把埃及從水及泥中舉起來（這就是為什麼埃及又被稱為「被舉起來的土地」），這位年老的神叫做普塔（Ptah，意思是發展者），祂是一位偉大的科學家、工程建築大師，以及眾神的首席工匠；祂甚至也參與了人類的創造和塑形的過程。普塔手持的杖，經常描繪成一根上面有刻度的棍子——非常像今天從事現場測量的測量人員拿的刻度桿（見圖7左上角）。

埃及人相信普塔最後退居南部，祂事先在一個祕密的峽谷安裝了泄水閘，可以繼續控制尼羅河的水量。泄水閘的位置就在尼羅河的第一大瀑布（現在的阿斯旺大壩）。普塔離開埃及前，修建了自己的第一座聖城，祂為了紀念天國的神，將這座聖城命名為安（An）——也就是《聖經》的安城，希臘人則叫做赫利奧波利斯（Heliopolis）。同時，普塔讓自己的兒子拉（Ra）成為埃及的第一位神聖統治者（拉這個名字是為了紀念天球）。

拉是一位偉大的「天國和大地之神」，祂在安城修建了一座特殊的聖壇；裡面放置「本本」（Ben-Ben）這個「祕密的物件」，據稱透過本本可以從天國來到大地。

後來，拉把王國一分為二，分別傳給兩子：奧西里斯（Osiris）和塞特（Seth）。但讓兩位兄弟分治埃及並不管用，塞特一直想推翻或殺死他的哥哥奧西里斯。塞特採取行動，最後成功把奧西里斯騙進棺木裡，封死棺蓋，丟進水裡。奧西里斯的妹妹暨妻子愛西絲（Iris），在今天的黎巴嫩沿岸找到了那副棺木。在尋求其他神協助她救活奧西里斯時，她先將奧西里斯的屍體藏起來；但塞特發現了屍體，將之斷成了碎片，還把碎片撒在各處。愛西絲得到她妹妹奈芙蒂斯（Nephtys）的幫助，撿回那些屍體碎片（除了陽具之外），把殘缺的屍塊拼在一起後，使奧西里斯起死回生。

之後，奧西里斯繼續在另一個世界和眾神一起活著、重生。一件神聖的著作這樣描述：

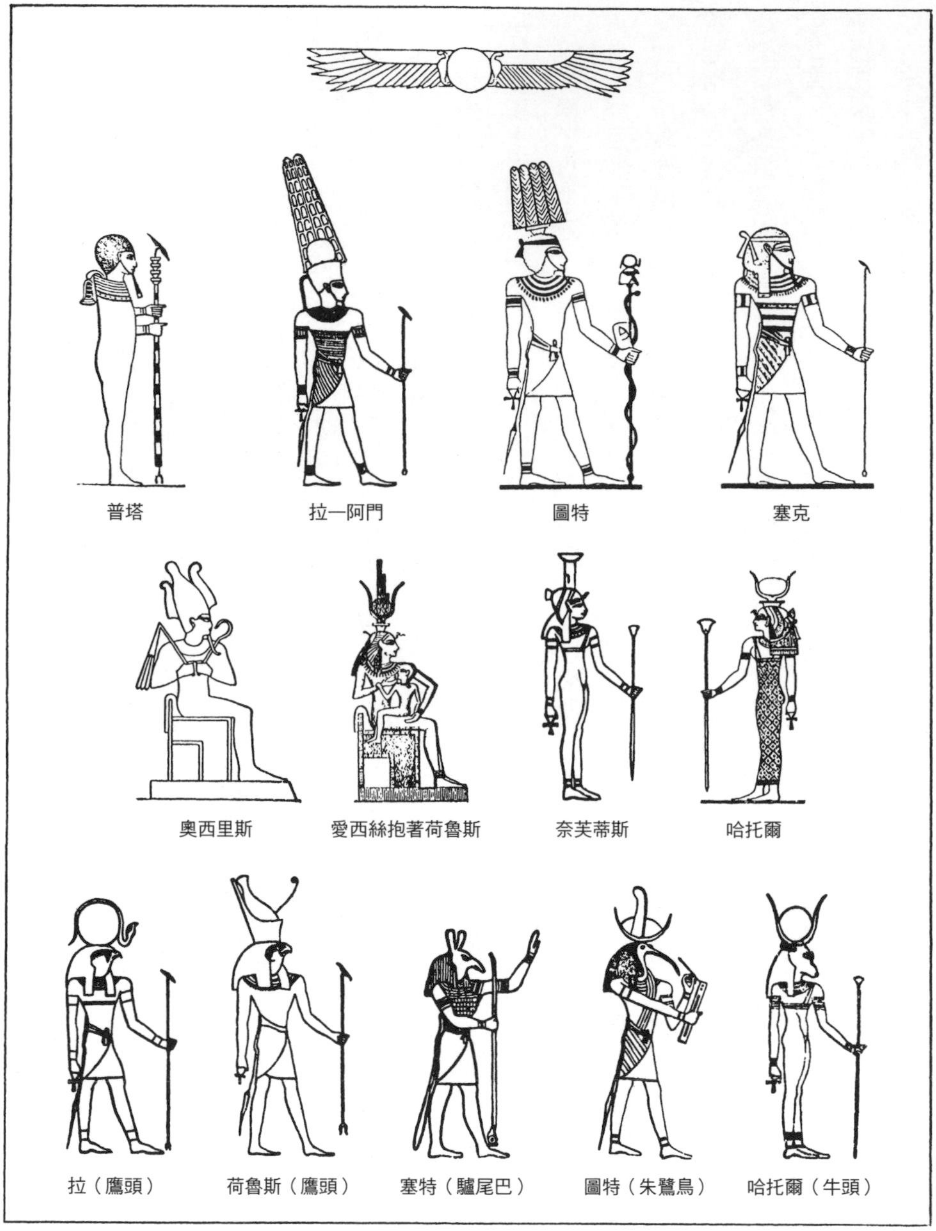

圖7　天碟與古埃及諸神和其象徵

祂走進了祕密之門，榮耀的永生之神，與祂同行，在地平線上閃閃發光，祂們走在拉的道路上。

奧西里斯的埃及王位由兒子荷魯斯（Horus）繼承。愛西絲把荷魯斯嬰兒藏在尼羅河的蘆葦裡面（根據《聖經》的記載，這正和摩西的母親所做的一樣），以防被塞特發現。但荷魯斯卻被蠍子螫到而身亡。愛西絲連忙去找具有神奇魔力的圖特（Thoth）神幫忙。住在天國的圖特知道這件事情後，立刻駕「拉在天文年代的駁船」，下到地球來，幫助荷魯斯死而復生。

荷魯斯長大以後，威脅到塞特的王位。兩位神祇上天下地，追逐彼此，戰區十分廣大。荷魯斯從一個叫做那爾（Nar）的物體上攻擊塞特，Nar一詞在古代近東的意思是「火柱」。埃及前王朝時期，把這種天上戰車描繪成一個很長的圓柱物體；尾端呈漏斗狀，前面有一個噴口，光束就從這裡噴出；看上去就像是一艘天上的潛艇（見圖8）。那爾的前端還有兩個前燈或兩隻「眼睛」，依據埃及的傳說故事，它們會在藍色和紅色之間變化。

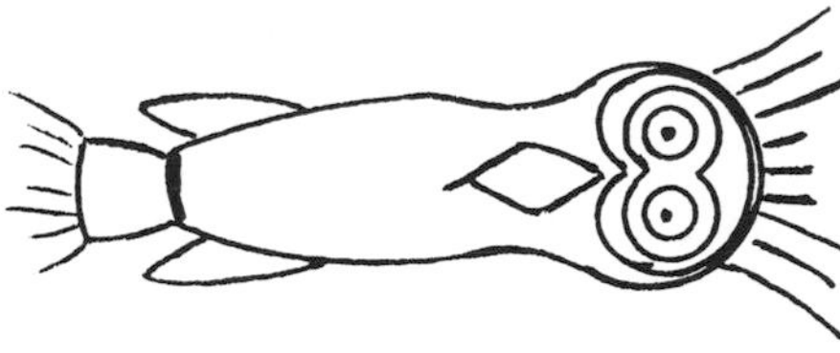
圖8　荷魯斯的那爾

戰爭持續了幾天，雙方各有勝敗。荷魯斯從那爾射出一種特別設計的「魚叉」，擊中了塞特，讓塞特失去了睪丸。這下塞特怒火中燒。在西奈半島的最後一戰中，塞特用火束射中荷魯斯，荷魯斯因此失去了一隻「眼睛」。偉大的眾神呼籲兩位神休戰，坐下來談判。曾統治地球的大地之神猶豫再三後，決定把埃及交給荷魯斯，宣告荷魯斯是拉—奧西里斯之後的合法繼承人（從此以後，荷魯斯就得到了獵鷹的象徵，而塞特則成了亞洲神，以驢子這種游牧民族的負重動物作為象徵）。

荷魯斯的繼位使一分為二的埃及（上埃及和下埃及）又重新統一了，

在整個埃及歷史中，王權一直和永恆的神權有關；後來每一位法老都被視為奧西里斯及荷魯斯的繼承者。

基於一些無法解釋的原因，在荷魯斯之後，埃及發生了一系列動亂和衰敗；持續了多久，沒有人知道。最後，大約在西元前三千兩百年，開始了「王國時期」。一位叫做美尼斯（Menes）的人類，繼承了再次統一的埃及王位。就在那個時候，眾神開始授予人類文明，也就是我們今天所稱的「宗教」。由美尼斯開始的王權，持續了二十六個王朝，經歷了二十六位法老；一直到波斯在西元前五二五年占領埃及，之後埃及又被希臘人和羅馬人統治（**著名的末代法老是埃及豔后克麗歐佩特拉**）。

當埃及的第一位法老美尼斯建立統一的埃及時，他在尼羅河終點，就在赫利奧波利斯南方，找了一塊地方作為上下埃及的首府。他還仿效普塔，在尼羅河中堆起來的一塊人工土丘上，修建了孟斐斯（Memphis）城，當地的神廟則是敬拜普塔。一千多年來，孟斐斯一直是埃及的宗教和政治中心。

但在西元前二千二百年時，埃及經歷了一場動亂；學者也不知原因為何。有些人認為是亞洲的侵略者導致，他們奴役了埃及的人民，不敬埃及人信奉的神。但不論埃及的獨立情況為何，在南方較不容易入侵的地方，仍保留了上埃及。一百五十年以後，當埃及又回復安寧時，政治和宗教的力量（**王權的特徵**）又重新從底比斯（Thebes）興起。底比斯是上埃及沒沒無聞一座位於尼羅河畔的古老城市。

這座城市的神叫阿門（Amen，**意思是藏著的那位**），也就是亞歷山大所尋找的神聖生父阿蒙（Ammon）神。阿門是一位地位極高的神，尊稱為阿門—拉（Amen-Ra，**意思是藏著的拉**）；但不確定阿門和拉是不是同一位神，阿門是看不到、「藏起來」的拉，或完全是另外一位神。

希臘人把底比斯叫做帝奧斯波里斯（Diospolis，**意思是宙斯之城**），因為他們把阿蒙神和希臘的宙斯神放在同樣的位置；這一事實讓亞歷山大更容易認為阿蒙神是他的生父；當亞歷山大在西瓦綠洲收到阿蒙神的神諭後，就匆忙前往底比斯。

亞歷山大去了底比斯和底比斯周圍，現在的卡奈克、盧克索（Luxor）、代爾拜赫里（Dier-el-Bahari）等地，前往阿蒙神的許多聖廟和紀念碑——雖然它們大多成了廢墟，但依然引人注目。它們主要是由埃及第十二王朝的法老修建，其中一位很可能就是瑟桑圖瑟斯，他在亞歷山大之前的一千五百年就開始尋找生命之水。另一座巨大的神廟是由哈特謝普蘇特女王修建，她也自稱是阿蒙的女兒。

諸如此類宣稱自己是神之子的故事並不罕見。法老是繼承奧西里斯的王權，有時候會透過宣稱自己是哪位神或女神的兄弟或兒子來加強神聖地位。學者認為這些宣稱僅有象徵的意義而已；但有些埃及的法老，例如埃及第五王朝的三位法老，堅稱他們是拉的親生兒子，拉是他們的生父，拉來到神廟讓大祭司懷上孩子，產下子嗣。

其他埃及國王用更複雜的方式宣稱自己是拉的血脈。他們聲稱拉曾附身在前一任法老身上與王后交歡，因此他們的王位是直接繼承拉的血脈。但除此之外，每一位法老在神學理論上都被視為荷魯斯的化身，由此延伸出他們就是奧西里斯的後代。所以，法老將會和奧西里斯一樣，經歷同樣的永生：死後將會在來生復活。

這就是亞歷山大一直渴望能夠加入的，神和似神法老之間的永生循環。

《金字塔經文》

相信拉和其他永生的眾神能夠永遠活著的原因，是神能長生不老。法老的名字有「重複出生」和「出生的重複者」的意思。眾神在祂們的住所吃下神聖的食物和神水，讓自己回春。所以，國王想要得到永遠的來生，也必須去到眾神的居所，享用神的神聖食物。

古老的誦文懇求眾神和死去的國王分享祂們的神食：「您帶著這位國王，您吃什麼，他就吃什麼；您喝什麼，他就喝什麼；您住哪裡，他就住哪裡。」在佩皮（Pepi）國王的金字塔中，發現一段寫得更具體的經文：

從您永生的糧食，從您永生的飲料中，請您給這位佩皮國王您的糧食。

離開人間的法老希望在拉神的天域裡，在「永生之星」上，嚐到這些永生的食物。在「供品之地」或「生命之地」，長著「生命植物」。在佩皮一世的金字塔裡，有篇經文描寫他經過全身羽毛，長得像鳥的守衛，去見荷魯斯的使者。在他們的陪伴下，

他來到了大湖，偉大的眾神降臨的地方。在永生之星上的眾神給了佩皮生命植物，也就是讓眾神永生的資糧，所以他也能靠它而活。

埃及畫作向我們顯示，死者（有時候和他的妻子一起）在這個天體的天堂裡，飲用生命之水，水裡長著生命之樹，樹上則結著永遠吃不完的果實——椰棗（見圖9）。

這個天上的終極之地就是拉神的出生地，祂從地球回到這裡。祂在那裡不斷恢復活力，或「再度覺醒」，四罐女神（Goddess of the Four Jars）會定期倒一些靈丹妙藥給祂。因此，埃及國王也希望能得到同樣的女神照顧，給他服用仙丹，「重新讓他的心活過來」。這叫做「青春之水」的水，讓奧西里斯把自己變年輕；所以死後的佩皮國王得到這樣的承諾，荷魯斯會「給他年輕的第二春」；荷魯斯會「用青春之水還你青春」。

圖9　死者和妻子飲用生命之水

法老在來生復活，甚至變回年輕之後，將會進入一個極樂世界：「他和諸神同飲共食；他喝的水是酒，和拉的一樣。當拉進餐時，給他食物吃；當拉喝水時，也給他水喝。」經文補充道：「他每天都睡得很香……他看起來比昨天更有精神了。」這有點像是二十世紀的心理療法。

必須先死亡才能得到永生，這一點讓法老感到困惑。法老作為上下埃及的最高統治者，享盡地球上能享受的富貴生活；死後復活來到眾神之間，是最吸引人的前景和期望。此外，只有當塵世的身軀在墳墓裡保持永久不腐，他才能得到來生；因為對於埃及人來說，每個人都有一個巴（Ba），類似我們所說的「靈魂」，它在人死後會像鳥一樣飛上天國；每個人也都有一個卡（Ka），可譯為雙重、祖靈、本質、人格，法老透過它才能轉換到來生。撒母耳・莫瑟（Samuel Mercer）在《金字塔經文》（*The Pyramid Texts*）的介紹中，認為卡代表人類內在的神的化身。換句話說，卡這個概念暗指凡人具有神聖元素，可以在死後將自己的生命帶入來生的雙重性。

但就算有來生的可能性，想得到它也不容易。死後的法老要穿過一條充滿挑戰的長路，而且還需歷經精心準備的儀式後，才能踏上這條路。

圖10　送葬隊伍將法老木乃伊送入金字塔

法老神化第一步是從他的淨化開始，塗上香料樹脂等防腐方式製成木乃伊，如此一來，死去的國王就可以像奧西里斯聚合的身體一樣獲得永生。製作成木乃伊的法老，隨著送葬隊伍進入金字塔內的墓室裡，陵寢頂部是金字塔結構，前方則是一根橢圓形的柱子（見圖10）。

祭司會在這個陵寢裡面進行一些儀式，讓法老在旅途結束後進入來生。埃及的葬禮儀軌稱這些儀式為「開口」，是由一位穿豹皮的「閃」（Shem）祭司主持（見圖11）。學者認為開口儀式就像它的名稱隱含的意思一樣：祭司用一個彎的銅具或鐵具，將木乃伊或死去國王塑像的嘴巴打開。很顯然，儀式主要是象徵性的意義：打開死後國王的「嘴巴」，或打開通往天國的入口。

之後，木乃伊會用其他材料緊緊裹起來，放上國王的金面具。如此一來，觸碰法老（或國王塑像）的嘴，就只有象徵性的意義了。事實上，此時祭司所吟頌的對象不是死者，而是對那些讓死者「開口」、帶他進入永生的神。特別是懇求荷魯斯之「眼」，也就是荷魯斯和塞特戰爭中失去的那隻「眼睛」，這樣「開口」儀式才能「為國王打開一條路，通往閃亮造物主的居所，讓國王與眾神一起生活」。

根據經文和考古發現，法老在地球上（猜想只是暫時性）的陵寢，東邊有一扇假門，它是磚石結構，看起來像一

圖11　穿豹皮的「閃」祭司

道門，實際上卻是一堵堅固的牆。法老經過淨化、四肢被裹起來、「開口儀式」後，就像是提升了自己，擺脫了俗世的塵埃，並進入那道假門。根據記載逐步處理復活過程的《金字塔經文》，法老自己是過不了那道石牆的。「你站在這道阻止人們進來的門前」，經文說，直到「祂，這個部門的主管（負責這個任務的神使）會出來見你。祂會握你的手臂，把你帶至天國，見你的父親」。

法老藉由神使的幫助，通過假門，走出了封閉的墳墓。祭司就高唱：「國王已經在天國的路上了！國王已經在天國的路上了！」

國王已經在天國的路上了，國王已經在天國的路上了。在風中，在風中。他沒有遇到阻礙；也沒有人會阻礙他。國王獨自前來了，他是諸神之子。拉神將帶著食物在高處會見他；他將得到來自天國的供品。國王就是「再來之人」。

但死後的國王在升至天國與眾神一起吃喝之前，必須經歷一段艱難的旅程。他要去的地方叫尼特—科特（Neter-Khert，意思是山神之地）。有時象形文字把它畫成一艘渡船：上方有神（尼特）象徵的旗幟標記；法老要到達那個地方的話，必須先穿過蜿蜒曲折的蘆葦湖。這個布滿沼澤的水域，只有在渡船之神的幫助下才能通過，但在渡船之神答應幫助法老穿過去之前，會問法老這個問題：你有什麼權利穿越過去？你是神或女神之子嗎？

法老在渡過湖泊之後，還得經過沙漠、山脈，通過各式各樣的守衛神，才會抵達杜亞特（Duat）——一個被稱之為「升至星星所在」的神奇之地，它的具體位置和名字難倒了很多學者。有些人認為它是陰間地府，一處靈魂的居所，國王必須像奧西里斯一樣通過地府。其他人則認為它是地下世界，充滿地下通道、洞穴、看不見的神，有許多沸騰的水域、恐怖的燈光，由鳥兒把守的房間，以及會自動開關的門。這片神奇的土地分成十二塊，要歷經十二個小時才能穿過。

杜亞特更令人困惑的地方是：雖然它具有地球陸地的特徵（再穿過一條山道就可以到達了），或是地下層的意思，但它的象形文字是：一顆星星、一隻高飛的獵鷹；或是簡單圈在圓圈裡的星星⊛，象徵與天界或天國的關聯。

令人困惑的是，《金字塔經文》描寫法老從出生、死亡、復活，轉化到來生的一生，認為人類的問題是無法像神那樣飛升。一篇刻在泰蒂（Teti）國王金字塔的經文表達了法老的願望和眾神現身：

> 人們倒下了，他們沒有**名字**。抓住泰蒂國王的雙臂，把泰蒂帶到天上去，他就不會像地上的凡人那樣死去。

所以國王必須穿過地下迷宮，到達「隱藏之地」，直至他找到那位拿著生命之樹標記的神為止，那位神就是「天國的使者」。祂們會為國王開啟祕密的大門，領他走向荷魯斯之眼，邁上天國的階梯，在天梯「充飽能量」後，可以由藍色變成紅色。接著，國王將變成獵鷹神，一路朝著天上飛，飛往永生之星上永恆的來生。拉神將會在那裡親自迎接他：

> 天國之門為你敞開；極樂世界之門也為你敞開。你就快看見拉神站在那裡等著你。祂會握住你的手，祂會帶你去天國的雙重聖壇；祂會讓你坐在奧西里斯的寶座上……你會得到支持，裝備成神……在永恆的永生之星上。

我們今天所知大多數關於這方面的知識都是來自於《金字塔經文》——這些成千上萬句詩節，是西元前二三五〇至西元前二一八〇之間，統治埃及的五位法老金字塔裡的牆壁、通道等寫著古埃及象形文字的浮雕和畫作。這五位法老分別是烏納斯（Unas）、泰蒂、佩皮一世、邁瑞拉（Merenra）和佩皮二世。庫爾特·塞瑟（Kurt Sethe）將這些經文做了整理和編號，編成巨著《古埃及金字塔經文》（*Die altaegyptischen Pyramidentexte*）；這本書和另外一本英文作品，撒母耳·莫瑟的《金字塔經文》（*The Pyramid Texts*），是這方面學術的主要參考資料。

組成《金字塔經文》的成千上萬句詩節，就像是一本不斷重複、前後不連貫的符咒合集，召呼眾神或描述國王的揚升。學者讀懂這些材料的意義，發展出古埃及神學變遷的理論，認為這些積累數千年來的資料都是涉及「太陽教」（敬拜太陽神拉）和「天教」（敬拜奧西里斯）之間的衝突和融合。

對於將這些大量詩節視為表達原始神話的學者來說，《金字塔經文》是古人恐懼狂風暴雨和電閃雷鳴所產生的想像，他們把這些自然現象稱作「眾神」——不過，即便這樣理解，那些詩節還是比以往任何文字都令人困惑。所有學者都同意，有些詩節是古代文士從更古老的經文摘錄下來的，這些古老經文顯然更有條理、前後連貫和容易理解。

石棺和棺木的碑文，及莎草紙（經常伴有草圖）的文字，都顯示了那些詩節、話語和章節（帶有「升天者之章」等名稱）都是從《死者之書》（*Books of Dead*）抄錄下來的，因為書中有〈在杜亞特裡的那一位〉、〈門之書〉、〈雙道之書〉之類的標題。學者相信這些「書」都源自於兩部較早的基礎：一部古老著作是關於拉的天上旅程，另一部則著重在荷魯斯復活、進入來生的極樂世界：美食美酒、天國居所裡交合之樂（這個版本的詩節甚至會被寫在護身符上，以達成人們「日夜和女人結合」，隨時「欲求女人」的渴望）。

然而，這些學術理論卻沒有解釋《金字塔經文》資訊裡的神祕層面。令人費解的是，為什麼荷魯斯之眼是一個獨立於他存在之外，國王可以走進去的物體，它能在「充飽能量後」變成紅色和藍色。還有自動航行的船、自動開關的門，以及臉上綻放著光卻隱形看不見的諸神。假設地下世界只有靈居住，卻又有「橋梁」和「銅纜」。最讓人不解和迷惑的還是：如果法老的轉化要讓他來到地下世界，那為什麼《金字塔經文》又說，「國王已經在『天國』的路上了」？

全部詩節都說明國王是跟隨眾神的路線；他以神的方式穿越湖泊；他搭乘拉曾使用過的帆船；國王和奧西里斯一樣，升至天國「被裝備成神」等等。所以問題來了：如果這些經文記錄的不是原始的幻想（神話），而是死後的法老仿效諸神所進行的真實旅行呢？如果經文描寫的不是法老的旅程，把法老的名字換成神的名字，就是諸神更早之前的旅程紀錄呢？

加斯頓・麥斯皮羅（Gaston Maspero）是埃及古物學者先驅之一，他在《古代埃及考古學》（*L'Archéologie égyptienne*）和其他著作裡，認為從語法結構和其他證據指出《金字塔經文》起源於埃及文明之初，甚至早於它們被象形文字記錄下來之前。美國埃及學家、歷史學家布雷斯特德（J. H. Breasted）在《古埃及宗教和思想發展史》（*Development of Religion and Thought in Ancient Egypt*）一書寫道：「不論我們是否擁有，但這些史料曾經存在過。」他把《金字塔經文》裡發現的一些資訊，視為文明的當時情況和真實事件的訊息，而非出自於幻想，反而更增強這些經文的真實性。他說：「這些想像其實是反映出長期消失世界中大量的畫面。」

把《金字塔經文》和其他後來的文獻和插圖合在一起，就會看出它們描述的是前往一個特定領域的旅程：從地上開始，通往地下領域，頂部有一個朝向天空的開口，眾神和仿效祂們的國王由此處朝天國發射（見圖12）。如此一來，那些象形文字的含義就是：一個在地下卻又似天國的地方。

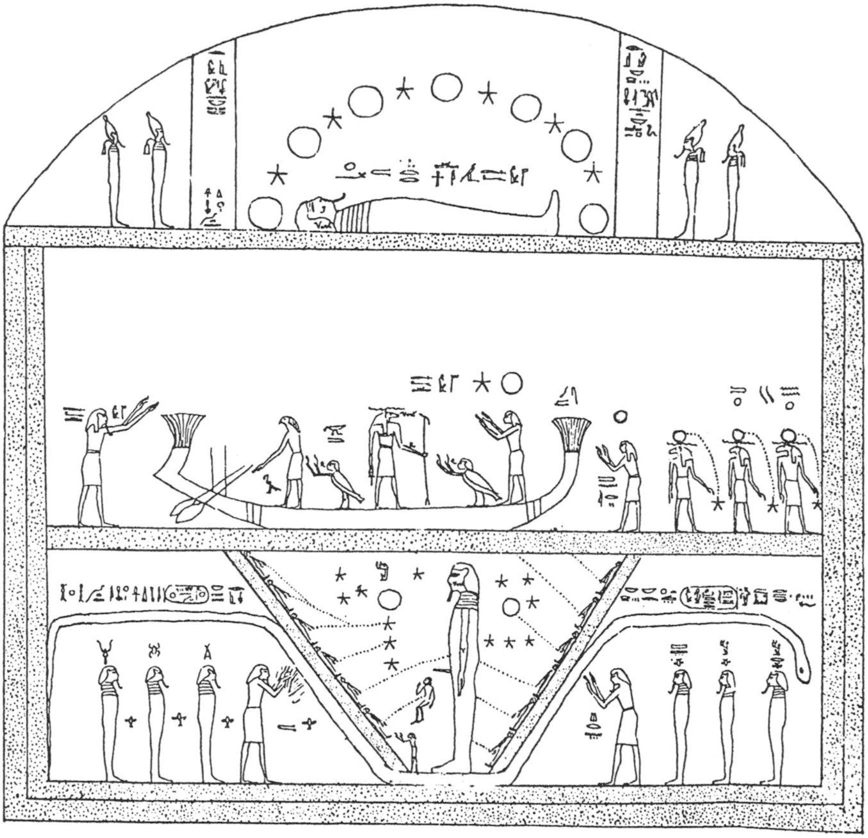

圖12　法老朝向天國的旅程

法老死後通過陵寢、前往來生的旅程，真的是到達天國的路嗎？甚至連古埃及人都說那並不是木乃伊屍體的旅程，而是死後法老的卡（雙重體）的旅程。他們認為這個雙重體將通過實際的地方，重演另一個過程。

如果《金字塔經文》反映的是一個真實存在的世界——法老前往永生的旅程，就算只是出於仿效，但其實在史前時代確實是一步一腳印的真實旅程呢？

就讓我們跟著這些足跡，走上眾神的道路吧。

4・通往天國的階梯

讓我們想像自己身在法老華麗的陵寢之中吧。法老被製成木乃伊，為他的行程做好準備後，「閃」祭司開始吟誦，祈求神為國王開路開門。神聖的使者來到假門的另一邊，準備把法老從石牆帶到通往天國的道路上。

法老從墳墓東側的假門出現後，被引導向東走。為了避免他走錯路，吟誦非常明確的警告他：「去了西方的人，都不會再回來！」國王的目的地是杜亞特，在「眾山之神的土地」那邊。他要在那裡進入「火之屋……兩位大神的居所」，在這裡度過「以年計算的夜晚」，他就能變成神聖存有，升至「天國的東邊」。

法老旅途的第一個障礙就是蘆葦湖，一連串相鄰湖泊連起的沼澤。法老象徵性得到護送他的神的賜福後，就能分開湖水，穿過去（見圖13）；按照自然法則來說，法老要穿過湖泊是可能的，因為湖泊是由渡船神主宰，祂專門擺渡一艘船接駁眾神；這艘渡船是造物之神庫努牡（Khnum）所建造的。渡船神在很遠的湖泊對面守著不動，而法老費了很大勁才讓渡船神相信他有資格搭船渡過水域。

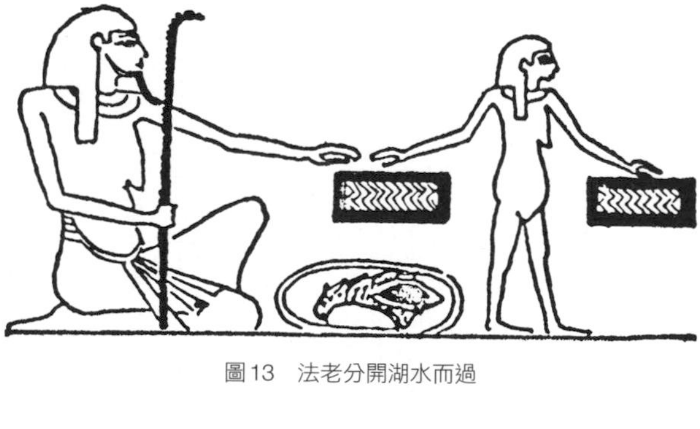

圖13　法老分開湖水而過

渡船神訊問法老的身世。他是神或女神之子嗎？他的名字已經列入「兩位大神的登記簿」嗎？法老解釋，他是「神聖種子」，保證他的正當性。有些情況這樣說就可行。但在其他情況中，法老必須請求拉神或圖特神來幫助他穿過水域；在後面的情況中，船、槳或船舵會被一股不可思議的力量牽動起來；渡船就會開始自行移動，國王手握的舵也會自動導航。簡而言之，這艘渡船將會變成自動船。不管如何，法老最終都能穿過湖泊，繼續他的旅程，朝向「帶領接近天國的兩位大神」：

他（國王）像拉一樣，踏進渡船，在蜿蜒的溪流上。法老在漢布（Hanbu）船裡划著槳；他掌著舵，讓船朝向「帶領接近天國的兩位大神」的平原前進，也就是從蘆葦湖開始的那片土地。

法老通過塞特之地

蘆葦湖位於荷魯斯領地的東邊盡頭。再往前，就是他的對手塞特的領地——「亞洲之地」。當國王來到這片敏感的邊境，他發現湖泊東岸有四個「臉兩邊長滿毛髮的守衛」在巡邏。他們的頭髮特別引人注目。「額頭、鬢角和後腦勺是如炭般的黑色捲髮，頭部中央綁著辮子」。

國王展現了強硬的外交姿態，再次宣稱自己的神聖起源，他是受「父親拉神」的召喚而來。據說有位法老還威脅：「你如果耽誤我過湖，我就拔掉你的毛，就像拔掉池塘裡的荷花一樣！」另外一位法老則請一些神幫助他。不管如何，法老的旅程最終還是得以繼續。

國王現在離開了荷魯斯的領地。東邊的目的地雖然是在拉的保護下，但實際上屬於「塞特的統治範圍」。國王的目的地是一個山區：東方山脈（見圖14）。他的方向設定在了兩座山之間的一條通道上，「那兩座山也在塞特的領土範圍內」。首先，他得橫越一片不毛之地，就是荷魯

圖14　法老前往東方山脈

斯和塞特的領土之間，一處沒有神的地域；然後，國王離開「隱藏之地」，前進的步伐加快，因為天國之門就在前方。不過，他再一次被守衛問道：「你要到那裡？」

守護國王的神替他回答：「國王要到天國去，去取得重生和快樂；國王要到那裡去見他的父親，國王要去見拉神。」當守衛正在考慮這個要求時，國王又親自懇求：「請打開邊界……移開障礙物……讓我像神一樣的通過！」

國王來自埃及，來自荷魯斯的領地，所以他和守護他的神都知道需要深思熟慮。許多話語和詩節都顯示國王在眾神的爭鬥中是處於中立的態度。從國王的自我介紹中可以看出這點，他是「荷魯斯之子，荷魯斯是讓地球震動之名」，他也是「由塞特受孕，塞特是讓天國抖動之名」。國王不僅強調他和拉的血緣關係，還說自己會繼續「為拉服務」；這樣就從更高的權威得到了通行證。經文指出，兩位神衡量了國王的旅程對自己的利益，認為拉肯定會因為祂們幫助了服務祂的國王，而十分高興。

終於，塞特之地的守衛也讓國王通過了。守護國王的神要確定國王知道這一刻的重要性：

> 你現在要前往在塞特之地的高地了。在塞特之地，東天之樹所在的那些高地，眾神就住在那裡。

國王終於到達杜亞特了。

杜亞特的十二區

杜亞特是一個完全封閉的神之圈（見圖15），它的頂部是一個通往天空的開口，以天空女神努特（Nut）為象徵。通過這個開口，就可以看見永生之星，以天碟為象徵。其他資料顯示，有一個長方形或橢圓形的峽谷，被群山包圍住。一條河流分成許多支流，流經這片土地，但河流幾乎不能通航，所以拉的駁船大多時候都得被拖行或拖動，或是就像一艘「地球之舟」，以自己的力量前進，有如長橇。

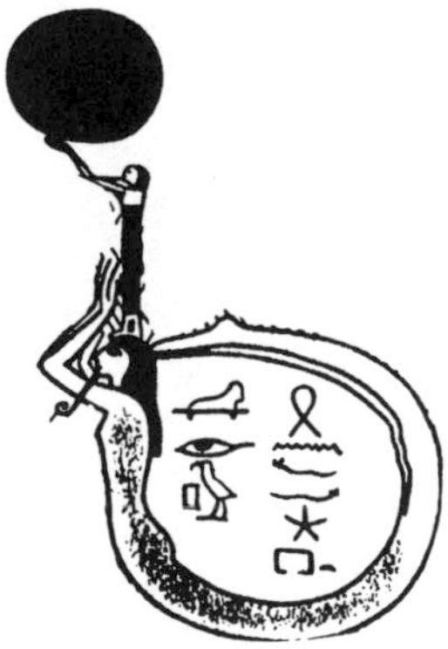

圖15　杜亞特：封閉的神之圈

杜亞特這個地方，從地上到地下分為十二區，有田野、平原、有圍牆的圓圈、洞穴或走道。死後的法老需要十二個小時，才能走過這片施了魔法的神奇土地；國王之所以可以到達這個地方，是因為拉已經允許國王使用那艘神奇的駁船或長橇，而國王在搭船前行時，也會得到護送他的神的幫助和保護。

第一區

圍住杜亞特的群山中，有七個裂口或通道，其中兩個位於埃及東面的群山。埃及象形文字 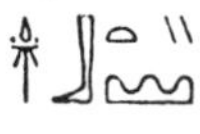 意思是「在杜亞特群山的西面」，那裡被稱為是「隱藏之地」的「地平線」或「角」。這條拉航行了二百二十個阿特魯（atru，大約二十七英里）的河道非常長，河水幾乎乾涸了，所以拉的駁船必須被拖著走。這條通道有「門很堅固」的碉堡守護。

就像有些埃及莎草紙上的記載一樣，法老接著轉向較短的第二條通道（只有大約十五英里長）。莎草紙上的圖畫顯示，國王坐在拉的駁船或長橇上，穿過了兩座山的山頂，每一個山頂上各有十二位守護神駐守。經文描述附近有一座「沸水湖」——雖然湖泊有熱水的特性，但湖水的溫度是可以伸手觸摸的。一團火在地底下燃燒著。這個地方有一股很強的瀝青或「氧化鈉」的惡臭味，把鳥兒趕走了。但在離這個地方不遠處，就有一片長著灌木和低矮植物的綠洲。

國王穿過這個通道後，遇到一群神。祂們對國王說：「到這兒來。」國王抵達了第二區。

第二區

河流的盡頭叫烏爾—納斯（Ur-nes），有些學者認為這個名字就是希臘神話的天空之神烏拉諾斯（Uranus）。這個地方大約有十五英里寬，三十九英里長；住在這裡的人都留著長頭髮，吃自己屁股上的肉，依靠眾神給他們水和其他食物；因為這是個不毛之地，大多數河流都乾涸了。就連拉的駁船來到這裡後，也成了「地球之舟」。這裡是月神、綠松石女神哈托爾的領地。

第三區

國王在眾神的幫助下，安全經過第二區。第三個小時，他來到納特—阿薩爾（Net-Asar），這裡是「奧西里斯之河」。第三區和第二區的大小差不多，住的是「戰士」。有四位神駐紮在那裡，負責指南針的四個方向。

象形文字的經文裡附有讓人大為驚奇的插圖：奧西里斯之河蜿蜒流經農耕地，穿過一連串山脈，最後分為兩條支流。通往天國的階梯就位於那裡，有兩隻鳳凰鳥守衛；拉的天船就停放在一座山的山頂上，或在朝向天國上升的火流之中（**見圖16**）。

這裡的經文又增加了祈禱和言語的節奏。國王援引「神奇保護者」的話，「這個來自大地的人」可以不受阻礙，進入納塔—卡特（Neter-Khert）。國王已經靠近杜亞特的中心了；他已經接近阿門—特（Amen-ta），也就是「隱藏之地」。

圖16　奧西里斯之河

奧西里斯就是在這裡升到永生的來生世界。也是在這裡，「帶領接近天國的兩位大神」站在外面，「對著天」，成為兩棵神樹。國王向奧西里斯禱告（《死者之書》這一章的標題是〈讓納塔—卡特接受他的**名號**〉）：

祈願在兩位大神的居所裡被賦予我的**名號**；祈願在火之屋裡被授予我的**名號**；在一個以年計

算、以月為數的夜晚裡，祈願我是神聖存有，祈願我坐在天國之東。讓神從後方將我朝前推進；願祂的名長長久久。

國王看到「光之山」了。

他已經到達通往天國的階梯。

《金字塔經文》說有一個地方，「階梯是為了升到高處之用」。描述階梯「通向天，是為國王搭建的，以便他能從那裡升上天國去」。有時候，通往天國的階梯的象形文字，就是一座簡單的階梯，在黃金上刻著這個象形文字當作護身符攜帶，或更常見的是一座雙面階梯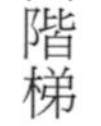，就像階梯金字塔一樣。這座通往天國的階梯是安城的神所建，安城正是拉的主要神廟所在地。修建這座階梯，是為了便於神廟裡的諸神能和「上面的神」聯繫。

國王的目標就是天梯，一個能把他帶上天國的上升器。但國王要在火之屋和雙神之屋找到它的話，必須先進入阿門—特，那裡是塞克神的隱藏之地，以及荒野之神的所在地。

這裡是一個防禦圈。它是地底下的黑暗之地，得進入一座山再往下，經過一段被暗門保護的隱密蜿蜒小徑就可以到達了。國王現在必須進入杜亞特的第四區；但山的入口卻被兩道牆擋住了，兩道牆之間的通道是由揮舞火焰的守護神保衛著。

當拉自己到了這個隱藏之地的入口時，根據程序「執行設計」，「用自己的聲音解除這道屏障，甚至連看都沒有看」。但國王的聲音能讓他進入嗎？《金字塔經文》提醒，只有「知道隱藏入口設計的人，才能到達塞克的領地」，這些挑戰者才能到達地下通道，吃到眾神的麵包。

國王再一次拿出他的證明。他說：「我是公牛，我是奧西里斯之祖的一個兒子。」然後支持他的眾神宣讀了國王可以進入的關鍵許可：

你已經可以進入了，進入杜亞特的大門；光之山的折疊門都為你敞開；門的插銷會自動為你打開。你到兩個真理之殿去吧；神會在那裡迎接你。

唸出正確的方式或密碼後，一位叫做薩（Sa）的神說了一個命令；在薩神的命令後，火焰就停止了，守護神後退，門也自動打開，允許國王進入地下世界。

杜亞特的眾神向國王宣布：「大地的開口已經為你打開了，天國東邊的門也為你打開了。」

第四區

第四區的旅程和接下來幾個小時，國王被帶進洞穴和隧道。他在這些地方看到了不同功能的神，有時是親眼目睹，有時只是聽到聲音。這裡有地下運河，眾神坐在無聲的帆船上，在河上往來穿梭。這裡還有恐怖的燈光，含磷的水域，照亮道路的火炬。國王既有些害怕又感到困惑，他繼續前行，朝向「象徵著就要到達天國的柱子」。

國王在路上看見的眾神，大多是以十二位為一組，稱號是「山神」、「隱藏之地的山神」，或是「隱藏之地的生命時間的掌握者」。一些經文的插圖，透過眾神持有的權杖、祂們特別的頭飾，或描述祂們所具有的動物特性，例如鷹頭、豹頭和獅子頭等等，來辨別祂們的身分。蛇也是這些特徵之一，代表著地下的守望者，或代表隱藏之地眾神的僕人。

這些經文和古老的插圖顯示，國王已經進入了地下的圓形建築群，裡面有一個巨大的地道，它先是呈螺旋形向下，接著又往上。那些描述以橫剖圖的方式，展示了一個逐漸傾斜的隧道；隧道大概有四十英尺高，有光滑的天花板和光滑的地板，兩者都是由三到四英尺某種非常堅實的物質製成。隧道分為三層，國王活動的地方是在中間那層或走道。上下兩層分別被神、蛇和不同功能的建築占據了。

國王的長橇由四位神拉著，靜靜在中間的走道滑過；只有一束從這個交通工具前端發出的光照亮道路。但很快的，通道就被一個非常傾斜的分區擋住了，所以國王必須下來步行。

橫剖圖顯示那裡有一堵井道的牆，這個通道以大約四十度的角度橫穿了隧道的三層空間（斜度大概有十五度）。很明顯的，它是從隧道上面開始的，也許就在某座山裡的地面，或稍高的地方。而且它看起來好像到了隧道的最底層（第三層）就結束了。第三層叫做雷─斯塔（Re-Stau），是「隱藏之門的通道」；第一層和第二層裡有一些房間，看起來就像氣閘。這些房間能讓塞克和其他「隱形神」通過「沒有門葉的門」。國王離開了長橇，僅靠某位神的命令就神祕穿過這堵斜牆，神的聲音啟動了氣閘。另一邊，荷魯斯和圖特神的代表迎接著國王，接著國王被眾神一個接一個的往前送（見圖17）。

國王在往下的路上，看到了「沒有臉的神」──臉不能被看到的神。國王向祂們求得許可，或是出於好奇心懇求：

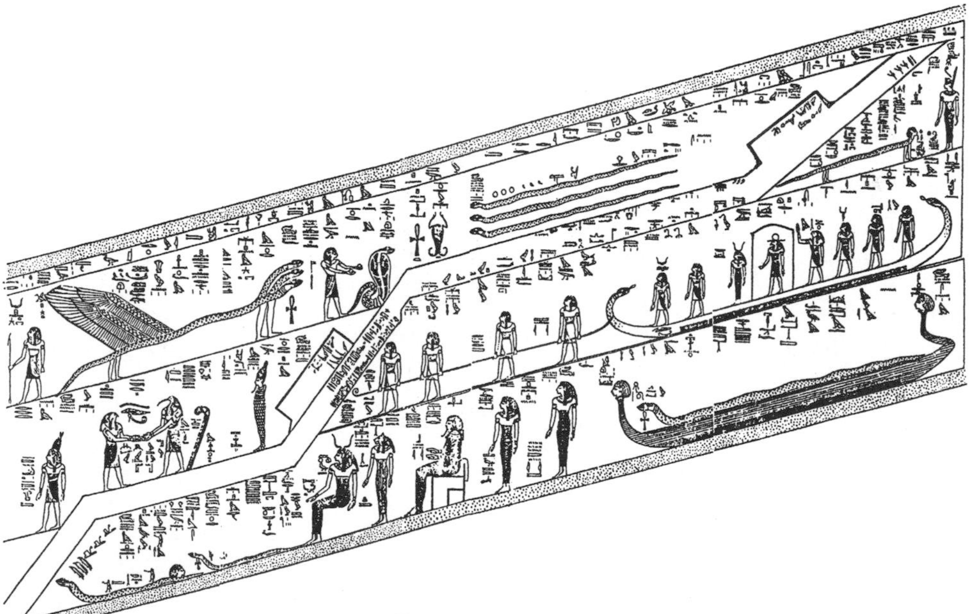

圖17　國王通過隧道

請露出您的臉，把擋住您臉的遮蔽物拿開吧；為了瞧瞧我，我（也）是一位強大的神，正來到您們之中。

但這些神並沒有聽從國王請祂們展現真面目的懇求；《金字塔經文》解釋說，即使是這些隱形的存有，「也不會朝上看或望向」祂們自己的首領（塞克），「當祂住在大地居所裡面，就把自己變換成這種形態」。

國王繼續盤旋下行，穿過一道門，他發現自己在第三層，也就是最底層。他走進一個前廳，裡面掛著天碟的標誌；在這裡，「天國的使者」和一位帶著舒神象徵符號的女神迎接了他。「他把天放在通往天國的階梯上」（見圖18）。就像《死者之書》記載的規則一樣，國王稱揚：

啊，舒神的兩個孩子！啊，地平線之地的孩子們……我可以上來嗎？我可以像奧西里斯一樣繼續前行嗎？

答案應該是肯定的，因為國王得到祂們的允許，經過了一道厚實的大門，進入只有隱形神才能使用的井道。

圖18　左下角女神頭上有舒神的象徵符號（羽毛）

第五區

第五個小時，法老到達了地下世界的最深處，這裡是塞克的祕密通道。隨著井道往上斜著走，經過上上下下，法老都沒有看到塞克；橫剖圖把塞克畫成一個鷹頭人，在地底下一處有兩個獅身人面把守的密閉橢圓結構裡，塞克站在一條蛇身上，手持兩個翅膀。雖然國王看不見塞克的房間，但他聽到從裡面發出「巨大的聲響，就像天上颳起了一場大風暴」。從密閉的房間裡流出一池「像火一樣的水」。房間和池子被一個像沙坑的建築包圍封鎖住，這個「沙坑」的左邊有一個區隔的氣閘，右邊則是一道巨大的門。屋子上方，有一大堆土作為加強保護層。土堆上有位女神，只看得到她的頭，突出在狹窄的通道上。一個聖甲蟲（意思是滾動、重生）的標誌，將女神頭和最上層的圓頂形房間或物體連結起來（見圖19），上面停著兩隻鳥。

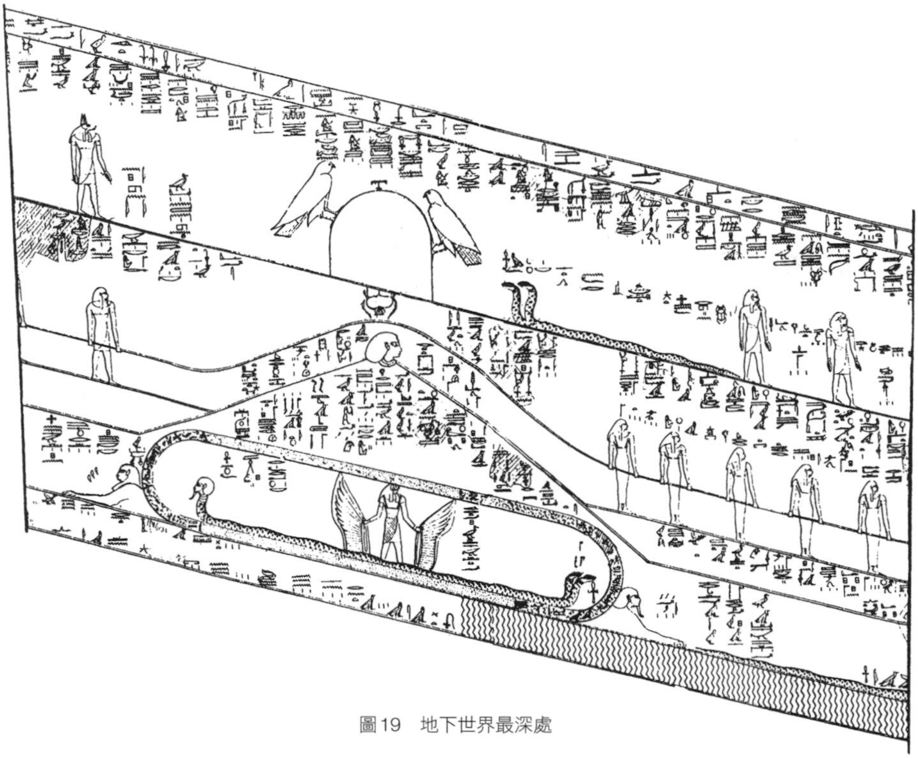

圖19　地下世界最深處

經文和象徵符號告訴我們，雖然塞克是隱形的，但即使在黑暗之中，也可以確認出祂的存在，因為一道光「從這位偉大的神的頭和眼裡散發出來，祂的肉體向前綻放著光」。女神、聖甲蟲和圓頂形物體這三個東西，很明顯都是為了讓這位隱藏之神能夠瞭解密室外發生了什麼事。和聖甲蟲相鄰的象形文字是：「看啊，聖甲蟲正把（船？）拉進這個圓頂，讓自己和杜亞特連結，當這位神站在女神的頭上時，祂會每天向塞克報告。」

法老經過塞克的密室及上方用來向塞克報告的裝置，是法老永生之旅的最關鍵進展。埃及人並不是唯一相信死人會受到審判的古代人，他們相信死後會去到一個地方秤量和檢驗他們一生的行為和心，而他們的靈魂將會按照衡量的結果，有的會被判去火焰河或地獄，有的則會得到神的賜福，送往天堂，享用冰涼的生命之水。根據古代的說法，法老會在這裡經歷他的真理時刻。

向杜亞特之主報告的女神，也就是那位只看到頭的女神，向法老宣布了對他有利的判決：「安靜的進入杜亞特吧……在船裡繼續往地下世界前行吧。」她說自己叫阿門特（Ament，意思是隱身的女神），又說：「阿門特召喚你，所以你可以繼續朝天空前行，就如那位在地平線的偉大之神。」

國王通過測試後，沒有經歷第二次死亡，得到了重生。現在一排負責懲罰有罪的人把國王引向前方；但國王卻沒有受到任何傷害。國王又回到了他的船或長橇上；有一隊神陪著他；其中一位握著生命之樹的標誌（見圖20）。

國王已經被認可能夠進入來生。

第六區

國王離開塞克的領地後，進入了第六區，就是和奧西里斯有關的那一區。（〈門之書〉認為，第六個小時是奧西里斯對死去的國王進行判決。）一些豹頭神會「開路」，邀請國王進入地下池或生命湖泊浸泡，恢復元氣，就像那些經過這裡也這麼做的大神一樣。其他神「像蜜蜂發出嗡嗡聲」，住在一些隔間裡，國王路過時門會自動打開。國王繼續向前走，眾神的稱號裡有更多技術層面的意思，這裡有「在杜亞特拿著繩子」的十二位神，以及「拿著測量線」的十二位神。

第六區有一排靠得很近的房間，還有一條彎曲的路，叫做「隱藏之地的祕密通道」。穿著豹皮的神拉著國王的船，祂們的穿著和為國王做開口儀式的「閃」祭司一樣。

國王已經接近群山的入口或出入通道了嗎？《死者之書》有些章節確實標明「嗅聞空氣和得到力量」。國王的交通工具現在「被神奇的力量充飽能量……繼續向前航行，但這裡沒有河流，也沒有船在拉他；只有使用話語的力量」，當然，話語是發自一位神。

第七區

國王穿過守護神把守的門後，進入了第七區，這裡的神和周圍一切都失去了「地下」

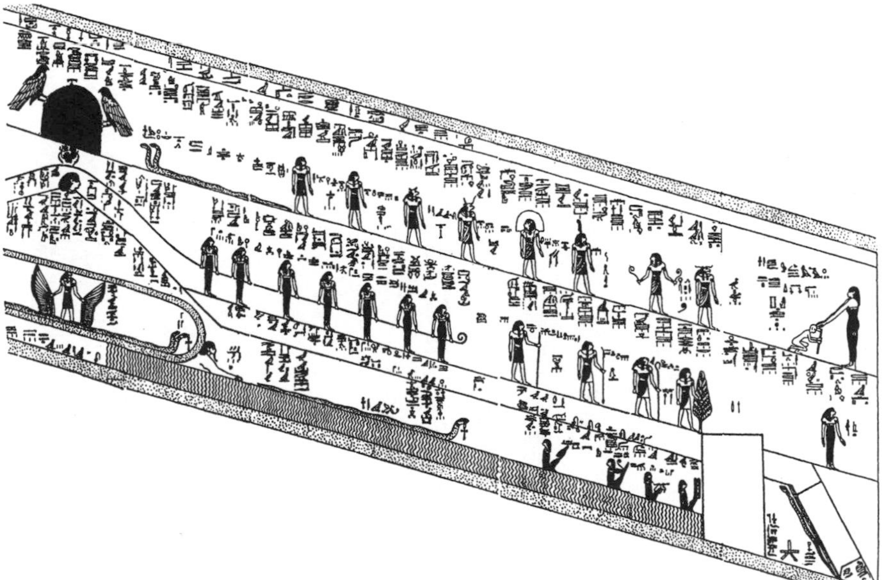

圖20　接續上圖，法老繼續前行

的層面，開始與天有關。國王遇見了鷹頭神荷魯—赫—肯特（Heru-Her-Khent），祂的象形名字裡包含一座階梯，頭上有天碟的標記。祂的任務是「把眾神之星送到它們所屬的位置上，讓星宿女神繼續做她們的事」。這組神的佇列共有二十四位神，一組是星星標誌的十二女神，以及另一組有同樣標誌的十二位神。祂們向「星星諸神」唱道——

> 他（國王）肉身已經具有神的性質了，他已經有了魔力……他要和星星作伴，他要上來尋找拉……讓您的星星牽著他的雙手，以便他能夠靜靜走到隱藏之地。

第八區

在第八區裡，有兩位貼身守護「本本」的神。本本，也就是拉的神祕物件，放在拉神廟的所在地安城（赫利奧波利斯）。這兩位神「擁有神祕物件」，祂們在赫特—本本（Het-benben，意思是本本之屋）裡面守護著它；外面還有八位神看守，但祂們可以「進來看這件隱藏的物體」。裡面還有其他九樣物件排成一排，代表著「閃」的象徵，象形文字的意思是「跟隨者」。

第九區

國王真的抵達杜亞特和安城（後來叫做赫利奧波利斯）有關的地方。第九個小時，他看見了十二位「划著拉之船的神」和祂們的休息之地，祂們操作拉在天上的「萬年之船」。

第十區

第十個小時，國王穿過一道大門後，進入了一處充滿活力的地方。那裡的神的任務就是「為拉的船提供火焰」。其中一位神叫做「船神的船長」，其他兩位則是「指揮星星航向」的神。這些神有一顆星、兩顆星和三顆星的象徵，似乎和天國的等級制度有關。

第十一區

接著，國王來到了第十一區，這個地區看起來和天國有更緊密的關聯。眾神都帶著天碟和星星的標誌。這裡有八位女神「帶著來自拉的居所的星星標誌」。國王看到了這些「星星女神」、「星星之主」和一些負責為杜亞特「提供新興能量」的神，並「把這些拉的東西都送到上層天國的隱藏之屋」。

這個地方還有一些神和女神專門為國王準備好裝備，讓他能「穿過天」，進行旅程。國王在一些神的陪同下，進入一條「蛇」裡，他在裡面「掙脫蛇皮」，「以年輕的拉的形式」出現了。有些經文的用語還不清楚是什麼意思，但對整個過程已有清楚的解釋：穿戴好的國王，以獵鷹的樣子出現，他「已裝備成神」：國王穿著「躺在地面的神裝」；他「穿上了神衣，拿著神袍」，戴上「敬愛的荷魯斯的項圈」，這個項圈和「拉脖子上戴的」一樣。這些都做完了以後，「國王就和祂們一樣，也成了真正的神」。然後，他告訴和他在一起的神：「如果您要去天國的話，國王也要去天國。」

古老經文的插圖畫著一群穿著奇怪衣裝的神，祂們的衣服就像有緊身圓領的工作服（見圖21）。

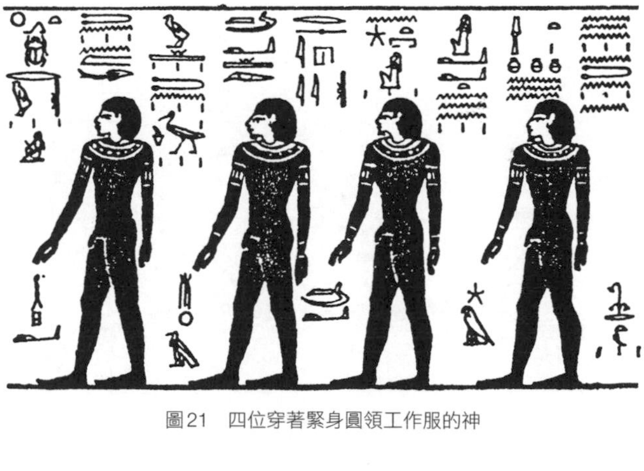

圖21　四位穿著緊身圓領工作服的神

有一位神領著這些神，或是帶領著隊伍，祂頭上有天碟的標誌，張開雙臂，站在一條長了四隻人腳和一對翅膀的蛇中間。在星空的背景下，這位神和這條蛇面向另一條蛇。另一條蛇雖然沒有翅膀，但顯然是飛起來的狀態，因為牠背上正坐著奧西里斯（見圖22）。

國王被裝備好之後，就被帶到半圓形牆的開口處。他經過了隱藏的門。現在他移到一條「一千三百庫比特（cubits，編按：古代長度單位）長」的隧道，叫做「黎明的盡頭」。他到達前庭；這裡到處都可以看到翼碟的標誌。他遇到了「照亮拉的道路」的幾位女神，和一根代表「塞特，守望者」的權杖。

眾神向一臉敬畏的國王解釋說：

> 這個洞穴是奧西里斯的大廳，風就是來自這裡；清新的北風，會把你，國王啊，變成奧西里斯。

第十二區

現在國王到了第十二區，這是國王最後一個小時的地下旅程。這裡是「黑暗的極限」。他到達的地點叫做「拉的上升之山」。國王抬頭朝上看，嚇了一跳：拉的天船就在國王眼前隱隱出現，十分壯觀。

圖22　一條有翅膀和人腳的蛇，另一條蛇則坐著奧西里斯

他已經走到了一個叫做「通天上升物」的物體。有些經文說那是拉為國王準備的上升物，「以便國王能乘著它上升到天國」；其他經文則說那個上升物是幾位神共同建造架設的，也就是「把塞特帶上天國的上升物」。如果奧西里斯不乘著這樣的上升物，也不能夠到達天國的蒼穹；國王也希望藉著它，像奧西里斯一樣升到天國，變成永生之軀。

那個上升物或神梯，並不是一個普通的梯子。它是由銅索連接而成的；「它的力量（像其他一樣）來自天國的公牛」。它的「垂直部分和側邊」都被一種「皮」緊緊綁起來；梯子的橫木叫做謝夏—霍恩（Shesha-hewn，意思是未知的）；「梯子下面有一根巨大支柱」。

《死者之書》的插圖有這座神梯——一座具有上層結構的高塔，高塔之上有時會用☥「安可」（Ankh）的生命之符，象徵到達天國的天碟。（見圖23 a、b）。塔的象形文字固定寫為𓊽「塔德」（Ded），意思是永遠。這個標記和奧西里斯有密切的關係，據說在阿拜多斯（Abydos）的神廟前，就立著一對這樣的柱子𓊽𓊽，是為了紀念在塞克之地幫助奧西里斯升到天國的兩個物體而建的。

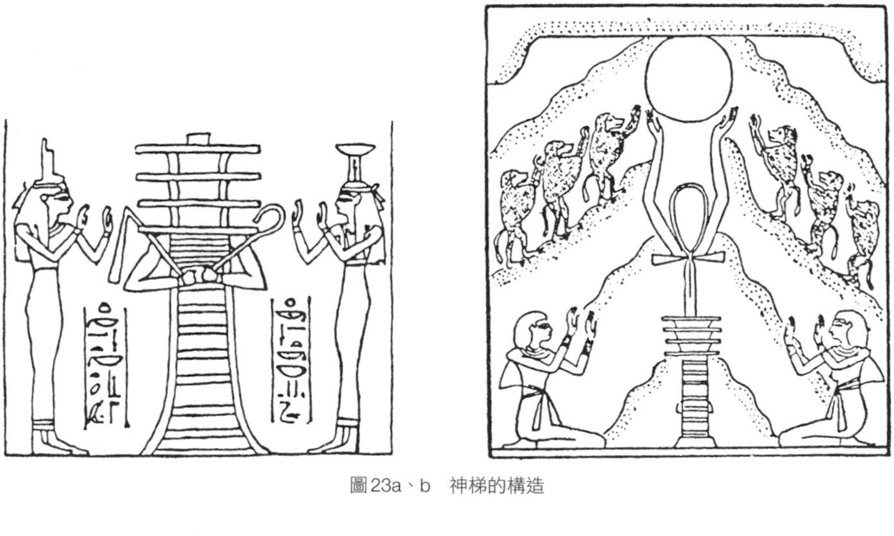

圖23a、b　神梯的構造

《金字塔經文》有一段很長的文字，既是對上升物（「神梯」）的讚美詩，也是為佩皮國王獲准進入天國的祈禱文：

> 您好，神聖的上升物；您好，塞特的上升物。您要站直了，神的上升物；站直了，塞特的上升物；站直了，荷魯斯的上升物。奧西里斯就是從這裡前往天國……上升物之神啊……您會把神的上升物給誰？您會把塞特的上升物給誰？佩皮會搭著它升到天國成為拉的廷臣嗎？也請把神的上升物給佩皮吧，請把塞特的上升物給佩皮吧！這樣，佩皮就可以藉著它升到天國。

這個上升物由四位「獵鷹人」操作，這四位「獵鷹神」是「荷魯斯之子」，是「拉之駁船的水手」。這「四位年輕人」是「天空之子」，「來自東邊的天空……準備好國王的兩次行船，以便國王能夠到達地平線，到達拉」。四位獵鷹神「一起」為國王的上升物裝配、準備：「祂們帶來上升物……祂們設置好上升物……祂們幫國王升起上升物……以便國王能乘著它升到天國。」

國王也做了一段祈禱：

> 祈願在兩位大神的居所裡被賦予我的**名號**；祈願在火之屋裡被授予我的**名號**；在一個以年計算、以月為數的夜晚裡，祈願我是神聖存有，祈願我坐在天國之東。讓神從後方將我朝前推進；願祂的**名**長長久久。

有些插圖顯示國王已經被授予了一個塔德（「永遠」）。國王在受到愛西絲和奈芙蒂斯兩位女神的賜福後，一位獵鷹神領著他到達一個備著翅膀、長得像岩石的塔德（見圖24）。

國王祈禱希望得到「永生」、「名號」及一座神梯的願望實現了。他就真的要升到天國了。

國王搭乘荷魯斯之眼升空

雖然國王只需要一座神梯，但卻有兩座神梯設好了。「拉之眼」和「荷魯斯之眼」都已經準備就緒，一個在「圖特的翅膀上」，另一個則在「塞特的翅膀上」。眾神向困惑不解的國王解釋道，第二艘船是為阿天（Aten）之子準備的，祂是翼碟之神的後裔——也許就是國王在「裝備室」說話的對象：

> 在塞特的翅膀上，荷魯斯之眼已經準備好了，繩索繫好，船也裝配好，阿天之子不能沒有船。和阿天之子一起的國王，也不能沒有船。

國王「被裝備成神以後」，在兩位女神的協助下踏進了荷魯斯之眼，「她們幫他抓住繩索」。拉之「眼」和荷魯斯之「眼」，已經逐漸被上升物或神梯替代，現在又被「船」替代了。國王踏進的「眼睛」或「船」是一個七百七十庫比特（大約一千英尺）長的物體。負責船的神就坐在船首。祂被吩咐：「把這位國王帶進您的船艙裡。」

圖24　國王接受愛西絲和奈芙蒂斯的賜福

當國王「走進高處的歇息地」——通常表示一個架高的休息地，特別是鳥類棲息處——他看到在船艙裡的神的臉，因為「神的臉已經打開了」。國王「在神船裡找了一個地方坐下」，坐在兩位神中間；那個座位叫做「活著的真理」。兩個「角」從國王的頭（或頭盔）上冒出來；「他在自己頭上插了兩隻角，就像荷魯斯頭上的角一樣」。插上角是為了準備行動。

描述佩皮一世國王前往來生旅程的《金字塔經文》，形容這樣一個時刻：「佩皮穿上了荷魯斯的衣著，穿上了圖特的服裝；愛西絲和奈芙蒂斯在國王的前後；阿布—瓦特（Ap-uat）已經為國王打開了一條路；乘天之神舒神已經把國王送上去了，安城的眾神讓國王爬上階梯，把他安置在天國的蒼穹之前；天空女神努特則把手伸向國王。」

神奇的時刻已經到了；只剩下兩道門要打開，國王——就像拉和奧西里斯曾做過的——會成功的從杜亞特出現，他的船將會浮在天水裡。國王靜靜祈禱：「啊，高高在上的唯一者……和您的天國之門：國王已經來到您面前；因為這扇門是為他而開的。」代表「永遠」的「兩根塔德柱子」，直直矗立著，一動也不動。

突然，「天國的兩道門都開了！」

經文出現了欣喜若狂的宣告：

天國之門開了！大地之門開了！天窗的孔洞開了！通往天國的階梯打開了；光明的腳步已經出現了……天國的兩道門已經打開了；克布（Khebhu）的兩道門也已經打開了，為來自東邊將在黎明抵達的荷魯斯打開了。

一些象徵月亮變化（「黎明」出現）的猿形神，開始宣讀神奇的「可以使荷魯斯之眼放射光輝的力量話語」。光之雙峰山著名的「光亮」，現在更燦爛了：

天神使光亮變得更加強烈，以便國王能將自己送到天國去，就像拉之眼一樣。國王在荷魯斯之眼裡，還可以聽得見眾神的命令。

「荷魯斯之眼」開始改變色調：最初是藍色，之後就變紅了。周圍充滿興奮歡騰的氣氛：

荷魯斯之眼暴烈的火紅著，沒有人能夠經受住它的力量。使者、下屬慌忙奔跑，他們向東邊負責接國王的神宣布：「讓他過去。」告訴眾神：「請保持安靜……把手放到您的嘴上……站在地平線的門前，打開天國的門。」

寂靜被打破了；現在又是一片嘈雜：

天國一陣嘩然，地球震動；地球顫動；天國兩區域的神大喊；當國王升到天國時，當渡船飛到天國時……天國的地面分開了……當國王升到天國時，地球大笑了起來，天空也微笑著。天國向國王發出喜悅的聲音；大地也為他歡快的震動著；巨大的風暴向他狂吹猛打，像塞特的怒吼一樣……天國的守衛為他打開了天國之門。

之後，「兩座山分開了」，出現了一個直上雲霄的東西，讓夜晚的星星全都消失了：

天空布滿雲彩，星星都暗淡下來。地球的筋骨不斷搖動著。

在這些搖動、震動和雷鳴中，「天空之牛」（「它的肚子充滿了魔力」），從「火焰島」升起來。然後一切震動都停止了；國王已經升到天國──「像獵鷹一樣，漸漸亮了」：

他們看見國王像獵鷹、像一位神般的漸漸亮了；國王和他的父親們住在一起，國王是天國的一頭公牛……肚子裡充滿著來自火焰島的魔力。

第四二二段經文生動的描述這個時刻：

啊，這就是佩皮！你已經離開了！你是光輝之人，和神一樣偉大，和奧西里斯一樣就座了！靈魂與你同在……你的「控制」力量就在你的身後；謬斯特（Misut）皇冠就在你的手裡……你升到你的母親，天空女神那裡，她會擁抱你，她會告訴你前往地平線的道路，那裡就是拉所在的地方。天國的雙門都已經為你打開了，天空的雙門都已經為你打開了，喔！佩皮……裝備成神了。

拉美西斯九世（Ramses IX）陵寢的一幅圖畫暗示，將雙門分別朝兩邊傾斜，就可以把門打開；兩邊各有六位神操作滑輪和輪子。經過那個漏斗形的開口，一位巨大的鷹頭神就出現了（見圖25）。

圖25　拉美西斯九世陵寢的圖畫

經文描述這個令國王滿意的偉大成就後，繼續寫道：「航行的他繼續往上飛；佩皮國王已經飛離了你、飛離了凡人。他不屬於地球，他屬於天國了……佩皮國王就像雲一樣在天上飛，他就像飛到桅頂的鳥兒，他就像獵鷹一樣親吻著天空；他到達了地平線之神的天空……」經文繼續描述，國王現在「被承天者托著，承天者就是把星星向上托的神；他在神之牆的陰影裡穿過了天空」。

國王不僅可以在天上飄，他還可以繞著地球飛：

他像拉一樣在天上環繞，像圖特一樣橫越天空……他越過了荷魯斯的領地，又跨過了塞特的領地……他已經繞著天國飛了兩圈，在兩個領地上盤旋了兩次……國王是一隻超越獵鷹的獵鷹；他是一隻偉大的獵鷹。

也有一個詩節說，國王「像桑特（Sunt）一樣，在一夜裡穿過天空九次」；但「桑特」究竟是什麼意思，至今仍是個謎。

接下來，國王仍然坐在「兩個一起遨遊天國的夥伴中間」，向著遙遠的天國，朝東邊地平線咆哮。國王的目的地是阿天——翼碟，也就是永生之星。祈禱文現在的焦點，集中於把國王送到阿天，以及成功抵達阿天：「阿天，讓他靠近您；將他擁入您懷中。」這裡是拉的居所，為了要確保國王受到歡迎，祈禱文就把這趟天居之旅描述成兒子返家看望父親的旅程：

阿天的拉啊，您的兒子回來了；佩皮回來了；讓他上來見您吧；將他擁入您懷中吧。

現在「天國突然傳出一聲呼喊：天上眾神說：『我們看到了一件新鮮事；一個荷魯斯在拉的

光束中。』」國王「在通往天國之路上，乘著風」，他「向天國前行，穿過穹蒼」，希望抵達目的地後會受到歡迎。

這趟天上旅程會持續八天：「明日，當第八天的時刻到來，國王將會被拉傳喚」；守衛阿天入口或拉的天居的神，會讓國王通過，因為拉已經在永生之星上等著國王了：

當時刻到來時……國王就會站在那裡，在天國裡的永生之星上，被認定為神。像王子一樣被聆聽，當他召喚時，四位神就會來到他面前，祂們憑著天國丹姆（Dam）權杖，向拉報告國王的名字，宣告國王的名字是地平線的荷魯斯：「他已經來了！國王已經來到這裡了！」

國王正在「天國的湖泊」上前行，靠近「天的岸邊」。當他抵達時，永生之星上的眾神如預計中的宣布：「到達者來了……拉在天國的階梯上，向國王伸出了雙臂。『知道這個地方的人』來了，眾神這樣說著。」那裡是雙宮的大門，拉果然正等著國王：

你看見拉站在那裡了，祂會以擁抱迎接你；祂會帶你去天上的雙宮；祂會讓你坐在奧西里斯的寶座上。

經文說：「拉已經把國王帶到祂自己身邊，前往天國，就在天國的東邊……國王就在那顆在天國發出光輝的星星上。」

現在只差一步就完成了。國王在「杜亞特的荷魯斯」（「偉大的綠色神鷹」）陪伴下，出發前往天國中央，尋找生命之樹。「佩皮國王去了生命之地，那裡是拉在天國的出生地。他發現克布赫特（Kebehet）女神拿著四個罐子靠近他，她曾用它們復活神的心。現在，她也要復活國王的心」。

任務成功了，《金字塔經文》欣喜的繼續：

啊，這位佩皮！生命裡所有滿意的東西都給你了；拉說：「永生已經屬於你了。」你不會腐朽，你不會死亡，直到永遠、永遠。

國王已經升上天梯進入天國了；他已經到達永生之星；「他得到永生，生命恆存」。

5・眾神來到地球

現在的人視太空飛行為理所當然，對太空的永久殖民計畫也不感驚訝，不再驚嘆於太空梭可重複使用，而是讚賞它能節省成本。當然，這一切是因為我們都曾親眼從電視、報紙等傳播媒體上看到在太空航行的太空人，看到無人太空船登陸了其他星球。我們接受了太空旅行和星際溝通，是因為我們和世界上其他人都親耳聽見阿姆斯壯（Neil Armstrong），這位阿波羅十一號太空船的指揮官，第一位登陸月球的人，第一次從其他天體（月球）傳回來的聲音：

> 休士頓！這裡是寧靜海基地。「鷹」已登陸！

「鷹」不僅是登月艙的名字，也是三名太空人對阿波羅十一號太空船的暱稱（見圖26）。「鷹」已經飛上太空，登陸月球了。在華盛頓史密森學會的國家航空和太空博物館裡，我們可以看到曾經飛行過的太空船，或是曾作為美國太空計畫的後備飛行器。在一個特殊的展區，還能看到以登月的真實背景為藍本，模擬登月過程，遊客可以聽到從月球錄下來的聲音：

圖26　阿波羅十一號的標誌

好了，休士頓。「鷹」到達哈德利平原了！

位於休士頓的太空指揮中心向世界宣布：「大衛・斯科特（David Scott）大聲歡呼，阿波羅十五號太空船已經到達月球的哈德利平原！」

凡人可以穿上特製的服裝，進入一個長物體的前端，慢慢消失在空中，遠離地球……直到幾十年前，這都還是非常荒謬的想像。在一、兩個世紀之前，這樣的概念壓根就沒有產生，因為那時候在人們的經驗中，還無法激發這種大膽的想像。

本本

但就像我們描述過的一樣，埃及人在五千年以前，就能觀想法老身上所發生的一切：他會到埃及東邊的一座發射臺；他會進入一連串複雜的地下通道和房間；他會安全經過原子設備和輻射室；他會穿上太空人的衣服和裝備，進入一個上升物裡，緊挨著兩位神坐著。之後，當雙門打開，黎明的天空出現時，發射引擎就會點燃，而上升物將會變成天梯，把法老帶到眾神的居所，那顆「百萬年之星」。

埃及人是在哪個電視頻道看到這些事情的發生，以至於讓他們堅信這一切都是可能的呢？

他們家裡並沒有電視機，唯一的可能就是他們去過太空站，看過太空船往返飛行，或是參觀了太古的「史密森」博物館，在螢幕上看到模擬飛行器和太空旅行的導覽。有證據顯示，古埃及人真的做過這些事情：他們親眼看過太空發射臺、發射架及太空人。但那些太空人並不是要前往其他星球的地球人：他們更像是從其他天體來到地球的太空人。

古埃及人熱愛藝術，在他們的墳墓裡描繪了他們一生的所見所聞。在塞提一世（Seti I）的墳墓裡，有杜亞特的地下通道和房間的建築細節圖。在胡伊（Huy）的墳墓裡，有更令人驚奇的描繪。胡伊是著名法老圖坦卡蒙（Tut-Ankh-Amon）時期，治理努比亞和西奈半島的總督。他墳墓的牆上畫著他所轄兩區的人物、地方和物品，更重要的是，墳墓中還有一幅生動的火箭圖，保存十分完好：地下發射井裡放著一架火箭的機身，頂部主控艙則露出地表（見圖27）。機身

圖27　胡伊總督的墳墓圖畫：一架多層火箭

又細分為幾塊，就像多層火箭一樣。艙內底部有兩個人正在處理槓桿和軟管；他們上面有一排圓形的儀表。發射井的剖面圖顯示機身周邊有管狀環繞，可能是為了熱傳導或其他與能量有關的用途。

地面上的半圓形艙被塗成焦色，就像是再次進入地球大氣層後一樣。圓錐形的主控艙大到足夠容下三到四個人，還有幾個垂直的「窺視孔」圍在地面的底部。周圍是一片棗椰樹和一些長頸鹿，還有一些正在敬拜的人。

地面下的房間用豹皮裝飾，豹皮和法老的永生之旅有直接的關聯。為法老作開口儀式的閃祭司就穿著獨特的豹皮。拖著法老的船通過杜亞特「隱藏之地的祕密通道」的神，也有豹皮的獨特標誌。豹皮，是一個不斷用來強調，法老之旅與發射井的火箭有密切關係的象徵標誌。

正如《金字塔經文》所說的一樣，法老成為永恆的轉化過程，和其他神經歷的旅程一樣。拉、塞特、奧西里斯、荷魯斯，以及其他神，都是以這樣的方式升到天國。但埃及人也相信，最初來到地球的偉大眾神都是乘坐同一條天船。安城（赫利奧波利斯）這座埃及最古老的聖地，很有可能是普塔神所建立的「史密森學會」，用來放置一艘真正的太空船，讓埃及人可以看見並尊崇。

那個祕密物件叫做「本本」（Ben-Ben），供奉在「本本之屋」（「本本神殿」）裡。我們從「本本之屋」的象形文字就可以知道，這個建築結構像是座巨大的發射塔，裡面豎立著一枚指向天空的火箭（見圖28）。

根據古埃及人的說法，本本是一個從天碟來到地球的堅固物體。它是拉神到地球時乘坐的交通工具：「天室」。本（字面意思是「飄出來的物體」）有雙重意義：「發出光」和「衝上雲霄」。

皮安希（Pi-Ankhi）法老的墓碑刻著：

圖28　本本之屋的象形文字

皮安希國王登上階梯，朝一扇很大的窗戶走去，是為了看到本本裡的拉神。國王獨自一個人走上去，把窗戶的插梢移開，然後推開兩扇窗戶。接著他就看到了本本之屋裡的父親拉神。他看到了邁德（Maad）——拉的駁船；他還看到了塞克特（Sekter）——阿天的駁船。

我們從《金字塔經文》得知，本本神殿是由兩組神守護著。「守護本本之屋外面」的神被允許進入神殿最神聖的部分，因為祂們的任務是收取朝聖者的供品，把它們帶進神殿。另一組則是主要的守護神，祂們不僅守護本本，而且守護所有「本本之屋裡拉神的祕密物品」。就像今天去史密森學會參觀的大群遊客一樣，他們欣賞甚至親手觸摸真正的太空船，也許那些去安城朝聖的虔誠古埃及人也那樣做了；他們向本本致敬和祈禱，猶如穆斯林向麥加朝聖一樣，只不過這些古埃及人朝拜的是卡爾巴（Qa'aba，一個神「天室」的黑石仿製品）。

在神殿裡有一口井或水池，裡面的水以它的治療效果聞名，特別是可以促進生育繁衍。「本」的象形文字確實有生育和繁衍的含義；也許和「本」在希伯來語裡的意思一樣，都是「男性後代」。神殿除了有促進生育繁衍的功效外，還能使人變年輕；這就引發了本本鳥（造訪埃及的希臘人把它叫做鳳凰鳥）的傳奇故事。傳說中，鳳凰神鳥的形狀似鷹，羽毛有紅金兩色，每五百年會死去，到安城以某種方式從灰燼（或羽毛）中復活。

安城和療癒神水，直到早期基督世界都還一直備受崇敬；當地傳說宣稱，約瑟和瑪利亞帶著聖嬰耶穌逃到埃及時，曾經在神殿的水井旁休息過。

埃及的歷史記載，位於安城的神殿已經多次被侵略者摧毀，今天什麼也沒留下來；本本也不見了。埃及的紀念碑描述本本是一個圓錐形的屋子，屋裡可以看見一位神。考古學家已經發現了本本的一個石頭模型，一位神在敞開的門口持歡迎的手勢（見圖29）。天室的真實形狀可能就像胡伊墳墓中的描述（參見第94頁的圖27）。太空船頂端的指揮艙，也就是太空人在太空船發射和返回地球時所待的地方，和本本看起來十分相像（見圖30），兩者無疑具有相同的目的和功能。

本本已經不在了，還有什麼來自安城的證據，會比圖畫和模型更有力的呢？前面我們已經提到，根據埃及經文所說，神廟裡還藏著其他一些拉神的祕密物品。在《死者之書》裡，有九件物品與「閃」的象形文字有很密切的關聯；很有可能，神廟裡放著和太空有關的九個物體，或是太空船的九個零件。

太空船零件

考古學家也許已經找到其中一個較小的複製品了。他們發現一個形狀奇特的圓形物體，上面的曲線和圖形另人費解（見圖31a）；自從一九三六年發現後，就一直困擾著所有學者。有一點非常重要，這件東西是在埃及第一王朝阿笛傑泊（Adjib）國王的兒子薩布（Sabu）王子墓中眾多「罕見銅器」中發現的。這意味著它在大約西元前三千一百年就被放進墓裡，也許時間還更早。

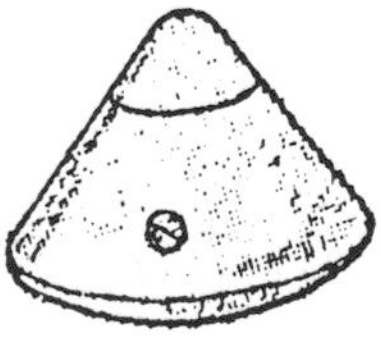

圖30　本本石的樣子和太空船指揮船很像

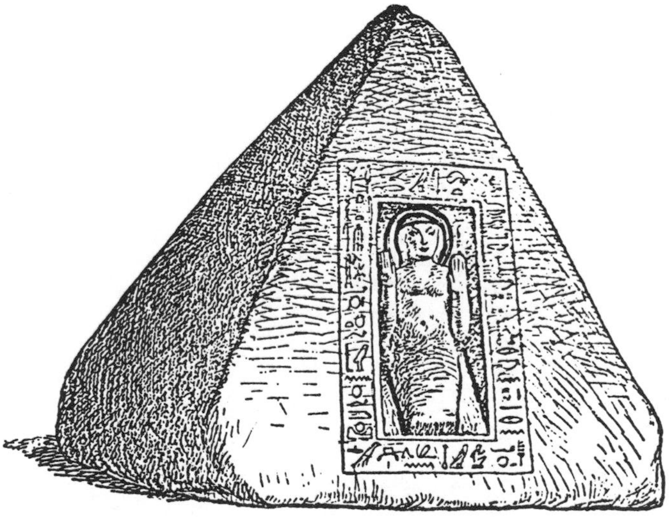

圖29　本本石：裡面有一位持歡迎手勢的神

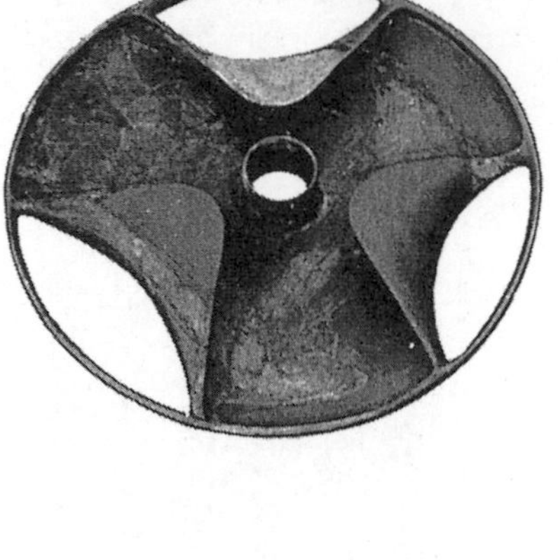

圖31a　片岩做的碗狀容器

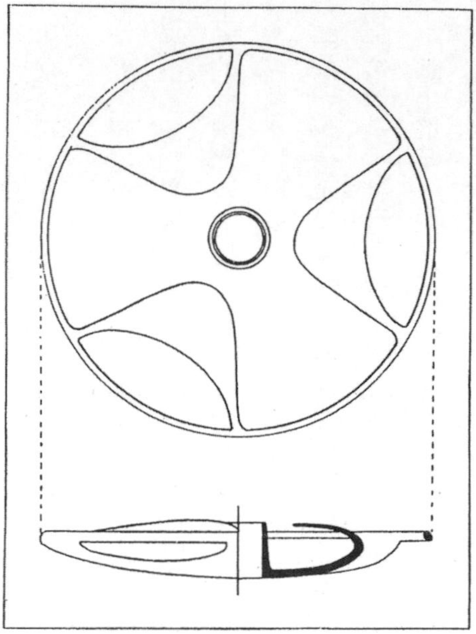

圖31b　平面圖和剖面圖

埃默里（Walter B. Emery）在《第一王朝的大墓》（*Great Tombs of the First Dynasty*）一書，提到他在北部薩卡拉（Saqqara，位於吉薩的大金字塔南面）的考古發現，其中有一個「片岩做的碗狀容器」，並說「對這個物體的奇怪設計目前還找不到滿意的解釋」。這個物體是用一大塊堅固的片岩雕刻而成，而這種片岩十分脆弱，很容易裂成不規則的薄片。用這種片岩做任何東西都很容易裂開；因此，選用這種特別的岩石是因為材料的獨特和適合用來雕成精緻的形狀——可保留形狀，而不是為了使用。根據這項特點，其他學者，例如西瑞爾・奧爾雷德（Cyril Aldred）在《埃及到了古王國的盡頭》（*Egypt to the End of the Old Kingdom*）一書中，斷定那個石製品「很可能是仿製金屬物件而做出來的」。

但在西元前第四世紀又有什麼金屬可以用來製造出這個物體呢？需要如何

精雕細琢的工序？又有什麼熟練的冶金專家能打造出如此結構複雜的設計呢？最重要的一點，打造這個物體到底是為了什麼目的呢？

有一項對這個物體獨特設計的技術研究（見圖31b）顯示了這個物品的用處或來源。這個圓形物體的直徑有二十四英寸，最厚的地方不到四英寸；它顯然是搭配一根桿狀物體使用，繞著軸轉動。而那三片類似扇葉的奇特東西，在轉動時可能是浸泡在一種液體裡。

一九三六年之後，就沒有人再對這個難題進行深入的研究了。但這個物體的可能用途在一九七六年又突然出現在人們的腦中，一本科技雜誌上說，加州開發出一項具有革命性設計的飛輪，這是為美國太空計畫所研發出的產品。飛輪，連接到機器的旋轉軸或引擎，是工業革命時的發明，使用了不到兩個世紀，它可以用來調節機器的速度，以及為單次噴射積蓄能量，通常用於金屬壓縮機（或近來的航空用途）。

通常，飛輪都有很重的輪輞，因為能量是儲存在飛輪的周長裡。但到了一九七〇年代，洛克希德導彈與太空公司（Lockheed Missile & Space Company）的工程師提出了相反的設計——一種輕輪輞的飛輪，這樣的設計適合用於大眾運輸的火車，或是讓無軌電車更儲能。知名科技大廠AiResearch製造公司繼續了這項研究；他們研發了模型（但一直都不完善），密封在一個充滿潤滑油的外框裡。他們革命性的飛輪（見圖32）看起來和有五千多年歷史的古埃及物品差不多，而且古埃及的這件物品還更勝一籌，在西元前三千一百年就已經設計完善了，一九七八年的太空工程師還只是在開發階段而已！

這件古埃及飛輪的金屬原件在哪裡呢？其他放在安城神廟的物品又在哪裡呢？還有，這就是本本嗎？就像許多古代的工藝品一樣，雖然被古人記入史冊，但它們最終都不得而知了——可能是被自然災害或戰爭毀了，也有可能是被拆除、移往什麼地方；還有可能成為戰利品，或為了安全起見，藏在某個早就被人們遺忘的地方。也許它們都被帶回天國；也許它們還在我們身邊——

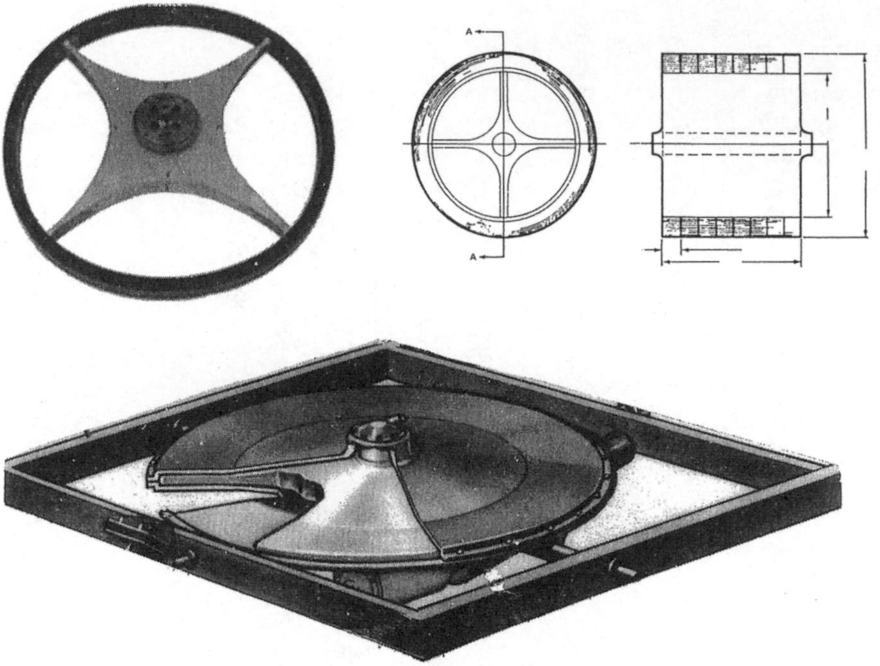

圖32　AiResearch製造公司設計的輕輪輞飛輪

說不定就在某個博物館的地下室，不為人知。或者，就像鳳凰鳥串連安城和阿拉伯半島的傳說一樣：也或許就藏在麥加卡爾巴一處封閉的房間裡……

然而，我們可以推測，那些在安城神殿的神聖物件，可能就是在古埃及所謂的「第一中間時期」毀壞或遺失的。那時的埃及四分五裂，政治混亂。我們知道，太陽城赫利奧波利斯的神廟在那段動亂的時期被毀損；也許就是在那個時候，拉神才離開了祂在赫利奧波利斯的神廟，變成阿蒙神——「隱藏之神」。

第十一王朝，南部的上埃及恢復穩定，定都於底比斯，那裡最高的神叫做阿蒙或阿門。門圖荷太普（Mentuhotep，埃及文讀作Neb-Hepet-Ra）法老在底比斯附近建了一座很大的神廟獻給拉神，並在神

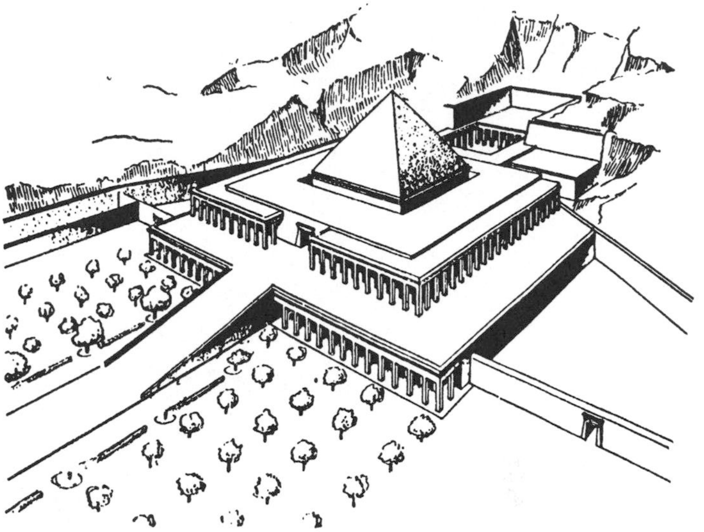

圖33　門圖荷太普法老所建的拉神廟

廟頂部建造了一座很大的金字塔來紀念拉神的天居（見圖33）。

西元前二千年後不久，埃及在第十二王朝期間又重新統一，秩序穩定，通往赫利奧波利斯的通道又恢復了正常的通行。這個王朝的第一任法老阿門—恩—哈特一世（Amen-Em-Hat I）登基後，立刻重建赫利奧波利斯的神殿；但沒有人知道他有沒有重建那些原來的飛行器，或是重製了那些石製的仿造品。他的兒子，希努瑟（Sen-Usert，埃及文讀作Kheper-Ka-Ra）法老也就是希臘歷史學家記載的塞索斯特里斯，在神廟前豎起兩根巨大的花崗石柱（六十六英尺高）。柱頂上放著拉神天居的模型——一座小金字塔，外層鍍著黃金或白銅（金銀合金）。其中一根花崗石柱四千多年後在原址依然屹立不搖；另一根在西元第十二世紀時被毀。

希臘人稱這種柱子為方尖碑（obelisks），埃及人則把它們叫做「眾神之梁」。絕大多數都是成雙立在神殿門前（見圖34），主要是在第十一和第十九王朝之間修建的。有些後來被運到紐約、倫敦、巴黎和羅馬。正如法老所說的，他們修建這些柱子是為了「（從神那裡）獲得永生的禮物」；為了「獲得無止境的生命」。因為這些石製的方尖碑是法老仿造他們在（或即將前往）杜亞特的神山裡的所見所聞：眾神的火箭（見圖35）。

今天的墓碑石刻著亡者的名字，以便他能永遠被記住，其實就是按比例縮小的方尖碑——這是一個紀念眾神和太空船都還確實留存時的傳統習俗。

埃及神來自東方

這些天界存有的埃及文，讀作尼特——這個詞在古代近東語言裡的意思是「觀察者」。尼特的象形文字是（見本書第三章）；就像所有的象形文字一樣，它們都代表著曾真實存在、看得到的物體。學者對於這個符號有很多猜測，從一把長柄斧頭到一面旗幟的說法都有。穆雷（Margaret A. Murray）在她的《輝煌埃及》（*The Splendor That Was Egypt*）一書中，提出了更通用的觀點。在前王朝時期的陶器裝飾上，畫了

圖34　成雙的方尖碑

圖35　神的火箭

一艘插著旗子的船，旗桿上有兩張飄帶（見圖36左下），她認為「有兩張飄帶的桿變成了神的象形符號」。

很有趣的一點是，最古老的圖畫上畫的竟是從陌生之地返回的船。有些圖畫裡繪有人物，顯示有一位很高大的領導者正指揮一排坐著的水手划槳，從頭盔上的角（這是尼特的符號）可以看出神的身分（見圖36右下）。

從插圖來看，埃及人從一開始就認為他們的神來自於其他地方。這也同時確認了埃及是如何開始的故事——來自南部的普塔神發現埃及被洪水淹沒，建造堤壩，攔住洪水，開墾土地，讓土地適合人居。埃及有一個地方叫做塔尼特（Ta Neter）——「眾神之地」。它位於紅海南端一處狹窄的海峽，也就是今天的曼德

圖36　尼特的符號

海峽（Bab-el-Mandeb），載著尼特標誌、有角眾神的般隻，通過曼德海峽，抵達埃及。

紅海的埃及名字叫做烏爾海（the Sea of UR）。塔烏爾（Ta Ur）一詞的意思是東方的異地。亨利・高迪爾（Henri Gauthier）編纂了一本所有象形文地名的《地理名詞字典》（*Dictionnaire des Norms Géographiques*），他指出，塔烏爾的象形文「是一個航海專有名詞……符號的意思是『你必須乘船，前往左側』」。看一下古代的世界地圖（見第34頁的圖2），從埃及離開後，穿過曼德海峽後，往左彎，沿著阿拉伯半島，會通往波斯灣。

還有更多的線索。塔烏爾字面上的意思是「烏爾之地」，而烏爾這個名字並不陌生，它就是希伯來人的始祖亞伯拉罕的出生地「吾珥」。亞伯拉罕是閃的後代，出生在迦勒底（古代巴比倫一省）的烏爾，和父親他拉一起出走。「他拉帶著他的孩子亞伯拉罕、哈蘭的孩子羅得、他拉的孫子、他的兒媳撒拉，他的妻子從迦勒底的烏爾去了迦南之地。」（《創世記》12：31）

十九世紀初期，當考古學家開始著手揭開埃及的歷史和紀錄之謎，烏爾（吾珥）除了在《舊約》裡出現過以外，其他任何文獻資料上都不曾記載。但已知迦勒底：就是希臘人所謂的巴比倫——古代美索不達米亞平原上的王國。

希臘歷史學家希羅多德，在西元前五世紀曾到過埃及和巴比倫，他發現了埃及人和迦勒底人有許多相似的習俗。希羅多德把巴比倫最高的神貝爾（Bel）叫做朱庇特・柏羅斯（Jupiter Belus），巴比倫有供奉祂的巨大神塔，他寫道：「在塔的最高處有一座寬敞的神廟，在廟中有一張大小不尋常、裝飾得富麗堂皇的臥榻，臥榻旁還有張金色桌子。裡面沒有任何的雕像，除了一名被選中的當地婦女之外，也沒有其他任何人會在此過夜；這名婦女是由神透過祭司從迦勒底人中選出來的……他們還宣稱……神會親自降到這個屋子，在臥榻上睡覺。這有點像埃及底比斯的故事，總是有一名婦女在底比斯的阿蒙神廟裡過夜。」

十九世紀的學者越深入研究埃及，和希臘羅馬歷史學家的文獻圖像相吻合，有兩個事實就越明顯：第一，埃及的偉大文明並不是一株在文化沙漠裡孤獨盛開的花朵，而是貫穿眾多古老國家整體發展的一部分。第二，《聖經》故事裡面所講的其他國家和王國、堡壘城市、貿易路線、戰爭和條約，以及人們的遷徙和定居，不僅都是確鑿的史實，而且還十分精確。

幾個世紀以來只在《聖經》裡簡短提到的西臺人（赫人），在埃及的文獻紀錄裡，是法老強競的對手。還有一段不為人知的歷史：埃及人和來自小亞細亞的西臺人，曾在迦南北部的加低斯發生一場關鍵戰役；這場戰爭不僅有文獻紀錄，也刻畫在一些神廟的牆壁上。甚至還有一個歷史人物的細節：有位法老為了維持兩國的和平，最終娶了西臺國王的女兒。

《聖經》地名確實存在過

非利士人、「海上民族」、腓尼基人、胡里安人和亞摩利人，這些之前記載在《聖經》上的民族及王國，隨著埃及的考古進展，都被確認是史實，考古學家開始擴及《聖經》裡其他地名的研究。最重大的發現是找到了名副其實的亞述和巴比倫王國；但他們壯麗的神廟和其他遺址在哪裡呢？關於他們的記載又在哪裡呢？

所有的旅行家都記錄了兩河之間的土地，幼發拉底河和底格里斯河之間的大平原，有一大群土墩（阿拉伯和希伯來人稱為tells）。因為當地沒有石頭，所以即使是古代美索不達米亞最壯麗的建築也是由土磚築成；戰爭、氣候和時間把它們都變成了一堆堆土丘。這些建築雖然沒有大片而完整的保存下來，但偶爾也留下了一些小型文物；之中常有用黏土燒製的楔形標記。早在一六八六年，英伯格・坎姆弗爾（Engelbert Kampfer）這名旅行家曾到訪波斯波利斯，這裡是古波斯的首都，亞歷山大曾在此與波斯國王征戰。坎姆弗爾抄錄了遺址上的楔形標記和符號，例如大流士的皇家印章（見圖37）。但他認為那些符號只是裝飾圖案而已。當這些符號最終確認是碑文時，沒有人知道那些是何種語言，也沒有人知道怎樣解譯它。

解譯這些楔形文字，與解出埃及的象形文字一樣，關鍵在於一塊刻著三種語言的碑文。波斯西部一個叫做貝希斯敦（Behistun）的地方，發現了一個摩崖石刻。一八三五年，英軍亨利．羅林森（Henry Rawlinson）少校抄錄了碑文，之後成功破解了那些楔形文字。

圖37　大流士的皇家印章

碑文上的三種語言分別是古波斯語、埃蘭語和阿卡德語。阿卡德語是所有閃族語言的根源；學者透過希伯來語的知識，才能夠讀懂亞述人和巴比倫人在美索不達米亞平原刻下的碑文。

一個巴黎出生的英國人，名叫做亨利．奧斯丁．萊亞德（Henry Austen Layard），受到這些發現的激勵，在一八四〇年來到摩蘇爾（Mosul），這裡位於伊拉克北部，是一處交通樞紐，那時還屬於鄂圖曼土耳其帝國。他是安斯沃思（William F. Ainsworth）的客人。安斯沃思寫過《在亞述、巴比倫和迦勒底的研究》（*Researches in Assyria, Babylonia and Chaldea*）一書，這本書和瑞奇（Claudius J. Rich）的《巴比倫遺址實錄》（*Memoir on the Ruins of Babylon*）等先前研究和小型發現，不僅點燃了萊亞德的想像力，而且還引發大英博物館和英國皇家地理學會的技術和財務支持。萊亞德依據《聖經》的資料和希臘的古典著作，發現都提到一名亞歷山大軍官看見了「一個有很多廟塔和古城遺跡的地方」——一座在亞歷山大時代就是遺跡的古老城市！

萊亞德的當地朋友帶他參觀許多「土墩」，這些土墩下可能就埋藏著古老的城市。當他到了一個叫做比爾斯·尼姆魯德（Birs Nimrud）的地方，顯得特別興奮。他後來在《自傳》中寫道：「我第一次看到，錐形金字塔以尼姆魯德晴朗的天空為背景，慢慢映入眼簾。」「那個印象真的是太深刻了。」那難道不是亞歷山大的軍官所看到的地方嗎？而且可以肯定的是，那個地方與《聖經》中的寧錄——「在耶和華面前是個英勇的獵戶」——有關，寧錄建立了美索不達米亞平原上的王國和皇城——

他國的起頭是巴別、以力、亞甲（編按：《和合本》還有甲尼），都在示拿地。他從那地出來往亞述去，建造尼尼微、利河伯、迦拉，和尼尼微、迦拉中間的利鮮，這就是那大城。（《創世記》10：10—12）

萊亞德在一八四五年返回摩蘇爾，到他視為珍寶的尼姆魯德進行挖掘工作，並得到羅林森少校（**那時已升為巴格達任領事**）的支持。但不管萊亞德曾發現什麼——他也確實有所發現——美索不達米亞第一位現代考古學家的美名都不會落在他的頭上。因為兩年前，摩蘇爾的法國領事保羅—艾米利·博塔（Paul-Emile Botta）——萊亞德曾見過他，並成為朋友——就開始在底格里斯河的另一邊，摩蘇爾北部的一座土墩進行考古挖掘工作了。當地人把那個地方叫做科爾沙巴德（Khorsabad）；那裡發掘出的楔形碑文則稱該地為杜莎魯金（Dur-Sharru-Kin），也就是《聖經》中古代亞述王薩貢的首都。薩貢統治著那座大城及其宮殿神廟，該地的神廟是一座七階的金字塔，專有名詞是「廟塔」（ziggurat）（見圖38）。

萊亞德受到博塔發現的刺激，開始在他選好的土墩上進行挖掘工作，他相信那裡就是《聖經》裡亞述首都尼尼微的所在地。雖然挖掘了那個地方後，證實那裡只是亞述人的軍事中心卡魯（Kalhu），也就是《聖經》中的迦拉，但從發掘出的寶藏來看，所費的功夫也非得值得。其中包

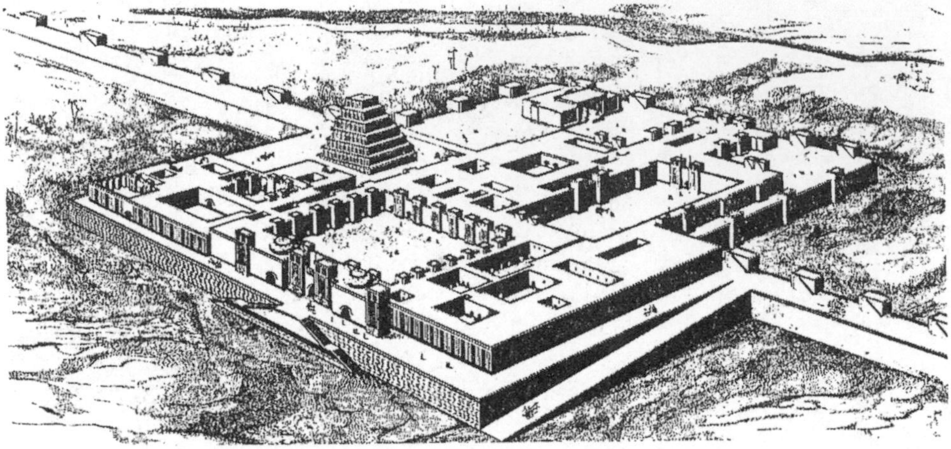

圖38　杜莎魯金的廟塔

括撒縵以色二世（Shalmaneser II）國王立的一座方尖碑，列出向他進貢的人，其中一位是「耶戶，暗利之子，以色列之王」（見圖39）。

在亞述的考古發現，現在直接證明了《舊約》的歷史真實性。

萊亞德受到這個鼓勵後，一八四九年開始挖掘摩蘇爾對面、底格里斯河東岸的一個土墩。當地人把那裡叫做庫雲吉克（Kuyunjik），其實就是尼尼微國王西拿基立（Sennacherib）建立的首都；《列王紀下》第十八章記載，當西拿基立的軍隊在圍攻耶路撒冷時，受到了上帝使者的猛烈攻擊。在西拿基立之後，那裡也是以撒哈頓（Esarhaddon）和亞述巴尼帕（Ashurbanipal）的首都。從那裡運到大英博物館的藝術珍品，迄今依然是亞述展區最令人印象深刻的寶物。

當考古挖掘的腳步加快，其他國家的考古隊也加入了這場競賽，所有《聖經》裡記載的亞述和巴比倫的城市都被找到了（只有利鮮一地還沒發現）。但當世界各大博物館都收藏了那些古代寶物時，其實最珍貴的是一片片的陶片，有一些小到足以握在手掌裡；這些陶片是亞述人、巴比倫人及其他西亞民族的商業合約、法庭裁決、婚姻和繼承紀錄、地理清單、數學資訊、醫療處方、法律和法規，以及皇家歷史等等，囊括了高度文明社會的所有層面。英雄故事、創世故事、諺語、哲學作品、情歌等交織成豐富的文化遺產。也有關於天文的事情——對星象和星座的觀察、對行星的研究和天文表等等；還有諸神的名冊、家庭關係、特性和主掌的任務及功能；這些神是以十二位大神為首，是十二位「天國和大地之神」，與十二個月份、黃道十二宮和太陽系十二個天體有關。

圖39　撒縵以色二世設立的方尖碑

這些碑文有時提到，他們的語言是從阿卡德語而來的。這和其他證據共同承認了《聖經》的敘述：亞述和巴比倫（**大約在西元前一千九百年登上歷史舞臺**）之前，還有一個阿卡德王國。阿卡德王國的創立者是「正義的統治者」舍魯—金（Sharru-Kin），我們稱他為薩貢一世。他在大約西元前二千四百年的碑文自誇道，自己是受到恩利爾（Enlil）神的支持，帝國從波斯灣延伸至地中海。他自稱「阿卡德之王，基什（Kish）之王」；並且他還「擊敗了烏魯克（Uruk），並擊毀了它的牆……他是與烏爾人之戰的勝利者」。

許多學者認為薩貢一世就是《聖經》的寧錄，所以《聖經》經文描寫的基什（或根據《聖經》的拼法叫做古實）比阿卡德王國更早：

古實又生寧錄，他為世上英雄之首……他國的起頭是巴別、以力、亞甲，都在示拿地。
（《創世記》10：8—10）

在巴比倫的東南部，發現了阿卡德皇都；又在阿卡德的東南部，發現了古代的基什城。的確，考古學家越是在兩河之間的平原往下探索，往東南的方向尋找，就發現越多的古代遺址。在現今叫做瓦爾卡（Warka）的地方，發現了烏魯克；烏魯克就是薩貢一世自稱曾擊敗敵人的地方，也就是《聖經》的以力。這讓考古學家從西元前三千年，又往前推到西元前四千年！正是在那裡，他們第一次發現了用窯燒製的陶器，使用陶輪的證據，一條最古老用石灰岩鋪成的道路，第一座廟塔（階梯型金字塔）；以及世上最早的書面紀錄：碑文（見圖40）和圓柱印章（見圖41）。只要把印章往濕黏土滾動一下，就可以留下永恆的印記。

至於亞伯拉罕的出生地烏爾（吾珥），也在更南方找到了，就在古代波斯灣的海岸線上。那裡是一個很大的商業中心，是一座巨大廟塔的所在地，也是眾多王朝的中心。那麼，再往南尋找，就會發現更古老的美索不達米亞，《聖經》的示拿地，巴別通天塔所在的地方嗎？

美索不達米亞平原上最偉大的發現之一，是位於尼尼微的亞述巴尼帕圖書館，裡面藏有超過兩萬五千塊依照不同內容分類擺放的碑刻。亞述巴尼帕王這位偉大文化的國王，收集了許多石碑上的文字，並叫文士抄錄和整理。很多碑文是「古文獻的副本」。例如，有一組由二十三塊碑刻的碑文寫道：「第二十三塊碑刻：蘇美的語言沒有改變。」亞述巴尼帕王親自寫下標注：

文士之神將他的藝術和知識作為禮物贈予我。我被傳授了寫作的祕密。我甚至能夠讀懂來自蘇美人的碑刻；我明白石頭裡的神祕文字，它們刻於大洪水之前。

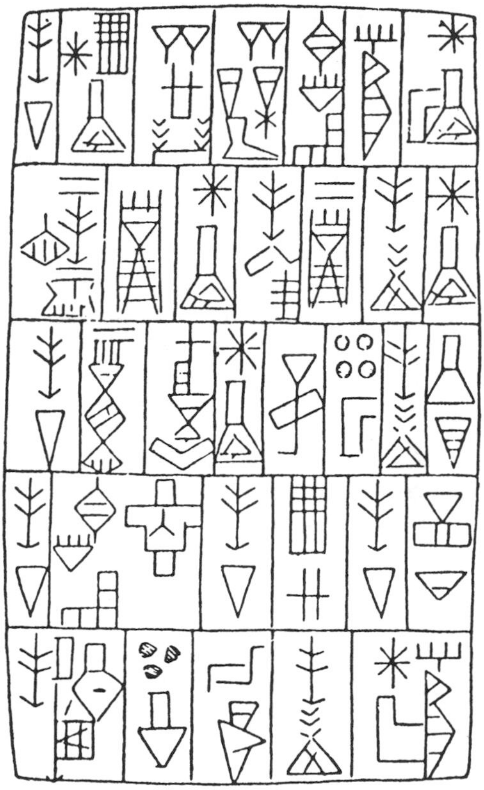

圖40　碑文

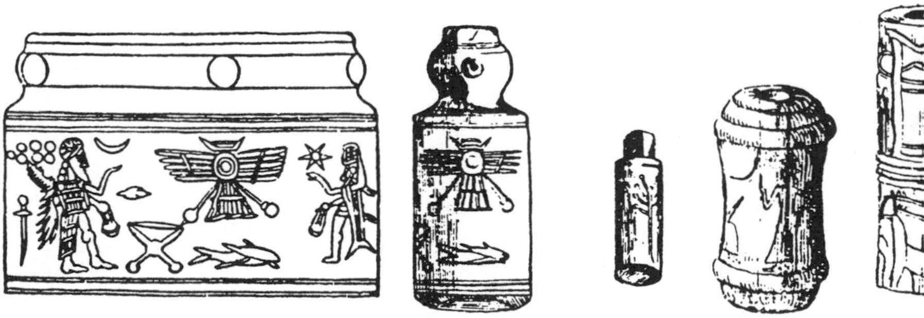

圖41　圓柱印章

一八五三年，亨利．羅林森向皇家亞洲學會透露，在阿卡德語之前還存在一種未知的語言。他指出，亞述和巴比倫文獻裡經常借用那種語言的詞彙，特別是在科學和宗教的文獻。一八六九年，朱爾斯．奧波特（Jules Oppert）向法國古幣學及考古學學會提出，他發現一個比阿卡德語言和人類更早的存在。他還指出，阿卡德人稱他們的祖先是「蘇美人」，以及叫做「蘇美之地」的地方（見圖42）。

實際上，那就是《聖經》的「示拿之地」。蘇美之地的字面意思是「看守者之地」，可能事實上就是埃及的塔尼特——「看守者之地」：來到埃及眾神的出發地。

文明的起源

古老壯麗的古埃及一步步出土後，學者接受了文明的起源並非是已知的羅馬和希臘。當時很難接受這一觀點。同樣的，現在也很難接受下列觀點：有沒有可能埃及的文明和宗教並不是起源於埃及，而是來自於美索不達米亞平原南方呢？

在第一次發現美索不達米亞後的一個世紀裡，已經證明了人類文明確實起源於「蘇美」（Sumer，學者認為蘇美比Shumer容易發音）。大約在西元前四千年，也就是距今六千年前，沒有任何起源，也沒有明顯的理由，蘇美這個具備所有基本元素的高度文明突然綻放出來了。我們現在的文化和文明所有層面的根源，都可以在蘇美文明裡找到：城市、高大的建築、街道、貿易市場、糧倉、碼頭、學校、寺廟；冶金、醫藥、外科手術、編織、美食、農業、灌溉；使用磚頭、發明窯、第一個輪子及推車；船隻和航行；國際貿易；度量工具；王權、法律、法庭、陪審；寫作和紀錄；音樂、音符、樂器、跳舞及雜技；家畜與動物園；戰爭、手工藝、妓院等等。還有最重要的：天堂的知識和研究，以及「從天堂來到大地」的諸神。

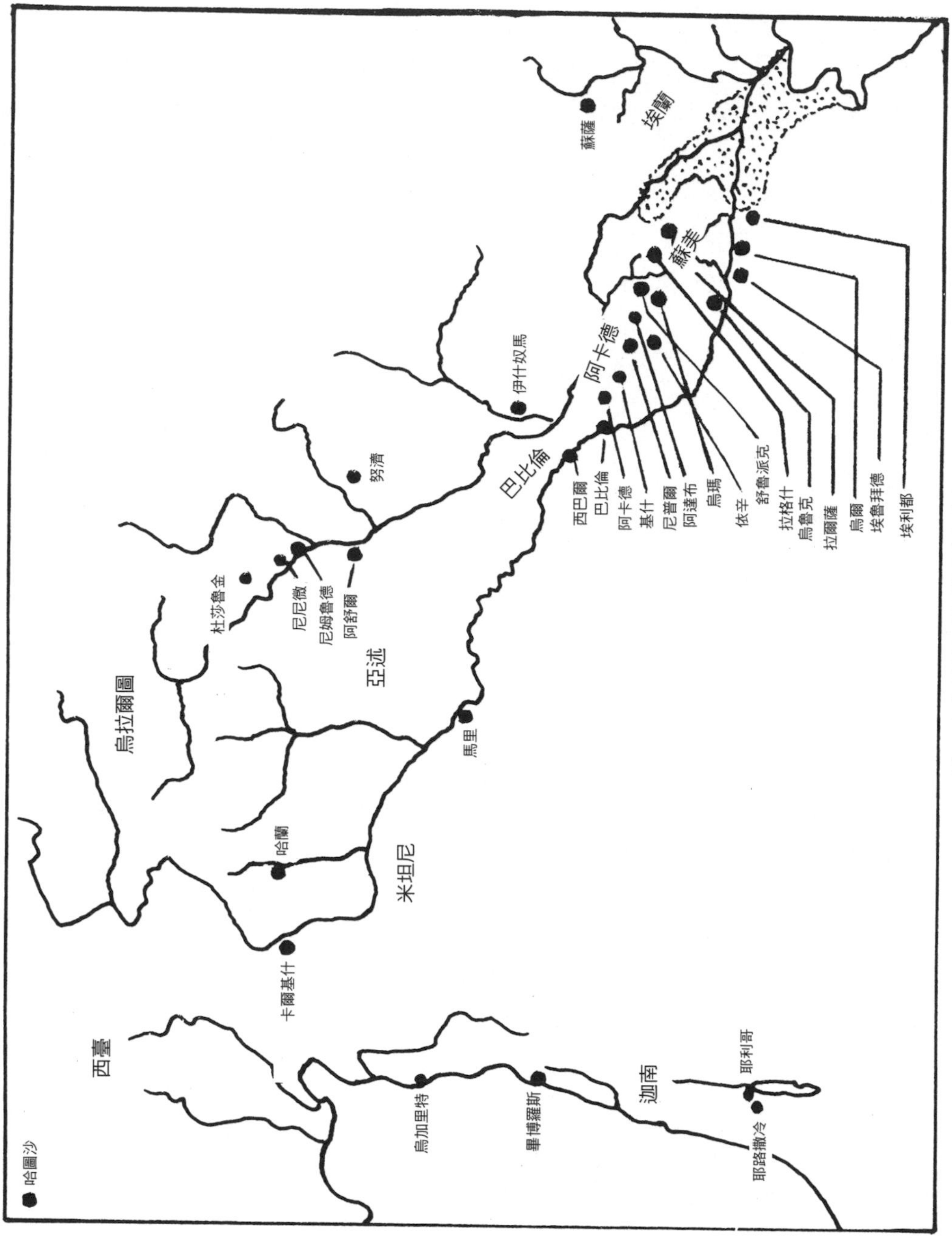

圖 42　兩河流域及鄰近地區的古城地圖

這裡要先澄清一點，阿卡德人和蘇美人從來沒有把這些地球的到訪者稱為「神」。是後來的異教徒才把神聖存有或神的概念，逐漸浸入了我們的語言和思想。當我們在這裡運用「神」一詞時，僅僅是出於通俗的用法。

阿卡德人稱這些地球訪客為伊陸（Ilu，意思是高大的人）——希伯來《聖經》中的EL就是源自於此。迦南人和腓尼基人稱為巴爾（Ba'al）。但在這些地區最初，蘇美人稱為丁基爾（DIN.GIR，意思是火箭中的正義之士）。在早期的蘇美古代岩石壁畫（後來發展為楔形文字）「丁」和「基爾」分別寫做  和 ，當兩者合起來時，可以看到「基爾」的形狀像一個錐形金字塔的艙，正好適合塞進「丁」突出的船頭；結合起來的「丁基爾」看起來就像一架多層火箭。還有，如果我們把這個楔形文字豎起來看的話，就會驚奇的發現它跟埃及胡伊墳墓壁畫中發射井裡的火箭十分相似（見圖43）。

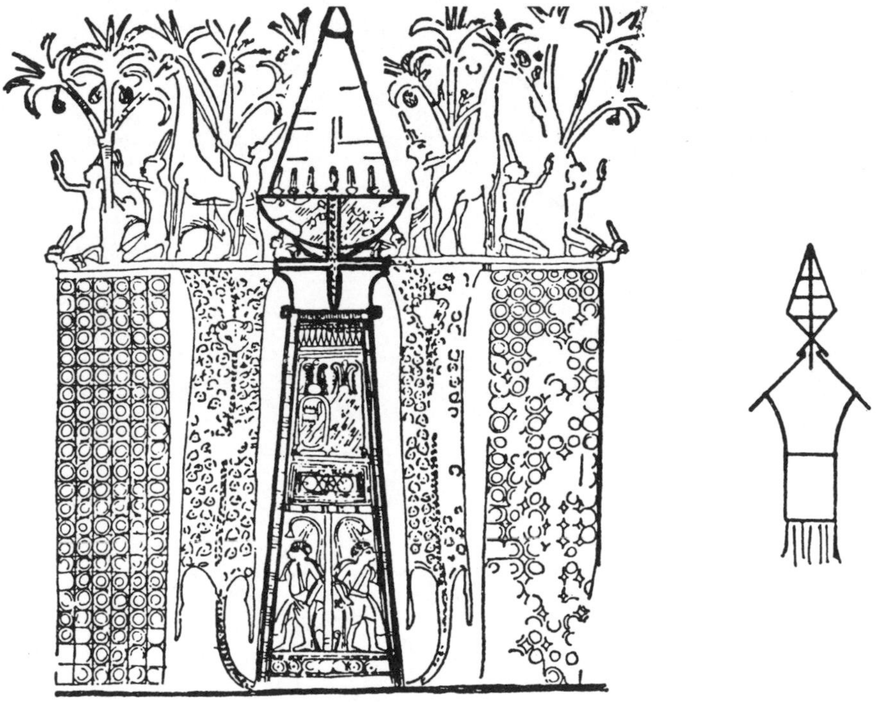

圖43　胡伊總督的墳墓壁畫和楔形文字「丁基爾」（豎立）

從蘇美的宇宙傳說和英雄史詩，從那些眾神自傳式的經文，從眾神的屬性、關係和城市，從稱為「國王列表」的編年史和年表，以及從其他文獻、碑文及圖畫……我們可以整合出一場完整宏偉的史前劇本，從而瞭解一切的起源。

故事發生在遠古時代，那時的太陽系還十分年輕。一顆巨大的行星從外太空進入太陽系。蘇美人把這個入侵者叫做尼比魯（Nibiru，意思是十字行星）；它在巴比倫語的名字則是馬杜克（Marduk）。當馬杜克經過太陽系外圍的行星時，它的運行軌道受到影響開始發生偏離，並與太陽系的另外一顆古老行星提亞瑪特（Tiamat）的軌道相互作用。當兩顆行星接近時，馬杜克的衛星將提亞瑪特撞成了兩半。提亞瑪特下面部分被撞碎了，碎屑形成了許多彗星和小行星帶——也就是在木星和火星之間運行的「天體手鐲」；提亞瑪特的上部和它的主要衛星融合了，進入一個新的軌道運行，變成了地球和月亮。

馬杜克自身完好無損，進入了圍繞著太陽運轉的巨大橢圓形軌道裡，每隔三千六百個地球年就會穿過木星和火星之間（見圖44）。就是這樣形成了太陽系的十二天體：太陽、月球、我們所熟悉的九大行星，以及第十二個天體：馬杜克。

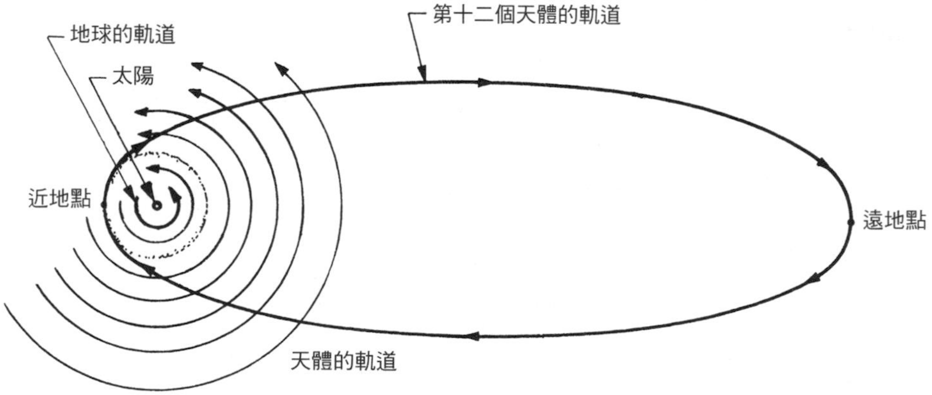

圖44　第十二個天體的運行軌道

馬杜克侵入太陽系時，帶來了生命的種子。它與提亞瑪特的衝撞中，將一些生命的種子轉移到倖存的那一半——地球。隨著地球的生命演化，過程仿效著馬杜克。而在地球有人類出現時，馬杜克上的智慧物種已經達到高度的文明和科技。

蘇美人所說的「天國和大地的眾神」，那些來到地球的太空人，就是從太陽系第十二個天體下來的。古代其他民族的宗教和神祇，都是從蘇美人這些信仰中發展出來的。蘇美人還說，是這些神創造了人類，最終賦予人類文明——所有的知識，所有的科技，以及高度複雜的天文學。

這些知識包含了太陽是太陽系的中心，指出今日已知的行星——甚至天王星、海王星和冥王星等外圍行星，這些肉眼看不見，現在的天文學才觀測得到的行星。並且，蘇美人在天體的經文、清單與圖畫的描述裡，都堅持還有另外一顆行星——尼比魯（馬杜克），當它離地球最近時，會從火星和木星之間穿過，正如這張有四千五百年歷史的圓柱印章所顯示的一樣（見圖45）。

蘇美人源自馬杜克太空人的複雜天文知識，並不限於太陽系而已。還有，無垠的宇宙有無數的星星。辨認星星，把星星分組歸入不同的星座，最先是在蘇美出現，而不是人們認為幾個世紀後的希臘。我們今天所認識的北部天空中的全部星座，和

圖45　十二個天體：十一顆天球圍繞太陽旋轉（左上角）

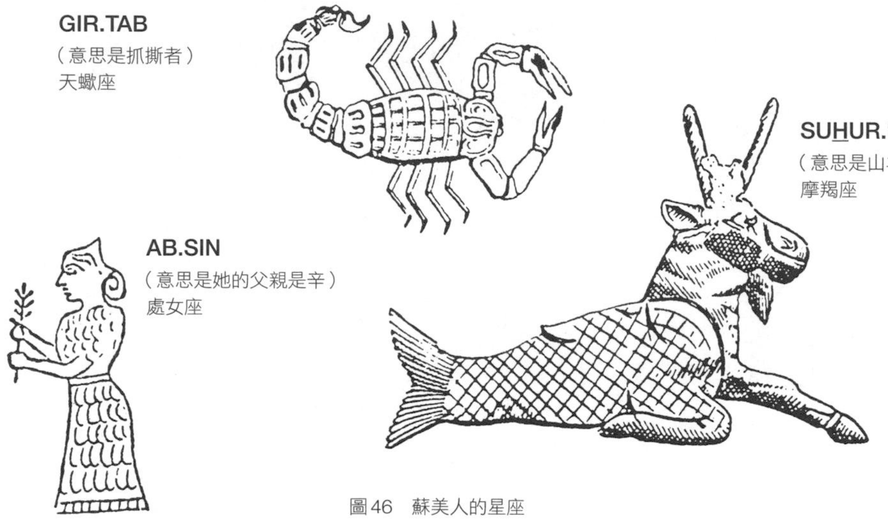

圖46　蘇美人的星座

南部天空的絕大多數星座，都列在蘇美人的天文石碑上——它們的排列順序非常正確，而且我們現今依然使用這些名稱！

最重要的是，這些繞著太陽系的軌跡和區域的星座，蘇美人叫做UL.HE（意思是閃亮的獸群），希臘人稱為zodiakos kyklos（意思是動物之圈），我們叫做黃道星座——分為十二組，形成了黃道十二宮。這些星座的名字不僅都是由蘇美人命名的——牛（金牛座）、雙胞胎（雙子座）、蟹（巨蟹座）和獅子（獅子座）——而且經過千年後，他們描繪的圖像依然沒有改變（見圖46）。後來的埃及黃道十二宮，也幾乎和之前的蘇美人完全相同（見圖47）。

不僅如此，我們今天所運用的天文學概念，包括天軸、黃道、至點和分點等，都在蘇美時期就已經很完善了，就連歲差現象也和今天出奇相似。我們現在知道，在地球固定日期（例如春分日）以黃道十二宮來觀測太陽，會產生延遲的情況。這種延遲現象是由於地球繞日公轉時，地球自轉軸的緩慢變化所致，而歲差以人類有限的壽命來說是極小的——在三百六十度的天體圈裡，

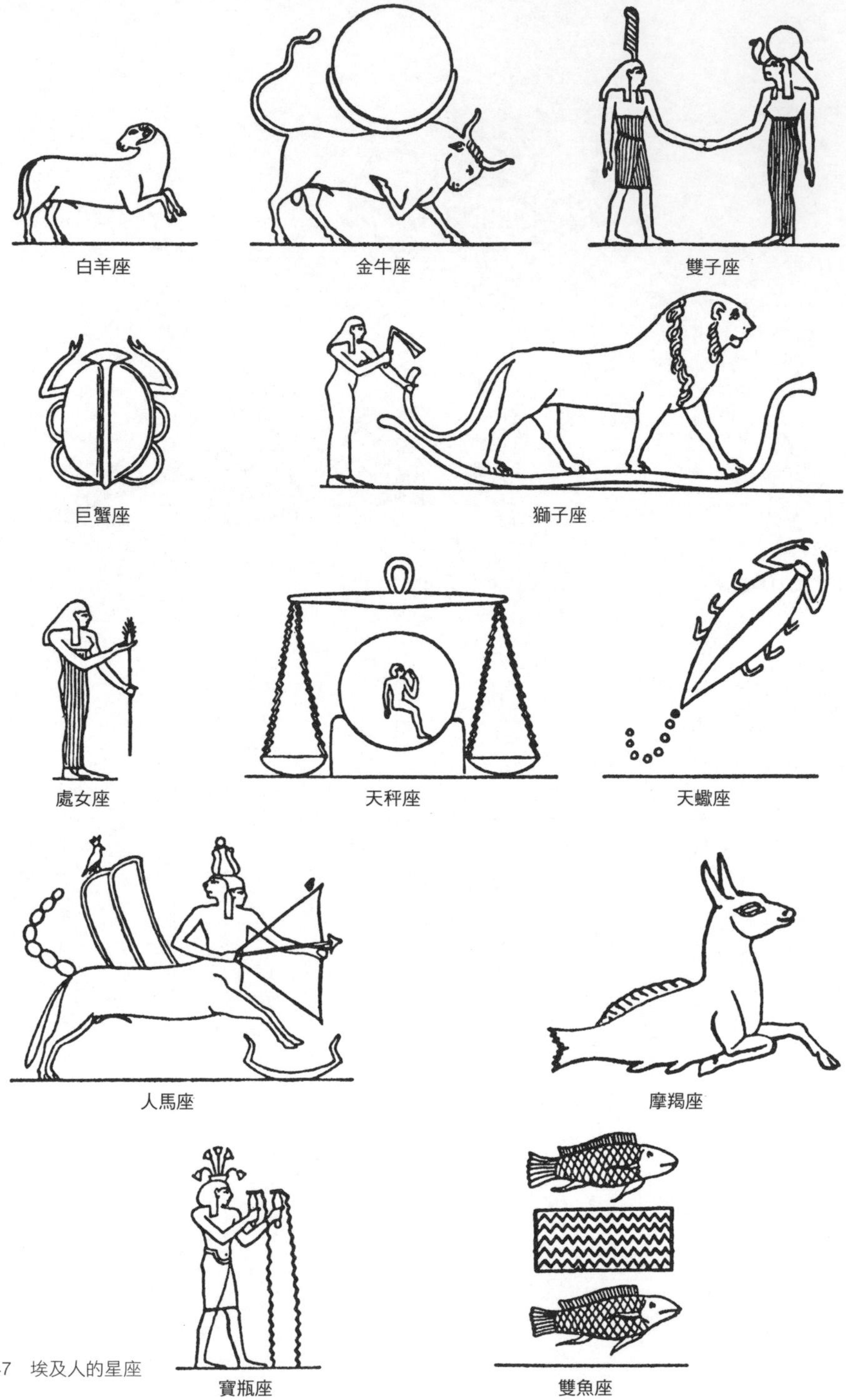

圖47　埃及人的星座

黃道十二宮每七十二年的變化只有一度而已。

地球（和其他行星）天空上的黃道星座，繞著太陽運行的軌跡，分成了十二個宮，每一宮占了天體圈的三十度。這使得地球需要兩千一百六十年（七十二乘以三十）才能緩慢進入另一個宮位。

換句話說，如果一個天文學家在地球上每年春分持續觀察太陽面向雙魚座（或任意一個星座）升起的位置兩千一百六十年後，他的子孫會看到太陽出現在雙魚座的前一個星座：寶瓶座。

古代沒有任何一個人，甚至也許沒有任何一個民族，像蘇美人這樣觀察、記錄和理解這些天文現象。但證據無可置疑：金牛座時代（大約西元前四千四百年前）就開始有曆法的蘇美人，已經瞭解並記下了前幾個歲差宮位轉移：雙子座（約西元前六千五百年）、巨蟹座（約西元前八千七百年）和獅子座（約西元前一萬零九百年）！無疑的，在西元前兩千兩百年的春分，也就是美索不達米亞人的新年，延遲了整整三十度，轉換到了白羊座或「白羊時代」，白羊（Ram）的蘇美語是KU.MAL。

早期的一些學者把埃及學、亞述學與天文學連結起來，透過經文和圖畫的描繪，以黃道十二宮的曆法來分析，將地球事件和天文相互對照。近年來，更廣泛用於研究史前學和編年史，例如桑提拉納（G. de Santillana）和戴程德（H. von Dechend）的著作《哈姆雷特的石磨》（*Hamlet's Mill*）。毫無疑問的，太陽城赫利奧波利斯南部的獅身人面像，或是像公羊一樣守衛著卡奈克神廟的塑像，分別代表黃道十二宮獅子時代和白羊時代曾發生的事件，或代表當時至高無上的神或國王。

以這些天文知識為核心，以及古代所有的宗教、信仰、事件對古代的描繪，都指出太陽系還有另外一顆行星，它的軌道非常大，是一顆超級天體或「天主」——也就是古埃及人所稱的「永生之星」、「百萬年之星」，眾神住的天居。古人無一例外，對這顆有巨大軌道的行星充滿敬畏。在埃及、美索不達米亞和其他地方，它的標誌都是一顆長著翅膀的球體（見圖48）。

學者認出古埃及描述的天碟代表拉的天居之後，堅信拉就是一位「太陽神」，有翅膀的天碟是「太陽碟」。現在確認它並不是太陽，而是古人描述的第十二顆行星。實際上，古埃及人的描述清楚分出代表第十二顆行星的天碟和太陽。正如圖49，兩者都在天空（以努特女神彎曲的形態代表）出現；圖上清楚有兩個天體，不僅一個。更明顯的是，第十二顆天體是以一顆天球或碟的形式展現，標示著它是一顆行星；而

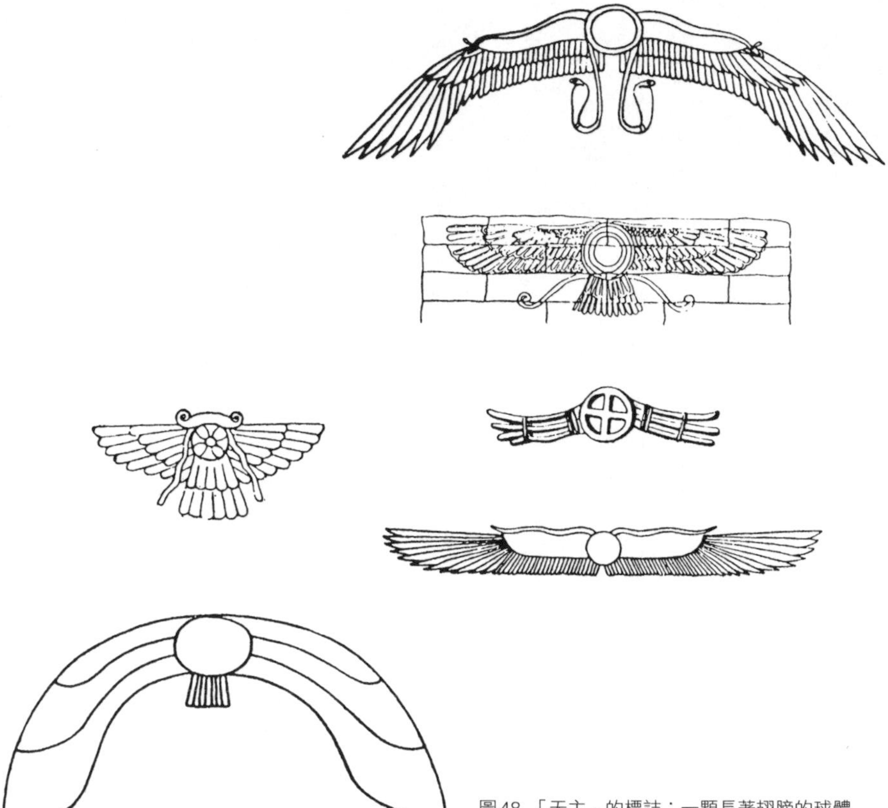

圖48 「天主」的標誌：一顆長著翅膀的球體

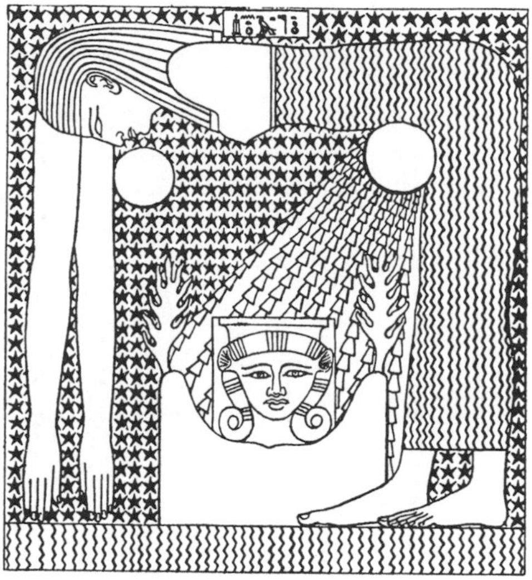

圖49　兩個天體

太陽則散發溫和的光線（在圖49的例子中，陽光照在西奈半島的「礦石女士」哈托爾女神身上）。

埃及人是不是也像蘇美人一樣，早在幾千年前就知道太陽是太陽系的中心？是否他們也知道太陽系有十二個天體？從木乃伊棺槨上的圖畫可以得出肯定的答案。

一八五七年，布魯格施（H. K. Brugsch）在底比斯發現一處保存十分完好的墳墓（見圖50），棺槨頂端畫的天空女神努特被黃道十二宮的星座圍繞。在棺槨另一面，底部描繪著白天的十二個小時和夜晚的十二個小時。行星（天神）像天船一樣在各自軌道上運行（蘇美人把這些軌道稱為行星的「宿命」）。

在中心位置，我們看到了發著光的太陽。靠近太陽，努特舉起的左手旁邊，有兩顆行星：水星和金星（金星是所有古人認定唯一的陰性行星）。

然後在左側面板上，看見地球（和荷魯斯的象徵一起）、月球、火星和木星，以及在天船中前行的諸位天神。

在右側面板的木星後面，還有另外四位天神，是土星、天王星、海王星和冥王星，不過，由於埃及人還不知道它們的軌道，所以它們就沒有天船。一個持矛人用他的矛指著金牛座的中間，這就是該木乃伊的製作時間。

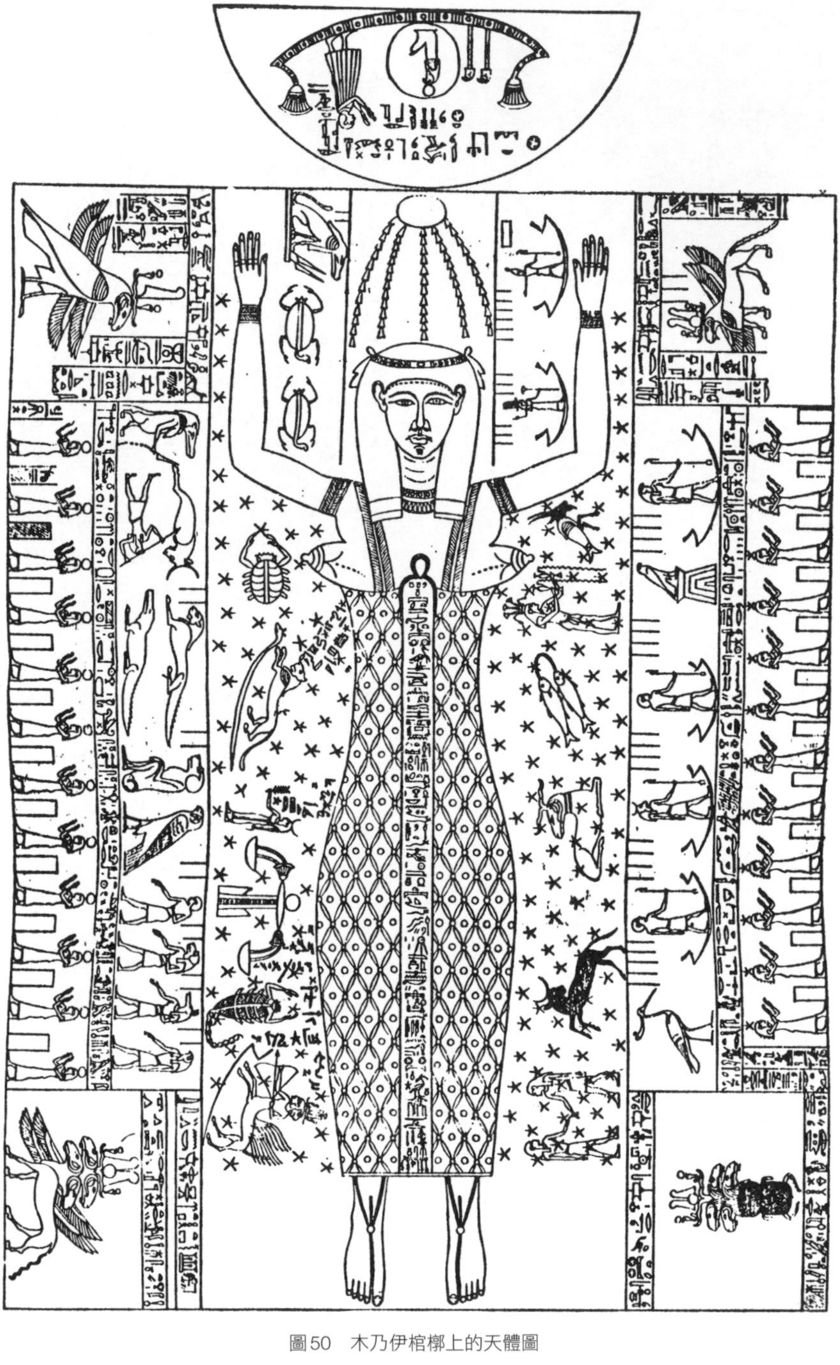

圖50　木乃伊棺槨上的天體圖

我們就這樣以正確的順序見到了太陽系所有的天體，包括一些現代天文學家才剛發現的外圍行星（布魯格施就像和他同時代的其他人一樣，並不知道有冥王星）。

研究過古代行星知識的學者，猜想古人認為有五顆行星（包括太陽）繞著地球運轉。這些學者還認為，古人對其他天體的描述很「混亂」。但其實正好相反，古人的描述非常準確：太陽是太陽系的中心，地球是一顆行星；除了地球的衛星月球之外，古人還描述了我們今天熟悉的其他八顆行星，以及另外一顆巨大的行星。在最上方，努特的頭頂，有一個有巨大天體軌道（「天船」）的大天主。

根據蘇美人的資料來源，四十五萬年前，這個天主的太空人曾經來到地球上。

6．大洪水之前的年代

我明白石頭裡的神秘文字，它們刻於大洪水之前。

亞述巴尼帕王曾在自我頌揚的石碑上如此宣稱。的確，縱觀古代美索不達米亞眾多不同語言的文獻，有許多零散紀錄都顯示：歷史上曾發生一場橫掃地球的大洪水。當學者看到這些資料時，不禁懷疑《聖經》的大洪水故事可能不只是神話或預言而已，而是一起真實事件的紀錄——並不僅存於希伯來人的記憶中。

此外，亞述巴尼帕王的每一句碑文，都具有科學的爆炸性。他不但證實曾經有過一場大洪水，還說神向他傳授的內容包括如何讀懂大洪水之前的碑文，也就是「石頭裡的神祕文字，它們刻於大洪水之前」。這裡面蘊含的意思是，在大洪水之前的久遠年代，地球上就已經有文書人員、石雕師、語言和文字，也就是曾有一個更古老的文明！

有一點讓人感到傷心的是，我們瞭解到，現代西方文明的根源不是來自西元前一千年的希臘和猶太，也不是西元前二千年的敘利亞和巴比倫，更不是西元前三千年的埃及——而是西元前四千年的蘇美。現在，科學的可信度還可以再往前推進，推到甚至連蘇美人都認為的「久遠年代」，推到「大洪水之前」那個如謎的紀元。

然而，所有這些令人驚訝的揭密真相，對讀通《舊約》的人來說，並不是什麼新消息：在上帝創造了地球和小行星帶——拉基亞（Raki'a，字面上的意思是打造成的手鐲）或創世天國——之後，地球就開始成形，生命也出現了，上帝還創造了「亞當」（the Adam），把人類安置在伊甸園裡。但有一條聰明的「蛇」，拆穿了神的虛張聲勢，用陰謀讓亞當和他的女伴夏娃「知道」了一些他們不該知道的東西。之後，上帝向祂未具名的同僚說道，越來越擔心人類「已經與我們相似」，人類可能會擅自把生命之樹的果子摘來吃，「就永遠活著」。

耶和華神便打發他出伊甸園去……又在伊甸園的東邊安設基路伯和四面轉動發火焰的劍，要把守生命樹的道路。（《創世記》3：22）

就這樣，亞當被逐出了上帝在伊甸園建立的美好園子，從那以後他「必終身勞苦才能從地裡得吃的」，「必汗流滿面才得糊口」。亞當和「他妻子夏娃同房（knew），夏娃就懷孕，生了該隱……又生了該隱的兄弟亞伯。亞伯是牧羊的；該隱是種地的」。

亞當的後代

《聖經》提到的大洪水之前的文明以兩條系譜發展，一開始是從該隱這條線。該隱謀殺了亞伯（暗示原因與同性戀有關）以後，被驅逐到了東邊「挪得之地」。在那裡，他的妻子懷了以諾，這個名字的意思是「基石」；而《聖經》解釋說，當以諾出生時，該隱正在「建造了一座城」，「就按著他兒子的名將那城叫做以諾」。（在古代近東的歷史中，以和城市有關之人的名字來為城市取名，是十分常見的風俗習慣。）

此後，該隱這條系譜，透過以拿、米戶雅利、瑪土撒拉、拉麥繼續下去。拉麥的第一個兒子叫做猶八（Yuval，意思是魯特琴的彈奏者）。就像《創世記》的解釋一樣，「猶八；是一切彈琴吹簫之人的祖師」。該隱的第二個兒子叫做土八該隱，「他是打造各樣銅鐵利器的」。但是什麼造就了東邊挪得之地的這些非凡人物，我們不得而知；因為該隱那條線已經被詛咒了，所以《舊約》也就沒有再繼續深究他們的家譜和命運。

但是，《創世記》第五章將注意力轉回亞當和他的另一個兒子塞特。《聖經》告訴我們，亞當在塞特出生時，已經一百三十歲了，然後又活了另外八百年，壽命長達九百三十歲。塞特在兒子以挪士出生時，已經一百零五歲了，壽命長達九百三十歲。以挪士活到九十歲時，生了該南，死的時候是九百零五歲。該南共活了九百一十歲；他的兒子瑪勒列活到八百九十五歲；瑪勒列的兒子雅列活了九百六十二歲。

對於這些大洪水之前的英雄，《舊約》就只提供了一點點傳記資訊：他們的父親是誰，他們的男繼承人在他們幾歲時出生；他們在「生兒養女」之後，幾歲死了。但名冊的下一位英雄，得到了特殊的對待：

雅列活到一百六十二歲，生了以諾……以諾活到六十五歲，生了瑪土撒拉。以諾生瑪土撒拉之後，與神同行三百年，並且（又）生兒養女。以諾共活了三百六十五歲。（《創世記》5：18—23）

為什麼偏偏就以諾獨自一人得到了這麼多的關注？這裡有一個解釋（令人驚奇的解釋！）：以諾並沒有死！

以諾與神同行，神將他取去，他就不在世了。（《創世記》5：24）

瑪土撒拉活得最長，享壽九百六十九歲，他的兒子是拉麥。拉麥活了七百七十七年，他的兒子就是大洪水的英雄——挪亞。這裡又有一段簡短的介紹：拉麥之所以把他的兒子取名為挪亞，是因為當時人類正在經歷著一場巨大的災難，大地荒蕪，了無生機。挪亞的意思是「休息」，他希望「這個兒子必為我們的操作和手中的勞苦安慰我們；這操作勞苦是因為耶和華咒詛地」。

所以，大洪水之前有被神賜福的十代父系傳承，也就是學者說的「傳奇」跨世代，接著就來到《聖經》最關鍵的大洪水時刻了。

《創世記》描述大洪水是上帝摧毀「祂在地球上創造的人」的機會。古代的作者認為有必要對這個意義深遠的決定提供一個解釋。《聖經》告訴我們，這跟男性的性墮落有關；具體來說就是「諸神的兒子們」和人類女子之間的性關係。

儘管《創世記》的編纂者努力在當時的多神信仰裡宣傳一神論，但還是出現了許多失誤，比如，《聖經》有時在敘述神的時候，用了複數的形式。當時「主」（Lord）一詞還不是專指耶和華，「神祇」（deity）一詞指的也不是單數形式的「上帝」（EL），而是複數形式的「上帝們」（Elohim）。在神產生了創造亞當的想法，《聖經》中的敘述就開始採用複數形式：「神（上帝們）說：『**我們**要照著**我們**的形像、按著**我們**的樣式造人。』」當知識之樹事件發生後，「上帝們」再一次以複數形式向祂不具名的同僚們說話。

現在，我們可以從《創世記》第六章四句如謎的經文中，看見大洪水的背景，這裡不僅神是複數的，連祂們的兒子也是複數的。上主不安，是因為諸神的兒子們與人類的女兒們有性關係，生下子女，甚至是半神的後代，讓罪愈來愈糾結。

當人在世上多起來，又生女兒的時候，諸神的兒子們看見人的女子美貌，就隨意挑選，娶來為妻。（《創世記》6：1—2）

《舊約》做了進一步的解釋：

那時候有**納菲力姆**在地上，後來諸神的兒子們和人的女子們交合生子；那就是永恆的強者—「閃」（shem）裡的人。（《創世記》6：4，編按：《和合本》譯為「那時候有偉人在地上，後來上帝的兒子們和人的女子們交合生子；那就是上古英武有名的人」。）

納菲力姆，傳統翻譯為「巨人」或「偉人」，但這個希伯來語字面的意思是「被放下的人」。他們是「諸神的兒子們」，也就是「閃」裡的人，其實就是火箭裡的人。現在讓我們回到蘇美人和丁基爾（意思是火箭中正直公義之人）這組楔形文字。

讓我們再一次重新拾起蘇美四萬五千年前的紀錄。

星際淘金者

大約四萬五千年前的蘇美文獻說，從馬杜克來的太空人為了尋找黃金，來到了地球。他們要找的並不是珠寶，而是尋找攸關第十二個天體生存需求的物質。

第一批登陸地球的隊伍是由五十個太空人組成；他們叫做阿努納奇（Anunnaki）——「那些從天國下到地球的神」。他們在阿拉伯海降落，接著到達波斯灣頂端，在那裡建立了他們的第一個地球基地：埃利都（E.RI.DU，意思是遠行的家）。他們的指揮官是一位聰明的科學家暨工程師，喜歡航海和釣魚。他叫做艾（E.A，意思是水房），他是寶瓶座的原型；當他帶領船員順利抵達地球後，又被賦予恩基（EN.KI，意思是大地之主）這個稱號。就像其他所有蘇美神一樣，他的顯著特徵是有角的頭飾（見圖51）。

他們最初的計畫是從海水提煉出黃金；但這個計畫並不令人滿意。更好的選擇是從硬物裡提煉：在非洲東南部的礦區開採礦石，用船運往美索不達米亞，再加以冶煉精製。精煉過的金錠則用小型太空船運送，這些穿梭機會繞著地球運行，在那裡等候母船到來，以便最終把這些珍貴的金屬帶回母星球。

圖51　艾（恩基）的顯著特徵：有角的頭飾

為了實現這個目標，更多的阿努納奇來到地球，數量多達六百名；另外還有三百名阿努納奇是在穿梭機和繞地軌道上工作。他們還在美索不達米亞的西巴爾（Sippar，意思是鳥城）建立了太空站，位置就朝向最引人注目的地標——亞拉拉特山的山峰。其他據點具有不同的功能：有的是熔煉精製的中心——巴地比拉（Bad-Tibira）；有的是醫療中心——舒魯派克（Shuruppak）；這些據點形成一個箭頭形狀的登陸走廊。地面指揮中心建在最中央的據點——尼布魯基（NIBRU.KI，意思是地球的十字路口），也就是阿卡德人稱為尼普爾（Nippur）的地方。

在地球上進行這項擴張計畫的指揮官是恩利爾（EN.LIL，意思是指揮之神）。在早期的蘇美圖形文字中，把恩利爾的名字和他的指揮中心畫成一種複雜的建築，有高聳的天線與雷達螢幕（見圖52）。

艾（恩基）和恩利爾都是第十二個天體的統治者安（AN）的兒子，阿卡德人把安叫做阿

圖52　恩利爾的蘇美圖形文字

努（Anu）。安的意思是「他住在天國」，代表的圖形文字是一個星星標誌：✳。雖然艾是安（阿努）生的第一個兒子，但後來安的正室（也是他的同父異母妹妹）又生下了恩利爾這個嫡子，所以王位的繼承人是恩利爾，而不是艾。現在，恩利爾也來到地球了，接管了「大地之主」艾的統治權。而寧呼爾薩格（NIN.HUR.SAG，意思是頂峰之女）來到地球擔任醫療長，讓事情變得更複雜了。寧呼爾薩格是艾和恩利爾同父異母的妹妹，她誘使兩個哥哥向她求愛。因為根據同一套繼承原則，她和其中一個兄弟所生的兒子將能繼承王位。這對兄弟之爭越演越烈，加上艾對恩利爾心懷怨恨，使得爭鬥延續到下一代，發生了很多事。

這些基層太空人在地球上過了一千年之後，開始不滿和抱怨了，雖然對他們來說，地球上經過三千六百年才是他們在尼比魯的一年。但他們不是來出太空任務嗎？為什麼要在漆黑、塵土飛揚、熾熱的礦井裡不斷挖礦？艾或許是為了避免與恩利爾的衝突，越來越常離開美索不達米亞，來到遙遠的非洲東南部。那些在礦坑裡辛勤工作的阿努納奇向艾投訴；他們都說出了共同的不滿。

後來，有一天，恩利爾來到礦區視察時，他們發出了兵變的信號，宣布起義。阿努納奇離開礦區，燒毀工具，聚集在恩利爾的住所前高喊：「再也不幹了！」

恩利爾聯絡了阿努，想辭去職位，回到母星球。於是，阿努來到地球，舉行一場軍事審判。恩利爾要求將起義的煽動者處以死刑，但所有阿努納奇都團結起來，拒絕洩露起義領導者的身分。阿努仔細聽了阿努納奇的證詞後，覺得他們的挖礦工作確實辛苦，但之後要中止這項挖金礦的計畫嗎？

原始工人

艾想出了一個辦法。他說在非洲東南部有一個漫遊的物種，要是能把「阿努納奇的特性」植入這個物種的體內，也許就可以訓練他們執行一些採礦的工作。艾所說的物種就是在地球演化出來的猿人，但程度遠遠不及第十二個天體上的居民。阿努經過一番深思熟慮以後，批准了艾的建議，讓他「創造一種原始工人（Lulu），讓他們來承擔阿努納奇的苦差事」。

醫療長寧呼爾薩格被派來當艾的助手。他們在找到完美的程序之前，經歷了許多錯誤的試驗。艾和寧呼爾薩格從女猿人體內取出卵子，從年輕太空人體內取出精子，將兩者結合受精後，再將受精卵植入一個年輕女太空人的子宮內。最後，「完美模型」被創造出來了，寧呼爾薩格大聲歡呼：「我創造出來了！我的雙手做成了它！」她舉起了第一個智人（Homo sapiens）——地球上的第一個試管嬰兒（**見圖53**）。

但這個新物種就像其他雜交的物種一樣，缺乏自行繁殖的能力。為了得到更多的原始工人，他們抽取了更多女性猿人的卵子，經過受精，重新植入到許多「生育女神」的子宮裡——一次製造十四個：七男七女。當這些地球人開始取代阿努納奇在非洲東南部的採礦工作時，在美索不達米亞辛苦工作的阿努納奇卻心生嫉妒，他們也吵著要原始工人。於是恩利爾不顧艾的反對，把一些地球人帶回了美索不達米亞的伊丁（**E.DIN，意思是正直之人的居所**）。這件事在《聖經》也有提到：「耶和

圖53　寧呼爾薩格舉起第一個人類嬰兒

華神在東方的伊甸立了一個園子，把所造的人安置在那裡。」（《創世記》2：8）

一直以來，來到地球的太空人都關注壽命的問題，他們的生物時鐘是依據自己的星球設定：他們的星球繞太陽運行一周的時間就是他們一生中的一年，他們的一年是地球繞太陽運行三千六百圈的時間，也就是地球的三千六百年。為了讓自己在這個快節奏的行星上維持長壽，他們需要母星球提供的「生命食物」和「生命之水」。艾在埃利都的生物實驗室，標誌是兩條交纏的蛇（見圖54），正在試圖揭開生命、繁殖和死亡的祕密。為什麼在地球上的太空人生出的孩子，會比他們的父母老得快？為什麼猿人活得那麼短？為什麼智人可以比猿人活得更久一點，但和來到地球的太空人相比，壽命又是如此短暫？這是因為環境所致，還是源於基因遺傳的特性？

艾在後來更進一步的雜交實驗中，引入了基因的控制方法，並用自己的精子做實驗，創造出了一個全新的地球人「完美模型」阿達帕（Adapa）。阿達帕就如艾取的名字一樣，十分聰明；他也得到了生育這項最重要的能力，但依然無法像太空人那樣長壽：

圖54　埃利都的生物實驗室標誌：兩條交纏的蛇

> 他給了他非凡的理解力……他給了他智慧……他給了他**知識**；但永生，他並沒有給他。

不過，《創世記》裡的亞當和夏娃得到了這份禮物或果子，他們不僅「知道」知識，這「知道」也讓他們獲得了生育的能力——在希伯來《聖經》中，同房（Know）的目的是為了生育後代。我們在蘇美人的圖畫中，也發現了這則「聖經的」故事（見圖55）。

恩利爾發現艾所做的事情後，十分生氣，人類不應該得到像神一樣的生育能力。接下來，他追問下去，艾是否也賦予人類永生？在他們的母星球上的阿努也很擔憂，他「從御座中站起來，命令『讓他們把阿達帕帶過來！』」

艾為了不讓自己親手創造的「模範人類」在天居被毀滅，艾告訴阿達帕，在抵達阿努的天居時，不要吃他們給的食物，也不要喝他們給的水，因為他們會在裡面下毒。艾給了阿達帕這樣的建議：

> 阿達帕，你要去統治者阿努那裡。升到天國的路會把你帶上去。當你到達阿努的大門時，會有兩位神塔模斯（Tammuz）和基茲達（Gizzida）……他們會向阿努報告；他們會讓你看見阿努和藹的笑臉。當你站在阿努面前時，他們會給你死亡食物，你不要吃。他們會給你死亡之水，你也不要喝……

「然後艾將他領到了天國之路，他就升上天國。」阿努看到阿達帕時，對阿達帕的聰穎和他從艾那裡學到「天國和地球計畫」的知識，留下了深刻的印象。他詢問他的顧問群：「我們該拿他怎麼辦？」現在艾已經「給他一架『閃』」，讓阿達帕用這艘太空船從地球來到馬杜克。

他們最終決定，讓阿達帕永遠留在馬杜克。如此一來，他將能夠永遠活下去，「他們給他送

圖55　艾（蛇神）和恩利爾

來了生命食物和生命之水」。但由於艾事先對阿達帕的警告，他拒絕吃喝。當他發現自己的錯誤時，已經太遲了：他錯過了得到永生的機會。

阿達帕被送回地球，他在途中看到了「令人敬畏」的太空，看到了「從天國的地平線到天國拱頂」的景象。阿達帕被任命為埃利都的大祭司；阿努對他承諾說，從今以後，治療女神會照顧人類的疾病，但凡人的終極目標——永生——則不可能。

大洪水

從此以後，人類就開始在地球上大量激增，再也不只是挖礦的奴隸和田裡耕作的苦力了。他們完成了所有的任務：為神修建「屋子」，也就是我們稱為「神廟」的建築，並很快學會了怎樣烹飪、跳舞和演奏。不久後，年輕的阿努納奇因為缺少女性伴侶，就開始和這些人類的女兒們做愛了。因為他們屬於同根同源，人類是從阿努納奇的基因「精華」雜交出來的，所以，男性太空人和女性地球人發現他們在生物上是相容的；「他們就生下了小孩」。

恩利爾看到這一切以後，心生焦慮。來到地球的目的、使命感和奉獻精神，完全被淡忘和消失了。阿努納奇現在只關心如何在地球上過著好日子；因此，這些雜交物種應該被驅逐！

那時候的自然環境變遷給了恩利爾一個機會，制止阿努納奇的墮落喪德。當時，地球正進入一個新的冰河時期，原來宜人的氣候正在發生變化。天氣變得寒冷而乾燥，降雨減少，河流乾涸。農作物紛紛枯死，饑荒開始蔓延。人類開始經歷嚴峻的苦難。女兒把食物藏起來，不讓母親吃；而母親為了活命，甚至會吃掉自己的孩子。無論恩利爾如何敦促，眾神都拒絕幫助人類：讓他們餓死，讓他們滅絕，恩利爾打算這樣摧毀人類。

「大淵」這片南極冰凍海域，在冰河時期也發生變化。覆蓋南極的冰冠一年比一年更厚了。

在冰冠逐漸增加的巨大壓力下，底部的摩擦力和熱量開始上升。不久，巨大的冰冠就在泥漿上漂浮。繞地球運行的太空穿梭機發出警告：冰冠已經變得不穩定了；如果這個冰冠從南極大陸滑進海洋的話，產生的巨大浪潮足以吞沒地球所有陸地！

但那並不是一場無緣無故的災難。太空中，第十二個天體正來到金星和火星之間的穿越地帶。就像它上一次靠近地球時一樣，它的引力會讓地球發生地震，並造成其他干擾。經過計算，現在的引力會引發南極冰冠的滑動，讓全球發生洪水氾濫。在這場大規模的災難下，甚至連生活在地球上的太空人也不能倖免。

於是，他們將所有靠近太空站的阿努納奇都集合起來，準備在大浪打來之前，用已經就緒待命的太空穿梭機把他們送上天空；而且，他們還決定不告訴人類這個即將到來的噩耗。由於擔心祕密的洩露會使太空站遭到人類的圍攻，所有神都宣誓保守祕密。至於人類，恩利爾說：讓他們滅絕，讓大洪水沖走地球人的子孫。

在舒魯派克這座隸屬於寧呼爾薩格的城市，神和人類之間的關係很親近。在那裡，有史以來第一個凡人被拔擢為國王。當人類面臨的災難越來越嚴重的時候，這個蘇美人叫做吉烏蘇德拉（Ziusudra）的凡人領袖，向艾請求幫助。艾和他的水手有時會悄悄送給吉烏蘇德拉和他的人民一大堆魚，讓他們得以溫飽。但現在的問題已經不只是食物，而是攸關人類的命運。難道艾和寧呼爾薩格創造出來的人類，要像恩利爾希望的一樣，「消失在泥土中」？或是應該留下人類的子孫呢？

艾決定自己單獨行事，但同時，他又得遵守在眾神面前立下的誓言。他看到了拯救人類的機會。當吉烏蘇德拉又來到艾的神廟祈禱和請求幫助時，艾在屏風後小聲說話，假裝在自言自語。艾對吉烏蘇德拉下達緊急指示：

拆掉房子，建一艘船！放棄領地，尋求生路！發誓棄絕一切，讓靈魂存活！讓船載上你和所有活物之種；你將修建的那艘船，它的尺寸可要量好。

他們要造的船應該是一艘可以潛入水下的輪船，一艘能禁得起大水考驗的「潛水艇」。蘇美文獻裡記述了船的大小和其他一些結構的細節，包括不同的甲板和零件；後人甚至可以根據這些描述，畫出整艘船的樣子，就像保羅・霍普特（Paul Haupt）繪製的圖一樣（見圖56）。艾還提供吉烏蘇德拉一個導航器，帶領他駛向「救贖山」，也就是現今的亞拉拉特山（《聖經》中的亞拉臘山）；亞拉拉特山脈是近東最高的山脈，它的山峰可能就是最先從海裡冒出來的陸地。

大洪水如預期中的來臨了。洪水從南方湧來，「在它襲來的時候速度增強」，「淹沒了山脈，像一場突然降臨在人們身上的戰爭」。繞著地球飛行的太空穿梭機，上面坐著阿努納奇和他們的領袖，從上空觀察這場災難，這時，他們才意識到他們多麼愛著地球和人類。「寧呼爾薩格哭了……諸神與她一起為這大地哭泣……連阿努納奇都垂倒在地，坐著哭了」。他們在太空穿梭機裡因寒冷和饑餓而蜷縮成一團。

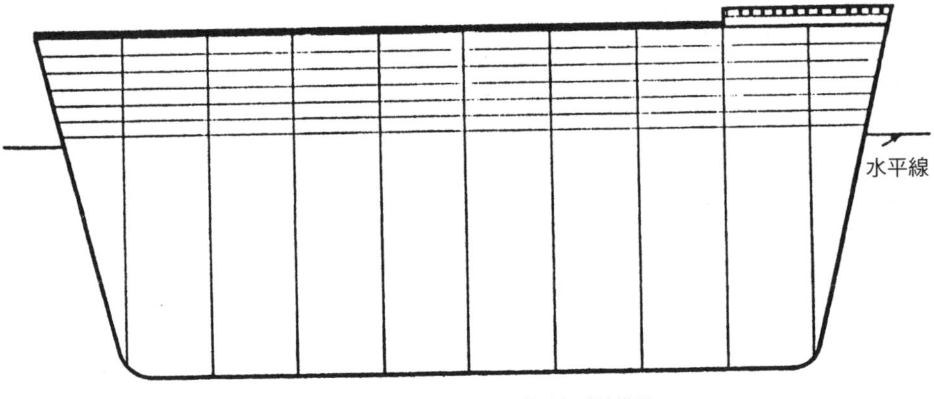

圖56　保羅・霍普特繪製的蘇美船體結構圖

水退了之後，阿努納奇重返地球，在亞拉拉特山登陸；他們發現人類的子孫仍倖存下來，非常高興。但當恩利爾也抵達時，看見「一個成功逃跑還活著的靈」，卻十分惱火。在阿努納奇的苦苦哀求和艾的努力勸說下，恩利爾接受了他們的觀點——如果要重建地球的話，還需要人類來工作。

就這樣，吉烏蘇德拉的幾個兒子和他們的家人，留在兩河平原兩側的山脈，等待著平原乾到能夠居住。至於吉烏蘇德拉，阿努納奇——

> 給了他像神一樣的生命；他們給了他，像神一樣的，永生的呼吸。

這一回，他們把他的「地球的呼吸」換成「天國的呼吸」，使他獲得永生。然後他們帶著吉烏蘇德拉，這位「人類子孫的保護者」，以及他的妻子，「去了遙遠的地方居住」——

> 在十字之地，提爾蒙（Tilmun）之地上，也就是烏圖升起的地方，他們把他帶到這裡居住。

現在很明顯了，蘇美人對天國與大地的諸神傳說，以及對人類的創造與大洪水的傳說，都是古代近東其他民族的知識、信仰和「神話」的源頭。我們已經看到，埃及信仰和蘇美十分相似，也瞭解為什麼埃及的第一座神聖城市要取名為「安」，以及為什麼埃及人的「本本」和蘇美人的「基爾」很相似等等。

《聖經》的創世故事和導致大洪水的事件，都是蘇美傳說的希伯來版本的說法，現在也普遍被接受了。《聖經》中的大洪水英雄挪亞，就等同於蘇美的吉烏蘇德拉，阿卡德人叫他烏特納比西丁（Utnapishtim）。但不同的是，蘇美人大洪水的英雄得到了永生，《聖經》對挪亞並沒有這樣的說法。另一個《聖經》中得到永生的以諾也被忽略了，他並不像蘇美傳說的阿達帕或別的文獻所說的其他升天人物一樣。但這種不連貫的《聖經》觀，在過去幾千年中，卻沒能阻止人們流傳《聖經》裡的英雄和他們上升或重返天國居所的傳奇故事。

永生的以諾

一本已經二千多年歷史的書叫做《亞當和夏娃之書》（*The Book of Adam and Eve*），目前還保留著幾個流傳版本。根據裡面的傳說，亞當在九百三十歲後生了病。亞當的兒子塞特看到父親受到病痛的折磨，自願去「離天堂最近的大門……向上帝哀悼及懇求；希望祂會聆聽我的話語，差遣祂的天使把果子帶給我」——也就是生命之樹的果子。

已經接受了凡人命運的亞當，只希望能減輕難忍的病痛。他叫他的妻子夏娃帶著塞特一起去「天堂附近」；他並不是為了取得生命之果，而是想得到一滴在樹裡流動的「生命之油」，「我用它，可以緩解這些病痛」。

夏娃和塞特按照亞當所的話，來到了天堂的門口，祈求上帝答應他們的請求。最後大天使麥可出現在他們面前，宣稱他們的要求不會獲准。天使說：「亞當的壽限已經快到了。」他的死亡既不可避免，也不會延遲。六年後，亞當就死了。

亞歷山大的歷史學家也將亞歷山大的神奇旅程和亞當（第一個在天堂居住的人）做了連結；並由此作為天堂存在和它能賦予生命力量的證據。把亞歷山大和亞當連結起來的關鍵在於那顆發出光芒的特別寶石：據說那顆寶石是亞當從伊甸園帶出來的，而後代代相傳，一直傳到一位獲得永生的法老手中，那位法老又將寶石給了亞歷山大。

還有許多類似的情節。有個古老的猶太傳說，描述摩西用杖施展了很多奇蹟，其中包括把蘆葦湖的水隔開；據說那根神杖也是亞當從伊甸園帶出來的。亞當將它傳給了以諾，以諾又傳給了他的曾孫，也就是大洪水的英雄挪亞。之後，那根神杖傳到挪亞的長子閃那條系譜，經過一代接著一代流傳，傳到了第一位希伯來族長亞伯拉罕的手中。亞伯拉罕的曾曾孫約瑟把神杖帶到了埃及，他在法老宮廷裡擔任要職。這下子，神杖就成了埃及國王的寶物。後來，神杖落到了摩西的手上；摩西逃到西奈半島之前，曾是埃及的王子。有一個版本認為，那根神杖是從一整塊石頭雕刻出來的；而另外一個版本則說，那根神杖是用伊甸園生命之樹的枝條做成的。

其實，在這些錯綜複雜的故事中，都可以追溯到更早的年代，一個把摩西和以諾相連的故事。這個猶太傳說叫做「摩西升天記」，提到上帝在西奈山召喚摩西，要他帶以色列人離開埃及，但摩西基於各種原因遲疑不決，拒絕了這項任務。上帝決定讓摩西放下懦弱，因此向他展示祂的神座和「天國的天使」，以及其神祕之處。「上帝命令『神貌的天使』梅塔特隆引他到天體地區。」摩西嚇壞了，問天使：「你是誰？」天使（字面上的意思是使者）回答說：「我是以諾，雅列的兒子，也就是你的先人。」（摩西在天使的以諾陪伴下，飛過七層天，看到了天堂和地獄；之後他回到西奈山，就接受了他的使命。）

另一本叫做《禧年書》（*Book of Jubilees*）的古書，進一步提到以諾如何關注他的曾孫挪亞這位大洪水英雄。早期這本書也叫做《摩西啟示錄》（*Apocalypse of Moses*），因為據說這本書是摩西在西奈山上時，天使向他講述過去的歷史（但也有學者認為，它其實是成書於西元前二世紀）。

《禧年書》和《創世記》的敘述相當一致，而且還提供了更多的細節，比如大洪水之前，族長妻女的名字。這本書甚至進一步延伸人類在史前時代的事件。《聖經》告訴我們，以諾的父親是雅列（意思是下降），但沒有告訴我們為什麼會取這個名字。《禧年書》提供了遺失的資訊，它說，雅列的父母是這樣為他取名的：

> 因為在上帝和天使們降落到大地的日子裡，他們被稱為「守望者」，意思是說，他們指導人類子孫在大地上要行正直公義之事。

《禧年書》以「禧年」區分時代，「在第十一個禧年裡，雅列娶了一個妻子；她的名字叫做巴拉卡（Baraka，意思是閃電的光亮），她是拉蘇耶爾（Rasujal）的女兒；她是雅列的堂妹……巴卡拉為雅列生了一個孩子，雅列就將他取名為以諾。以諾是第一個在大地出生，學會寫作，有知識和智慧的人；他根據一本書裡的月份順序記錄下天象，以便人類能夠根據不同的月份來瞭解一年中的不同季節」。

在第十二個禧年，以諾娶了妻子伊德尼（Edni，意思是我的伊甸園）；伊德尼是丹尼爾（Dan-el）的女兒。她為以諾生下了一個兒子，叫做瑪土撒拉。在這以後，以諾「就與神的天使們同行了六個禧年，他們向他展示了大地和天國的一切……而他把所有看到的東西都記錄下來」。

但這時問題就出現了。《創世記》記載，發生在大洪水之前，「當人在世上多起來、又生女兒的時候，（諸）神的兒子們看見人的女子美貌，就隨意挑選，娶來為妻……耶和華就後悔造人在地上……耶和華說：『我要將所造的人……都從地上除滅，因為我造他們後悔了。』」

根據《禧年書》所述，以諾在上帝改變主意的過程發揮了一些作用，因為他「作證，有罪的是那些和人類女兒們有染的守望者；他作證指控了所有人」。為了避免以諾遭那些上主有罪的天使報復，「才把他從人類子孫中帶走，安頓在伊甸園」。以諾藏身的伊甸園特別被命名為神在地球的四個處所之一，以諾在那裡寫下了《以諾書》。

之後，在大洪水中倖存的義人挪亞出生了。他的出生時間正值「諸神的兒子們」沉迷於與凡人女性做愛的麻煩時刻，還造成父系家族的一起婚姻危機。正如《以諾書》所講的一樣，瑪土撒拉「為他的兒子拉麥選了一個妻子，之後她就懷孕了，為他生下一子」。但當小孩（挪亞）出生時，事情卻變得不尋常了：

這個孩子有時白得像雪，有時候又紅得像玫瑰；他的頭髮和毛髮像羊毛一樣白，他的眼睛十分漂亮。當他睜開眼睛的時候，就像太陽一樣照亮了整個屋子。他從產婆的手中接生出來時，就張開嘴巴，與正義之神交談。

拉麥嚇壞了，趕緊跑到他的父親瑪土撒拉面前，並說：

我們所生下的小孩十分奇怪，和一般的人類不一樣，和天國之神的兒子們倒是有點像；他的本性也不一樣，他不像我們……在我看來，他似乎不是我的種，而是天使的種。

拉麥十分懷疑，換句話說，他認為他妻子不是因他受孕，而是一個天使讓她懷孕的，所以拉麥想出一個主意：既然他的祖父以諾就在天上和眾神住在一起，那為什麼不直接問他，把這件事弄清楚呢？他對瑪土撒拉說：「父親，我請您現在到您的父親以諾那裡，讓事情真相大白，因為他就和天使們住在一起。」

瑪土撒拉接受了拉麥的要求，來到了神聖的居所，召喚以諾，向他報告了那個不尋常的男嬰。以諾稍加打聽後，向瑪土撒拉保證，挪亞確實就是拉麥的兒子；他的不尋常模樣是預示著有大事要發生了，「會有一場為期一年的大洪水，毀滅全世界」，只有挪亞（意思是休息）和他的家人能夠在這場災難倖存。以諾告訴他兒子，這些未來發生的事情都是「我在天國碑上讀到的」。

納菲力姆

有一個古老詞彙「守望者」，甚至在《聖經》之前的經文中就常出現，用來稱呼大洪水前做了惡事的「諸神的兒子們」。這個詞和埃及人稱呼神的名稱「尼特」（Neter，意思是守望者）一樣。至於「蘇美爾」（Shumer）這個字，則是這些神在地球的登陸點。

古代很多書都特別關注大洪水之前的日子，這些書版本各異，但都是（直接或間接）譯自於已經失傳的希伯來語原著。最近幾十年發現的《死海古卷》（*Dead Sea Scrolls*）確認了這些古書的真實性，從發現的卷軸殘篇記載的內容可以判定，這些殘篇就是希伯來原著中的「族長回憶錄」。

我們特別感興趣的是那份記載挪亞出生非凡的卷軸殘篇，我們可以看出，這個希伯來詞不僅在古代版本中被譯為「守望者」或「巨人」，甚至現代學者也是如此翻譯。例如伽斯特（T. H. Gaster）在《死海經文》（*The Dead Sea Scriptures*），以及杜邦—索默（H. Dupont-Sommer）在《來自庫姆蘭的色尼作品》（*The Essene Writings from Qumran*）。根據這些學者的考據，《死海古卷》第二卷的殘篇斷字，開頭如下：

> 看啊，我心裡所想的概念是來自一位守望者，一位神聖者；（那個孩子確實）屬於巨人。由於那個孩子，我的心又變了。之後，我，拉麥，趕忙到了貝斯—以諾敘（Bath-Enosh）（我）妻子那裡，我對她說：（我希望妳能發誓），向至高無上的最高者，向上帝發誓，向所有世界的國王發誓，向天國諸子的統治者發誓，妳會告訴我實話，是否……

但當我們回頭查殘篇的希伯來語原著（見圖57）時，發現上面並沒有寫到「守望者」一詞；

它說的是納菲力姆——也就是《創世記》第六章所用的詞彙。

因此，所有古代經文和古老傳說都可以交叉確認：大洪水之前的日子就是「納菲力姆——強大的人，火箭的人民」來到地球上的日子。

蘇美的國王年表記載，在他們首次登陸地球一百二十個shar，（一個shar等於地球的三千六百年）後，「大洪水一掃而空」。大洪水發生在大約一萬三千年以前，那時正是最後一個冰河時期突然結束時，也就是農業開始的時候。之後三千六百年，也就是陶器時代或學者所說的新石器時代。又過了三千六百年，文明突然在「兩河平原」的蘇美興起。

「那時，天下人的口音、言語都是一樣。」《創世記》這麼說；但當人們在示拿地（蘇美）安居之後，開始計畫「建造一座城和一座塔，塔頂通天」。

目前還沒有找到這則《聖經》出自哪部蘇美古籍；但從不同的蘇美傳說中卻能看出一些穿插的暗示。艾支持人類接管納菲力姆的太空設備——又是一個艾和恩利爾之間的結怨點，他們之間的仇恨蔓延到後代子孫。這個事件的結果正如《聖經》所說的，上帝和祂不具名的同僚交談，決定驅逐人類，並「變亂」他們的語言——分化並創造不同的文明。

不同的蘇美經文都提到，眾神在大洪水之後的協議。一份叫做〈伊塔那史詩〉（Epic of Etana）的經文這樣敘述：

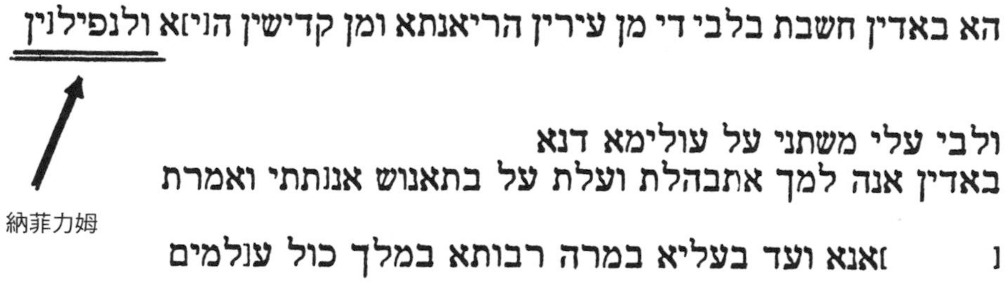
הא באדין חשבת בלבי די מן עירין הריאנתא ומן קדישין הנ[י]א ולנפילין
ולבי עלי משתני על עולימא דנא
באדין אנה למך אתבהלת ועלת על בתאנוש אנותתי ואמרת
]אנא ועד בעליא במרה רבותא במלך כול עולמים]
納菲力姆

圖57 《死海古卷》希伯來原著

制定命運的大阿努納奇，交換了他們對大地的計畫。他們創造了這四個區域，他們建起據點，他們視察大地，他們對人類而言太崇高了。

地球劃為四區

因此，眾神決定在地球上建立四個區域，同時也決定在神和人類之間設立中間人（神權和王權集於一身的國王）；所以「王權就從天國下降至地球」。

眾神努力想要結束或緩解恩利爾和艾兩大家族的怨恨，但卻徒勞，對於誰要掌管哪個區域，不分勝負。最後的結果是，亞洲和歐洲屬於恩利爾和其後代，而艾只得到非洲。

第一個文明地區是在美索不達米亞和與其接壤的土地。農業和聚落生活從山地開始。這些地方，後來被稱為埃蘭、波斯和亞述，分給恩利爾的嫡子尼努爾塔（NIN.UR.TA）。尼努爾塔是恩利爾的合法繼承人和「最前方的戰士」。一些蘇美經文，提及尼努爾塔在山間通道修建大壩，以確保人民能在大洪水後的困難日子裡生存下來的英雄事蹟。

當兩河平原上的泥層乾到適合人類居住時，蘇美和向西延伸至地中海的土地，分給了恩利爾的另外一個兒子蘭納（NAN.NAR），阿卡德人稱為辛（Sin）。蘭納是一位仁慈的神，帶領人民重建蘇美；在大洪水前的原址恢復原來的城市，還建立了一些新城。在新建的城市中，就有蘭納最喜歡的首都烏爾，也就亞伯拉罕出生的地方（吾珥）。描寫蘭納時，會畫上「對應」的天體一彎新月（見圖58）。恩利爾的小兒子伊希庫爾（ISH.KUR），阿卡德人稱為阿達德（Adad），則統理西北部、小亞細亞和地中海「王權」的發源地島嶼——後來延展到希臘。阿達德就像後來希臘文明裡的宙斯一樣，被描寫成一位騎在牛背上，手持叉狀閃電的神。

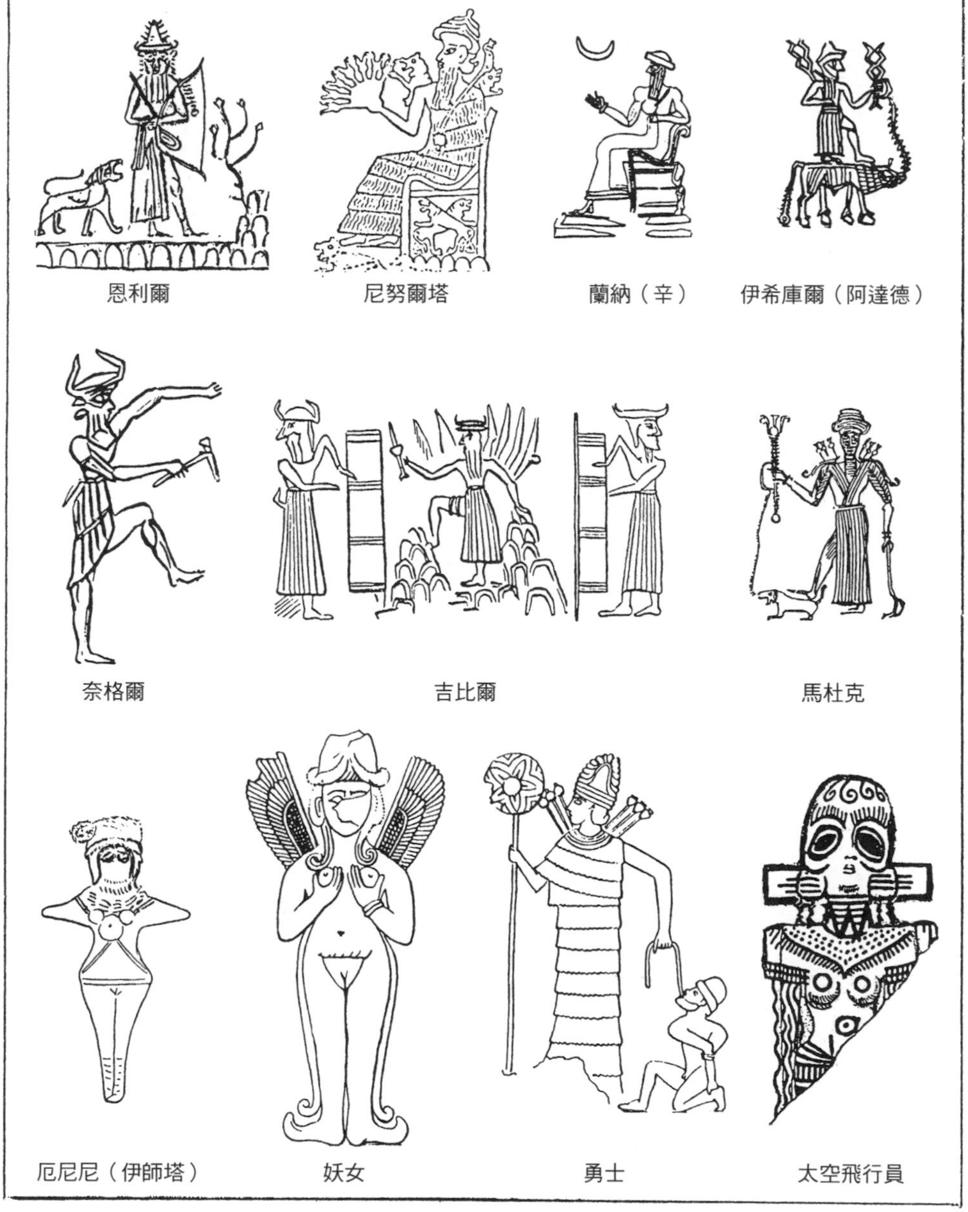
恩利爾
尼努爾塔
蘭納（辛）
伊希庫爾（阿達德）
奈格爾
吉比爾
馬杜克
厄尼尼（伊師塔）
妖女
勇士
太空飛行員

圖58　天地眾神

艾也把分到的第二區（非洲）給了兒子們。已知一個叫奈格爾（NER.GAL）的兒子，分到了非洲最南端的地區；一個叫吉比爾（GI.BIL）的兒子，向艾習得開礦和冶金的知識；第三個兒子，也是艾最喜歡的兒子，以母星馬杜克的名字來命名，艾傳授馬杜克所有的科學和天文知識（大約在西元前兩千年，馬杜克篡奪了地球的主權，宣布自己是巴比倫和「地球四區」最高的神）。艾還有一個兒子，埃及的名字叫做拉，統治了尼羅河流域文明。

第三區五十年前才被發現位於印度大陸。大約比蘇美文明晚了一千年，一個偉大的文明在印度大陸興起，被稱做印度河流域文明（Indns Valley Civilization），這個文明的中心是在一個叫做哈拉帕（Harappa）的地方挖掘出來的地下皇城。人民崇敬的不是男性神祇，而是一位女神。從女神的陶像看來，她是一位迷人的女性，戴著項鍊，纏繞身體的帶子將乳房托起。

由於印度河文明的文字還沒有破解，所以沒有人知道哈拉帕人怎樣稱呼他們的女神，以及她到底是誰。然而，我們得出結論，她應該就是辛的女兒，也就是蘇美人叫做厄尼尼（IR.NI.NI，意思是強大、芳香的女士），阿卡德人則叫她伊師塔（Ishtar）。蘇美經文說她統治了一片遙遠的土地阿拉塔（Aratta）——這個地方和哈拉帕一樣，盛產糧食——她在那裡，裝扮得像飛行員一樣，進行太空旅行。

第四區是大阿努納奇用來建設太空站的地方——這一區不是人類的地區，是他們的專屬之地。因為他們首次登陸地球後建造的那些太空設備，例如西巴爾的太空站、尼普爾的地面指揮中心等，都已經被大洪水沖走了。低窪的美索不達米亞平原現在仍然太泥濘了，要等待千年後才適合重建這些重要設備。於是，他們找了另一個更高、更合適的地方，那裡既隱密又能通行，要在該地重建太空站和太空設備。那是一塊「神聖的區域」——一個有嚴格管制的地方，只有獲得許可才得以進入。蘇美人把該地叫做提爾蒙（TIL.MUN，字面意思是導彈之地）。

辛的兒子（也就是恩利爾的孫子），厄尼尼的雙胞胎兄弟，負責這個大洪水後的太空站。他的名字叫做烏圖（UTU，意思是光明者），阿卡德人稱為沙馬氏（Shamash）。是他執行了大洪水行動中的西巴爾大撤離。他是地球上太空人「鷹」之首；總是在正式場合自豪的穿上自己的鷹服（見圖59）。

圖59　穿上鷹服的沙馬氏

根據傳說，大洪水之前的年代，少數被選中的凡人，已經從太空站升天了：阿達帕錯失了他的機會；恩麥杜蘭基（Enmeduranki）則是由沙馬氏和阿達德送到了天居，在被開啟最高祕密後，又被送回地球。接下來，就是大洪水英雄吉烏蘇德拉，他和他的妻子被接到提爾蒙。

蘇美文獻記載著，在大洪水之後，基什的早期統治者伊塔那（Etana）被帶到一架「閃」上，飛到眾神的天上居所，在那裡他得到回春和重生的植物（但他因為太害怕而沒有完成旅程）。托米斯三世（Thothmes III）法老在碑文上提到，拉神曾將他帶到天上，領著他參觀了天國，之後又回到地球：

> 祂幫我把天國的門打開了，祂幫我把地平線的門打開了。我以神鷹之姿在天空飛行……我看到天國神祕的路徑……我完全瞭解神。

在人類後來的記憶中，「閃」只是座珍貴的方尖碑；原本「鷹」對著太空船行禮，則變成了向生命之樹致敬（見圖60）。但在眾神還是真實存在的蘇美時代，就像第一批法老王統治埃及時，提爾蒙這個「導彈之地」卻是一個真實的地方：人類可以找到永生的地方。

在蘇美，他們記錄下一則故事：一個凡人沒有受到眾神的邀請，仍然改變了自己的命運。

圖60　兩隻鷹從對太空船行禮，變成向生命之樹致敬

7・吉爾伽美什：拒絕死亡的國王

蘇美人傳說中已知第一個尋找永生的人，是一位上古時期的統治者。他曾經向他神聖的教父尋求幫忙，希望能讓他進入「永生之地」。古代文士記錄下這位統治者的不平凡故事，他們說：

他見過祕密事件，人類被隱瞞著，但他知道；他甚至帶來大洪水之前的消息。他還進行過困難、疲倦的遠行；他回來了，將他的艱途通通刻在石柱上。

這則蘇美人留下來的故事，保存迄今的文字紀錄剩不到兩百行了。然而，我們還是可以從蘇美文明之後的近東民族，包括亞述人、巴比倫人、西臺人和胡里安人的故事中拼湊起來，因為有許多譯本將這則蘇美故事融進了自己的歷史。他們不斷述說、重複著這則故事，並在陶片上刻下那些後來的版本——有些完好無缺，有些雖然已經破損了，但仍留下許多可供判讀的殘篇——後來的學者才能把它湊成一個完整的故事。

今天，我們對那個時代最重要的發現，就是刻在十二塊石碑上的阿卡德文，它們是尼尼微亞述巴尼帕圖書館藏品的一部分。最先發現這些紀錄的人叫做喬治・史密斯（George Smith），他在倫敦大英博物館的工作是分類、整理成千上萬塊來自美索不達米亞的碑銘及其碎片。有一天，一份似乎和大洪水故事有關的經文殘篇，引起他的注意。他是對的！那些來自亞述的楔形文字，內容描述一位國王尋找曾親身經歷過大洪水的英雄先人，他還親耳聽到那位先人講述了大洪水的故事！

大英博物館館長被內容吸引住了，為了獲得更多資料，於是派史密斯到考古遺址去尋找失落的其他殘篇。幸運的是，史密斯竟然真的找到足以重現文獻的碎片，並推測出碑銘的順序。一八七六年，他終於證明了這一點，把這本著作取名為《迦勒底洪水單據》（*The Chaldean Account of the Flood*）。他對這些碑文做了語言和形式的研究分析，結論是，這些碑銘是在「大約西元前兩千年的巴比倫寫成的」。

起初，史密斯讀到，那位尋找挪亞的國王叫做伊日答伯爾（Izdubur），他認為這位國王不是別人，正是《聖經》講的「英雄之首」寧錄。有好長一段時間，學者都相信這個故事說的英勇國王就是寧錄，因此把從十二塊碑文碎片拼湊起來的故事叫做「寧錄史詩」。但其後更多的發現和進一步的研究，確立了這則蘇美故事的原型，這位英雄的真正名字叫做吉爾伽美什（GIL.GA.MESH）。同時，從蘇美國王年表等其他歷史文獻得到證實，吉爾伽美什是大約西元前兩千九百年烏魯克（也就是《聖經》中的以力）的統治者。我們現在把這份古代文獻叫做《吉爾伽美什史詩》（*The Epic of Gilgamesh*），它將我們帶回到五千多年以前。

烏魯克

只有先瞭解烏魯克的歷史，才能真正理解這部英雄史詩的戲劇性程度。這份蘇美人歷史紀錄，肯定了《聖經》的說法，還記載大洪水結束後的一段時期裡，王權（新皇朝）是從基什開始；之後，因為厄尼尼（伊師塔）的野心，她覬覦離蘇美很遠、非她所屬的領地，把王權移到烏魯克。

烏魯克最初只是一處神聖區域的所在地，是「天上之主」安的居所（神廟），寬闊的山頂上有一座叫做伊安納（E.AN.NA，意思是安的房子）的廟塔。阿努很少來訪地球，在某次到訪時，喜歡上了厄尼尼，還給她一個稱號叫做印安娜（IN.AN.NA，意思是安的愛寵。這些遠古的傳聞似乎暗示安對伊師塔的鍾愛，已經遠超過柏拉圖式的愛情範疇），讓她住在平時沒有人居住的伊安納神廟裡。

但待在沒有人的城市有什麼意思呢？又沒有人可以讓神統治？在離烏魯克南部不遠的地方，位於波斯灣沿岸的埃利都，印安娜的叔祖父艾就住在那裡。埃利都是一座半隔離的城市。艾在那裡追蹤人類的歷史發展，並傳授人們知識及文明。印安娜把自己打扮得花枝招展，噴上香水後，去探望艾。喝醉的艾被她迷住了，答應她的願望：讓烏魯克變成蘇美文明的新中心，把王權的中心從基什遷移過來。

印安娜（伊師塔）的終極目標是加入由十二位大神所組成的神圈，為了實現她的宏偉計畫，她設法取得了她的雙生兄弟烏圖／沙馬氏的支持。在大洪水之前，納菲力姆和人類女子之間的通婚會冒犯眾神，但在大洪水之後，人神通婚不會再受到任何壓力。因此，安神廟的大祭司就是沙馬氏和一個人類女子所生的兒子。伊師塔和沙馬氏任命他為烏魯克的國王，開始了第一個祭司兼國王的王朝。根據蘇美的國王年表，他在位三百二十四年。他的兒子，「烏魯克的真正創建者」，則在位四百二十年。當這個王朝的第五位統治者吉爾伽美什繼承王位時，烏魯克已經是蘇美最繁盛的中心，統治鄰邦，並與遙遠的異地進行貿易（見圖61）。

圖61　吉爾伽美什

神人混血的吉爾伽美什

吉爾伽美什「三分之二是神，三分之一是人」，這不僅因為他的父系血統來自於沙馬氏的後代，還有更進一步的原因，他的母親是寧桑女神（NIN.SUN，見圖62）。所以他有特權，可以在名字前面加上「神」一字。

對此，吉爾伽美什十分驕傲自豪，起初，他是一位仁慈勤勉的國王，不是令人壘高城牆，就是不斷修葺領地中的神廟，這些都是國王該做的工作。但當他對神及人的歷史瞭解得越深多，就越想越多，深感不安。他在歡樂中，思緒轉向了死亡。憑著自己身上三分之二的神性，他可以像那些半神的父輩那麼長壽嗎？還是他那三分之一的人性會占上風，讓他的壽限和凡人一樣？不久，他就向沙馬氏說出自己的焦慮：

> 在我的城市裡，人們都會死亡；我心裡悶得慌。人死了，我的心更沉重了……最高的人，不能摸到天；最寬的人，也不能覆蓋大地。

圖62　寧桑女神

「我會和他們『同行』嗎？」他問沙馬氏：「我的命運也會和他們一樣嗎？」

沙馬氏迴避這個問題，或許自己也不清楚答案，只是試圖勸導吉爾伽美什接受自己的命運，不管結局怎樣，最重要的是享受他的生活：

當眾神創造人類時，祂們就把死亡也給了人類；生命掌握在他們自己的手中。

因此，沙馬氏說：

填飽你自己的肚子吧，吉爾伽美什；讓自己日夜開心！每一天，都給自己一頓快樂的盛宴，盡情跳舞和開心吧！為自己穿上閃閃發光的華服，洗洗頭，泡泡澡。關愛握住你手的孩子，讓你的妻子陶醉在你的懷中；因為這就是人類的命運。

但吉爾伽美什拒絕接受他的命運。他的生命中有三分之二的神性，只有三分之一的人性。為什麼要讓比例較少的人性決定他的命運呢？而不是比例較大的神性呢？他在白天不斷思索，夜裡也難以入眠。吉爾伽美什甚至侵入新婚夫婦的洞房，與新娘性交，用這種方式來保持年輕。一天晚上，他看到一個像是預兆的異象，跑去告訴他的母親剛剛看到的景象，希望寧桑女神能告訴他這一切究竟意味著什麼：

我的母親啊，我今夜感到精力充沛，於是到處遊蕩。那（夜空）中就出現了預兆。天空中有顆星星不斷變大。阿努的自製物朝我墜下！

很快的，「阿努的自製物」就從天上墜落到他的跟前，吉爾伽美什繼續說道：

我試著去舉起它；但它太重了。我試著去移動它；卻移不動，也抬不起來。

當他試著去搖那物體時，那物體已經深深插入地裡，「烏魯克的人民圍繞著它，貴族們親吻它的腳」。顯然已經有很多人看見這個物體掉在地球上，因為「全烏魯克的人都來了」。那些「英雄」（強壯的人們）過來幫吉爾伽美什搬動從天上掉下來的物體：「英雄們抓住了物體的底部，我從前面把它掀了起來。」

《吉爾伽美什史詩》並沒有詳述那個物體，但它肯定不是隕石，因為只有精工製作的東西才會叫做阿努大神親手創造的「自製物」。顯然，不用多加描述，古代讀者就知道「阿努的自製物」是什麼或知道它的樣子，也許就像一枚古代圓柱印章顯示的那樣（見圖63）。

圖63　阿努的自製物

《吉爾伽美什史詩》接下來描寫英雄抓住了那個物體的底部，也許可以被譯為「腳」。物體其他明確具體的部分，甚至可以進去。吉爾伽美什進一步描述這個夜間事件：

我使勁壓著它的上部；但蓋子還是去不掉，也舉不起來……大火熊熊燃燒，我（接著）把它的頂部弄開來，鑽了進去。它能夠向前移動，我把它舉起，並移過來了。

野人恩奇都

吉爾伽美什確定這個物體的出現，是諸神對他命運的預示。但他母親寧桑女神的回答卻讓他十分失望。她說，像星星一樣從天空落下來的物體，預示著「一個英勇的同伴救星，你的一個朋友來了……他是大地上最強大的人……他永遠不會拋棄你。這就是那個預示的意思」。

她知道自己說了什麼；而吉爾伽美什卻不清楚：烏魯克人希望眾神能做些事情，來消除他們國王的不安。眾神應烏魯克人民的請求，於是安排了一個野人去烏魯克，和吉爾伽美什比賽摔跤。這個野人叫做恩奇都（Enkidu，意思是恩基的生物）——他是石器時代的原始人類，在荒原裡與野獸一起生活，也是野獸的一員：「他已經習慣了吮吸野獸的奶。」他總是赤身裸體，留著鬍鬚和一頭亂髮，通常和野獸為伍，一起出現（見圖64）。

圖64　和野獸為伍的野人恩奇都

烏魯克的貴族為了馴服恩奇都，派了一個妓女到他身邊。恩奇都之前只認得他的動物夥伴，但在與妓女一次又一次的做愛中，逐漸喚醒了他的人類本性。之後，妓女將恩奇都帶到城外一處營地，貴族們在那裡訓練他，讓他符合烏魯克人的言行舉止，並教導他如何對付吉爾伽美什。貴族們對他說：「阻止吉爾伽美什，成為他的對手！」

恩奇都初次與吉爾伽美什相遇是在一個晚上，當時吉爾伽美什離開宮殿，正在城裡的街道上遊蕩，尋找性冒險。恩奇都在街上碰到他，擋住他的去路。「他們像牛一樣搏鬥」，兩人在搏鬥時，城牆搖晃，門柱粉碎。最後「吉爾伽美什屈膝了」；比賽結束時，他輸給了那個陌生人。「吉爾伽美什狂怒稍減，轉身離開」時，恩奇都叫住他，吉爾伽美什馬上想起了母親的話——這個人肯定就是天神送給他的「英勇的同伴」。「他們相互親吻，結下了友誼」。

當兩人成為情同手足的朋友後，吉爾伽美什向恩奇都透露，他對自己凡人命運的恐懼。聽完這些話，「恩奇都的眼眶充滿了淚水，十分傷心，痛苦的嘆了一口氣」。然後他告訴吉爾伽美什，有一個方法可以讓他打敗凡人的命運：強行闖入眾神的祕密居所。如果在那裡沙馬氏和阿達德都支持他的話，眾神就會授予他應得的神聖地位。

恩奇都所說的「眾神的居所」，是在一座「雪松山」上，當他與野獸在大地漫遊時恰巧發現了那個地方；但那裡有一個叫做胡哇哇（Hwwawa）的可怕怪獸把守著。恩奇都對吉爾伽美什說：

我的朋友啊，當我和野獸在大地漫遊時，在群山中發現了那個地方。我的同伴深入探索了森林，我走進森林的深處之中。胡哇哇（在那裡），他的咆哮如洪水，嘴巴噴著火，他的呼吸是死亡……他是雪松森林的守護者，他是火焰戰士，他十分強大，從不休息……恩利爾神派他守在那裡，保護雪松森林，讓凡人感到恐懼。

胡哇哇的主要職責是阻止凡人進入雪松森林，這個情況更讓吉爾伽美什決心前往一探究竟；他更加認定，只要能到達那裡，他就可以加入眾神，擺脫自己凡人的命運。

我的朋友啊，誰可以進入天國呢？只有諸神，祂們經過沙馬氏的地宮到達天頂。人類的陽壽是有限的，不管他們成就了什麼，最終都會化為一陣風。儘管你有英雄的威力，但你還是會害怕死亡。因此，讓我走在你的前面，請你張開嘴巴，大聲對我說：「前進，無所畏懼！」

這就是他們接下來的計畫，先到雪松山，前往「沙馬氏的地宮」，以便能像眾神一樣，「進入天國」。吉爾伽美什先前曾指出，即使是最高的人「也摸不到天」。現在，他知道那個地方的位置了，知道如何進入天國。他跪下，向沙馬氏祈禱：「讓我到那裡去吧，啊，沙馬氏！我舉起雙手祈禱……希望能到『登陸區』，給我指示吧……給我保護吧！」

不幸的是，我們今天無從知曉沙馬氏的回答，刻著那段文字的石碑已經完全損毀了。不過，我們還是能讀到接下來的一段，「當吉爾伽美什看到了給他的預示……眼淚就從他的臉頰滑落」。顯然，他獲准前往——但風險自負。吉爾伽美什毅然決定繼續前進，在沒有神的幫助下，挑戰胡哇哇。他說，「也許我會失敗，但人們會記住我。他們會說『吉爾伽美什是在與胡哇哇的激戰中倒下來』。」他繼續說，也許我會成功，那麼我將會得到一架「閃」，一個「乘著它就可以得到永生」的交通工具。

吉爾伽美什下令用特殊武器對付胡哇哇，但烏魯克的長者勸他不要那樣做。他們指出，「你還很年輕，吉爾伽美什！」既然還有那麼多年可以活，為什麼要用自己的生命去為成功未知的機率冒險呢？「你又不確定能否成功。」他們搜集了所有可以取得，關於雪松森林和胡哇哇的資訊，警告吉爾伽美什：

> 我們聽說胡哇哇造得精密無比；這些武器用來對付誰呢？你打不過他的，他可是全身都是武器。

但吉爾伽美什只是「環顧四周，向他的朋友露出微笑」。胡哇哇「全身都是武器」，「造得精密無比」，這些人搜集來的資訊，只是更讓吉爾伽美什堅信：胡哇哇肯定能被沙馬氏或阿達德的命令操控。因為吉爾伽美什並沒有從沙馬氏那裡得到明確的支持，他轉而求助於母親，寧桑女神。「吉爾伽美什和恩奇都，抓住彼此，攜手前往大皇宮走去，來到寧桑女神的面前。吉爾伽美什走在前面，當他進入宮殿後，向女神說道：『啊，寧桑！……我要進行一趟危險的遠行，去胡哇哇守護的地方；我將要面對一場不確定的激戰；我會邁向很多未知的道路。啊，我的母親，請妳幫我轉告沙馬氏我的願望！』」

想要幫助他的「寧桑走進她的房間，穿上一件合身的衣服，把一件飾品掛在胸前……戴上了她的頭飾」。然後她舉起雙手，向沙馬氏祈禱——把這趟旅行的重責交給他：她反問道：「為什麼？我生下了兒子吉爾伽美什，他那顆躁動的心難道不是你所賦予的嗎？現在他想要踏上一趟危險的遠行，要去胡哇哇守護的地方！」她懇求沙馬氏保護吉爾伽美什：

直到他到達那片雪松森林，直到他殺死了凶猛的胡哇哇，直到他往與返的那一天。

當眾人知道吉爾伽美什還是決定要去「登陸區」時，「他們紛紛靠近他」，祝願他能贏得勝利。城裡的老人向他提出更多實用的建議：「讓恩奇都走在你的前面；因為他知道道路怎麼走……到了森林，胡哇哇守護的通道，讓恩奇都先進去……他走在前面，就能保護後面的同伴！」人們也向沙馬氏祈禱，請祂賜福：「讓沙馬氏實現你的願望吧；讓你的嘴巴被打開，請祂為你露出眼睛；請祂為你打開禁止通行的地方，打開無法踩踏的道路，也為你的腳打開封閉的山！」

寧桑說了一些離別的話之後，轉向恩奇都，請求他要保護吉爾伽美什；她對他說：「雖然你不是從我的子宮生下來的，但現在我收養你（做我的兒子）。」你們現在是兄弟了，要像親手足一樣的保護國王！接著，她將自己身上的徽章掛在恩奇都的脖子上。

兩人就離開了眾人，朝危險的任務出發了。

登陸區的天空異象

《吉爾伽美什史詩》第四塊碑文講的主要是兩人結伴而行，前往雪松森林的旅程。不幸的是，石碑毀壞太嚴重，儘管同時還有西臺版本的殘篇，但還是拼湊不起來。

但有一點可以確定的是，他們肯定走了很遠的路，朝著西方的目的地前進。恩奇都不斷試圖勸說吉爾伽美什放棄。他說，胡哇哇力大無窮，可以輕鬆扛起一頭母牛走上六十里格（編按：一里格等於四公里），他的「網」可以從很遠的地方收牢；他能收到尼普爾「升起之地」的訊號；他很清楚接近森林路徑的人的「弱點」。我們還是回去吧！他懇求道。但吉爾伽美什依然帶著他繼續前進。

兩人到達翠綠的山巒，都沉默不語；佇立不動。他們動也不動的凝視森林；仰望高大的雪松；看著森林的入口。胡哇哇就守護在那裡，它的身後是一條筆直的小路，通道燃著火。他們看見雪松山了，那裡就是眾神的居所，伊師塔的十字路口。

他倆都已精疲力竭，於是躺下來，不久就睡著了。半夜裡，被一種奇怪的聲音驚醒。吉爾伽美什問道：「是你在叫我嗎？」恩奇都回答沒有。他們又繼續睡，可剛打了一個盹兒，吉爾伽美什就被一幕驚醒，他不知道自己是醒或夢：

我的朋友，我看見很高的土地倒下了。它將我甩到很低的地方，壓住我的腳……還有無法抵抗的強光！出現了一個人；地上最公正的就是他……他將我從倒下的土地拉了出來。他給我水喝；我的心平靜了。他把我的腳放在地上。

這個「地上最公正的人」是誰？是誰把吉爾伽美什從「倒下的土地拉了出來」？隨著土地崩塌，「無法抵抗的強光」又是怎麼出現的？恩奇都也毫無頭緒；疲倦的吉爾伽美什，再次倒頭睡去。但夜的寂靜很快又被打破了：

睡到一半他就醒了。他起身對他朋友說：「我的朋友，你叫我嗎？我為什麼醒了？你有碰我嗎？我怎麼會震一下？不會是什麼神經過這裡吧？為什麼我身體發麻？」

恩奇都說，不是他叫醒吉爾伽美什。恩奇都離了同伴，去查探是「什麼神經過這裡」。但這兩個人實在太睏了，很快又進入夢鄉。可剛睡了一會兒，又再一次被驚醒。這是吉爾伽美什看到的情景：

我看到的景象令人驚懼！天空傳來尖叫聲，大地隆隆作響；光明消失，黑暗來臨。光芒閃過，一團火焰升起。雲朵膨脹，下起死亡之雨！接著燃燒停止了，火焰消失了。所有掉下來的東西都化為塵土。

吉爾伽美什一定意識到，他目睹的是「天室」正飛離地球的情景：大地震顫是因為引擎啟動的轟隆聲；煙塵揚起一團團雲，籠罩現場，讓黎明的天空變暗；引擎發出的巨大火光，穿過厚厚的雲層；而當噴射機升空後，火焰就消失了。這確實是一個「令人驚懼」的景象！但它更鼓勵吉爾伽美什繼續前行，因為這一幕讓他確認他已經快到「登陸區」了。

清晨，兩個同伴試圖穿過森林，他們小心翼翼的走著，避開小路兩旁那些「致人於死的樹木」。恩奇都發現了通道，告訴吉爾伽美什。但當恩奇都試圖打開那扇大門時，卻被一股無形的力量彈了回來。經歷了十二天的長途跋涉，他已經精疲力竭了。

在恩奇都還能移動和說話時，他懇求吉爾伽美什：「我們不要再往前深入森林的中心了。」吉爾伽美什告訴他同伴一個好消息：恩奇都還沒從驚嚇中恢復時，他已經發現了一個地道。從地道裡傳來的聲音，讓他確定這條暗道連接到「一個用密令開啟的圍場」。他督促恩奇都振作起來！「別站著不動，我的朋友，我們一起走下去！」

吉爾伽美什一定走對了，因為接下來的蘇美經文說：

深入森林，他打開了阿努納奇的祕密居所。

機器怪獸：胡哇哇和天空之牛

通往阿努納奇祕密居所的地道入口，被濃密的樹木、灌木叢及石頭泥土堵住了。「當吉爾伽美什砍倒樹木，恩奇都挖出」石頭、泥土，快把障礙物清理完畢時，恐懼降臨了：「胡哇哇聽到噪音，狂怒不已。」他開始現身，尋找入侵者。他的身形威猛，牙齒就像龍牙；他的臉如獅面；他的來臨就像洪水爆發。最可怕的是他能從他的前額「發射光束，能吞噬大樹和灌木」。他的殺人武器，「沒有人能躲過」。一個蘇美圓柱印章，描繪一位神站在吉爾伽美什和恩奇都身邊的機器人旁，毋庸置疑，那就是史詩裡描寫的「擁有殺人光束的怪獸」（見圖65）。

從蘇美經文殘篇看出，胡哇哇可以為自己穿上「七層防護罩」，但當

圖65　吉爾伽美什和恩奇都遇見胡哇哇

他出現在兩個勇士面前時，卻「只穿了一層，還有六層沒穿」。這是他們的絕佳機會，於是兩個好友決定伏擊胡哇哇。這個怪獸面向進攻者時，殺人的光束會從他的前額發出，摧毀被它擊中的東西。

就在這個關鍵時刻，天空來了救援。看到他倆的困境後，「神聖的沙馬氏從天而降」。祂建議他們：「不要試圖逃跑！要靠近胡哇哇。」然後沙馬氏捲起了一陣狂風，「對著胡哇哇的眼睛猛吹」，逼退了他的光束。就像沙馬氏預期的一樣，「強烈的光束消失，炫目的亮光也漸漸暗了下來」。不久之後，胡哇哇就被定住不動，「他既不能前進，也不能後退」。兩人向胡哇哇採取攻勢：恩奇都把胡哇哇擊倒在地，巨大的聲響在雪松間迴盪，怪獸倒下了。接著恩奇都「殺死了胡哇哇」。

圖66　伊師塔的「有翼」天室

他們的勝利令他們興奮不已，但激烈的爭鬥也讓他們精疲力竭，於是兩人先在小溪邊休息一會兒。吉爾伽美什脫下身上的衣物，到小溪裡洗個澡。「他把髒衣物丟了，穿上乾淨的衣物；披一件流蘇斗篷，繫上腰帶」。不用急，因為通往「阿努納奇的祕密居所」的道路已經暢通無阻了。

但他不知道的是，一個女人的欲望可能讓他失掉幾乎快到手的勝利……

正如前面的英雄史詩所述，那個地方就是「伊師塔的十字路口」。女神在這個「登陸區」往返天地。她就和沙馬氏一樣，目睹剛才那場激戰——或許是透過她的飛行（「有翼的」）天室，如西臺印章描述的（見圖66）。現在，她看見吉爾伽美什脫光衣服在溪裡洗澡，「美麗動人的伊師塔瞪大眼睛，看著吉爾伽美什健美的身軀」。

伊師塔接近吉爾伽美什，將她腦海的念頭毫無保留的說出來：

來吧，吉爾伽美什，做我的情人！來吧，給我你的果實。你將成為我的男伴，我將是你的女人！

她向吉爾伽美什承諾，他將會得到一輛金色戰車、一座宏偉的宮殿，還可以統馭其他國王和王子。伊師塔以為她成功誘惑了吉爾伽美什。但吉爾伽美什的回答卻讓她大失所望，他指出，他沒有什麼可以給她的，也沒有什麼可以回報女神。至於她的「愛」，又會持續多久呢？遲早，女神會想要擺脫他，他就會像「一隻夾痛主人的鞋子一樣」，被她扔掉。不僅如此，吉爾伽美什還抖出伊師塔的情史，逐一細數與她發生性關係的其他男人。吉爾伽美什拒絕了她，她覺得自己受了奇恥大辱，要求阿努派「天空之牛」擊敗吉爾伽美什。

吉爾伽美什和恩奇都遭這個天空怪獸的襲擊後，一下子忘記了他們的任務，一路狂奔逃命。沙馬氏協助他們逃回烏魯克，給他們「在三天內就能橫越一個月又十五天距離的能力」。但當他們來到烏魯克郊外的幼發拉底河時，天空之牛還是追上來。吉爾伽美什先設法回到城市，召集他的戰士。留恩奇都一個人在城外，獨自和天空怪獸纏鬥。天空之牛「噴鼻」時，地面就被轟出坑坑洞洞，每個洞大到足以容納兩百人。恩奇都掉進其中一個洞。但當天空之牛轉了身，恩奇都迅速從洞裡爬起來，從背後突襲它，把它殺死了。

這個天空之牛到底是什麼東西，我們並不清楚。蘇美用詞是戈丹納（GUD.AN.NA，意思是阿努的攻擊者），就是阿努的「巡弋飛彈」。古代藝術家受這段內容的吸引，經常畫出吉爾伽美什或恩奇都與一頭真正的公牛打鬥的場景，裸體的伊師塔（有時候還加上阿達德）則在旁邊觀看（見圖67a）。但從《吉爾伽美什史詩》的內容可以明顯看出，阿努的武器是件金屬機械裝置，還裝著兩隻「銳眼」（「角」），每隻銳眼由三十米納（minas，編按：古希臘重量單位）重的青金石打造，外層有兩根指頭那麼厚。一些古代繪畫描繪出這頭從天空撲下來的機械「牛」（見圖67b）。

天空之牛被打敗後，吉爾伽美什「把所有的工匠、兵器家都叫來」，讓他們看看這個機械怪物，並拆開它。接著，凱旋的吉爾伽美什和恩奇都就去敬拜沙馬氏。

但「伊師塔，在她的居所中，發出了一聲哀號」。

恩奇都之死

烏魯克的王宮裡，經過一整夜慶祝活動的吉爾伽美什和恩奇都正在休息。但在眾神的居所中，最高的諸神正在商量如何應付伊師塔的抱怨。「阿努對恩利爾說：『他們殺死了胡哇哇，殺死了天空之牛，所以他們兩人都得死。』但恩利爾卻說：『把恩奇都處死就好，但可以饒了吉爾伽美什。』」沙馬氏跟著說情：既然是他們兩人一起做的事；為什麼偏偏是「清白的恩奇都得被處死呢？」

當眾神還在商議要怎樣處罰時，恩奇都卻陷入了昏迷。他躺在臥榻上，吉爾伽美什心慌意亂、十分著急，「焦急的

圖67a　吉爾伽美什與公牛打鬥，裸體的伊師塔在旁觀看

圖67b　天空之牛

在臥榻前來回踱步」。苦澀的淚水從年輕國王的臉頰流了下來。就在為同伴傷心的同時，他的思緒又轉到擔憂自己同樣也是壽命有限：有一天自己也會像恩奇都這樣死去嗎？他已經付出了這麼多的努力，最後還是會像凡人那樣死去嗎？

天神總算在集會裡達成了協議。恩奇都的死刑被改判成去礦區深處服勞役，讓他在那裡度過餘生，並告訴恩奇都，「穿得像鳥一樣，服裝有兩片翅膀」的密使會來執行判決，並把他帶到他的新居所。其中一個密使是「黑臉的年輕人，他的臉像鳥人一樣」，將會把恩奇都帶到礦區：

> 他將會穿得像鷹一樣，他會抓住你的手臂。（他會說：）「跟我來！」他會領著你到黑暗之屋，也就是地下的一間屋子；進去的人沒有一個能出來。那是一條沒有回程的路；住在那裡的人暗無天日，口中滿是塵土，泥土就是他們的食物。

圖68　有翼的天使抓著恩奇都的手

一個密閉的古代圓柱形印章，描繪了這個場景：一個有翼的密使（「天使」）正抓著恩奇都的手臂（見圖68）。

吉爾伽美什聽到他的朋友被處以這樣的刑罰後，想到一個辦法。他知道，離礦區不遠的地方就是「永生之地」；那些天神賜予永恆青春的凡人，就被安置在那裡！

那裡就是「先人的居所」，那些先人有幸被大神塗上『淨水』」。他們吃著眾神的食物，喝著眾神的飲料，一直住在那裡：

> 那些出生於王室的王子們，過去曾經統治過這片土地；

他們就像阿努和恩利爾一樣，吃著美味的食物，從革製水袋倒出清涼的水。

那裡不就是大洪水的英雄吉烏蘇德拉（烏特納比西丁）最後的歸屬之地嗎？那裡也是伊塔那「升到天國」的地方嗎？

因此，「吉爾伽美什大王，決心要到永生之地」。於是他告訴醒過來的恩奇都，他要親自陪他一程。吉爾伽美什解釋說：

啊，恩奇都，再強大也終將衰亡，走到命運的盡頭。（因此）我得進入這片地，架設我的「閃」。在那個已經升起許多「閃」的地方，我會乘坐一架「閃」，飛升上去。

然而，從礦區前往永生之地的行動，絕不是一個凡人能自行決定的事情。烏魯克的長者和吉爾伽美什的母親寧桑女神，都強烈要求他在行動前務必徵得烏圖／沙馬氏的同意：

如果你一定要去那個地方的話，告訴烏圖，告訴烏圖，英雄烏圖！因為那片地區是烏圖的領地；有成排雪松的地方，是英雄烏圖的領地。告訴烏圖！

吉爾伽美什聽從這些警告和建議，向烏圖獻祭，尋求祂的許可和保護：

啊，烏圖，我希望進入那片土地，希望您能支持我。我希望能到達的那個地方，有成排涼爽雪松的地方。我希望能進去；成為您的盟友！在那裡矗立著許多「閃」，讓我也在那裡設置我的「閃」吧！

起初，烏圖／沙馬氏質疑吉爾伽美什沒有資格進入那片土地。但吉爾伽美什持續不斷的懇求和祈禱，烏圖警告他，他的旅程將會經過一片不毛之地：「十字路口的塵土就是你的棲身之地，沙漠就是你的床……荊棘會刺傷你的腳……口渴會讓你的臉頰十分乾燥……」但這些還是無法勸退吉爾伽美什，烏圖又告訴他「那個矗立著閃的地方」被七座山包圍著，山裡的通道都有可怕的「強大者」把守，他們會釋放出「炙熱的火」或「不會轉向的閃電」。但最終，烏圖還是讓步了，「烏圖淚流滿面的接受了吉爾伽美什的供品，心生憐憫，大發慈悲」。

但「吉爾伽美什大王卻輕舉妄動」，他不想走難行的陸路，而是計畫大部分都走比較容易的海路；他打算在遙遠的目的地登陸之後，恩奇都去礦區，而他（吉爾伽美什）將會前往永生之地。他挑選了五十個未婚的年輕人，陪他和恩奇都同行，在船上划槳。他們第一個任務就是前往一個地方砍伐一些特別的木材，運回烏魯克。瑪甘（MA.GAN）船——有名的「埃及之船」——就是用這種木材製成的。烏魯克的鐵匠還打造了許多威力強大的武器。當萬事俱備時，他們就航行出發。

據說他們的航程如下：下波斯灣，繞著阿拉伯半島航行，之後在紅海航行，駛向埃及。不過很快的，恩利爾就得知消息，勃然大怒。難道恩奇都不知道會有一個年輕的「天使」抓著他的胳膊，帶他到礦區嗎？他怎麼能搭乘一艘皇室大船，和開心的吉爾伽美什及五十個武裝者一起航行呢？

黃昏時分，烏圖——一直憂心忡忡的看著他們——「抬著頭離開了」。船繼續航行，遠方海岸群山「變黑了，陰影灑落在他們身上」。然後，有一個「站在山邊」的人，像胡哇哇一樣，能發出「沒有人能逃過的」光束的人出現了。「像一頭牛站在大地之屋上」——大地之屋看起來像一座瞭望塔。這個恐怖的看守者一定會攻擊那艘船和乘客，恩奇都害怕了。讓我們轉向，駛回烏魯克吧，他懇求著。但吉爾伽美什不想聽到這樣的話。相反的，他下令把船對準岸邊，決心朝那個看守者開火。那個看守者——「那個『人』，如果他是人的話；他也可能是一位神。」

就在那時，災難來襲。「三片帆」被撕開。就像有一雙看不見的手把船弄斜；接著，船便整個沉了下去。吉爾伽美什設法游到岸邊；恩奇都也跟著游上岸。他們回到岸邊，不可思議的看見水手還在沉船的崗位上，雖然已經死了，卻看起來像活著的：

船沉後，沉到海裡，當這艘瑪甘船即將沉沒的前夕，這艘注定要成為瑪甘船的帆船沉下去，被海水淹沒後——在船裡，好像還有一些有生命的人將要從子宮生出來。

他們在未知的海岸度過了一夜，爭論接下來要怎麼走。吉爾伽美什還是決定要去「永生之地」。恩奇都勸他找一條路，回到「城市」——烏魯克。然而沒多久，虛弱擊倒了恩奇都。吉爾伽美什不斷要恩奇都堅強的活下去：「我虛弱的朋友啊，」他向他保證，「我會把你帶到那個地方去的。」但「死亡不等人」，無法延期。

接下來的七天七夜裡，吉爾伽美什一直為恩奇都哀悼，「直到有條蟲子從他的鼻孔裡掉出來」。起初，他幾乎是漫無目的的遊蕩：「為了他的朋友，恩奇都，吉爾伽美什悲痛欲絕，在野外亂走……他滿懷憂傷，恐懼死亡，漫無目的的遊蕩著。」他再一次陷入對自己命運的關注——「恐懼死亡」——他不停懷疑：「當我死時，我可以不要像恩奇都那樣嗎？」

穿越死亡之海

沒過多久，他又下定決心，要抵抗他的命運。「難道在生命的盡頭，我就只能把自己埋進泥土中一直沉睡嗎？」他希望能從沙馬氏那裡得到答案。「讓我的眼睛注視太陽，讓我拿回屬於我的陽光！」他向神祈求道。他以日出日落判定方位，「向著野牛，朝著烏巴—圖圖（Ubar-Tutu）的兒子烏特納比西丁的方向，決定路線」。他踏上沒有人走過的道路，途中沒有遇到任何人，饑腸轆轆。古代作者感傷的描寫：「他翻過了群山，越過了多少河——沒有人會知道。」

從尼尼微和西臺遺址的許多版本發現，吉爾伽美什終於快要靠近居住地了。他正前往辛的領地，辛是沙馬氏的父親。「當他在夜晚到達山口時，吉爾伽美什看到一群獅子，害怕起來」：

> 他抬起頭，面朝辛的方向禱告說：
> 「我要去眾神重獲年輕的地方，我的雙腳領著我向那裡走去……懇求您保護我！」

「他在夜裡躺下來休息，從一個夢裡醒來」，他認為這個夢是辛給他的預兆，他將會「歡慶生命」。吉爾伽美什受到激勵，「如箭似的穿過獅群」。不僅在美索不達米亞，還有整個古代地區，甚至埃及，都有吉爾伽美什與獅群激戰的畫作（見圖69a、b、c）。

天亮後，吉爾伽美什穿過了一道山口。他看見遠方之下有一片水面，像是一個巨大的湖泊，「被長風吹拂」。他看見毗鄰內海的平原上，有一座城市「被

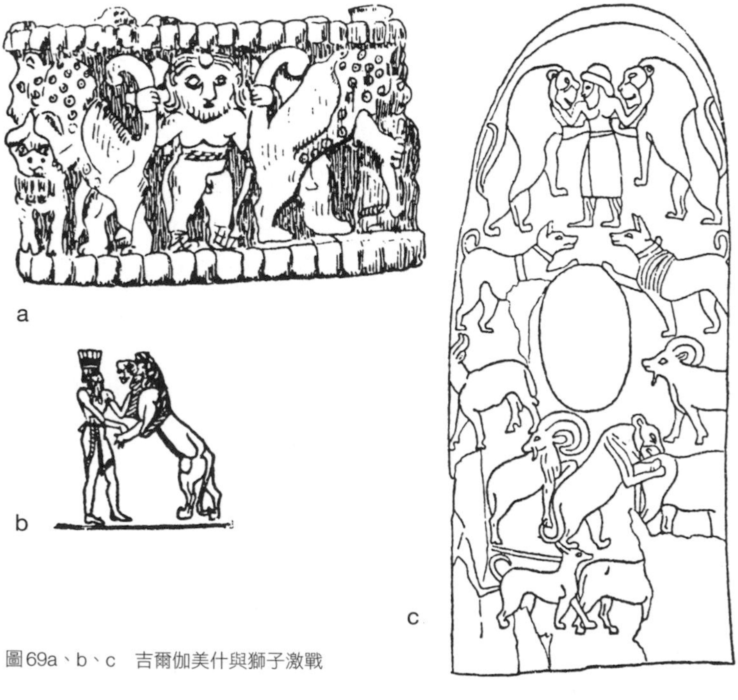

圖69a、b、c　吉爾伽美什與獅子激戰

圍起來」——城市的四周都是圍牆。那裡，有「獻給辛的神廟」。

城外，「靠近低窪大海」的地方，吉爾伽美什看見一間客棧。當他走近時，看到「麥酒婦人西杜莉（Siduri）」。她正端著「一壺（麥酒），一碗金粥」。但當她看到吉爾伽美什時，被他的樣子嚇壞了：「身上披著獸皮……肚子乾癟癟的……他的面容像是經過了一番長途涉險。」可以理解的是，「當麥酒婦人看到他後，就把門關上，上了門閂」。吉爾伽美什費了好一番功夫，才讓她相信了他的真實身分和善意，告訴她自己的冒險旅程和任務。

西杜莉讓吉爾伽美什稍事休息，吃飽喝足之後，他就起身準備繼續前行了。通往「永生之地」的道路，哪條最近呢？他向西杜莉問道。他必須繞海環行，氣喘吁吁翻越荒涼的山脈——還是可以直接走捷徑，橫越湖面？

> 麥酒婦人啊，哪條路……那裡有什麼路標嗎？告訴我，啊，告訴我它的路標！可以的話，我將穿過那片海；不然的話，我要去走荒野路。

事實證明，這個選擇並不簡單；因為他看到的是「死亡之海」：

> 麥酒婦人對他說：「吉爾伽美什，那片海是無法橫渡的；長久以來，都沒有人可以穿過那片海。只有英勇的沙馬氏曾經渡海，但除了沙馬氏的其他人，誰還能穿過呢？渡海太難了，其他路又很荒蕪；被死亡之水包圍起來的地方，都是不毛之地。吉爾伽美什，你要怎樣做，才能渡海呢？」

吉爾伽美什沉默不語，西杜莉又開口了，向他透露，也許還有一個方法可以穿過死亡之海：

吉爾伽美什啊！有一個人叫做烏爾先納比（Urshanabi），他是烏特納比西丁的船夫。他有可以漂浮的東西，他撿了一些木材和那些東西綁在一起。去吧，讓他看看你。如果可行的話，他就會用那個東西幫你渡海。如果不行的話，你就回來吧。

吉爾伽美什依據她的指引，找到了烏爾先納比船夫。他問了很多問題，弄清吉爾伽美什的身分，他是怎樣來到這裡，以及他想去哪裡之後，船夫認為吉爾伽美什值得得到他的幫助。他用長竿撐著向前滑動木筏。三天內，就橫越了「需要一個月又十五天的距離」——也就是需要走四十五天的陸路——「他們往左後方走」。

吉爾伽美什到了提爾蒙——「永生之地」。

馬舒山

現在他又該往哪裡走呢？吉爾伽美什有些彷徨。烏爾先納比告訴他，你得去找一座山；「那座山的名字叫做馬舒（Mashu）。」

我們可以從西臺版本的《史詩》殘篇中，得知烏爾先納比給予吉爾伽美什的說明；這些殘篇是在玻哈茲邱（Boghazkoy）和其他西臺遺址發掘出來的，約翰尼斯・弗里德里希（Johannes Friedrich）將之整理成《吉爾伽美什史詩的西臺殘篇》（*Die hethitischen Bruchstückes des Gilgamesh-Epos*）一書。我們得知，他告訴吉爾伽美什如何抵達，要沿著「一條尋常的路」走，那條路通向「遙遠的大海」。吉爾伽美什要找到兩個石柱或「地標」，烏爾先納比向他擔保，「我總是依循那個標的」。到了那裡，他要轉彎去一個叫做伊特拉（Itla）的小鎮，這個小鎮是獻給西臺人稱作烏路亞（Ullu-Yah，意思是「他是山峰」？）的神。他必須得到烏路亞的保佑，才能繼續前行。

吉爾伽美什依照烏爾先納比的指示，順利到達了伊特拉。遠方可以看到大海。吉爾伽美什在那裡先填飽肚子，洗了澡，梳洗之後又恢復了國王的模樣。這時，沙馬氏再一次趕來幫助他，要他先向烏路亞獻祭。沙馬氏把他帶到大神（見圖70）面前，敦請烏路亞：接受他的供品，「給他生命」。但另一位我們知道的西臺神庫瑪而比（Kumarbi）卻堅決反對：不能讓吉爾伽美什得到永生。

吉爾伽美什意識到自己顯然不會獲得「閃」了，於是要求第二選項：至少，他可以和他的祖先烏特納比西丁見一面？在諸神遲遲無法決定時，吉爾伽美什（也許是在沙馬氏的默許下？）離開小鎮，向馬舒山走去；他在那裡停了下來，每天都向烏路亞獻祭。六天以後，他上了山；那裡就是「閃」之地：

> 山的名字叫做馬舒，他登上了馬舒山；他每天都在那裡看那些「閃」，看見它們起飛又返回。

這座山的功能就是連接之用，可以通往遠方的天國，以及前往深處的地球：

> 在高處，它與天庭相連；往下，它與大地相通。

有一條路通往山裡；但入口處，「大門口」，有警衛嚴密把守：

圖70　沙馬氏把吉爾伽美什帶到烏路亞面前

火箭人守著門。他們的恐怖令人畏懼，他們的一瞥都帶來死亡。他們一閃一閃的聚光燈在山上掃來掃去。他們監視著沙馬氏的升降。

已經發現的圖案中顯示有翼的生物或是人面牛身的神，正在把一個發光的圓形設備架設在一根柱子上；也許這些插圖就是描繪「一閃一閃的聚光燈在山上掃來掃去」——見圖71a、b、c。

「當吉爾伽美什看見那些可怕的光束時，遮住了自己的臉；他恢復了鎮定，向他們靠近。」火箭人看見他們令人畏懼的光束只能暫時影響吉爾伽美什，於是向同伴高聲喊道：「來的人，體內有神的血肉！」這些光束似乎能把人擊暈或殺死——但唯獨傷不了眾神。

他們讓吉爾伽美什靠近，詢問他的身分，問他為什麼會出現在這個禁地。吉爾伽美什說明自己的神性起源，解釋此行的目的是希望「尋找生命」。他說，他希望能見到自己的祖先烏特納比西丁：

> 為了見到我的祖先，烏特納比西丁，我才到了這裡——他已是眾神會眾之一。我希望能向他請教有關死亡和生命的問題。

圖71a、b、c　神架設發光設備

兩名守衛說：「從來沒有凡人能達成這個目標。」不氣餒的吉爾伽美什，援引了他的父系血統來自沙馬氏，自己身上有三分之二的神性。因為接下來的碑文已經完全毀損了，無從得知發生什麼事情；但最後，火箭人還是讓吉爾伽美什獲准進入：「山的大門馬上就要為你開啟了！」

（「通往天國的大門」是近東圓柱印章上常見的主題，畫面上有通往生命之樹，像梯子的入口，上面還有翅膀。有時是由蛇守衛——見圖72。）

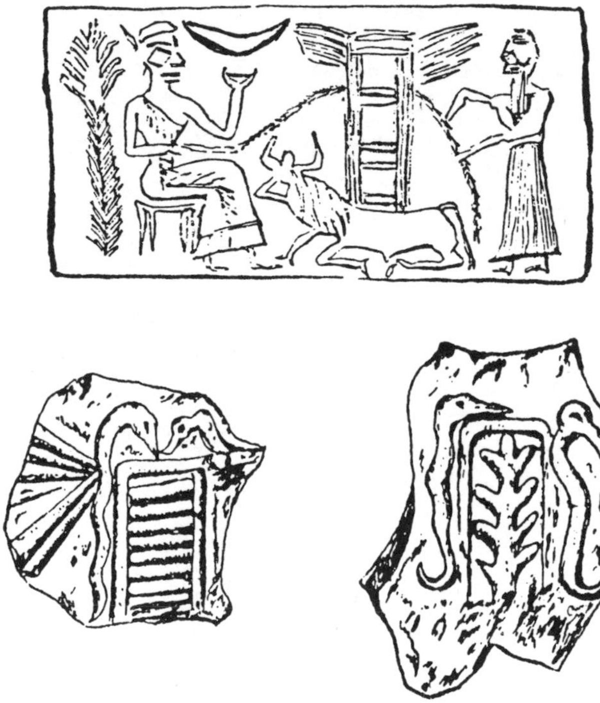
圖72　通往天國的天梯大門

吉爾伽美什進去了，他沿「沙馬氏走過的路」走著。他的行程持續了十二個貝魯（beru，兩小時）；多數時間裡，「他看不見前後」，也許他的眼睛被蒙起來，因為經文強調「**對他來說**，幾乎一點光線也沒有」。在第八個貝魯，他因驚恐而尖叫；在第九個貝魯，「他感到北風吹著他的臉」。「到了第十一個貝魯，黎明逐漸破曉」。最終，在第十二個貝魯結束後，「他身處光亮中」。

他又可以看見了，而他看到了令他十分驚訝的景象。他看見「一片眾神的圍場」，那裡「栽種」了一個園子，園子全都是由寶石做的！殘缺不全的古代文字，描述了那個地方的華美：

樹上的果子有瑪瑙亮光，葡萄藤豔麗不已。葉子是青金石；葡萄看起來鬱鬱蔥蔥，是……由寶石做的……它的……白寶石做的……在水裡，純淨的蘆葦……薩蘇（sasu）石做的；就像一棵生命之樹……安戈格（An-Gug）石做成的……

經文不斷描述。吉爾伽美什驚奇又興奮的逛著園子。他顯然置身於一個**仿造的**「伊甸園」中！

神的祕密

接下來發生了什麼並不清楚，因為第九塊碑文整段都嚴重毀損，完全無法辨認。無論是在這人造的園子裡，或是別的地方，吉爾伽美什終於見到了烏特納比西丁。他見到「昔日」之人的第一反應，是觀察他們看起來到底有多相似：

吉爾伽美什對「遠者」烏特納比西丁說：「當我看著你的時候，烏特納比西丁，你我並沒有什麼不同；即使我是你……」

然後，吉爾伽美什直截了當的說：

請告訴我，在你活著的時候，你是怎樣加入眾神的會眾，找到了生命？

烏特納比西丁向吉爾伽美什答道：「我會告訴你，吉爾伽美什，一件隱藏的事情；我將會告訴你一個眾神的祕密。」祕密就是大洪水的故事：當烏特納比西丁還是舒魯派克的統治者時，眾神決議讓洪水滅絕人類，恩基卻暗中指示他建造一艘特殊的潛艇，讓他把家人和「一切活物之種」都帶上船。恩基還給烏特納比西丁一個導航器，讓他能將船開到亞拉拉特山。洪水開始消退後，他離開船隻，向神獻祭。當洪水淹沒大地時，神和女神搭上太空穿梭機，繞著地球盤旋飛行。洪水消退後，神也在亞拉拉特山登陸，吃了燒烤的供品。最終，恩利爾也登陸了，但勃然大怒，因為儘管所有神都發了誓，但恩基還是讓人類活下來。

不過，當恩利爾的怒氣漸漸消退，也意識到人類存在的價值；烏特納比西丁繼續說道，恩利爾賜予他永生：

> 於是，恩利爾就上了船。用手抓住我，他帶著我上船。他帶著我妻子上船，讓她跪在我旁邊。他站在我們之間，用手碰了我們的額頭給予祝福：「目前為止，烏特納比西丁只是人類，從今以後，他和他的妻子將會加入我們，如同諸神。烏特納比西丁將居住在遠方，住在水之口！」

事情的經過就是如此，烏特納比西丁總結說，他就被帶到這個遙遠的居所，和眾神一起生活。不過，吉爾伽美什要怎樣做，才能被賜予永生呢？「但現在，誰會為你召集眾神聚會，讓你得到永生呢？」

吉爾伽美什聽完烏特納比西丁的敘述後，意識到只有讓眾神再次集會才能判定他獲准永生，而他僅憑一己之力是不可能辦到的——吉爾伽美什昏了過去。連續六天七夜不停的跋涉，讓他累倒了。烏特納比西丁對自己的妻子挖苦的說：「看著這位尋找永生的英雄，別讓他在睡夢中像霧一樣消失！」在吉爾伽美什睡著的時候，他們在一旁照料，確保他能「平安的活著醒來，經過他進來時的大門，安全返回故鄉」。

他們找來了船夫烏爾先納比，把吉爾伽美什帶回去。但在最後時刻，當吉爾伽美什即將離開的時候，烏特納比西丁向吉爾伽美什透露了另一個祕密。烏特納比西丁告訴他，雖然他不能避免死亡，但卻可以延遲死亡。他告訴吉爾伽美什，只要他能獲得天神日常食用的一種神祕植物，就可**永保青春！**

烏特納比西丁對吉爾伽美什說：「你已經來到這裡了，非常辛苦和勞累。我應該給你點什麼東西，讓你帶回你的故鄉呢？我將會向你透露，啊，吉爾伽美什，一件隱藏的事情；我將會告訴你一個眾神的祕密：有一株植物，它的根就像多刺的莓果，它的刺就像荊棘藤蔓。它們會刺你的手。如果你找到了那種植物，你就得到了新生命。」

我們從後面的敘述，得知那種植物生長在水面下：

吉爾伽美什一聽到這個消息，就揭開了水管的蓋子。他在腳上綁了幾塊很重的石頭；石頭把他拉進了深水裡；接著，他看到了那種植物。雖然蟄手，但他還是拿到了那種植物。他卸掉了腳上的石頭；瞬間就回到了原來的地方。

吉爾伽美什回到烏爾先納比身邊，得意洋洋的對他說：

烏爾先納比，這種植物是所有植物中最獨特的：一個人吃了它，就可以完全恢復活力！我將會把它帶回烏魯克，把它切開吃掉。就把它叫做「讓人返老還童」吧！有天我會吃下這植物，回到年輕的狀態。

一個大約西元前一千七百年的蘇美圓柱印章，描繪這則史詩故事的場景，畫面（左邊）上，披頭散髮、半裸的吉爾伽美什，正在和兩頭獅子打鬥；畫面右邊，吉爾伽美什對烏爾先納比舉起那株能永保青春的植物；畫面中間是一位神拿著一件特殊的螺旋形工具或武器（見圖73）。

圖73　吉爾伽美什取得回春植物

但注定的命運還是躲不掉，就像接下來幾千年和幾個世紀以來，那些尋找回春植物的人們一樣，都是以失敗告終。

當吉爾伽美什和烏爾先納比「準備過夜，吉爾伽美什看見了一口冒著涼水的井。他跳下去洗澡」，然後災難就發生了：「一條蛇聞到了這株植物的芳香。牠游過來，奪走了這株植物……」

吉爾伽美什坐下來，傷心的哭了，他的眼淚流過臉頰。他牽著船夫烏爾先納比的手。（他問：）「我刺破雙手，是為了誰？我付出心血，是為了誰？為了我自己，可是我卻什麼都沒有得到；難道就是為了一條被我驚動了的蛇……」

另一個蘇美印章畫了史詩的悲劇結局：背景是有翼的大門，烏爾先納比划著船，而吉爾伽美什正與蛇搏鬥。他因為沒有獲得永生，現在正被死亡天使追逐著（見圖74）。

圖74　吉爾伽美什與蛇搏鬥

《吉爾伽美什史詩》

從那以後，這個故事代代被抄寫和翻譯，詩人朗誦著，說故事的人也不斷提起，尋求永生卻以失敗告終的第一個故事《吉爾伽美什史詩》。

它的開頭是這樣子的：

讓我告訴這個國家的人，他看到的通道；透過他所知道的海洋，讓我說完整個故事吧。他也去了……隱藏在智慧之後，所有東西……他看見了神祕的東西，他發現了那些不為人知的東西。他甚至帶回了大洪水之前年代的消息。他的遠行，千難萬險。他回來了，把他的艱途都刻在一根石柱上。

根據蘇美國王列表，這個故事是這麼結束的：

神聖的吉爾伽美什，他的父親是一個人類，一位神廟區的大祭司。吉爾伽美什統治了一百二十六年。他的兒子，烏爾—伊吳格（Ur-lugal），在他之後繼承了王位。

8・駕雲而行

毫無疑問的，吉爾伽美什尋找永生的旅程，是接下來幾千年裡許多傳奇的濫觴；那些故事主人翁是半神或英雄，宣稱自己有資格獲得永生，有的人在地球上的天堂尋找，有的人則試圖前往眾神在天體的居所。還有一點可以確定的是，《吉爾伽美什史詩》也是後人探尋時依循的指南，他們想找到這些古代地標，透過吉爾伽美什曾進行的旅程，通往永生之路。

這些地理界標之間有許多相似的地方；人造的（或更確切的說是神造的）地道、走廊、氣閘、輻射室；像鳥一樣的生物，或是「鷹」；以及其他許多情節或細節，都有很多相同的描述；在在告訴我們那並不是巧合。同時，《吉爾伽美什史詩》裡紀錄的旅程，也可以解釋為什麼接下來幾千年，人們都找不到那個渴望的目的地的確切位置；因為當我們仔細分析後，發現吉爾伽美什不只進行一趟旅程，而是去了兩次——這一事實通常被現代學忽略了，很可能古代學者也不清楚。

兩處飛行基地、兩種飛行器具

吉爾伽美什的劇情高潮，發生在提爾蒙；那裡是眾神的居所，以及「閃」的所在地。他在那裡遇見烏特納比西丁，這位成功擺脫凡人命運的祖先，吉爾伽美什也得到了能讓人回春的神祕植物。接下來的千年後，其他人也在那裡遇到神聖的經驗，結果導致了一連串影響人類歷史進程的重大事件。我們相信，提爾蒙是杜亞特的所在地，而杜亞特就是通往天國的階梯。

不過，提爾蒙並不是吉爾伽美什的第一個目的地。我們沿著他的足跡，依序踏上他經歷的旅程：吉爾伽美什尋找永生的第一個目的地，並不是提爾蒙，而是有大片雪松森林的雪松山「登陸區」！

一些學者，例如克萊默（S. N. Kramer）在《蘇美人》（*The Sumerians*）一書中，把這種情況叫做「撲朔迷離又難解」的蘇美敘述，也就是沙馬氏「升天」的地方有兩處，一處是在提爾蒙，另一個地方則是在「雪松地」。它們之間的差異是：提爾蒙是一處太空站，諸神從那裡出發，飛往遙遠的天國；另一處則是「登陸區」，眾神在那裡「可以升上（地球的）天空」。我們的推論支持了這一事實，諸神也有兩種飛行器：基爾（GIR）和穆（MU）。基爾是一種火箭，在提爾蒙發射，前往太空；另一種則是蘇美人叫做「穆」的「天室」。納菲力姆最引以為傲的技術，就是基爾前端的指揮艙——埃及人把它叫做「本本」——可以脫離母船，以「穆」的形態在地球上空飛行。

古代民族已經看過基爾在發射井就緒的情況了（參見第94頁的圖27），甚至他們也看過基爾飛行的樣子（見圖75）。但他們更常描繪的是另一種飛行器：「天室」；我們現在可能把它歸為「幽浮」（不明飛行物）一類。先知雅各看到的那個異物，也許就是伊師塔的天室（參見第162頁的圖66）；先知以西結敘述的

圖75　飛行的基爾

飛輪，類似亞述人的描寫，亞述神會用一架球形天室飛行，漫遊於雲端（見圖76a）。從約旦河畔耶利哥的古代遺址發現的圖案，讓人聯想到這種球形飛行器登陸地面時，會伸出三隻腳（見圖76b）；當然，它們也可能是在同一個地點（耶利哥），把先知以利亞送上天國的噴射「旋風」。

在古代先民的描述中，蘇美的「鷹」及其他的古老神祇都會飛行，而且幾乎所有神都配有翅膀——我們可以將這種有翼的生物，追溯至猶太教徒和基督徒的信仰，他們相信主的基路伯和天使（字面上的意思是密使）都有翅膀（見圖77）。

那時，提爾蒙是太空站的所在地。雪松山則是「登陸區」的位置，是「伊師塔的十字路口」——這是一座眾神的機場。吉爾伽美什要尋找的第一個目標，就是位於雪松山的「登陸區」。

雖然要確認提爾蒙和它的具體地點並不困難，但要找到「登陸區」坐落的雪松林，就遇到一點麻煩了。整個近東，除了賽普勒斯島上有雪松生長之外，只剩黎巴嫩山脈有雪松林。高聳的雪松可以長到一百五十英尺，《聖經》一再讚揚它（編按：《聖經》中的香柏木就是雪松），古代人從最早以前，就知道雪松的獨特性了。《聖經》和其他近東文獻都證實，指定用黎巴嫩的雪松來建造和裝飾神廟（「『眾神』的居所」）。《列王紀上》也有具體而詳細的描述，在所羅門建造耶路撒冷聖殿的章節中，上帝耶和華抱怨「你們為何不給我建造香柏木的殿宇呢？」

圖76b　球形飛行器伸出三隻腳降落地面

圖76a　亞述神乘坐的球形飛行器

圖77　有翅膀的神

《聖經》中的上帝似乎對香柏木（雪松）很熟悉，常在寓言中提到雪松，用來比喻統治者或國家：「亞述王曾如利巴嫩中的香柏樹，枝條榮美，影密如林，極其高大，樹尖插入雲中……眾水使他生長；深水使他長大。」（《以西結書》31：3—4）——直到耶和華發怒，推翻了亞述王，就像弄斷那些枝條一樣。還有一點，顯然那時候的人類並沒有種植雪松的能力；《聖經》記錄了一次徹底失敗的嘗試。巴比倫國王做了這次嘗試（史實或寓言），據說他「來到利巴嫩，將香柏樹梢擰去」，從上面摘下一顆選中的種子。他把種子「栽於肥田裡，插在大水旁」。但植物漸漸生長後，卻沒長成一棵高大的雪松，而是像柳木一樣的樹木，成一種低矮的藤蔓。

另一方面，《聖經》中的上帝卻知道栽種雪松的祕密：

> 主耶和華如此說：我要將香柏樹梢擰去栽上，就是從儘尖的嫩枝中折一嫩枝，栽於極高的山上……它就生枝子，結果子，成為佳美的香柏樹。（《以西結書》17：22—23）

上帝知道雪松的栽種知識，顯然是「眾神的園子」曾種過雪松。在那裡，沒有任何一種樹能比得上它；「神伊甸園中的樹都嫉妒它」。果園、花園的希伯來文是Gan，是從Gnn（意思是保護、保衛）一詞而來，有守衛和禁區的意味——讀了吉爾伽美什故事的讀者，應該也有同樣的感受：一座「守衛森嚴」的森林。這座森林被「噴火的戰士」看守著，「他們令凡人恐懼」，只有一個唯一的入口，但碰到它的入侵者會立刻被它攻擊，因而癱瘓。而裡面，就是「阿努納奇的祕密居所」；有通道通往「透過密令開啟的圍場」——「沙馬氏的地下領域」。

吉爾伽美什得到沙馬氏的准許和幫助，幾乎就要成功抵達登陸區了。但憤怒的伊師塔因為報復（吉爾伽美什拒絕了她的求愛）而扭轉了局面。不僅如此，根據《舊約》的記載，另一位凡人國王也遭遇了同樣功敗垂成的命運。他就是推爾王。推爾是黎巴嫩海岸上的一個城邦國家，離雪松山很近；正如《以西結書》第二十八章的描述，神曾讓推爾王進入那座神山：

> 你曾在伊甸神的園中，佩戴各樣寶石……你是那受膏遮掩法櫃的基路伯；我將你安置在神的聖山上；你在發光如火的寶石中間往來。（《以西結書》18：13—14）

相較於吉爾伽美什是個冒昧造訪眾神「登陸區」的不速之客，推羅王不僅獲准進入該地，顯然還搭乘著「發光如火的寶石」，像基路伯那樣飛行。結果，推羅王心生驕傲，說：「我是神；我在海中坐神之位。」因為他內心的傲慢，先知告訴他，他將會死在一群陌生的異教徒手中。

吉爾伽美什在一千多年前試圖闖入的地方，《聖經》時代的希伯來人及他們北部的鄰居都熟悉雪松山登陸區的位置和特性。我們將會說明，那裡不是一個「神話」的地方，而是確實存在的地理位置：它不僅曾在文獻上出現，還有遠古時代的圖畫，都證明了這個地方的存在和功能。

《舊約》描寫，那位試圖種植雪松的國王把樹枝帶到了一個「貿易之地」，並把種子種在「買賣城」。這個「貿易之地」和這座「買賣城」都不難找到：沿著黎巴嫩海岸，從北部的安納托尼亞（Anatolia）開始，一直到南部的巴勒斯坦，曾經有幾座迦南的沿海城市，因為繁榮的國際貿易而累積了大量的財富和權力。《聖經》中最為人所知的城市裡有兩座：推羅（Tyre，編按：現今譯為泰爾）和西頓（Sidon，編按：現今譯為賽達）；它們都是已有千年歷史的貿易和航運中心，它們在腓尼基人統治時期，盛名達到頂峰。

但自從亞述人入侵及毀滅城市之後，它們就變成了廢墟，埋在山丘之下，亞述人又建了另一座城市，也許是在迦南最北邊的前哨，和西臺帝國的交界處。一九二八年，當地一個農民在拉斯沙姆拉（Ras Shamra）山麓一片新地上犁田時，偶然發現了這座城市的遺址。隨後的大規模挖掘，讓古城烏加里特（Ugarit）得以出土。那裡的重大考古發現有：一座大宮殿，一座敬奉巴爾

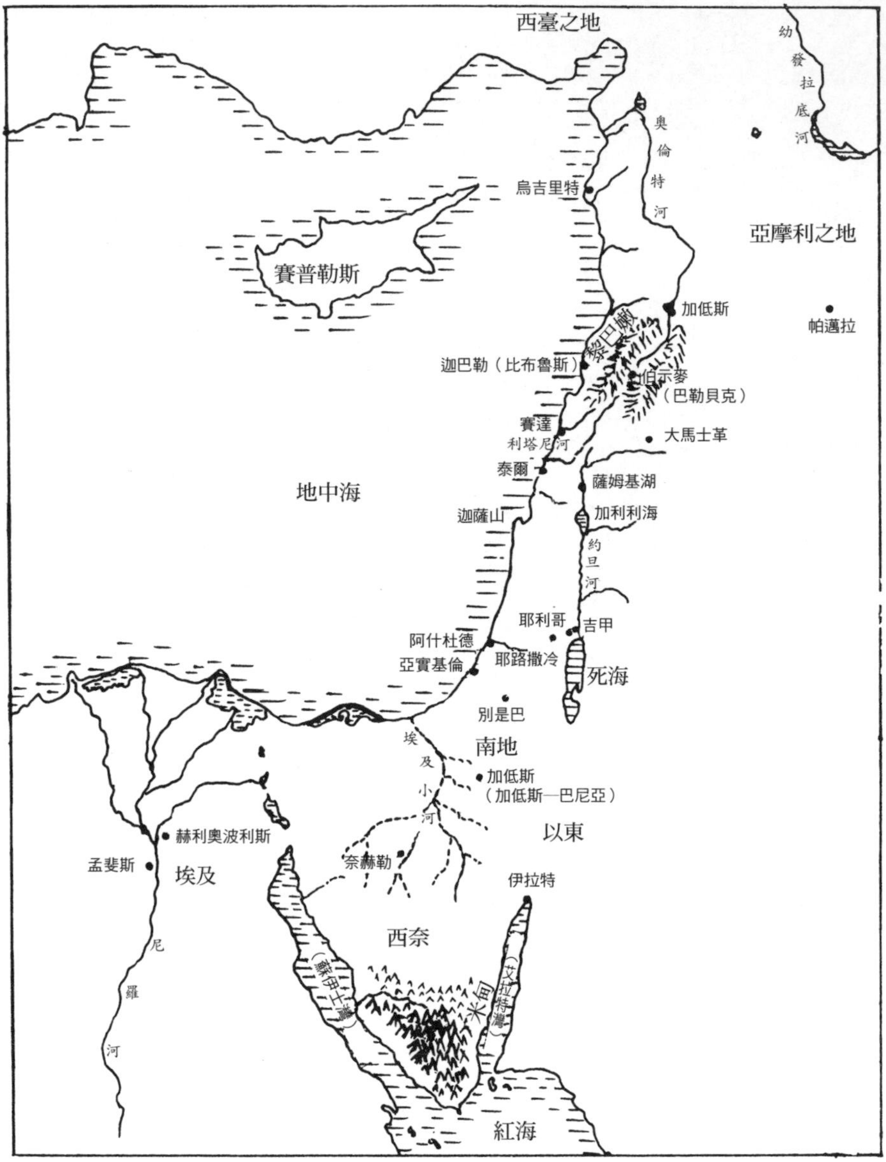

圖78　雪松山登陸區的相關地圖

（Ba'al，意思是主）的神廟，以及大量的文物。但真正的寶藏是幾十塊陶板，上面有楔形文字的字母（見圖79），這些楔形文字和《聖經》的希伯來語很相近，是一種「西方閃族」（Western-Semitic）的語言。第一個成功解讀的人是查理斯·維羅蘭德（Charles Virollaud），他在《敘利亞》（*Syria*）這份學術期刊上，發表了這些陶板的內容，歷時數年之久，找回之前晦澀難解的迦南人的生活、風俗，以及他們所敬拜的神祇。

圖79　楔形文字

迦南神及其子女

迦南萬神殿中地位最高的神叫做伊爾（EL）——就是希伯來文《聖經》中對「神」的通稱。「伊爾」一詞，源於阿卡德語的「伊陸」（Ilu），字面上的意思是「崇高者」。但在迦南關於神與人的故事中，伊爾其實是一位真正的神的名字，祂是天國和大地所有事物的最高權威。祂既是眾神之父，也是艾伯·亞當（Ab Adam，意思是人類之父）；祂的稱號是「仁慈者、慈悲者」。祂是「萬物的創造者」，以及「授予王權者」。一塊巴勒斯坦發現的石碑（見圖80）描繪著，伊爾坐在寶座上；一位更年輕的神，很可能是祂眾多兒子之一，正向祂獻上飲料。伊爾頭戴一頂有角的圓錐形頭冠，這種頭冠在整個古代近東中都是神的標誌；畫裡還有一個無所不在的「有翼球體」，代表眾神的星球。

圖80　伊爾

圖81　阿西拉

在「古老的歲月」裡，伊爾一直是天國和大地的主神。不過，那些陶板顯示的事件也同時提到，伊爾處於半退休的狀態，遠離日常事務。祂的居所「在山上」，是「兩條河的上游」。祂坐在休息室裡，接見使者，主持眾神的會議，試圖調解年輕諸神的爭端。這些年輕的神很多都是祂的孩子：有些經文認為伊爾可能有七十個子女。有三十個孩子是伊爾和元配阿西拉（Asherah，見圖81）所生；其他孩子則是由妾所生，甚

圖82a　伊爾：有巨大陽具及翅膀的神

圖82b　巴爾

圖82c　阿娜特

至有的母親還是人類女子。一首詩歌描述道，兩名在海邊散步的女子，看見了赤裸的伊爾；她們被伊爾的巨大陽具所吸引，最後都懷上了伊爾的孩子。（腓尼基古硬幣上可以明顯看出伊爾的特徵：一位有翼的神，巨大的陽具特別突出，圖82a。）

不過，伊爾最主要的子女是三個兒子和一個女兒：亞姆（Yam，意思是海洋、大洋）、巴爾（Ba'al，意思是主）及莫特（Mot，意思是毀滅者），以及女神阿娜特（Anat，意思是回應的她）。從這三子的名字和關係來看，明顯對應希臘的三位神祇，依序是：波塞頓（海神）、宙斯（眾神之主）、黑帝斯（下層世界之神）。巴爾和宙斯一樣，總是手持著閃電的武器（見圖82b），象徵是公牛。

在希臘神話中，當宙斯與泰風（Typhon）激戰時，只有他的妹妹雅典娜，也就是掌管戰爭和愛情之神，獨自幫助宙斯；在埃及神話中，也只有愛西絲（奧西里斯的妹妹和妻子）隻身幫助奧西里斯。的確，在巴爾和兩個兄弟激戰時，也只有他的妹妹與情人阿娜特來幫忙。阿娜特就像雅典娜一樣，一方面是「少女」，經常炫耀她的美麗裸體（見圖82c）；另一方面她又是戰爭女神，獅子就是她勇敢的象徵（見圖83）。（《舊約》把她叫做亞斯他錄。）

圖83　戰爭女神阿娜特

埃及的史前回憶錄和信仰精采之處並不亞於希臘神話。

愛西絲在比布魯斯（Byblos，編按：《聖經》裡的迦巴勒）這座迦南城市裡，發現了奧西里斯的屍體，讓他復活了。同樣的，巴爾被莫特重擊之後，也是阿娜特幫他恢復了生命。塞特，這位奧西里斯的敵手，埃及文獻有時稱他「沙逢（Saphon）的塞特」；我們也能看到，巴爾的稱號是「撒分（Zaphon）之主」。埃及新王國時期與迦南人處於同一個時代，在他們的遺跡裡，經常看見埃及人把迦南神畫成埃及神，他們稱為明（Min）、雷瑟夫（Reshef）、加低斯（Kadesh）、安薩特（Anthat）（見圖84）。因此，我們發現，整個古代世界裡的傳說故事，其實都是發生在同樣一批神祇之中，只是名字不同而已。

達尼爾 vs. 亞伯拉罕

學者已經指出，所有這些故事都不是真正的版本，它們都只是更早之前起源於蘇美故事的回聲而已：不僅是人類追尋永生的故事，眾神之間的愛情、死亡和復活，也是如此。一直以來，那些充滿了劇情、細節、稱號和教諭的故事，也被《舊約》記錄下來。《舊約》證實了故事共同的發生地點（大迦南地區）、共同的傳說，以及共同的故事原型。

有一份文獻記載的故事，主角是達尼爾（Dan-El，意思是伊爾的法官，希伯來語是Daniel），他是公正的族長，但沒有兒子繼承。達尼爾懇請眾神能賜給他一個嗣子，以便在他死後，他的兒子可以在加低斯為他立一座紀念碑。我們推測，這個故事的發生地點是在迦南南部的南地（Negev），該地與西奈半島相接，而那裡就是加低斯（Kadesh，意思是「神」之城）的所在地。

加低斯位於《聖經》裡的亞伯拉罕族長的領地之內；這則達尼爾的迦南故事和《聖經》描述有很多相信之處；《聖經》記載，亞伯拉罕和撒拉很年老的時候，才生下兒子以撒。就像《創世記》的記載一樣，迦南故事裡的達尼爾也是年老無子；當兩位神來到他居住的地方，他看到神可能會幫助他的希望，「馬上……他拿出食物給神吃，為神獻上飲料」。結果，這兩位貴客正是「療癒藥師」伊爾及巴爾；整整一週，兩位神都和達尼爾待在一起；達尼爾在這段期間，用真誠讓兩位神答應了他的懇求。最終，巴爾「和伊爾走近了正在祈求的達尼爾」。首肯的伊爾「牽著祂的僕人的手」，賜給他「靈」（Spirit），恢復了達尼爾的生育能力：

圖84　埃及新王國時期把迦南神畫成埃及神

有了生命的呼吸，達尼爾復甦了……有了生命的呼吸，達尼爾充滿活力。

伊爾對還不敢相信的達尼爾承諾，他會有一個兒子。伊爾告訴他，上床去，親吻你的妻子，擁抱她……「她就會受胎懷孕，為達尼爾生下一個男孩。」就像《聖經》的故事一樣，族長夫人也生下了一個合法的繼承人，確保了血脈的傳承。他們把他取名為阿迦特（Aqhat）；而神賜給他一個小名，叫做乃縵（Na'aman，意思是討人喜歡的人）。

這個孩子長大成人後，眾神的船夫送給他一把獨特的弓。這件事情很快就引起阿娜特的嫉妒，她也希望能有這樣一把弓。阿娜特為了得到這把弓，向阿迦特許諾，可以給他任何他想要的東西——金、銀，甚至是永生：

祈求生命，啊，年輕的阿迦特——祈求生命，我就會給你長生不老；（祈）求永生，我就會把永生贈予你。我會讓你和巴爾一起數著年份；我會讓你和伊爾的兒子們一起數著月份。

還有——她繼續承諾說——不僅阿迦特會像眾神那樣長壽，還會邀請他參加神的永生慶典：

而且當巴爾賜你永生時，祂會為你準備盛宴；一場為了被賜予永生者舉辦的宴會。祂會叫你喝一杯，讓你在祂對面美妙的歌唱、吟誦。

但阿迦特並不相信凡人可以躲掉生死的命運，他也不想與弓分開：

不要再說謊了，啊，少女——對一個英雄說著妳的謊言令人作嘔。一個凡人怎麼可能會獲得來生？一個凡人怎麼可能維持永生？……所有人都會死，我也將會如此；是的，我肯定也會死去。

阿迦特還向阿娜特指出，這把弓是為了像他那樣的戰士製作的，女子不能使用它。受到侮辱的安娜特，「穿越大地」，希望伊爾能准許她去攻擊阿迦特。伊爾答應了她，但只准她對阿迦特施加一點懲罰。

現在阿娜特變得狡詐了。她「穿過一千片田野，一萬英畝的土地」之後，回到阿迦特身旁。她假懷和平的善意，愛上了阿迦特，滿臉堆笑。她喚他「年輕的阿迦特」，她說：「你是我的哥哥，我是你的妹妹。」她說服阿迦特陪她去「眾神之父；月亮之主」的一座城市。她在那裡事先囑咐了塔逢（Taphan），「為了把弓奪過來，要殺死阿迦特」，不過，接下來要「再讓他活過來」——她只是要把阿迦特「暫時弄死」，讓她有充足的時間可以拿走他的弓。塔逢依照安娜特的指示，「在阿迦特的頭顱和耳朵上方各打了兩、三下」，而阿迦特的「靈魂就像蒸氣一樣的逃跑了」。但就在阿迦特即將復活之前——如果阿娜特真的想要讓他復活的話——他的屍體卻被禿鷹撕碎了。當這個消息傳到達尼爾時，他「坐在大門前，一棵大樹下」，正在「審判一名寡婦，調查一個孤兒的案子」。於是，達尼爾在巴爾的協助下，搜尋阿迦特被肢解的屍體，但這麼做也無濟於事。阿迦特的妹妹為了報仇，經過一番喬裝之後，來到塔逢的居所，把他灌醉了，試圖殺死他。（也許有另一種幸福的結局，故事裡，阿迦特最終還是復活了，但相關資料已經遺失。）

從黎巴嫩山脈轉向「月亮之主」這座城市的行動，也可以在《吉爾伽美什史詩》中找到同樣的故事情節。在古代的整個近東地區裡，和月亮有關的神是辛——最初的蘇美版本，把月神叫做蘭納。月神的烏加里特稱號是「眾神之父」；月神的確是伊師塔和她雙生兄弟的父親。吉爾伽美什的第一次嘗試，是想經由雪松山的「登陸區」，抵達目的地，但被伊師塔所阻撓；因為他之前拒絕了伊師塔的求愛，於是惱羞成怒的伊師塔試圖用天空之牛殺死他。吉爾伽美什的第二次探險，目的地則是提爾蒙之地，他來到了一座「有城牆圍繞的」城市，城裡的神廟是「為辛而建的」。

相較於吉爾伽美什歷盡艱辛，才來到辛的領地，阿娜特——像伊師塔一樣——卻可以在不同地方之間快速來去，因為她不需要在大地上徒步行走，也不用長途跋涉；相反的，她可以從一處飛到另一處。很多美索不達米亞的文獻都提到，伊師塔的飛行旅程，以及在地球上空漫遊的能力，「穿過天空，穿過地球」。亞述帝國的首都阿舒爾（Ashur），有一座敬奉伊師塔的神廟，顯示她戴著護目鏡、緊身的頭盔，以及延伸出來的「耳機」或面板（參見第145頁的圖58）。在幼發拉底河旁，有一座叫做馬里（Mari）的遺址，發現一尊真人大小的女神像，女神穿的衣著裝備上有一個「黑色的盒子」、一條軟管，以及一頂太空人的頭盔，這個有角的頭盔有內建的耳機及其他太空裝備（見圖85）。另外，在烏加里特發現的史詩故事也提到這一點：迦南神具有這種「像鳥一樣飛行」的能力。

圖85　穿著太空裝備的女神

克雷特vs.約伯

有這樣一個故事，學者取名為「克雷特國王的傳奇」（The Legend of King Keret），內容描寫一位女神飛去營救克雷特。克雷特，可以解釋成一位國王的名字，或是他治理的城市（「首都」）。這個故事的主題和蘇美的《吉爾伽美什史詩》一樣：凡人為尋找永生而奮鬥。但這個故事的開篇，卻和《聖經》中約伯的故事很類似，與《聖經》的其他描述也有強烈的相似點。

根據《聖經》故事，約伯是一個很正直而「純正」的人，；他集財富和權力於一身，住在烏斯地（Land of Utz，意思是建議之地），那裡是「東方人」的領土。剛開始一切都很好，直到「有一天，神的眾子來侍立在耶和華面前，撒旦也來在其中」。撒旦勸說耶和華考驗約伯，得到了許可：於是耶和華首先讓約伯失去了孩子和所有財產；接著，還讓他罹患各種疾病。約伯坐著悲傷及哀嘆之際，他的三個朋友正好前來探望；《約伯記》接著記下他們對生死、天地奧祕的探討。

約伯感傷事態的轉變，懷戀過去的歲月，那時他聲名顯赫、受人尊敬：「我出到（克雷特）城門，在街上設立座位。」約伯回憶，那些日子裡，他也相信「我必死在窩中，必增添我的日子，多如塵沙」。但現在他除了一身的疾病之外，什麼都沒有了，感覺就像已經快死了。

來自南方的朋友提醒他：「人生在世必遇患難；如同火星飛騰。」人類只是凡夫，何須如此庸人自擾？

但約伯神祕的回答說事情並不單純：「神的靈造我；全能者的氣使我得生」（《約伯記》33：4）這些迄今未能理解的經文，是約伯正向朋友透露他有一部分的神聖血統嗎？因此，他才會像吉爾伽美什一樣，希望能如同鳳凰鳥一樣長生不老，只有他的創造者死亡時，他才會跟著死去。不過，現在他已經意識到「凡有血氣的就必一同死亡；世人必仍歸塵土」。

克雷特的故事也有十分類似的描述。起初，克雷特是一個很富有的人，接著在戰爭和疾病中相繼失去妻兒。「他看到他的後代被毀……全部滅亡了」，並意識到這是他的王朝終結：「他的王座搖搖欲墜。」他的哀痛和悲傷逐日增長；「他的床被淚水浸濕」。日復一日，他到神廟「進入內室」向神哭訴。終於伊爾「向他降臨」，要找出「是什麼讓克雷特不斷哭泣」。接下來的故事內容透露出，克雷特的身上也有一部分的神聖血統，因為他是伊爾（和一個人間女子）所生。

伊爾希望他「親愛的孩子」不要再傷心，鼓勵他再婚，因為神會賜給他一個新的繼承人。伊爾要克雷特洗淨自己，煥然一新，去和烏登穆（Udum，可能就是《聖經》中的以東）國王的女兒求婚。克雷特在軍隊的陪同下，帶著禮物，拜訪烏登穆，並按伊爾的指示行事。但烏登穆國王拒絕了所有金銀珠寶。他知道克雷特是「人類之父所生」，有神的血統。於是他向克雷特要求一件特殊的聘禮：她的女兒為克雷特生下的第一個孩子，也必須具有半神的血統！

當然，這個決定權不在克雷特的手裡。一開始提出這樁婚事的伊爾，現在也不在他的身邊。因此，克雷特前往伊爾元配阿西拉的神殿，向她尋求幫助。接下來的一幕發生在伊爾的居所。在那裡，克雷特向阿西拉提出的請求，得到年輕眾神的支持：

接著，眾神的隊伍來了，強大的巴爾開始說話了：「現在來吧，啊！善良者，仁慈的伊爾：難道你不祝福賜予克雷特純淨之血嗎？難道你不喜歡伊爾的摯愛嗎？」

於是，伊爾同意「賜福給克雷特」，許諾他會生下七個兒子和幾個女兒。伊爾宣布，第一個出生的兒子因為會獲得永生，就取名為亞斯伯（Yassib，意思是永恆）。為了讓亞斯伯獲得永生，伊爾要求當他出生時，要由阿西拉和阿娜特女神哺乳，而不是讓他吸吮人類母親的奶水。（近東所有民族的藝術中都有這樣的描繪：由女神來撫養國王之子，因而得到永生——見圖86。）

圖86　女神撫養國王之子

眾神信守承諾；但克雷特隨著財富和權勢不斷增長，卻忘記了他的誓言；他就像《聖經》的先知以西結對推羅王所說的預言一樣。克雷特日漸傲慢，向他的孩子們誇耀自己身上的神聖血統。這一切最終激怒了阿西拉，讓克雷特患了致命的疾病。克雷特奄奄一息時，他的七個兒子非常震驚：這怎麼可能發生在「伊爾的兒子，善良者和神聖存有的後代」身上呢？他們難以置信，詢問他們的父親——因為克雷特不再擁有自己宣稱的永生，這也會讓他們的生活大受影響：

父親，我們很高興您能活著；我們對永生得意洋洋……父親，您接下來，會像凡人一樣死去嗎？

克雷特的沉默已經給了他們答案，現在，他們轉向眾神求助：

這該如何說呢？「伊爾之子克雷特，他是善良者和神聖存有的後代」？一位神怎麼可能會死亡呢？善良者的後代怎麼會無法活下去呢？

尷尬的伊爾向其他神詢問：「眾神之中，有誰能夠醫治疾病，驅除惡疾？」伊爾問了七次，但「眾神之中，沒有回答」。伊爾無奈之下，只好請求神的工匠和助手，精通所有魔法的工匠女神夏塔克忒（Shataqat）。這位能「除去所有疾病的女性」願意協助，進行了一趟飛行。「她飛過了一百個城鎮，她飛過了眾多村莊……」，來到克雷特的家裡，及時救活了他。（不過，這個故事的結局並不圓滿。因為克雷特宣稱的永生證明只是空話，於是他的長子建議國王退位……）

巴爾和亞姆的嫡庶之爭

要理解古代發生了什麼事，幾個和諸神相關的史詩故事就顯得更為重要。在這些故事中，想當然所有神都具有飛行的能力；而神的休息站就在「撒分之頂」。這些故事的主角是巴爾和阿娜特，他們既是兄妹，又是一對戀人。巴爾經常被稱作「駕雲者」。《舊約》也常描寫希伯來神駕雲而行。在那些描述神與人之間的故事裡，都可以清楚看出阿娜特擁有的飛行本領；而在諸神的故事裡，她的飛行能力也很突出。

在一篇文獻裡，阿娜特聽說巴爾到薩馬赫（Samakh）釣魚（見圖87）。薩馬赫這個地名沿用迄今，它就是位於以色列北部的薩姆基湖（Lake Sumkhi，意思是魚之湖），約旦河從這裡流入加利利海。薩姆基湖以數量繁多的魚類和野生動物聞名。當阿娜特聽到這個消息後，她決定也要去那裡加入巴爾：

> 她展開翅膀，少女阿娜特展開翅膀，開始飛行的旅程，她飛到薩馬赫的草地中間，那裡有水牛環繞。

圖87　釣魚的巴爾

巴爾看到她之後，示意她降落；但阿娜特卻玩起了捉迷藏。巴爾不高興了，問她是否希望讓他「在飛行中」，給她的「角」擦點油——這是一種表達愛意的方式。巴爾找不到阿娜特，於是就起飛，「飛了上去……到空中」，坐在「撒分之頂」上的王座裡。頑皮的阿娜特不一會兒也在那裡出現了，「很高興的上去撒分」。

然而，這般悠閒的相會只會發生在後幾年，那時巴爾已經坐上「大地王子」的權力位置，成為北部地方的最高統治者。在此之前，巴爾還忙著和其他的王位競爭者生死決鬥；競逐一個叫做「乍雷拉斯撒分」（Zarerath Zaphon）的地方——通常譯為「撒分的高處」，特別是指「北部多岩的山頂」。

繼承者們為了爭奪據點和土地的控制權，展開了血腥爭鬥。當時神殿之首因為年事已高，處於半退休狀態。蘇美作品記載了第一樁特殊的婚姻傳統。伊爾的正式元配阿西拉（Asherah，意思是統治者的女兒），也是伊爾同父異母的妹妹。這讓她生下的嫡子擁有合法的繼承權。但就像之前曾經發生過的宮闈鬥爭一樣，嫡長子的權力仍然受到庶長子的挑戰。庶長子是第一個出生的兒子，他比太子年長一些，和太子是同父異母。（附帶一提，巴爾至少已經有了三個妻子，不能再娶他心愛的阿娜特，因而證實阿娜特不僅是他同父異母的「半個妹妹」，應該是同父同母的親妹妹。）

迦南故事的開篇描寫，住在偏遠山居的伊爾，要把繼承權密傳給庶長子亞姆。女神夏佩西（Shepesh，意思是眾神的火炬）飛到嫡長子巴爾那邊，告訴他這個壞消息：「伊爾要退位了！」她大聲喊叫。

她建議巴爾快去伊爾那裡，並向「集會體」（眾神的聚會）提出質疑。巴爾的妹妹阿娜特也建議他違抗聖旨：

現在，你就出發，向拉拉山（Mount Lala）中的眾神聚會出發。在伊爾的腳下不要卑躬屈膝；不要向集會體下跪；你要自豪的站起來，發表你的言論。

亞姆使出計謀，派遣密使向集會的眾神遊說，要求造反的巴爾投降。當密使走進來時，「眾神正坐著用餐，神聖者吃著晚餐；巴爾隨侍在伊爾身邊」。接下來一陣沉默，密使向眾神提出亞姆的要求，要巴爾投降。密使表明來意，「在伊爾的腳下，卻沒有跪下」；他們早已備好武器：「眼睛就像鋒利的劍，發出灼熱的火光。」眾神紛紛倒地，各自尋找掩護。伊爾決定讓巴爾繼位，但巴爾一把抓起了自己的武器，撲向密使。這時，巴爾的母親阿西拉制止他：不殺來使！

密使空手而歸回到亞姆身邊時，事情演變到此，兩位神除了在戰場相遇之外，沒有其他的解決之道。一位女神（可能是阿娜特）和眾神的工匠密謀，為巴爾製造了兩件神聖武器：「追逐器」和「發射器」，它們可以「像鷹一樣飛撲」。隨後，巴爾和亞姆在戰場對峙，最終巴爾壓制住亞姆，在他要「殺死亞姆」時，突然傳來了阿西拉的聲音：對亞姆手下留情！讓亞姆活下來，將他放逐到他的海洋領地就好。

巴爾提出釋放亞姆的交換條件，要阿西拉支持他獲取「撒分之頂」的統治權。阿西拉當時正在海邊一個度假勝地休息，並不想飛到伊爾那個又炎熱又乾燥的地方，她把問題列出來，要伊爾不帶情緒，用智慧來處理。她向丈夫伊爾奉承說：「你既偉大又睿智，你灰白的鬍子一聲令下……智慧和永生與你同在。」伊爾權衡了目前的局勢，同意：「讓巴爾成為撒分之頂的主人；讓他在那裡建造他的住所。」

但巴爾心中想要的可不是一間居住的房子而已。他的計畫需要眾神的工匠庫塔爾—哈西斯（Kothar-Hasis，意思是精通、熟悉）來打造。不僅是現代學者，甚至就連比布魯斯的斐羅（Philo of Byblos，引自更早的腓尼基歷史學家），都將庫塔爾—哈西斯和希臘的赫菲斯托斯（Hephaestus）相提並論，赫菲斯托斯是建造宙斯與西拉宮殿的希臘神匠。其他學者也發現，庫塔爾—哈西斯和埃及的圖特很相似，圖特是埃及的工藝和藝術之神。實際上，迦南文獻提到，巴爾曾派使者前往克里特島和埃及，尋訪庫塔爾—哈西斯，並把他接來；庫塔爾—哈西斯大概那時正在那些地方大展長才。

當庫塔爾—哈西斯來到巴爾的地方後，他倆就開始察看施工計畫。結果，巴爾希望蓋出的建築，包含兩個部分：一個是伊—卡爾（E-khal，意思是大屋），另一個則是貝姆田（Behmtam），這個字通常譯為「房子」，但字面上的意思其實是「凸起的平臺」。他們兩人對要把像煙囪的窗戶裝在哪裡，有不同的意見；這種窗戶可以用一種特殊的方式開關。庫塔爾—哈西斯堅持：「啊，巴爾，您應該聽從我的建議！」建築完成後，巴爾擔心他的妻兒會因此受傷。庫塔爾—哈西斯為了消除巴爾的疑慮，從黎巴嫩訂了樹木，是「來自希瑞恩（Sirion）的珍貴雪松」，把這些雪松堆放在建築物裡面，並開始生火。這場大火整整燒了一個星期；裡面的金銀都被熔化了；但整個建築卻沒有受到一點兒損傷或破壞。

地下的發射井和凸起的平臺都準備好了！巴爾迫不及待要測試那些設備：巴爾打開了凸起平臺上的煙囪，大屋裡的窗戶。在雲層中，巴爾打開了縫隙。他發出了神聖的聲音……他神聖的聲音震動了地球。群山晃動……渾身發抖……東邊和西邊，地球的山丘都在旋轉。

當巴爾衝飛上天空後，神使嘎潘（Gapan）和烏嘎（Ugar）也加入飛行：「兩個有翼者，一起飛到雲端」，飛在巴爾之後；這「一對像鳥者」很快就飛到覆蓋著皚皚白雪的撒分群峰。有了這個設備後，撒分之頂就變成了「撒分之要塞」；黎巴嫩山（黎巴嫩的意思是白色者，因它被白雪覆蓋的山峰而來）獲得了一個新綽號：希瑞恩——「裝甲」山。

巴爾獲得撒分之要塞的統治權後，也得到了一個新稱號：巴爾撒分（Ba'al Zaphon）。這個頭銜的意思看起來很簡單：「北部地方的撒分之主」。但「撒分」的原始含義並不是地名；它也有「隱藏起來」和「觀察之地」的雙重含義。毫無疑問的，這些原始意義都和巴爾的新稱號「撒分之主」有一定的關係。

現在，巴爾已經獲得了權力和特權，但他的野心卻越來越大。他邀請「眾神諸子」參加一場宴會，要求他們宣誓效忠；拒絕的神都受到伏擊：「巴爾抓住阿西拉的幾個兒子；他從後面攻擊拉比姆（Rabbim），他用棍棒攻擊都基阿木（Dokyamm）。」有些神被屠殺，也有一些神逃走了。陶醉在權力之中的巴爾，嘲笑他們：

巴爾的敵人逃入樹林；他的敵人躲在山的一邊。強權的巴爾吼道：「啊，巴爾的敵人，你們為什麼要顫抖？你們為什麼要逃跑？你們為什麼要躲藏？」巴爾的眼睛能把東西弄碎；他伸長了手，斬斷雪松；他的右（手）極具威力。

為了進一步取得統治，在阿娜特的幫助下，巴爾消滅了很多男性對手，例如蛇神洛山（Lothan）、「七頭龍」沙利亞（Shalyat）、又名布洛克（the Bullock）的阿塔克（Atak）；以及「婊子」哈舒特（Hashat）女神。我們從《舊約》得知，希伯來神耶和華也曾是巴爾（《聖經》中叫做巴力或巴力毘珥）的強大對手；當以色列國王（亞哈）娶了一位迦南公主（耶洗別）後，以色列人就離棄了耶和華，去敬拜巴爾。先知以利亞在迦密山安排了一場耶和華與巴爾的較量。當耶和華獲勝後，巴爾的三百個先知都被處死了。《舊約》記述，耶和華在這場逆境中，獲得了撤分之頂的統治權。值得注意的是，《聖經》裡還有幾乎完全相同的用語，例如《詩篇》第二十九篇和其他經文，都說得更清楚：

神的眾子啊，你們要將榮耀、能力歸給耶和華，歸給耶和華！要將耶和華的名所當得的榮耀歸給他，以聖潔的妝飾敬拜耶和華。耶和華的聲音發在水上；榮耀的神打雷，耶和華打雷在大水之上。耶和華的聲音大有能力；耶和華的聲音滿有威嚴。耶和華的聲音震破香柏樹；耶和華震碎利巴嫩的香柏樹。他也使之跳躍如牛犢，使利巴嫩和西連跳躍如野牛犢。耶和華的聲音使火焰分岔……凡在他殿中的，都稱說他的榮耀。（《詩篇》29：1—9）

和迦南文獻中的巴爾具有飛行能力一樣，希伯來神也是「駕雲降臨」。先知以賽亞曾目睹耶和華往南飛去埃及，「耶和華乘駕快雲，臨到埃及。埃及的偶像在他面前戰兢」。以賽亞也聲稱，他曾親眼目睹主和其有翼隨員：

當烏西雅王崩的那年，我見主坐在高高的寶座上。他的衣裳垂下，遮滿聖殿。其上有撒拉弗侍立，各有六個翅膀……他的榮光充滿全地！因呼喊者的聲音，門檻的根基震動，殿充滿了煙雲。（《以賽亞書》6：1—4）

圖88　繪製耶和華字樣和圖像的迦南硬幣

希伯來人不能崇拜偶像，不能製作神像或雕像，所以沒有傳下耶和華的樣子。但就如同希伯來人知道巴爾這位迦南神，迦南人一定也知道耶和華這位希伯來神，我們可以用迦南人的想像來描述耶和華。有一枚西元前四世紀的迦南硬幣，上面刻著一個單詞：耶父（Yahu）——也就是耶和華（Yahweh）；這枚硬幣的圖樣是：一位留著鬍鬚的神祇，坐在一個有翅膀的寶座上（見圖88）。

巴爾與莫特交手

古代近東普遍認為，一些具有飛行能力的神祇，建立了統治撒分的王權。顯然，這也是巴爾的期待。但巴爾在建好撒分要塞的七年後，面臨了另一個手足莫特的挑戰。莫特是南部地區和下層世界的統治者。雙方爭奪的不僅是撒分的統治權，而是「誰有權統理整個大地」。

有些流言傳到莫特那裡，巴爾正在籌劃可疑的行動。巴爾非法及祕密的「在大地上放一片嘴脣，也在天國放了一片嘴脣」，這樣一來，就能「把他的話語傳到天體上」。起初，莫特要求有權知道撒分之頂「內部」的情況。但巴爾反而派出使者，向莫特送去和平的訊息。誰需要戰爭？他問道；讓我們「把和平友好放在大地中央吧」。莫特非常堅持，巴爾推斷若要阻止莫特前來撒分，最好的辦法是他親自去一趟莫特的居所。所以，巴爾自稱有管轄之權，往莫特「在地球深處」的「地窖」出發。

其實，巴爾盤算著更邪惡的事——打敗莫特。為了達到這個目的，他需要效忠於他的阿娜特的幫助。巴爾前往莫特的領地時，他派出的密使也來到了阿娜特的居所。巴爾要兩個密使把他的密令一字一句說給阿娜特聽：

> 我有一個祕密要告訴妳，這個訊息要要悄悄說給妳聽：有一個會說話的新機械，是一顆會悄聲說話的寶石。人類聽不懂它發出的訊息，大地的凡夫是無法理解的。

我們必須牢記於心，在古代語言中，「寶石」（stones）一詞包含所有挖掘或開採出來的物質，因此也包括所有礦石和金屬。阿娜特馬上就明白了巴爾的意思：他把一種複雜的裝置放在撒分之頂，可以發送或攔截祕密資訊！

密令中，進一步描述了這顆「璀璨寶石」：

它可以讓天國和地球對話，可以讓海洋和天體對話。它是一顆璀璨寶石；它還不為天國所知。讓妳和我把它放在我的洞穴裡，放在高高的撒分之頂。

祕密就在這裡：「天國」——母星球的權力中樞——還不知道，巴爾正在暗中設立一個通訊中心，他可以透過這個通訊中心和地球各地聯絡，也能聯絡地球上空的太空穿梭機。這是他取得整個地球統治權的第一步。正因為如此，他才會跟莫特正面衝突；因為「地球之眼」就位於莫特的領地內。

阿娜特收到並明瞭巴爾的訊息後，立即答應會幫助他。她向兩個焦急的密使保證，她會及時趕到那裡：「你們很慢，但我很快。」她向他們保證：

我會穿過神的遠方領地，那個眾神之子的遙遠山谷。地球之眼下，（有）兩個出口，三條寬闊的地道。

但當阿娜特趕到莫特的首都之後，卻找不到巴爾。她為了查出巴爾的下落，以武力脅迫莫特。最終，她得知真相：原來兩位神進行徒手格鬥，而「巴爾倒下了」。狂怒的阿娜特「用一把利劍劈死了莫特」。接著，她在里法（Rephaim，意思是治療師）之女，夏佩西女神的幫助下，帶著巴爾屍體飛回撒分的頂峰，放在一個洞穴中。

兩位女神很快的召喚眾神的工匠，也就是叫做伊爾凱薩姆（El Kessem，意思是魔法之神）的神前來幫忙。就如圖特救活被蠍子螫死的荷魯斯一樣，他們也讓巴爾奇蹟般的復活了。巴爾被那位「幾乎精通所有魔法」的女神救活了。但不確定她是讓巴爾在地球上的肉身復活了，還是巴爾會和奧西里斯一樣，在天國的來世獲得重生。

撒分之頂

沒有人可以確認，眾神究竟是何時在撒分之頂發生了這些事件。但我們已經得知，從人類開始有歷史記載時，人類就了解「登陸區」的存在和獨特性。

我們從吉爾伽美什前往雪松山開始，《吉爾伽美什史詩》把雪松山叫做「眾神的居所，伊師塔的十字路口」。他在那裡，「進入森林」，通往那個「用密令開啟的圍場」。他深入山中，「阿努納奇的神祕居所被他打開了」。吉爾伽美什似乎已經進入那個「巴爾祕密打造的特殊裝置！」現在，《吉爾伽美什史詩》充滿神祕色彩的詩句，提出了震撼的意義：

他見過祕密事件，人類被隱瞞著，但他知道……

我們知道，這起事件大約發生在西元前三千年——更準確的說，是在西元前兩千九百年。下一個將眾神和人類之間連結起來的事件，是老而無子的達尼爾的故事，他曾住在加低斯附近。達尼爾的故事沒有說明時間背景，但他和《聖經》裡的亞伯拉罕有很多相似的地方，包括突然現身的「人」變成了主和使者，亞伯拉罕寄居在離加低斯不遠的地方（基拉耳）。這些都顯示我們讀到的是一則古代記憶的兩個版本。如果是這樣的話，那麼我們就得到了另一個時間標記：西元前兩千年之初。

直到西元前一千年，撒分仍屹立不搖。先知以賽亞（西元前八世紀）譴責亞述王西拿基立入侵猶太，辱罵主，率領許多戰車，「上到撒分之頂」（編按：《列王紀下》19：23，《和合本》譯為「上山頂」）。先知強調這是一個古老的地方，並把主的箴言告訴西拿基立：

> 我早先所做的，古時所立的……這事你豈沒有聽見嗎？（《列王紀下》19：25）

同一位先知以賽亞，譴責另一個巴比倫國王，因為他為了神化自己，竟企圖登上撒分頂峰：

> 明亮之星，早晨之子啊，你何竟從天墜落？你這攻敗列國的何竟被砍倒在地上？你心裡曾說：「我要升到天上；我要高舉我的寶座在『伊爾的星球』以上；我要坐在『撒分之頂眾神議事的地方』。我要升到高雲之上；我要與至上者同等。」然而，你必墜落陰間，到坑中極深之處。（《以賽亞書》14：12—15，編按：《和合本》將「伊爾的星球」譯為「神眾星」，將「撒分之頂眾神議事的地方」譯為「聚會的山上，在北方的極處」。）

我們不僅證實了「撒分之頂」這個地方的存在和古老，還有對該地的描述：包括一個「凸起的平臺」，一個人可以從那裡升到天國，並成為「至上者」——也就是一位神。

我們從《聖經》其他段落得知，這種可以上升到天國的工具是會來回穿梭的「寶石」（機械裝置）。西元前六世紀，先知以西結譴責推羅王，那位曾經去過撒分之頂的推羅王，後來心裡高傲起來，就曾藉助「寶石」在「聖山」往來。

在地中海沿岸的迦南（腓尼基）城市比布魯斯（《聖經》中的迦巴勒），發現了一枚硬幣，極有可能就是庫塔爾—哈西斯在撒分之頂為巴爾建造的那座神奇宮殿（見圖89）。毗鄰「大屋」的是一個凸起的地方，那裡被高聳而巨大的圍牆環繞著。上面交叉的橫梁，用來支撐極大的重

圖89　在比布魯斯發現的古硬幣

量，那裡有一個圓錐形物體——在很多其他古代近東的描繪中，都很熟悉這件物品：那是眾神的天室——來回穿梭的「寶石」。

那麼，這就是古人留給我們的證據。一千年之後，又過了一千年，古代近東都知道雪松山裡有一座為來回穿梭的「寶石」而建造的大型平臺，平臺毗鄰「大屋」，而「大屋」裡面藏著「會悄聲說話的寶石」。

而且，如果我們對這些古代經文和圖案的解讀是正確的，那麼，這個宏偉而聞名的地方已經消失了嗎？

9・登陸區

其實，古羅馬文明最偉大的神廟遺址並不在羅馬，而是位於黎巴嫩山脈。其中包括一座敬奉朱庇特的神廟。朱庇特是古羅馬的眾神之王，相當於希臘的宙斯；各地都有許多敬奉朱庇特的神廟。超過四個世紀的時間，許多羅馬的統治者都曾不遠千里跋涉，來到黎巴嫩山脈這個遙遠而陌生的地方豎立紀念碑。皇帝和將軍來這裡是為求得神諭，知道他們的命運。這座神廟，羅馬軍團嘗試靠近，虔誠的人和好奇的人也想親眼目睹：這是古代世界的奇蹟之一。

黎巴嫩山谷遺址

勇敢的歐洲旅行家冒著生命和受傷的危險，記錄下這座城市的遺跡。最早來此探訪的歐洲人是一五〇八年一月的馬丁・瑞蒙格滕（Martin Baumgarten）。更早之前，在一七五一年，旅行家羅伯特・沃德（Robert Wood）在藝術家詹姆斯・道金斯（James Dawkins）的陪伴下，來過這裡。他們透過文字和素描，重現了這座城市的古代輝煌樣貌。「當我們把這處遺址……和義大利、希臘、埃及及亞洲其他地方相比時，不禁認為這裡是我們曾造訪過『最大膽的計畫』。」——就某些方面來說，這裡甚至比古埃及的金字塔還要偉大。沃德和道金斯看到的是，坐落於山頂上的全景，那裡的神廟和天空融為一體（見圖90）。

圖90　沃德和道金斯見到的黎巴嫩山谷遺址

這個遺址位於黎巴嫩山脈上一處平坦而肥沃的峽谷裡。峽谷將該地劃分為以西的「黎巴嫩」範圍，以及以東的「反黎巴嫩」區域。兩條自古聞名迄今的河流正是從這裡發源的，一條是奧倫特河，另一條是利塔尼河，它們最終都注入地中海。在這個遺址中，大量宏偉壯觀的古羅馬神廟建在一個巨大的人造平臺上；人造平臺的海拔約四千英尺。圍牆環繞整個區域的四周。這些牆壁有兩個功能：一方面可以作為擋土牆，是用來支撐平臺的土木工程；另一方面也有圍欄的功能，可以保護和遮蔽這個地區。這片圍起來的地區呈方形，有些邊長約兩千五百英尺，總面積超過五百萬平方英尺。

這塊神聖地區的地理位置，可以控制兩側山脈，直達峽谷南北，而且它的西北角似乎故意缺了一個角。現代的全景俯視圖如下頁（見圖91a、b）。

西北角的直角缺口形成一個矩形區域，讓平臺北部的視線向西拓寬了。這個特別設立的角落，邊上就矗立著朱庇特神廟，以及已知古代最高大的圓柱（高六十五英尺，直徑則有七英尺半）。這些圓柱支撐著一根十六英尺高的超級結構（「橫梁」），上方有傾斜的屋頂，脊樑的上面就是神廟的頂點。

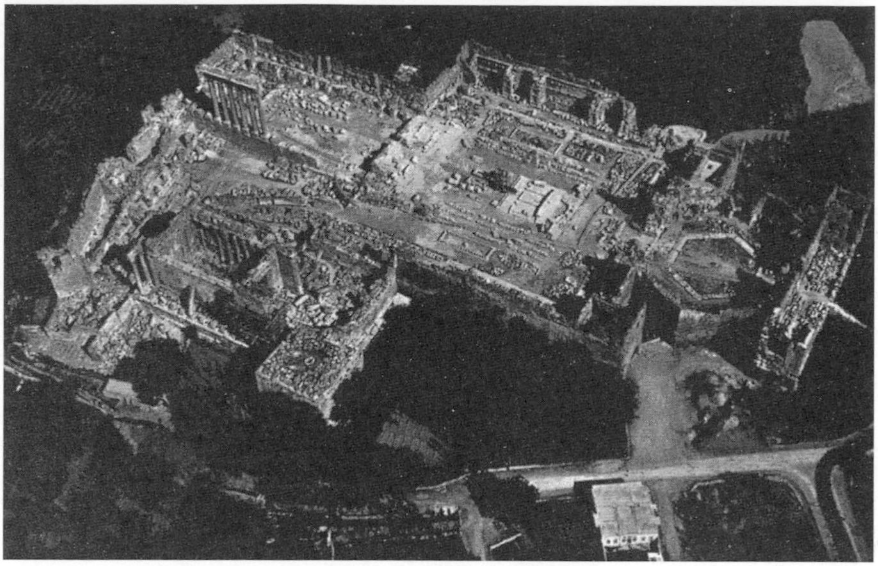

圖91a　巴勒貝克（鳥瞰圖）

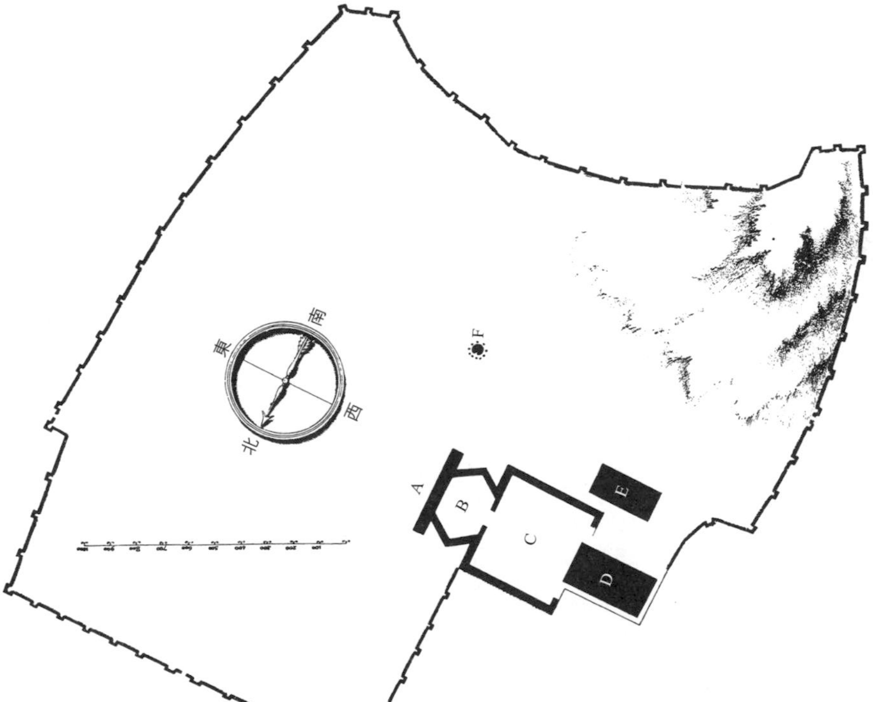

圖91b　巴勒貝克（結構圖）

朱庇特神廟是四方神廟最西邊的一座，也是最古老的一座。據信，羅馬人在西元前六三年占領這裡後，不久後就開始修建這座朱庇特神廟。

朱庇特神廟的方位，沿著東西向略微偏斜（見圖91b）。要進入神廟，首先會通過一道巨大的大門（A）；它是由一座大階梯和十二根石柱柱廊所組成的，十二根石柱裡的壁龕分別供奉奧林帕斯山的十二位神祇。朝拜的人穿過大門後，就會進入了一個六邊形的前院（B），這種六邊形建築形式是很典型的羅馬風格。通過前院後，進入一個龐大的神殿（C），裡面有一座占地很廣的聖壇。壇高六十英尺，底座面積有七十乘以七十英尺。大殿最西邊，就是神的專屬居所（D），長三百英尺，寬一百七十五英尺；巨大的神聖居所就矗立於墩座上，墩座比大殿高出十六英尺——比整個平臺高了四十二英尺。高大的石柱支撐著它，而橫梁和屋頂則構成一座真正的古老摩天建築。

朱庇特神廟的長度，從巨大大門的階梯開始，延伸到大殿最西端的牆壁，超過一千英尺。與這座巨大的主神廟相比，位於朱庇特神廟南方的神廟（E）就相形見絀了，這座較小的神廟供奉的是一位男性神祇，有些人認為是酒神巴克科斯（Bacchus），也有人認為應該是信使神墨丘利（Mercury）。東南角還有一座更小的圓形神廟（F），供奉的便是著名的維納斯女神。德意志皇帝威廉二世（Kaiser Wilhelm II）於一八九七年造訪，不久後就派出一支德國考古隊，重建了這個神聖區域的格局，並讓藝術家畫出古代的神廟、階梯、門廊、大門、石柱、庭院及聖壇，看起來像是羅馬時代的建築風格（見圖92）。

把這裡和著名的雅典衛城（Acropolis）相比，就可以讓人了解這座黎巴嫩的平臺和其上神廟群的規模。雅典衛城的建築群（見圖93）是坐落於一個階梯狀的船形平臺上，平臺最長處不到一千英尺，最寬處約四百英尺。而供奉雅典娜女神的帕德嫩神廟是衛城中最重要的建築，面積兩百三十英尺乘以一百英尺——還比黎巴嫩遺址中的墨丘利或巴克科斯神廟更小。

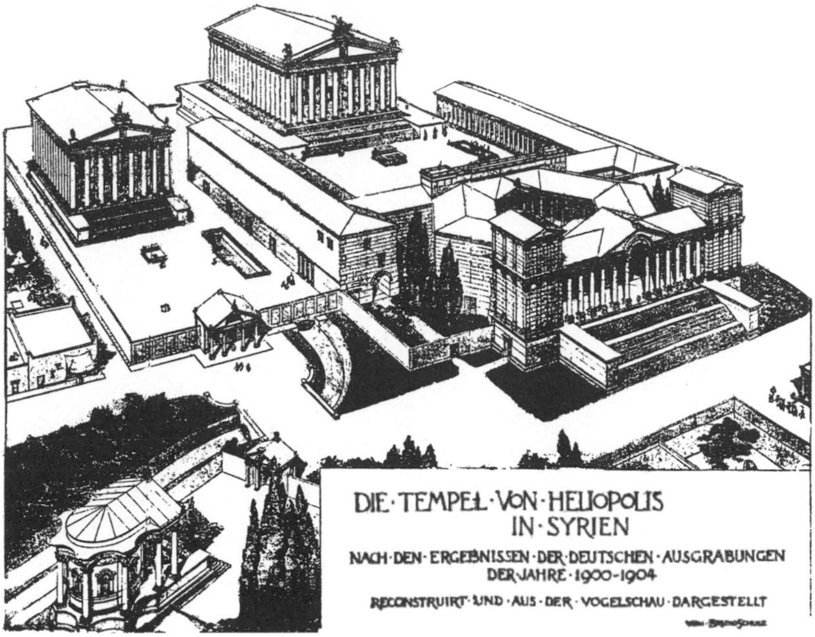

圖92　德國考古隊重繪的巴勒貝克聖地建築圖

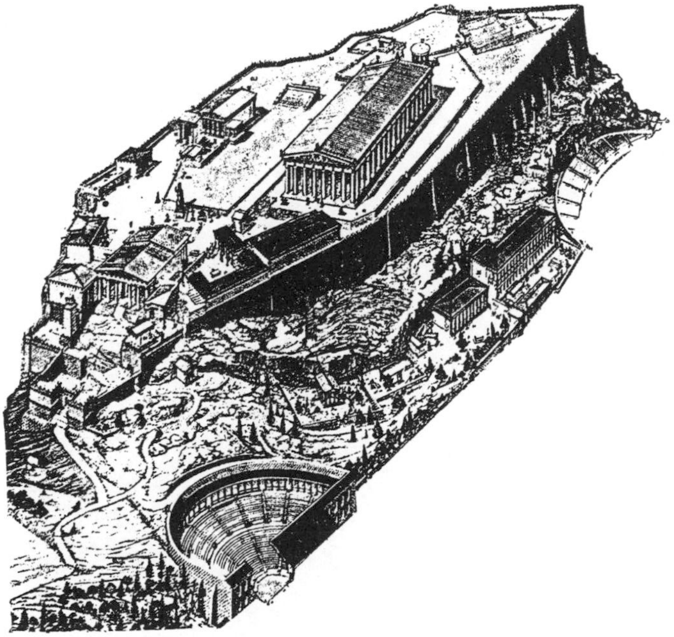

圖93　雅典衛城

曾參觀這座黎巴嫩遺址的考古學家兼建築師莫蒂默・惠勒爵士（Sir Mortimer Wheeler）在二十年前寫道：「那些神廟……沒有混凝土這樣的新型建材幫助，卻建得如此堅固。它們是用這世界上已知最堅硬的石頭築成的，其中一些石柱則是古代最高的建築……這裡有希臘世界中最偉大的紀念碑。」

三座神廟

這裡的確是希臘世界的建築，因為歷史學家或考古學家都找不到理由，可以指出這座巨大建築是透過羅馬人的努力。這裡只是羅馬一個不重要的省分，地處偏僻，除非這個地方曾經被先前的希臘人神聖化了，否則羅馬人並不會重視它。遺址上三座供奉羅馬神的神廟，朱庇特神廟、維納斯神廟和墨丘利（**或巴克科斯**）神廟，原來供奉的應該都是希臘神祇，依序是宙斯、他的妹妹愛芙羅黛蒂，以及他的兒子赫爾墨斯（**或酒神狄奧尼索斯**）。

羅馬人把這個地方和神廟獻給他們的最高神祇朱庇特，稱朱庇特為伊奧芙（love，**也許是耶和華的回音？**），羅馬人在聖殿和主要的雕像上刻著神聖字母I.O.M.H，代表希臘神廟中最偉大的老神朱庇特。

H是Heliopolitan一字的縮寫：雖然大神廟是獻給至高無上的神，但這個地方也曾是駕著快速戰車穿過天空的太陽神赫利俄斯（Helios）的休息之地。希臘人將這個信仰傳給了羅馬人，因此，羅馬人也把這個地方叫做赫利奧波利斯。至於，希臘人如何命名這個地方，就沒有人能得知了；有些人認為赫利奧波利斯是亞歷山大大帝命名的。

至於希臘人對這個地方的崇拜，就要追溯更深遠了，因為是希臘人讓羅馬人以偉大的紀念碑來榮耀此處，希望能找到預示命運的神諭。約翰・庫克（Gohn M. Cook）在《希臘人在愛奧尼亞和東方》（*The Creeks in Ionia and the East*）一書中寫道：「就巨大的面積、石材的重量，每個建築的規模及雕刻作品的數量而言，在整個希臘羅馬世界中，幾乎找不到一處地方能與這個建築群媲美。」還能如何解釋呢？

事實上，這個地方和某些神的關係，還能追溯到更早的年代。考古學家相信，在羅馬時代之前，這片遺址上的神廟就已多達六座；可以肯定的一點是，無論是宗教根源或是實際的地基，無論希臘人在那裡建造什麼聖壇，他們就像後來的羅馬人改造了希臘神廟一樣，希臘人的所有建築也是蓋在前人的遺址上。希臘傳說中，宙斯（羅馬的朱庇特）綁架了泰爾王的美麗女兒後，從腓尼基（今天的黎巴嫩）游到了克里特島，這一點在後面還會繼續講到；愛芙羅黛蒂也從西亞來到希臘；而漫遊的狄奥尼索斯，可能是第二座神廟的供奉對象，也是從西亞的某處帶來了葡萄和葡萄酒的釀造技術。

羅馬歷史學家馬克羅比烏斯（Macrobius）意識到羅馬信仰的早期根源，在《農神節》（*Saturnalia*）第一卷第二十三章，向他的同胞這樣說：

> 亞述人也崇拜朱庇特這位太陽神，不過，他們稱祂為宙斯、赫利亞奧波利特斯（Helioupolites）。在赫利奧波利斯的城市裡，他們舉行了很多重要的儀式來敬奉太陽神……朱庇特和太陽的神性，同時透過儀式和外觀顯現出來……為了避免列出神祇清單時引發歧議，我將會解釋亞述人相信太陽（神）的相關權力是什麼。他們把最高、最大的神叫做阿達德……

即使遵循了羅馬的崇拜，延續了上千年的信仰及想像依然在該地本身的歷史中流傳。馬克羅比烏斯在西元四百年寫下上述那段話時，羅馬已經改信基督了，這個地方成為狂熱破壞的攻擊目標。君士坦丁大帝（西元三〇六～三三七年）改信基督教時，下令停止黎巴嫩的所有建造工程，並試圖將那裡改建成敬奉耶穌基督的聖地。據一位史官記載，西元四四〇年，「狄奧多西二世摧毀了希臘人的神廟；他把太陽城赫利奧波利斯，巴爾的赫利俄斯，巴爾的三石建築，改成一座基督教教堂」。查士丁尼一世（西元五二七年～五六五年）又拆下幾根紅色花崗岩柱，運到拜占庭首都君士坦丁堡，修建聖索菲亞大教堂。當然，這些基督教化的行為遭到了當地人不斷的武裝反抗。

當穆斯林在西元六七三年占領此地時，又把那些羅馬神廟和基督教教堂改成了穆斯林的聖地建築。曾經供奉宙斯和朱庇特的地方，後來變成了崇敬阿拉的清真寺。

現代學者試圖透過研究鄰近地區遺址上的考古發掘，來瞭解這裡長期的宗教崇拜。他們找到的主要遺址位於帕邁拉（Palmyra，也就是《聖經》中的塔馬城），它是從大馬士革到美索不達米亞必經的古老轉運中心。所以，一些學者，例如著有《赫利亞奧波利特尼的三元性》（*La Triade Héliopolitaine*）的亨利・塞里格（Henry Seyrig），以及撰寫《赫利亞奧波利特尼的神廟與宗教》（*Temples et Cultes Héliopolitaine*）的雷內・杜索（Réne Dussaud），都認為那裡多年來的信仰是尊奉「三位一體」：以雷電之神為首，另二位則是少女戰神和天體戰神。他們和其他學者建立了現在普遍接受的觀點，希臘─羅馬的三位一體崇拜是起源於先前的閃族信仰，而閃族信仰又是以更早之前的蘇美萬神殿為基礎。最早的三位一體神祇是以統領「北方山地」的阿達德為首，他是恩利爾的兒子，而恩利爾則是蘇美人的主神。三位一體神祇中的女性成員是伊師塔。當亞歷山大一世來到這個地方以後，命人鑄造了紀念伊師塔（亞斯他錄）和阿達德的硬幣；上面用腓尼基─希伯來語分別刻著他的名字（見圖94）。三位一體神祇中的第三位成員則是天體戰神沙馬氏，他是史前太空人的指揮官。希臘人為了紀念沙馬氏（赫利俄斯），在主神殿的屋頂上豎立了一座巨大的雕像，展示沙馬氏正駕著戰車（參見第213頁的圖92）。

沙馬氏駕駛戰車的速度，可以從需要四匹馬拉動看出。《以諾書》的作者或許知道得更多，他說：「沙馬氏的戰車，如風掠過。」

如果我們要弄清楚希臘—羅馬的傳說和信仰，就必須回到蘇美；回到吉爾伽美什，他為了尋找永生，曾進入位於「依師塔的十字路口」那座雪松森林。雖然吉爾伽美什被告知那裡是阿達德的領地，但沙馬氏也對那個地方擁有管轄權。因此，我們找到了三位一體神祇的最早起源：阿達德、伊師塔和沙馬氏。

我們要怎麼進入「登陸區」呢？

巨大平臺

少數的現在數學者懷疑，希臘人是否清楚吉爾伽美什的史詩冒險傳奇故事。《哈姆雷特的石磨》作者桑提拉納及戴程德，在他們「調查人類的知識起源及其透過神話的傳播」時，認為「亞歷山大就是吉爾伽美什的真實複製品」。但其實在更早之前，《荷馬史詩》的英雄奧德賽，就已經跟隨過吉爾伽美什的腳步了。奧德賽在前往黑帝斯位於地下世界的居所途中不幸翻船，他的手下在一個地方「吃了太陽神的牛」，因而被宙斯所殺。孤獨無援的奧德賽在海上漂流，最後被沖到「俄奇吉亞島」（Ogygian island），這裡是大洪水前的僻靜之地。在那裡，女神卡呂普索「把他放在一個洞穴裡，給他食物吃，希望他能娶她；她會賜予他永生，讓他永不變老」。但奧德賽拒絕了她的提議——就像吉爾伽美什拒絕伊師塔一樣。

亨利・塞里格是敘利亞古代歷史研究所的所長，一生都在研究遺址上那座巨大平臺及其意

圖94　亞歷山大大帝鑄造刻有阿達德及伊師塔的硬幣

義。他發現希臘人曾在那裡舉行「神祕儀式，代表人在來世將得到永生——靈魂會（朝向天空）上升，與神成為一體」。他認為，希臘人確實把這個地方和人類求得永生的努力連結起來了。

這個地方就是吉爾伽美什第一次的目的地？他和恩奇都一起前往的雪松山嗎？這裡就是巴爾的撒分之頂嗎？

為了得到正確的答案，讓我們更仔細觀察一下這個地方的具體特徵。我們已經發現，在羅馬人和希臘人更早之前的年代，那裡就已經有一塊早就鋪好的平臺了，後人才在平臺上方修建神廟。這塊平臺是由許多巨大而厚重的石塊緊密鋪砌而成，迄今為止，還沒有人能真的深入地下，研究平臺之下是否藏著房間、地道、洞穴，以及其他人工建築。

可以肯定的是，這座平臺下方一定還有其他地下建築。可以這麼推論的理由，除了因為其他的希臘神廟地板下方也都曾發現祕密的地窖和石室建築；格奧爾格．埃伯斯（**Georg Ebers**）和赫爾曼．古德（**Hermann Guthe**）在《風景如畫的巴勒斯坦》（*Palästina in Bild und Wort*）一書記載道，一個世紀以前，當地的阿拉伯人曾進入遺址，「在東南角，**巨大的平臺之下**，經過一個像地鐵隧道的拱形長通道」（見圖95）。「其中，東西向的兩個大拱頂彼此平行，而與南北向的第三個拱頂呈直角相接。」當他們進入隧道裡，一片漆黑，只有些地方會有從奇怪「彩色條紋窗戶」發出恐怖的綠光，打破了地底的黑暗。他們從四百六十英尺長的隧道出來後，發現自己已經身處在太陽神廟的北牆下。當地阿拉伯人把這裡叫做**Dar-as-saadi**——意思是「至福之家」。

德國考古學家也記載，這個平臺是建在巨大的拱頂上；但他們關注的是遺址的上層建築，用素描重現了地面建築群的格局。一九二〇年代，一支由安德魯．佩洛特（**André Parrot**）率領的法國考古隊，也確認了地下迷宮的存在，但他們無法實際進入密藏處。但穿過平臺上面厚重的石塊後，發現了下面確實還有建築結構。

所有神廟都蓋在一塊從地面凸起三十英尺高，依地形而建的平臺上。平臺由許多巨大的石塊砌成。從它裸露在外的邊角上，可以研判石塊的長度是在十二到三十英尺之間，寬度有九英尺，而厚度則有六英尺。沒有人試圖推測，這麼多數量的石塊是怎麼鑿成、切割、成形及搬運到這個地方，在這裡一層層鋪砌上去；與這個工程相比起來，埃及的金字塔就相形見絀了。

究竟是誰最早奠基了這個平臺？是誰留下了西北角的長方形區域？是誰決定了朱庇特／宙斯神廟的位置？位於平臺上的朱庇特神廟，面積超過五萬平方英尺，平臺的設計足以承受這麼重的重量。由一層一層的巨大石塊壘砌而成的墩座，比它前面的前院高出二十六英尺，而它的東西兩側裸露在外，比地面高出四十二英尺。至於它的南側有六根巨大的石柱，迄今依然矗立，我們可以清楚看到一處石塊層（見圖96a）：由一些相對較小的石塊砌成，交替排列，每塊石

圖95　遺址的通道

材長約二十一英尺。還可以看見（左下角）較低層的墩座，像一個大露臺，在神廟下面凸起。露臺那裡的石材更巨大。

最大的石塊位於墩座西邊。就像德國考古隊繪製的西北角素描（見圖96b）一樣，突出的底座和墩座的上層，是由一種巨石（cyclopian）所建，其中一些長達三十一英尺，高八英尺，厚十二英尺。每塊巨石的體積有五千立方英尺，重量超過五百噸。

金字塔上最大的石塊約兩百噸，這些墩座的石材卻更大更重，而且它們還不是古代建築師在這個墩座所用最大的花崗岩。

往上二十英尺的墩座中間層，用了更巨大的石材。今天的勘測人員用「巨大」、「龐

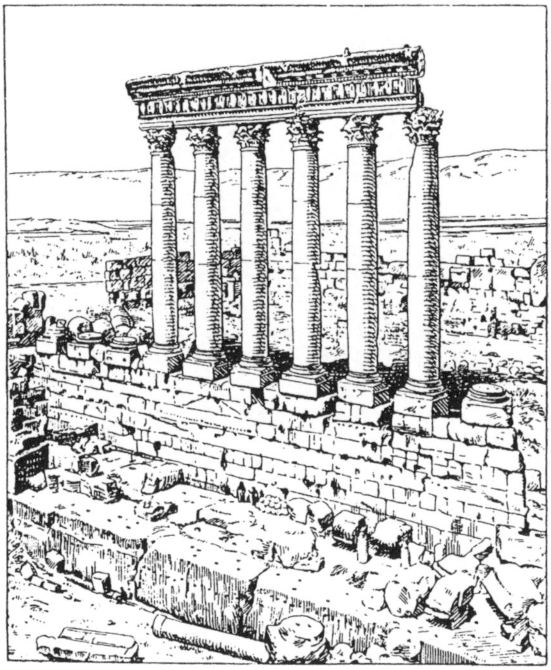

圖96a　六根石柱

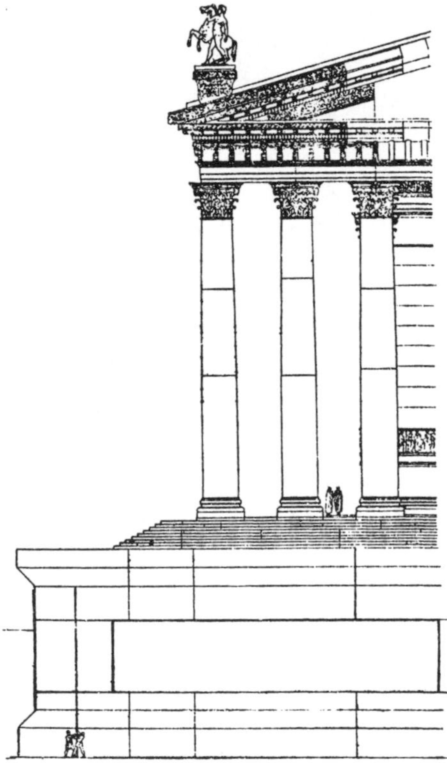

圖96b　西北角素描

大」和「大」來形容它們。古代的歷史學家則把它們叫做三石建築（Trilithon）——三塊巨石的奇蹟。在墩座西側露出的三塊巨石，一塊接著一塊相連，在世界上任何地方都看不到這種建築。三塊石塊打造得非常精密，彼此完美貼和（見圖97）；長度超過六十英尺，寬度和厚度則是有十四和十二英尺。每一塊石板的體積都在一萬立方英尺以上，重量則超過一千噸！

圖97　三石建築

修建這座平臺和墩座的石材都是在本地開採的。沃德和道金斯繪製的一幅全景圖（參見第210頁的圖90）中，就包含一個開採場，顯示古代採石場上散落著一些大石塊。但那些更巨大的石塊卻是從另一個採石場中運來的，那個採石場位於聖地西南方四分之三英里的山谷裡。直到今天，我們還能在那裡找到比那三塊巨石還要壯觀的原石。

現場遺留下一塊開採一半的巨大花崗岩，不知道是誰開採的，還有部分埋在地下。它已經切好成形了，只有底部還有部分和岩石地面相接。它非

圖98　採石場上遺留的巨石

常巨大，令人難以置信，有六十九英尺長，周長則有十六乘以十四英尺。如果一個人爬上去（見圖98），看起來就像是一隻在巨大冰塊上的蒼蠅……據保守估計，它的重量超過一千兩百噸。

大多數學者都相信，這塊巨石就像那三塊緊連的巨石一樣，要運來神聖之地，或許它原來會鋪設在墩座北側。埃伯斯和古德還做了一個推論，他們認為三石建築下方不是由兩塊石材砌成，而是只有一塊，它的長度超過六十七英尺，類似在採石場發現的巨石。或許是受到損壞，或是人為的刻鑿，讓它看起來像是兩塊石材並排。

無論那塊剩下的巨石當初準備放在哪裡，都能幫助我們理解黎巴嫩山脈上的平臺和墩座是多麼巨大和獨特。令人難以置信的是，即使是今天有起重機、交通工具或其他機械設備，也舉不起這些重達一千至一千兩百噸的巨石，更不用說要把這些巨大的物體搬運到山谷和山麓，以及要把每塊石材舉起，高出地面許多英尺，一一放在精確的位置上。顯然，從採石場到那裡，沒有任何路面、道路、坡道，或是其他搬運或拖行巨石上坡的土木工程。

然而，在遙遠的古代，卻有某個人用某種方法實現了這項壯舉……

巴勒貝克

但他會是誰呢？當地的傳說告訴我們，早在亞當和他兒子的時代，那個地方就已經存在了。據說，亞當和夏娃被逐出伊甸園後，帶著他們的兒子，住進雪松山這裡。按照那些傳說，亞當所住的地方，現在叫做大馬士革，他就在離那裡不遠的地方死去。亞當的兒子該隱殺死亞伯後，在雪松山頂上造了一個避難所。

黎巴嫩的馬龍教派（Maronite）主教，流傳著這樣的傳說：「黎巴嫩山裡有一座堡壘，它是世界上最古老的建築。在創世後第一百三十三年，亞當的兒子該隱於瘋狂盛怒下，修建了那座建築。該隱以他的兒子以諾之名為這座建築取名；他與巨人一起住在那裡，這些巨人因罪而遭受洪水的懲罰。」在大洪水以後，《聖經》中的英雄寧錄重建了這個地方，他傾盡全力建造了一座能通天的建築。根據這些傳說來看，巴別塔並不是蓋在巴比倫，而是建在黎巴嫩的巨大平臺上。

一名叫做阿圍厄（d'Arvieux）的十七世紀旅行家，在他的《回憶錄》（*Mémoires*）第二部第二十六章寫道，當地的猶太人和穆斯林居民曾在那裡發現一份古老的手稿，顯示「大洪水之後，當寧錄治理黎巴嫩時，他派巨人重建了巴勒貝克的堡壘；巴勒貝克（Baalbek）這個名字是為了紀念巴爾而取的。巴爾（Ba'al）就是摩押人敬拜的太陽神」。

巴爾神和這個地方在大洪水之後的關係，給了我們一些提示。事實上，在希臘人和羅馬人離開不久之後，當地人就摒棄了它的希臘化名字「赫利奧波利斯」，而恢復了閃族的叫法。直到今天，我們都還在這麼叫它：巴勒貝克。

關於巴勒貝克這個名字的具體含義，有許多不同的意見。許多人認為「巴勒貝克」的意思是「巴爾的山谷」。但從它的拼法和《塔木德經》的參考資料來看，我們認為它的意思是「巴爾的哭泣」。

我們可以再讀一下烏加里特史詩的經文結尾，它描寫巴爾在與莫特的爭鬥被打敗了，因而變成一具屍體，阿娜特和夏佩西把他的屍體運回撒分之頂的石窟中埋葬：

她們來到巴爾面前，他在地上躺著；英勇的巴爾死了，這位王子，地球之主，已經逝去了……阿娜特傷心的哭了……在山谷裡，她像喝酒一樣的飲泣。她大聲向眾神之炬夏佩西，喊道：「我祈求妳舉起英勇的巴爾吧，把他放到我的身上。」於是，眾神之炬夏佩西，將英勇的巴爾舉起來，放在阿娜特的肩上。她把他帶回了撒分要塞；為他悼念，將他埋葬；把他放在大地之穴裡。

所有這些當地傳說，就像所有的傳說一樣，都是對真實事件的古老回憶，有共同的核心；這些傳說都同意該地非常古老。他們認為當地建築是由「巨人」所建，建造的原因和大洪水事件有關。他們也把這地方和巴爾連結起來，建築功能與「巴別塔」相同，是為了建造一個可以「通天」的地方。

當我們看到這個巨大平臺的位置和布局，以及它為了支撐龐大重量設計的大型墩座，在我們眼前閃現的畫面就在比布魯斯古幣（參考第208頁的圖89）上：一座巨大的神廟、一塊有圍牆包圍的神聖區域、一個有超強構造的平臺——平臺上面則是一個像火箭般的飛行室。

《吉爾伽美什史詩》對「隱藏區」的描述也還猶言在耳。難以穿越的高牆，人一碰到就會昏暈過去的大門，通往「用密令開啟的圍場」的通道，「阿努納奇的祕密居所」，以及會發出「殺人光束」的守衛怪獸。

毫無疑問的，我們已經在巴勒貝克找到巴爾的撒分之頂，那也是吉爾伽美什第一次旅程的目的地。

兩座太陽城

將巴勒貝克視為「伊師塔的十字路口」，意味著伊師塔在地球上空漫遊時，可以從這個「登陸區」起飛和降落，往返地球上的其他登陸處。同樣的，巴爾想在撒分之頂安裝的「啟動命令的設備，一個『會悄聲說話的寶石』」，意味著：其他地方也有類似的通訊單位，所以，「天國和大地可以對話，海洋和天體可以對話」。

地球上真有其他地方，是可供神的飛行器起降的登陸區嗎？除了撒分之頂，還有其他地方有「會悄聲說話的寶石」嗎？

第一條明顯的線索，就是巴勒貝克又叫做赫利奧波利斯。赫利奧波利斯這個名字表示，希臘人不知何故，相信巴勒貝克就是一座「太陽城」；同樣的，埃及也有一個叫做赫利奧波利斯（太陽城）的同名城市。《舊約》中承認有伯示麥（Beth-Shemesh），也就是沙馬氏之屋（House of Shamash）的存在。《舊約》裡有兩處伯示麥，一個是北方的伯示麥，另一個是南方的伯示麥，後者就是埃及的太陽城赫利奧波利斯在《聖經》的名字。據先知耶利米說，那裡就是「埃及神的廟」（《耶利米書》43：12），埃及方尖碑的所在地。

北部的伯示麥位於黎巴嫩，距離伯阿娜特（Beth Anath）——也就是阿娜特之屋／家——不遠。先知阿摩司認為它是「阿達德的宮殿，可以看見伊爾的家」。所羅門王的統治範圍，包括敘利亞和黎巴嫩的大部分地區，他建造的偉大建築包含了巴拉比珥（Baalath）和他瑪（Tamar）兩處——巴拉比珥是巴爾之地；他瑪是棗椰樹之地。許多學者認為巴拉比珥就是巴勒貝克，而他瑪就是帕邁拉（參見第186頁的圖78）。

希臘和羅馬的歷史學家都提到，這兩個「赫利奧波利斯」之間有很多相關連結。希臘歷史學家希羅多德向他的同胞解釋埃及萬神殿的十二位天神時，寫道：「埃及人崇敬的神祇中也有一位神是『海格力士』。」不僅如此，他還考證這種崇拜可以追溯到腓尼基人，「聽說那裡有一座海格力士的神廟，非常受人景仰」。他在神廟看見兩根柱子，「一根是純金做的，另一根是由綠寶石做的，在晚上會發出閃亮的光輝」。

神諭圓石

亞歷山大征服這個區域之後，腓尼基人的硬幣上就出現了這樣的「太陽神柱」——「眾神寶石」（見圖99）。希羅多德提供我們額外的訊息，這兩根相連的石頭，其中那根用金屬（黃金）做成的柱子是很好的導電體；另一根用寶石（綠寶石）做成的柱子，就像我們現在使用的雷射通訊設備，當它發出高功率的光束時，會散發出詭異色彩的輻射光。它是不是就像巴爾在撒分之頂安裝的設備呢？迦南文獻描述那是「一顆璀璨寶石」。

圖99　腓尼基硬幣上的兩根神柱

羅馬歷史學家馬克羅比烏斯，也描述了兩座赫利奧波利斯城市的相關連結，在腓尼基的赫利奧波利斯（巴勒貝克）以及埃及的同名城市裡，都有一顆神聖的寶石；根據他的描述，「這個物體」是被當成太陽神宙斯、赫利亞奧波利特斯般的被崇拜，由一名埃及祭司把它從埃及的赫利奧波利斯帶到了北部的赫利奧波利斯（巴勒貝克）。他補充：「這個物體，現在被亞述人敬拜，而不再用在埃及人的儀式上了。」

其他羅馬歷史學家也強調說，這個被「亞述人」和埃及人崇拜的「神聖寶石」，形狀是圓頂形。昆圖斯·庫爾提烏斯（Quintus Curtius）記錄埃及西瓦綠洲的阿蒙神廟有這樣一個物體，他寫道：「那個物體被當成神一般的崇拜著，但它顯然不是一件由工匠製造出來用以敬神的物品。相反的，它的外觀像是一個『臍』（umbilicus），由祖母綠和寶玉粘合而成。」

與這件西瓦綠洲的圓頂形物體的相關資訊，是格里菲斯（F. L. Griffith）一九一六年在《埃及考古期刊》（*The Journal of Egyptian Archaeology*）上刊載了他的一項考古發現，他在努比亞的「金字塔之城」，發現了一個圓頂形的「圓石」（omphalos）。這種「美羅埃紀念碑」（見圖100）最早是由哈佛大學的瑞斯納（George A. Reisner）在一座阿蒙神廟的密室裡發現。這座神廟位於埃及所有阿蒙神廟的最南端。

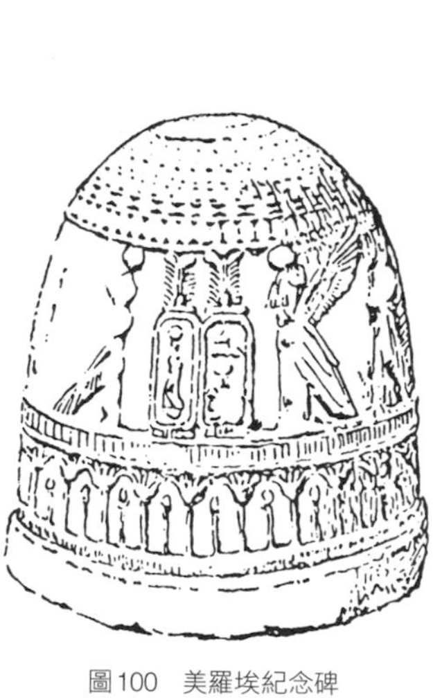

圖100　美羅埃紀念碑

我們已經知道，無論是希臘文的omphalos，或拉丁文的umbilicus，都是指「肚臍」——它是一個圓頂形的寶石，但學者不清楚原因為何，在古代用來標註「地球的中心」。

我們還記得，西瓦綠洲的阿蒙神廟，就是亞歷山大來到埃及後隨即匆匆趕去的地方，他想在那裡得到神諭。我們可以從亞歷山大的歷史學家卡利斯提尼，以及羅馬歷史學家昆圖斯，這兩處得到證詞：那座賜予亞歷山大神諭的阿蒙神廟裡，有一個由寶石做成的「圓石」，就是那個特別的「物體」。至於，瑞斯納發現「圓石」寶石的阿蒙神廟位於納帕塔（Napata）；納帕塔就是努比亞女王領地的首都；我們還記得亞歷山大在尋找永生的旅途中，令人困惑不解的前往拜訪甘大基女王。

亞歷山大尋找長壽的祕密，和波斯國王岡比西斯褻瀆阿蒙神，僅僅是巧合嗎？根據希羅多德的記述，岡比西斯曾派人前往努比亞，尋找供奉著「太陽碑」的神廟。西元前一千年初期，一位努比亞的女王（示巴女王），長途跋涉前往耶路撒冷，去見所羅門國王。如此一來，就把巴勒貝克的傳說，和所羅門王在黎巴嫩大興土木的王宮（《聖經》中的利巴嫩林宮），連結起來了。示巴女王這趟漫長而危險的遠行，不僅是為了見識所羅門的智慧，她的真正目的也許為了求得巴勒貝克——《聖經》中的伯示麥之屋——的神諭？

這裡似乎不僅是巧合而已；然而又有一個問題浮現了：如果這些神諭中心都供奉著一個「圓石」的話，那麼，會不會「圓石」本身就是神諭的源頭呢？

巴爾因被莫特打敗而死，不是因為他在撒分之頂建造了發射井和登陸平臺。更正確的說，是因為巴爾暗中設置了一個「璀璨寶石」。這個設備不僅可以和天國通訊，也能與地球上的其他地方聯絡。它還有額外的功能：

> 一個會悄聲說話的寶石；人類聽不懂它發出的訊息，大地的凡夫是無法理解的。

當我們思考「璀璨寶石」兩項明顯的功能時，巴爾派密使向阿娜特傳達的訊息就變得清晰可辨：眾神之間使用了同樣的設備互相聯絡，也用它來回答國王、英雄的提問，給予神諭！

威廉．羅施（Wilhelm H. Roscher）在《圓石》（*Omphalos*）一書，對這個主題進行了徹底的研究，揭示這些給予神諭的寶石在印歐語系裡的意思，英語的navel、德語的nabel，都是從梵語的nabh一詞而來；nabh的意思是「強烈的放射」。閃語的naboh意思是預告，nabih的意思是先知（拉比），這肯定也不是巧合。這些相似的意義，無疑都是來自於蘇美語的NA.BA（R），意思是「解決問題的閃亮寶石」。

當我們研究古代文獻時，就會發現這些神諭地點之間的關聯。希羅多德曾在《歷史》第二卷第二十九章裡，記載了美羅埃的朱庇特／阿蒙神廟——我們曾討論過，「腓尼基人」把迦南人的朱庇特當作埃及的阿蒙神，他們在希臘、西瓦綠洲，以及多多納（希臘西北部的山地，靠近現在的阿爾巴尼亞邊境）建造了最古老的神諭中心。

希羅多德記下一則他在埃及聽到的故事，大意是說「有兩名神聖的婦女被腓尼基人從底比斯（位於埃及）帶來……其中一名被賣到了利比亞（位於埃及西部），而另外一名被帶到希臘。這兩名婦女是這兩個國家最早的神諭創始人」。希羅多德寫道，他是從底比斯的埃及祭司那裡聽到這則故事。不過，在多多納（位於希臘西北部）卻有另一個版本：「兩隻黑色鴿子從埃及的底比斯飛走」，一隻降落在多多納，另一隻則飛到了西瓦：於是兩地都建立了朱庇特神殿，只不過多多納的希臘人稱為宙斯，而西瓦的埃及人則稱為阿蒙。

依據西元一世紀羅馬歷史學家西利烏斯・伊塔利庫斯（Silicus Italicus）的記載，迦太基的漢尼拔（Hannibal）曾在西瓦，對他與羅馬的戰爭結果請求神諭；這無疑也證實了兩隻鴿子是從底比斯飛來，而在利比亞沙漠（西瓦）和希臘與阿爾巴尼亞的邊境（多多納）建立了兩座神廟。幾個世紀以後，希臘詩人諾努斯（Nonnos）在他的史詩巨作《狄奧尼西卡》（*Dionysiaca*）裡，描寫了西瓦和多多納的神諭聖殿，他認為這兩座城市是一對「雙胞胎」，兩座城市可以用聲音交流：

> 看呀，新發現的回答之聲，是來自利比亞的宙斯！乾渴的沙子，神諭，由鴿子傳送，往查奧尼亞（Chaonia，即多多納）去了。

關於格里菲斯在努比亞發現的「圓石」，讓人聯想到希臘的另一個神諭中心。格里菲斯對努比亞的圓頂形「圓石」，寫道：「和德爾斐神諭的『圓石』一樣。」

德爾斐是希臘最著名的神諭之廟，供奉阿波羅（Apollo，意思是寶石的他）；德爾斐遺址至今仍是著名的旅遊勝地。和巴勒貝克一樣，德爾斐這片聖地也是依山而建，山麓上築了一座平臺，面向一個開闊的山谷，通往地中海和其他沿岸土地。

許多紀錄都提到，這塊圓石是德爾斐最神聖的物體。這塊圓石被放在阿波羅神廟內部密室的特殊基地上，有人說它的旁邊是一尊神的金身塑像，有人則說圓石是獨立供奉的。尋求神諭的人來到這間地下室，祭司會在出神的意識狀態下，針對國王和英雄的提問說出神祕的回答——答案是由神賜予的，但從圓石發出來。

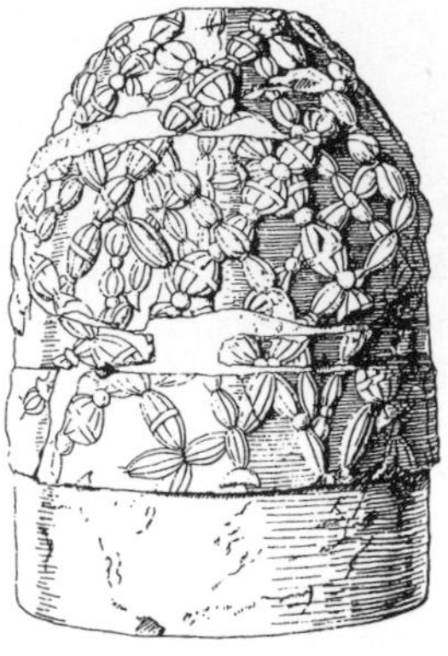

圖101　德爾斐博物館館藏的阿波羅神廟圓石複製品

原來的圓石已經神祕的消失了，也許是由於這裡曾發生幾次聖戰，或是因為異邦人入侵該地所致。這裡僅存一個羅馬時代豎立的石頭複製品，立於神廟之外，後來被考古挖掘所發現，目前是德爾斐博物館的館藏品（見圖101）。

沿著通往神廟的神聖之路上，不知何人在何時，也設置了一顆代表圓石的簡單石頭，它的設立可能是為了標記在神殿建造之前，第一道神諭的最初位置。德爾斐的硬幣也描述了阿波羅坐在這塊圓石上（見圖102）；當腓尼基落入希臘人的手裡，他們也在硬幣上描繪阿波羅坐在「亞逑」圓石上。但神諭石頭最常見的描繪，是它們成對豎立在一個底基上（參見第226頁的圖99）。

為什麼德爾斐會被選為神聖的神諭之地呢？圓石又是怎樣來到這裡呢？傳說，當宙斯想找到大地的中心時，他從世界兩端各放了一隻老鷹，讓兩隻老鷹朝彼此飛來，最後牠們在德爾斐相遇；於是宙斯就在德爾斐立了一個「臍點」，一顆圓石，代表大地的中心。根據希臘歷史學家斯特雷波（Strabo）的記載，德爾斐的圓石上刻了兩隻鷹。

古希臘藝術品常可以看見這樣圓石，顯示兩隻鳥在圓頂形物體上方棲息（見圖102）。有些學者認為這兩隻鳥不是老鷹，而是信鴿；把信鴿從某個地方放出來後，牠們就會找到回去的路；或許信鴿象徵的是，測量地球一個中心到另一個中心之間的距離。

根據希臘傳說，宙斯被泰風打敗後，在德爾斐找到一處避難所，那裡有一片像平臺的地方供宙斯休息，宙斯後來就在平臺上修建了阿波羅神廟。而西瓦的阿蒙神廟不僅有地下走廊、夾牆中的祕密通道，還有一個被厚牆環繞的禁區，長一百八十英尺，寬一百七十英尺。禁區的中央，有一

圖102　圓石

個堅固的石造平臺。我們在所有與「會悄聲說話的寶石」相關的遺址中，都發現了這種有凸起平臺的相同結構。那麼，是不是可以得出一個結論：這些像巴勒貝克那麼大的遺址，就是當時的登陸區及通訊中心呢？

圖103　兩隻鷹站在兩塊聖石上

不出人意料的是，在埃及的神聖作品中也發現了這樣的雙生聖石，也有兩隻鷹相伴（見圖103）；而且在希臘人開始描寫他們的神諭神廟的幾世紀之前，一位埃及法老就在他的金字塔裡放了一個圓石及兩隻鳥的圖案。那個法老就是塞提一世，他生於西元前十四世紀；他的金字塔中有一幅描繪隱藏之神塞克的壁畫，上面有迄今最古老的圓石（參見第79頁的圖19）。這是每日向塞克通報訊息（通話）的工具。

在巴勒貝克，我們發現了吉爾伽美什第一次旅行的目的地。我們跟隨著那個「會悄聲說話的寶石」，來到了杜亞特。

那裡就是法老尋找來生，可以通往天國的階梯之處。我們認為，那裡也是吉爾伽美什第二次尋找永生之旅的目的地。

10・提爾蒙：火箭之地

吉爾伽美什尋找永生的史詩故事，無疑是之後一千多年裡許多故事和傳奇的源頭。那些後來的英雄和國王追隨著他的腳步，同樣想找到永保青春的地方。人類的神話記憶裡一直流傳著，地球上有個地方可以讓凡人加入眾神的行列，免受死亡之苦。

距今五千年前，烏魯克的吉爾伽美什就曾向烏圖／沙馬氏懇求道：

在我的城市裡，人們都會死亡；我心裡悶得慌。人死了，我的心更沉重了……最高的人，不能摸到天；最寬的人，也不能覆蓋大地……啊，烏圖，讓我進入這片土地；成為你的盟友……在「閃」升起的這個地方，讓我升起我的「閃」！

我們已經說過，雖然「閃」常被譯為「名字」（一個人可以被記住的方法），但其實「閃」是一架火箭：以諾就是在他的「名字」上天後，消失於世。在吉爾伽美什之後的五百年，埃及泰蒂國王向他的神幾乎做了同樣的懇求：

人們倒下了，他們沒有「名字」。（神啊！）抓住泰蒂國王的雙臂，把泰蒂帶到天上去，他就不會像地上的凡人那樣死去。

吉爾伽美什的目的地是提爾蒙，那裡是火箭升起的地方。要問吉爾伽美什去了提爾蒙的哪裡，就等於在問：亞歷山大是在哪裡知道自己是埃及法老，他是一位埃及神的兒子。也是在問：杜亞特位於地球何處？

我們必須得出一個結論，所有這些目的地都是同一個地點。

我們將確切的指出，他們夢寐以求的那座通往天國的階梯，應該就是西奈半島。

出埃及

有些學者認為，《死者之書》中的細節描述可能就是埃及地理的真實寫照，他們認為法老仿效神的永生旅程，沿著尼羅河，從上埃及的神廟朝向下埃及的神廟前行。然而，古老經文明確提及這是一趟跨越了埃及邊境的旅程。法老的方向不是往北，而是向東；當法老穿過蘆葦湖及之後的沙漠後，他不僅離開了埃及，而且也遠離了非洲：他將會面臨許多的危險——包括真實的危險，以及「政治上的」危險——因為他正從「荷魯斯的領地」走向亞洲的「塞特的領地」。

當古王國時期的法老刻下《金字塔經文》時，埃及的首都是孟斐斯。而古老的宗教中心赫利奧波利斯，離孟斐斯東北方不遠。從這兩個中心往東走，會在旅途中遇到一連串蘆葦叢生的湖泊。穿過這些湖泊就是沙漠，再經過山地後，就到達了西奈半島——這裡的天空就是荷魯斯和塞特最終的戰場；也是宙斯和泰風的決戰之地。

法老的來生之旅，會將他帶至西奈半島。這裡有兩個支持的證據：一是亞歷山大也仿效法老的旅程，另一個則是摩西帶領以色列人「出埃及」的路線。

正如《聖經》記載，以色列人的起始點是埃及。接下來，他們穿越紅海——海水被分開後，從乾涸的海床走了過去。在亞歷山大的歷史中，也遇到了海水的阻礙，那裡就是被稱為「紅海」

的地方。亞歷山大和以色列人一樣，試圖領著他的軍隊徒步穿越海水：有一個版本說，亞歷山大建造了巨大的攔水堤壩；另一個版本則說，「亞歷山大透過祈禱，讓海床露出來」。無論亞歷山大是否成功渡海（取決於哪個版本），可以肯定的是，他的敵兵全都被洶湧的海水淹死了——就像當年那支追捕以色列人的埃及軍隊一樣。以色列人遇到的勁敵叫做亞瑪力人（Amalekites）：這是一個基督教版本的亞歷山大傳奇，藉由「聚集紅海海水，倒在他們身上」，打敗了亞瑪力人。

以色列人穿過了一片水域（希伯來《聖經》把這個地方叫做Yam Suff，字面上的意思是蘆葦湖或蘆葦海）之後，就進入了曠野，目標是前方的一座聖山。有一點很重要，亞歷山大的行程中有一個十分重要的山脈地標，叫做穆薩斯（Mushas），也就是《聖經》中的摩西之山，它的希伯來名就叫做Moshe。摩西曾在那裡遇到一位「從荊棘裡火焰中」（燃燒的灌木叢中）向他講話的耶和華使者；而在亞歷山大的傳奇故事中，也發生過一次類似的事件。

我們可以回想《古蘭經》中有關穆薩（摩西）和魚的故事，就會發現這些故事有多重的相似處。《古蘭經》告訴我們生命之水在「兩河的匯合處」。正是在那裡，奧西里斯之河分成了兩條支流；法老也是從支流交會處，進入了地下世界。在亞歷山大的故事中，兩條河流的交界處，也是關鍵之地，那顆「亞當的石頭」發出了光芒；也是在那裡，神聖存有警告亞歷山大必須回頭。

穆斯林的《古蘭經》還記載了這樣一個傳說，穆薩（摩西）叫做「雙角人」，和亞歷山大的別號一樣；而根據《聖經》的描述，摩西在西奈山（西乃山）見到主之後，他的「面皮發光」（希伯來語中的「角」，字面上的意思就是光束）。

《聖經》的《出埃及記》舞臺正是西奈半島。從亞歷山大、摩西及法老的路線，他們都是從埃及出發，向東前行。他們所有的相似之處和足跡，都指出一個明確的地點：他們朝東，走向西奈半島。我們接下來會講到，西奈半島也是吉爾伽美什的目的地。

吉爾伽美什第二次旅程

吉爾伽美什第二次決定性的旅程，是要抵達提爾蒙。起初，他搭乘了瑪甘船這艘埃及之船，從美索不達米亞出發，唯一的航行方向就是沿著波斯灣向下。接下來，他繞過阿拉伯半島，進入紅海——埃及人稱為「烏爾海」。正如瑪甘船（埃及之船）這艘船的名字暗示著，進入紅海之後，他們會一直朝向埃及的方向前行。不過，吉爾伽美什的目的地並不是埃及；而是提爾蒙。那麼，他是不是打算在紅海西岸的努比亞登陸呢？或是想要在紅海東岸的阿拉伯登陸？要不然，或是繼續直行，直奔西奈半島？（參見第34頁的圖2）

幸運的是，吉爾伽美什遇到了不幸，我們的調查研究才得以繼續。吉爾伽美什出發後不久，就遇到了一位守衛神把他的船擊沉了。他沉船的地方離蘇美不遠，因為恩奇都（他是沉船事件的主因）懇求吉爾伽美什回頭，步行回烏魯克。但吉爾伽美什下定決心要抵達提爾蒙，於是決定即使從陸路徒步跋涉，也要向他的目標邁進。如果吉爾伽美什的目的地是在紅海的某個岸邊，那麼他一定會橫越阿拉伯半島。但吉爾伽美什卻把方向設定在西北方。我們知道這一點，是因為他在穿越沙漠，通過荒涼的山脈之後，最先看到的文明是一處「低窪的大海」，附近有一座城市，城外有間客棧。「麥酒婦人」警告他，他看見的那片海想要橫渡過去的是「死亡之海」。

就像黎巴嫩的雪松山是很顯著的地標，雪松山是吉爾伽美什第一次旅程的目的地；「死亡之海」也是一處很顯著的地標，為他第二次旅程的目的地提供了極為重要的線索。縱觀近東所有古代地理，只有一個地方符合「死亡之海」這個名字。即使到今天，「死海」這個地名依然也沒有改變。死海的確是一座「低窪的大海」，它是地表上海拔最低的海洋（低於海平面下方一千三百英尺）。死海海水的含鹽量很高，富含礦物質，完全沒有海洋生物和植物可以在裡面生存。「死亡之海」附近的那座城市，四周有圍牆環繞。城市裡面的神廟是獻給月神辛的。城外有一間客棧。老闆娘不僅讓吉爾伽美什進去，熱情招待他，還為他提供了重要的資訊。

也有一則《聖經》故事，和吉爾伽美什這段傳奇有驚人的相似之處。在以色列人出埃及後，在曠野流浪了四十年，之後進入了迦南。以色列人是從西奈半島過來，繞經死海東側，直到抵達了約旦河流入死海的地方。摩西站在一座小山上，俯視整個平原，他看到吉爾伽美什曾見過的那片「低窪大海」閃閃發光。在平原上，約旦河另一邊有一座城市矗立著：名字叫做耶利哥。耶利哥橫亙在以色列人前往迦南的道路上，因此以色列人派了兩個間諜去打探情況。城牆外也有一間客棧，老闆娘熱情的款待了他們，向那兩個間諜提供了訊息和引導。

希伯來語中把耶利哥（Jericho）寫作Yeriho。它字面上的意思是「月亮城」——這座城市是獻給月神辛……

我們認為這裡就是吉爾伽美什曾經到訪的城市，比以色列人出埃及還早了一千五百年。

西元前兩千九百年，當吉爾伽美什進行旅程時，耶利哥這座城市就已經存在了嗎？考古學家證實，西元前七千年之前，就有人在耶利哥定居了；而在西元前三千五百年左右，耶利哥已經是一座繁華的城市；那麼，吉爾伽美什肯定曾經到過那裡。

吉爾伽美什經過休息後，恢復了力氣，計畫繼續他的旅程。他確認自己的位置是在死海的北端，他詢問麥酒婦人，能不能直接直接穿越那片水域不用繞遠路沿陸路走。如果吉爾伽美什走陸路的話，那麼他的路線就和後來的以色列人一樣了——但相反的；他想要前往的目的地，是以色列人曾經離開的地方。在船夫烏爾先納比的幫助下，吉爾伽美什順利到達了對岸。我們相信，他登岸的地點就在死海南端——那裡離西奈半島很近，所以船夫可以帶他去。

吉爾伽美什從哪裡開始，循著「一條尋常的路」（這是一條穿越沙漠的商隊常走的路線），這條路通往「遙遠的大海」。再一次，相關地名可以在《聖經》的用詞中找到，因為《聖經》裡的「大海」就是地中海。不久，吉爾伽美什就到了南地（Negev），迦南南部一處乾燥的地方；

他從南地繼續往西走了一段路程，尋找「兩塊石頭的地標」。船夫烏爾先納比告訴他，找到這個地標後，轉個彎，就能抵達一個名叫伊特拉的小鎮；小鎮離地中海已經不遠了。越過伊特拉，就是眾神管轄的第四區，那裡是禁地。

那麼，伊特拉這座小鎮究竟是「眾神之城」，還是人類的城市呢？

一份《吉爾伽美什史詩》殘缺不全的西臺版本，裡面的描述顯示，伊特拉既是眾神的城市，也是人類的城市。它是一座「神聖化的城市」，有很多神祇來來往往，經過這裡。不過，人類也可以進入：沿途有地標指示。吉爾伽美什不僅在那裡休息，還換上了一身新衣服；而且，他在那裡取得一些羊，每天向神獻祭。

我們在《舊約》中也可以看到這樣一座城市。它位於迦南南部進入西奈半島的地方，是通往西奈半島中央平原的門戶。從它的名字可以看出這座城市的神聖性：加低斯（**Kadesh，意思是神聖化**）。迦南北部也有一座同名的城市，它位於通往巴勒貝克的重要道路上。為了與北部的加低斯區別，南部這座城市又叫做加低斯─巴尼亞（**Kadesh-Barnea，起源於蘇美語，意思可能是「有閃亮寶石的加低斯」**）。迦南的加低斯，在大洪水之前的族長時代，是亞伯拉罕的領地，他「向南地遷去，寄居在加低斯和書珥中間的基拉耳」（《創世記》20：1）。

加低斯的名字和功能，也可以在迦南諸神的故事中找到。我們回想一下，有一個叫做達尼爾的老人，曾求伊爾賜給他一個子嗣，以便死後他的兒子能在加低斯為他建造一座紀念碑。在另一份烏加里特文獻裡，伊爾的一個兒子叫做西班尼（**Shibani，意思是第七**）——《聖經》中的別是巴（**Beer-Sheba，意思是第七井**），很可能就是以西班尼為名。根據烏加里特文獻，西班尼曾奉命去「加低斯的沙漠中修建紀念之柱」。

事實的確如此。查理斯・維羅蘭德和雷內・杜索在《敘利亞》期刊上首度開始烏加里特文獻的翻譯，他們認為許多史詩故事的發生地點「都在紅海和地中海之間」的西奈半島。喜歡去薩

圖104　巴爾去阿拉希曠野打獵

姆基湖釣魚的巴爾，也常去「阿拉希曠野」（Desert of Alosh）。阿拉希是一個有棗椰樹的地方（見圖104）。維羅蘭德和達斯奧德都指出，這條地理線索可以把烏加里特的發生地點和《聖經》的《出埃及記》連結起來：依據《民數記》33：9，以色列人「從瑪拉起行，來到以琳」，最後才到達阿拉希；瑪拉的意思是苦水河，而以琳是則有棗椰樹的綠洲。

還有更多細節，指出伊爾和一些年輕的神都曾來到《出埃及記》的發生地點，學者把這份經文叫做《那些親切而優雅的諸神誕生》。開篇的詩節把發生地點在薩菲木曠野（Desert of Suffim）——這絕對就是《出埃及記》裡與「蘆葦海」接壤的一處曠野：

> 我把這些親切而優雅的諸神稱為王子的諸子。我會把祂們放在薩菲木曠野中，那座能夠向上飛升的城市裡。

迦南經文為我們提供另外一條線索。總括來說，他們通常稱萬神殿之首為「伊爾」（至高無上、最高的神），不過，「伊爾」只是神的通用詞，而不是指一位具體的神。但在上面引述的經文裡，伊爾自稱是「耶拉」（Yerah），而他的妻子叫做「妮卡爾」（Nikhal）。耶拉在閃語裡的意思正是月亮——也就是著名的月神辛；而妮卡爾則是閃語從蘇美語的NIN.GAL演變而來。寧加爾（NIN.GAL），正是月神妻子的蘇美名字。

對於西奈半島中「西奈」（Sinai）一名的由來，學者提出來了許多理論。有一個理論認為，西奈顯然就是「屬於辛」的意思。這個解釋簡潔有力。

我們可以看到（第174頁的圖72），月神的象徵符號是月牙，他常常在自己領地守護著一個長著翅膀的大門。我們發現，西奈中央的主要道路十字路口是水井所在地，叫做奈赫勒（Nakhl），顯然是以辛的妻子妮卡爾（Nikhal）為名。

我們已經可以很有自信的得出結論：「提爾蒙之地」就是西奈半島。

西奈半島地理氣候

從西奈半島的地理、地形、地質、氣候、植物和歷史來看，都證明了我們的推論，也更清楚西奈半島在神與人之間的事務裡所扮演的角色。

美索不達米亞文獻描述，提爾蒙位於兩個水域的「開口」。西奈半島的形狀是一個倒三角形，它把紅海分成了左右兩隻手——西邊是蘇伊士灣，東邊則是艾拉特灣（阿卡巴灣）。的確，古埃及人描述的塞特之地，杜亞特的所在地，當我們轉個方向，就是一個具有西奈特徵的半島（見圖105）。

經文說了「多山的提爾蒙」。的確，西奈半島的地理結構是多山的，它的南方有許多高山橫亙，中部山區是一個高原，而北部平原則被四周的群山環抱，經由沙丘可以通往地中海的海岸線。從遠古時代起，這條沿海地帶就是連接亞洲和非洲的「陸橋」。埃及法老用它來侵略迦南和腓尼基，向西臺挑釁。阿卡德的薩貢王宣稱，他曾到達地中海，在那裡「清洗他的武器」；至於「海地」——沿著地中海沿岸的土地，他也誇耀「我曾經三次繞過『海地』」；我的手抓住了提爾蒙」。西元前八世紀，亞述國王薩貢二世聲稱，他征服了這片地區，「從鹽海岸邊的比特—亞金（Bit-Yahkin），遠至提爾蒙的邊境」。「鹽海」就是死海的希伯來名稱，沿用迄今——這又是另一個確認提爾蒙靠近死海附近的證據。

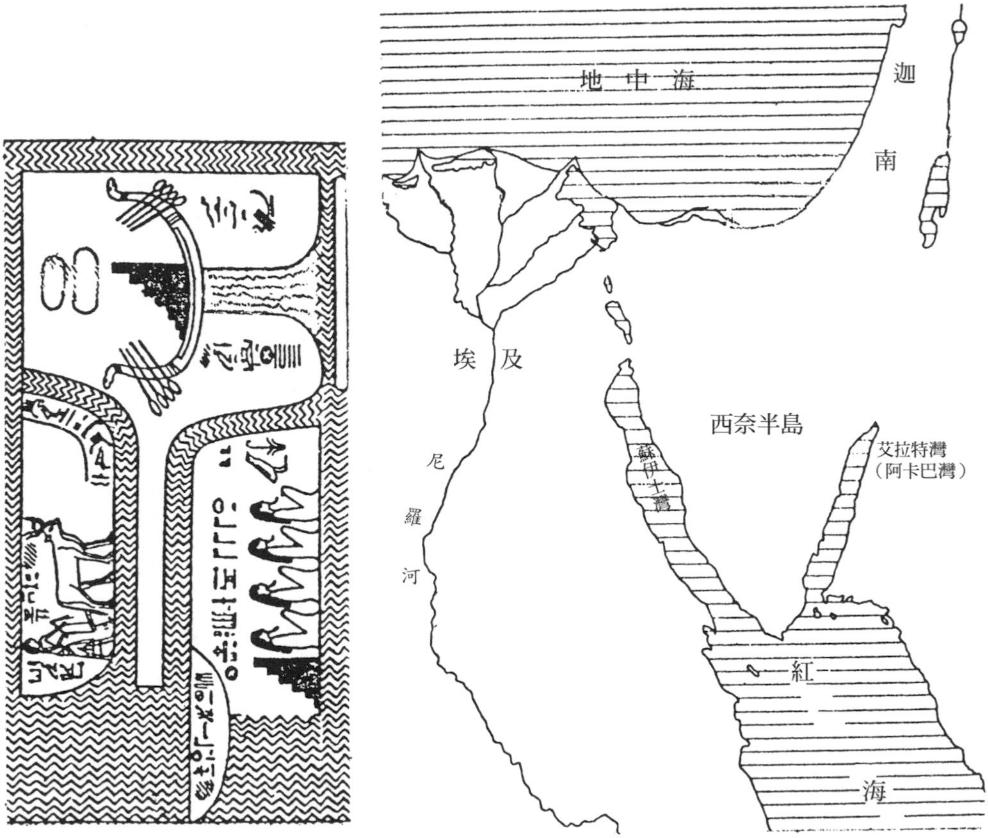

圖105　塞特之地與西奈半島

幾位亞述國王都提到埃及小河（the Brook of Egypt），把埃及小河視為他們遠征埃及的地標。薩貢二世征服了非利士人在地中海沿岸的阿什杜德（Ashdod）後，把埃及小河列為版圖。後來統治這個地方的以撒哈頓王，曾經這樣吹噓道：「我在埃及小河把亞雜（Arza）踩在腳下；我把它的國王阿蘇里利（Asuhili）銬上腳鐐……我要提爾蒙的國王昆納亞（Qanayah）向我進貢。」埃及小河這個名字，也在《聖經》出現，指廣大遼闊的西奈乾河床（wadi，只能在雨季運行的淺河），現在叫做伊爾－艾里什乾河床

（Wadi El-Arish）。亞述巴尼帕繼承了以撒哈頓的亞述王位，宣稱他「在上海（地中海）的泰爾那裡得到霸權，疆土遠至下海（紅海）的提爾蒙」。

在這些例子裡，提爾蒙的地理學和地形都和西奈半島十分吻合。

就總體情況而言，古代西奈半島的氣候特徵仍然和現在差不多：從十月到隔年五月都是不規律的雨季；其他月份則是完全的旱季。降雨量不足（每年只有不到十英寸的降雨量），使得整個西奈半島遍布沙漠。不過，南部的花崗岩山峰，在冬季時始終覆蓋著皚皚白雪，而在北部的沿海地帶，水位離地面不過幾英尺。

西奈半島大部分地區都是典型的乾河床。南部迅速而短暫的降雨，不是向東流進艾拉特灣，就是向西流入蘇伊士灣。在那些地方，你會發現許多像峽谷一樣美麗如畫的乾河床，還有一些繁茂的綠洲。但西奈半島的大多降雨量，還是向北流入了地中海，沿途經過乾河床及無數支流，它們從地圖上看起來就像是一顆巨大心臟裡的血管。在西奈的這些地方，如網絡般交織的乾河床，深度從幾英寸到幾英尺不等；一場暴雨以後，河流的寬度則會由幾英尺暴漲到一英里，甚至更寬。

即便是在雨季，降雨的模式也非常捉摸不定。突如其來的傾盆暴雨與長期乾旱輪流出現。在雨季時，預期將會有充沛水量的想法，可能會導致嚴重的後果。以色列人出埃及時，應該就發生了這種狀況，他們在四月中旬離開埃及，幾個星期後進入西奈曠野。以色列人沒有找到預期之中的水源，因而需要上帝出手相救，指引摩西去某個地方擊打磐石，從磐石裡流出水來。

當地的游牧民族貝都因人（Bedouin），也像西奈半島上其他經驗豐富的旅行者一樣，能在乾河床複製奇蹟，前提是河床的泥土層必須是正確的。祕密就是，許多地方上面是遍布礫石的河床，而河床下方都有一層黏土，當水流快速流過河床的石頭時，下方黏土層能留住大量的水分。掌握了這個竅門，再加上一點運氣，就可以在一個完全乾涸的河床裡，往下挖個幾英尺，找到潛藏的水量了。

上帝向摩西施展的偉大奇蹟，就是這個游牧民族知道的找水技巧嗎？近期在西奈半島的發現，為這個主題帶來了新的曙光。與魏茨曼（Weizmann）科學研究所有關的以色列水文學家發現，在西奈中央的地層深處，就像撒哈拉沙漠和努比亞的某些沙漠一樣，有一種「化石水」——這些地下水是另一個地理紀元的史前湖泊遺跡。他們估計這個巨大的地下水庫，從蘇伊士運河附近的寬廣地帶，一直延伸到以色列荒蕪的南地，面積達六千平方英里，含水量足夠讓以色列人用上一百年。

雖然一般來說，這些地下水大約埋藏在地底下三千英尺深處，但有一種自流井透過自身壓力的作用，會升到地下約一千英尺的地方。埃及在西奈平原的中心（奈赫勒）進行石油鑽井的實驗時，就曾鑽到這樣的地下水庫。其他鑽探都證實了這個不可思議的事實：上面是乾燥的曠野；但在現代鑽井和抽水設備的幫助下，卻發現它們下面有一片純淨而閃亮的水源！

已經有先進太空技術的納菲力姆人，難道不懂得這樣的知識嗎？這不是乾河床上僅存的一點水而已，它是否就是摩西按照上帝的指示，擊打磐石後，噴湧出來的清泉呢？耶和華對摩西說：「從你手裡拿著你先前在埃及持的杖；你會看到我站在你面前的一處磐石；你要用杖擊打磐石，磐石裡必有水流出來，使百姓可以喝」——足夠眾多人和牲畜喝。為了讓大家見證耶和華的恩典，摩西帶了幾個以色列長老去到那裡；而奇蹟就在「以色列的長老眼前」發生了。

一個與提爾蒙有關的蘇美故事中，也提到了一樁幾乎相同的事件。那是一段因嚴重乾旱而導致的災荒歲月，農作物枯萎，牛沒有草可以餵食，動物乾渴，人民沉默不語。妮絲柯拉（Ninsikilla）是恩基的女兒，以及提爾蒙領袖恩夏格（Enshag）的妻子，向她的父親恩基說：

> 您所賜予的城市……提爾蒙，您所賜予的城市……河流裡沒有水……少女無法沐浴；城市

沒有流著閃亮的水。

恩基研究這個問題後，認為紓困的唯一辦法就是**開採地下水**。但開採的深度可不是簡單在地上掘一口普通的井而已。所以，恩基構思了一個計畫，**從空中發射一枚導彈，穿透岩層！**

父親恩基對女兒妮絲柯拉說：「讓神聖的烏圖在空中定好方位。讓導彈緊貼著他的『胸口』，從高處直接朝向地球而來……讓他從地球之水的源頭，把甘甜的水帶來地面。」

所以，烏圖／沙馬氏按照指示，將地下水資源帶來地面：

烏圖，把自己在天空中定位好，讓導彈與他的「胸口」緊緊相連。從高處直接朝向地球而來……他讓導彈從高空落下。穿透水晶石，他把水帶來了；從地球之水的源頭，他從大地為她帶來甜水。

有沒有可能從天上發射一枚導彈鑽穿地表，帶來可以飲用的水呢？古代的文士預料到讀者會懷疑，於是在這個故事的結尾再次強調：「真的，確實如此。」經文接下去說，努力奏效了：提爾蒙變成「農田和農場，田裡遍布農作」；而且提爾蒙城「變成一座港口城市，有許多碼頭和船隻停泊的地方……」

因此，提爾蒙和西奈半島的相似之處得到了雙重確認：第一，在岩石地表下，有地下水庫的存在；第二，烏圖／沙馬氏（太空站的指揮官）在鄰近地方出現。

綠松石與銅礦的產地

提爾蒙「所有」的產品，在西奈半島都找得到。

提爾蒙是一種寶石的產地，這種寶石類似青藍色的綠松石，很受蘇美人的喜愛。我們已經知道，埃及法老從西奈半島的西南部，獲取了大量藍綠色的綠松石及礦石（孔雀石）。最早的綠松石礦區，現在叫做馬哈拉乾河床（Wadi Magharah，意思是乾河床洞穴）；礦工在乾河床兩邊的岩壁上挖出了許多地道，從裡面鑿出綠松石。後來，在一個現在叫做沙拉別艾卡錠（Serabit-el-Khadim）的地方也興起了寶石開採。在馬哈拉乾河床發現的碑文，可以追溯到古埃及的第三王朝（西元前二六五〇～西元前二五七五年），據信，那時的埃及人就已經占領了這片礦區，並在那裡駐紮軍隊了。

圖106　埃及人襲擊亞洲游牧民族

考古發現和描繪了埃及第一代法老打敗並俘虜「亞洲游牧民族」的圖畫（見圖106），使學者相信埃及人最初只襲擊了閃族開採的礦區。事實上，綠松石在埃及的名字叫做馬夫卡特（mafka-t），埃及人把西奈半島叫做「馬夫卡特之地」。「馬夫卡特」這個名字起源於蘇美，意思是「開採，以切割精琢」。這些礦區都屬於女神哈托爾，她擁有「西奈女士」和「馬夫卡特女士」的稱號。她是一位古代的偉大女神，是早期來到埃及人的天空之神其一。埃及人把她和「牛」相連，常常用牛角來描繪她（參見第54頁的圖7右下及圖106）。哈托爾女神的名字Hat-Hor，埃及象形文字是在圍欄裡的一隻獵鷹，學者將它解釋為「荷魯斯之家」（因為荷魯斯一直被畫成一隻獵鷹）。但這個字在字面上的意思是「獵鷹的家」，這一點確證我們對導彈之地的位置和功能的推論。

根據《大英百科全書》（*Encyclopaedia Britannica*）的說法：「西奈半島上的綠松石早在西元前四千年之前就已經開採了，那是世界上第一座重要的硬岩礦區。」當時，蘇美文明才剛剛起步，而埃及文明大約一千年以後才出現。那麼，是誰組織了這些採礦活動呢？埃及人說是他們的科學之神——圖特。

無論是圖特組織了採礦活動，還是把西奈歸為哈托爾的領地，這些埃及人的說法顯然都是仿效了蘇美傳說。根據蘇美經文，組織阿努納奇進行礦石開採的是恩基這位知識之神；而蘇美經文還提到，提爾蒙在大洪水之前，是恩基和恩利爾的妹妹寧呼爾薩格的領地。寧呼爾薩格在年輕時非常漂亮，是納菲力姆的護理長。不過當她老了以後，她也是棗椰樹女神，被暱稱為「牛」，有關她的圖像都畫了牛角（見圖107）。寧呼爾薩格和哈托爾的相似之處，以及她們領地的類似點都很明顯，不需要多加說明了。

西奈半島也是銅礦的主要產地，有證據指出，埃及為了獲取銅礦，經常遠征來此，展開襲擊。埃及人為了達到目的，必須深入西奈半島；第十二王朝（與亞伯拉罕同時代）的一位法老就曾如此誇耀他的功績：「腳踩異國邊境；探索神祕峽谷，前往未知的極限……」他吹噓說他的手下沒有放過任何一件戰利品。

以色列科學家近來對西奈的探勘，找到了充分的證據，顯示「在古埃及的前王朝時期，西元前三千年時，閃族人已經在西奈集居了，形成一些開採銅礦和綠松石

圖107　頭戴牛角的寧呼爾薩格

的部落，他們曾反抗法老的遠征軍入侵他們的領地」。（參見本諾・羅森伯格（Beno Rothenberg）的《西奈探索，一九六七～一九七二》（*Sinai Explorations 1967 ~ 1972*）。）「我們可以建立起一個相當大型的冶煉工業聚落……有銅礦區、礦工的宿營地，以及銅的冶煉設備，從半島南部的西邊，一直延伸到東邊阿卡巴灣上方的伊拉特（Elat）……」

伊拉特就是《舊約》時期的以旬迦別（Etzion-Geber），那裡是「古代世界的匹茲堡」（**編按：匹茲堡是美國重要的鋼鐵大城**）。大約二十年前，尼爾森・格魯克（Nelson Glueck）在伊拉特的北方，發現了《聖經》的亭納（Timna），那裡正是所羅門王的銅礦區。從亭納開採的原礦，被運送到以旬迦別，進行冶煉和精煉。以旬迦別「如果不是最大的『一座』冶金中心，它起碼是最大的冶金中心之一」。

再一次，考古證據與《聖經》及美索不達米亞文獻連在一起了。亞述國王以撒哈頓吹噓道：「我要提爾蒙的國王昆納亞（Qanayah）向我進貢。」《舊約》裡提到西奈南部的居民叫做基尼人（Qenites），基尼人在字面上的意思就是「金屬工匠、冶煉者」。福布斯（R. J. Forbes）在《金屬工匠的演變》（*The Evolution of the Smith*）一書中指出，《聖經》中的「Qain」（鍛造）就是從蘇美的「KIN」（意思是創造）演化而來的。

在「出埃及」後的一百年，統治了埃及的法老拉美西斯三世，記下他入侵這些煉銅工人的住所，掠奪了亭納—伊拉特的冶煉中心：

> 我摧毀了薩蘇（Shasu）部落中的西珥（Seir）人；我洗劫了他們不計其數的營地、財物及牲畜。他們被俘虜，帶回埃及。我把他們送給神當奴隸。
>
> 我又派我的軍隊前往古國，那裡有豐富的銅礦。他們的帆船載著銅礦；其他則是走陸路回來。自從法老統治以來，前所未聞。

礦石中含有大量的銅；無數的銅礦被裝入帆船中。他們把銅礦安全運回埃及。這些帶回來的礦產，經過三次提煉，煉出的銅條有十萬之多，閃耀出金色的光芒，堆在宮殿的露臺下。我讓所有的人民都來觀看，讓他們看到這項非凡的功績。

《吉爾伽美什史詩》記載，眾神對恩奇都的判決是把他帶去提爾蒙的礦井裡，服一輩子的勞役；這導致吉爾伽美什想出一個計畫，建造一艘「埃及之船」，帶著他的夥伴一起走——既然礦地和「導彈之地」都在同一塊土地上，只是位置略有不同而已。我們的推論完全符合古代的資料。

反駁其他觀點

在我們進一步重建古老的歷史和史前史之前，有一點十分重要，那就是找到更多的證據支撐我們的結論：提爾蒙就是西奈半島的蘇美名字。因為直到現在，學者都不太贊同這個推論；而我們應該研究一下他們的相反觀點，並說明為什麼他們的觀點錯了。

其中一個常見的學派，早期是由康沃爾（P. B. Cornwall）在《提爾蒙的位置》（*On the Location of Tilmun*）提出，他認為提爾蒙——有時譯作迪爾蒙（Dilmun）——是波斯灣裡的巴林島。這個觀點是基於亞述國王薩貢二世的碑文，他在碑文裡宣稱有許多國王向他進貢；這些國王中就有「迪爾蒙國王烏佩里（Uperi），他的居所像一條魚，距離太陽升起的海中央有三十個貝魯」。這段話似乎指出，提爾蒙是一座島嶼；而且抱持這種觀點的學者認為「太陽升起的海中央」是指波斯灣。因此，他們認為提爾蒙就是巴林。

這種詮釋有幾個漏洞。第一，很有可能只是提爾蒙的首府在離岸邊不遠的海島上：碑文沒有懷疑那裡有一個地方叫做提爾蒙地區，以及有一座城市叫做提爾蒙城。第二，其他亞述碑文描述一些在「海中央」的城市，都是指沿海或海角的城市，而不是指稱海島，例如地中海沿岸的阿瓦德（**Arvad**）。如果「太陽升起的海中央」是指美索不達米亞東邊的海域，那麼波斯灣也不符合條件，因為波斯灣位於美索不達米亞的南方。而且，巴林離美索不達米亞太近了，不符合三十個貝魯（**六十個小時**）的航程距離；巴林離美索不達米亞的海灣港口，大約只有三百英里；就算航行緩慢的話，六十個小時也可以航行好幾個三百英里，航向更遠的地方了。

巴林即提爾蒙這種觀點的另一個主要問題是，考慮提爾蒙聞名的特產。即使是在吉爾伽美什的時代，提爾蒙地區也不是所有地方都是禁區。有一個區域，就像我們看到的一樣，是犯人服刑的地方，這些犯人在塵土飛揚的黑暗礦井裡開採銅礦和寶石；而提爾蒙的確因盛產寶石而聞名。提爾蒙和蘇美在文化及貿易上長期交流，提爾蒙會提供蘇美想要的特定木材。還有，提爾蒙的農業區——前面曾提過妮絲柯拉對自流井的要求——提供古代世界裡珍貴的洋蔥和椰棗。

巴林除了生產一些「普通」的椰棗之外，根本就沒有上述產品。親巴林派的學者繞過這些問題，發展了一個更複雜的答案。其他親巴林派學者，以及傑弗雷．比比（Geoffrey Bibby）在《尋找迪爾蒙》（*Looking for Dilmun*）一書，提出巴林只是一個轉運點。他們同意那些產品是來自於更遠的地方。但裝載這些貨物的船隻並不會直接運往蘇美，而是先在巴林卸貨，接下來著名的蘇美商人會在巴林挑選貨物，再運到蘇美的港口；以至於蘇美文獻記載了這些貨物的來源地是迪爾蒙（**他們認為就是巴林**）。

但為什麼已經航行很遠的貨船，不直接開往最終目的地，距離比較近的美索不達米亞呢？還要增加成本和麻煩，在巴林停靠呢？此外，這個理論也與蘇美和阿卡德統治者的具體描述不符，這些統治者說，提爾蒙「的」船隻，和其他地方的船隻，一起在他們的港口裡停泊。離烏魯克不遠的拉格什（Lagash），一位比吉爾伽美什晚了兩百年的拉格什國王烏爾納西（Ur-Nanshe），曾稱「提爾蒙的船隻……為我帶來了很好的木料，當作貢品送給我」。在他的描述（見圖108）中，

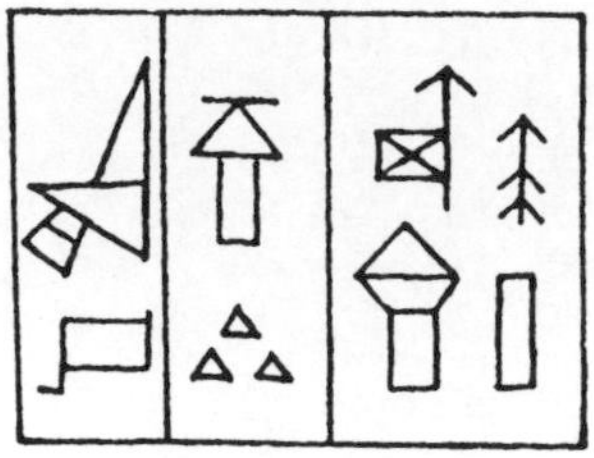
圖108　烏爾納西的碑文

我們認出了提爾蒙這個名字，因為它的象形文字是一枚「導彈」。阿卡德的第一位統治者薩貢王也吹噓說：「在阿卡德的碼頭，停靠了來自美路哈（Meluhha）、來自瑪甘的船，以及來自提爾蒙的船……」

顯然，提爾蒙的商船直接把產品運往美索不達米亞的港口，從邏輯和經濟上都很合理。同樣的，古代文獻也提到美索不達米亞的商品直接出口到提爾蒙。一份碑文記載著，大約西元前二千五百年時，有一艘船把麥子、乳酪和帶殼的大麥，從拉格什運到提爾蒙；並沒有提及會經過一座島嶼轉運。

另一個巴林理論的反對者是克萊默，他在《迪爾蒙：「永生之地」》（*Dilmun, the "Land of the Living"*）一書強調，美索不達米亞文獻把提爾蒙描述為「一片遙遠之地」，前往它的旅程並非沒有風險，而且是相當冒險的。這些描述並不符合在波斯灣寧靜的水域輕鬆航行之後，就可以抵達的附近島嶼。克萊默非常重視一個事實，許多不同的蘇美文獻都提到，提爾蒙是在兩個水域中間，而不是只靠近單一海洋。阿卡德文獻把提爾蒙定位是**ina pi narati**（**意思是在兩個流動水域的開口**）：也就是兩個水域開始的地方。

克萊默在另一篇文章指出，所謂提爾蒙是在「太陽升起的地方」，有兩個意思：第一，提爾蒙是一片陸地，而不是一座島嶼；第二，它一定是在蘇美的東邊，因為太陽從東邊升起。他往蘇美東邊尋找一處與兩個水域相接的地方，就只能找到一個東南位置，那裡是波斯灣和印度洋銜接的地方。他認為，提爾蒙也許是巴基斯坦，或某個靠近印度河的地方。

克萊默的猶豫是有原因的，因為根據已知的事實，很多列出許多國家和民族的蘇美及阿卡德文獻，都沒有提起提爾蒙與埃蘭或阿拉塔等東邊地區有關。相反的，這些文獻都把美路哈（**位於努比亞、衣索比亞**）、瑪甘（**位於埃及**）及提爾蒙，這些彼此鄰近的地方融為一體。埃及（**瑪**

甘）和提爾蒙的關係，可以在一部叫做〈恩基和寧呼爾薩格〉的經文結尾處拼出來，恩基任命恩夏格為「提爾蒙之主」，任命他的妻子妮絲柯拉為「瑪甘之主」，而恩基和寧呼爾薩格給予這對神祇祝福。另外一份恩基的自傳性經文，描寫他在大洪水後的活動：幫助人類建立文明；提爾蒙再一次與瑪甘及美路哈並列：

> 我俯視瑪甘和提爾蒙的土地。我，恩基，讓提爾蒙船停在海岸，瑪甘船裝載了許多貨物，像天那麼高。來自美路哈的船隻則載運著金銀。

鑑於提爾蒙與埃及的距離很近，但提爾蒙是「在太陽升起的地方」又作何解呢？是像學者認為的那樣，提爾蒙應該在蘇美的東邊，而不是在蘇美的西邊（如西奈一樣）？

最簡單的答案是，文獻根本就沒有這段敘述。文獻沒有說「太陽升起的地方」，而是說「沙馬氏升上天的地方」——這就完全不同了。提爾蒙根本不在東方；而且它肯定是在烏圖／沙馬氏的領地（烏圖／沙馬氏的天體象徵正是太陽；而不是說提爾蒙就是太陽本身升起的地方），沙馬氏從提爾蒙搭乘他的火箭升空。《吉爾伽美什史詩》中已經說得很清楚了：

> 他登上了馬舒山，每天都在那裡看著那些「閃」，看見它們起飛又返回……火箭人守衛著它的大門……當沙馬氏上升或降落時，他們都仔細的看守著。

那裡，就是大洪水英雄吉烏蘇德拉被帶去的地方：

> 在提爾蒙山上的十字之地——也就是烏圖上升的地方——他們把他帶到這裡居住。

由於吉爾伽美什想進入有「閃」升降的馬舒山被拒，所以他只能先找到他的祖先吉烏蘇德拉，透過和他的交談，才知道前往通向提爾蒙的馬舒山的道路。提爾蒙的馬舒山，也就是西奈半島的摩西之山。

棗椰樹

現代植物學家對西奈半島植物的多樣性感到驚訝，他們在這裡發現了超過一千種植物，其中很多都是西奈半島的特有種，從高大的樹木到小灌木都有。只要是有水的地方，無論是綠洲上、沿海沙丘底下，還是乾河床裡，這些樹木和灌木植物已適應了西奈特別的氣候和水文環境，都能持續生長。

西奈半島的北部地區很可能就是洋蔥的發源地。有長莖稈的變種叫做青蔥（scallion），是從亞實基倫（Ascalon）運來歐洲的，而亞實基倫就在地中海沿海，在埃及小河的北部。

皂莢木是適應西奈半島獨特環境的樹木之一，皂莢樹可以在乾河床裡生長，大量的根向下深進河床裡獲取地下水分，而適應了這裡水分的蒸發速度。因此，皂莢樹可以在不下雨的情況下，存活近十年。皂莢木是非常珍貴的木材；根據《舊約》的記載，法櫃和會幕（編按：古希伯來人敬拜上主的移動式帳篷會所）的部分結構就是用皂莢木做成的。蘇美國王也可能大量進口皂莢木這種珍貴木材，用來修建神廟。

還有一種植物常年在西奈半島都可以看到，那就是檉柳。它是一種常綠灌木，也生長在乾河床上，根能伸入地下很深的地方，即便水分含鹽量很高也能存活。在特別多雨的冬天之後，檉柳會長出一粒粒甜甜的白色物質，那是樹上小昆蟲的排泄物。貝都因人用它在《聖經》裡的名字「嗎哪」（manna）來稱呼。（編按：參見「這食物，以色列家叫嗎哪；樣子像芫荽子，顏色是白的，滋味如同攙蜜的薄餅」（《出埃及記》16：31。）

然而，古代和提爾蒙有最大關係的樹木則是棗椰樹。棗椰樹現在仍是西奈半島最重要的經濟作物。只需要很少的照料，就能為貝都因人提供果實（椰棗）；它的果肉和果核可以餵食駱駝和山羊；樹幹用來修建房屋或當作柴火；樹枝用來鋪屋頂；纖維則用來做繩子或編織。

我們從美索不達米亞的記載知道，古代提爾蒙也向美索不達米亞輸出椰棗。椰棗既大顆又美味，是烏魯克（吉爾伽美什的城市）眾神的指定食譜：「每年每天的四頓飯，要有一百零八顆一般的椰棗，以及來自提爾蒙的椰棗，還要有無花果和葡萄乾……向神提供這些食物。」從西奈半島走陸路到美索不達米亞，最接近和最古老的城市是耶利哥。耶利哥在《聖經》的別稱是「椰棗之城」。

我們發現，古代近東宗教把棗椰樹視為一種象徵，換句話說，是有關人和他的神之間的古老概念。《聖經》中的《詩篇》92：12許諾「義人要發旺如棕樹」（編按：棕樹即棗椰樹）。先知以西結在見到重建耶路撒冷神廟的異象中，看到了神廟是由基路伯和棗椰樹交替裝飾著，「牆上雕刻基路伯和棕樹。每二基路伯中間有一棵棕樹，每基路伯有二臉」（《以西結書》41：18）。以西結當時和被巴比倫人從猶大強行擄走的流亡者住在一起，因此他很熟悉美索不達米亞以基路伯和椰棗為主題的圖畫（見圖109）。

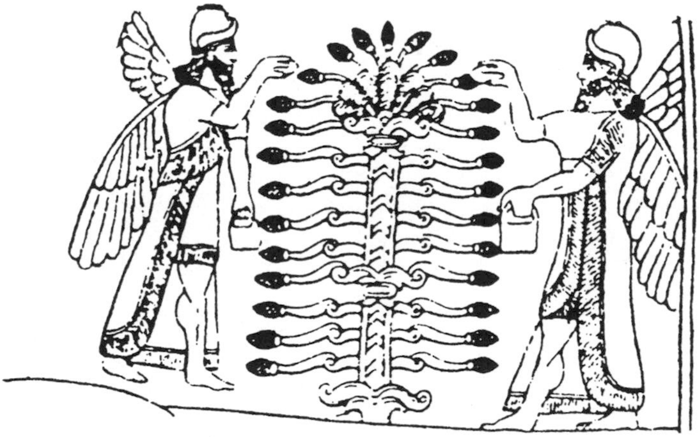

圖109　基路伯和椰棗

古代所有國家最常畫的圖案，除了有翅膀的天碟（第十二個天體的標誌）之外，就是生命之樹了。一九一二年，菲力克斯・馮・盧紹（Felix von Luschau）在《在古代東方》（*Der Alte Orient*）一書中，向我們展示了希臘愛奧尼亞（Ionian）的柱頭（見圖110a）和埃及的柱頭（見圖110b）一樣，這些柱頭就是用棗椰樹的形狀來描繪生命之樹（見圖110c），並且證實了我們之前的假設，傳說和史詩故事裡的生命之果，原來就是一種特殊品種的椰棗。我們發現埃及穆斯林也把棗椰樹當作生命之樹的象徵，例如在開羅大清真寺的裝飾圖案（見圖110d）。

圖110a　希臘愛奧尼亞的柱頭

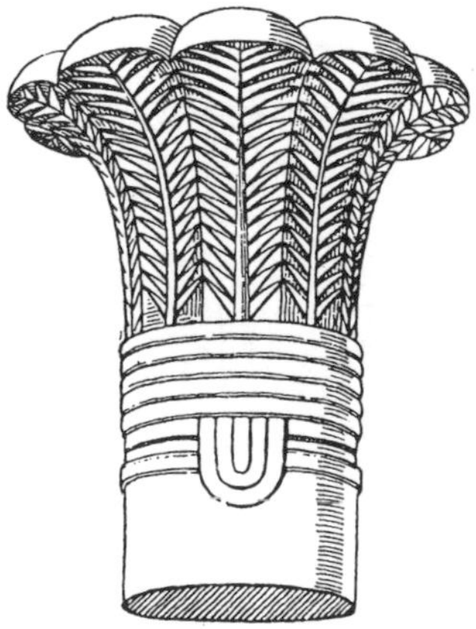

圖110b　埃及的柱頭

圖110c　用棗椰樹的形狀來描繪生命之樹

圖110d　開羅大清真寺的裝飾圖案

許多重要的研究，例如亨里克・伯格曼（Henrik Bergema）的《生命之樹、聖經和歷史》

（*De Boom des Levens en Schrift en Historie*），以及喬治・威登格蘭（Geo. Widengren）的《古代近東宗教中的國王與生命之樹》（*The King and the Tree of Life in Ancient Near Eastern Religion*），都顯示出這種樹只在眾神的居所生長的概念，已經從近東傳遍了整個世界，變成所有宗教的信仰。

而所有這些繪畫和信仰，都源於蘇美對「生命之地」的記載：

圖111　古希臘德爾斐神廟的繪畫：圓石緊臨棗椰樹

> 提爾蒙，在這裡，老婦不說「我是老婦」。
> 在這裡，老翁不說「我是老翁」。

善於使用文字雙關意意的蘇美人，把導彈之地叫做「提爾蒙」（TIL.MUN），而TIL也意味著「生命」。「生命之樹」的蘇美文是GISH.TIL；但GISH也指由人所製作的人造物體；所以GISH.TIL也意味著「通往生命的交通工具」——也就是火箭。在藝術中，我們也發現有時「鷹人」不是在向棗椰樹致敬，而是向火箭行禮（參見第148頁的圖60）。

當我們在希臘的宗教藝術發現了圓石和棗椰樹有關聯時，它們的關係就更加緊密了。一幅古希臘德爾斐神廟的繪畫，顯示阿波羅神廟外面豎立的圓石仿製品，緊鄰著一棵棗椰樹（見圖111）。由於希臘沒有棗椰樹，學者相信那是一棵用青銅製成的人工樹。將圓石和棗椰樹連結起來，一定是要表達某種象徵意義，因為在希臘其他神諭中心也有同樣的情形。

前面我們已經發現，圓石是希臘、埃及、努比亞、迦南的「神諭中心」與杜亞特之間的連結關鍵。現在我們又發現，這塊「璀璨寶石」和棗椰樹（生命之地的樹）也有相關。

的確，描述基路伯的蘇美經文，包括了以下的文字：

> 我的手裡拿著棕黑色的恩基之樹；我拿在手中的這棵樹，能說出總計，是天上的偉大武器；
> 棗椰樹，神諭的偉大之樹，我拿在手裡。

圖112　神舉著棗椰樹，授予國王

有一幅美索不達米亞的描繪，顯示一位神手中舉著「棗椰樹，神諭的偉大之樹」（見圖112）。他正把這種「生命之果」賜給國王，背景則有是一個「有四位神」的地方。在埃及文獻和描繪中，我們已經來過這個地方了：四位神分別代表四個重要的位置，就在杜亞特那座通往天國的階梯旁。我們也已經看過（參見第174頁的圖72），在通往天國的蘇美門口，也發現了棗椰樹的蹤影。

因此，我們無須再懷疑了：古代追尋永生的目標，就是尋找一個太空站——而它位於西奈半島的某個地方。

11・難以捉摸的山

在西奈半島的某個地方，納菲力姆人在大洪水後重建了他們的太空站。一些被神挑選出來的凡人收到神的賜福，得以接近西奈半島的某座山。那裡，就是亞歷山大到達時遇到鳥人守衛的地方，鳥人命令他：「回去！你現在站的地方只屬於神。」也是在那裡，神對摩西大喊：「不要近前來……因為你所站之地是聖地。」（《出埃及記》3：5）而那裡也是吉爾伽美什遇到鷹人的位置，鷹人使用炫光來對付吉爾伽美什，卻發現對他沒效，才知道他並不純粹是凡人。

蘇美人稱這座山為馬舒山（Mount MA.SHU，意思是最高駁船之山）。在亞歷山大的故事中，則記載這座山叫做穆薩斯山（Mount Mushas）——也就是摩西之山。在這些故事中，從山的性質與功能，以及近乎相同的名字，可以看出它們都是指向同一座山。「哪裡是西奈半島的門戶？」這個問題的答案似乎就要呼之欲出。上述故事提到的那座山，不就正是《出埃及記》裡記載的西奈山（西乃山）嗎？它是否就是，從地圖上就能清楚看出西奈南部花崗岩山脈的最高峰？

聖凱薩琳修道院

過去三千三百多年的歲月中，以色列人每年都會慶祝逾越節，紀念當年以色列人出埃及。在希伯來人的歷史和宗教記載裡，都有豐富的出埃及及參考資料，以色列人在荒野流浪後，於西奈山立下了聖約。以色列整個民族都看見了耶和華的榮光在那座聖山上顯現，讓以色列人對上帝的顯靈留下了深刻的印象。但這座山的具體地點沒有被特別強調，是為了避免那裡成為一處狂熱崇拜的中心。在整部《聖經》中，除了先知以利亞之外，並沒有記載其他人試圖回到西奈山的故事。以利亞是在以色列人出埃及的四百多年後，因為在迦密山（Mount Carmel）殺死巴爾的先知，開始了他的逃亡之旅。以利亞的路線設定是前往西奈山，但卻在曠野中迷失了方向睡著了。一位上帝的使者將他喚醒，並把引他到山裡的洞穴。

現在，人們似乎不需要天使的幫助，也能輕易找到西奈山。現在的朝聖者就像過去幾世紀的朝聖者一樣，把路線設定在**聖凱薩琳修道院**（見圖113）。這座修道院的名字是紀念埃及的殉道者凱薩琳（Katherine），她的遺體被天使帶到了附近的山峰，所以那座山峰就以她的名字命名。朝聖者在修道院休息一夜之後，於隔日黎明開始攀登迦巴勒穆薩山（**Gebel Mussa**，阿拉伯語的摩西之**山**）。迦巴勒穆薩山是一個地處修道院南部的山頭，山巒長達兩英里（見圖114）。

要爬上迦巴勒穆薩山山峰，既漫長又艱難，需要爬升兩千五百英尺。山巒西側有一

圖113　聖凱薩琳修道院

條四千階的小路，由修道士修建而成。還有一條稍微好走一點的路，但要多花幾個小時，從一個峽谷出發。這個峽谷位於迦巴勒穆薩山和葉忒羅（Jethro）山之間，葉忒羅山是以摩西的岳父葉忒羅命名。這條路沿著迦巴勒穆薩山東側緩緩向上延伸，與西側那條路會在最後七百五十階相交。據修道士說，以利亞就是在那個交會點遇見了上帝。

山上各有一座小型簡陋的基督教禮拜堂和穆斯林聖地，是神授予摩西的十誡律法之處的地標。旁邊有一個「磐石穴」與《出埃及記》33：22有關，也就是當神經過摩西身處的洞穴。下山的路上有一口井是摩西打水給葉忒羅的羊群喝。總之，與聖山相關的每一個事件，都依照了修道士的傳說，在迦巴勒穆薩山的山峰和附近地理標示了具體的位置。

站在迦巴勒穆薩峰上，可以看到其他一些山峰，這些山峰形成了花崗岩山脈的中心區域；迦巴勒穆薩峰只是其中一個山

圖114　迦巴勒穆薩山

頭。令人驚訝的是，迦巴勒穆薩峰看起來比其他鄰近山頭還要低！

事實上，為了支持聖凱薩琳的傳奇，修道士在主建築上掛了一塊牌子：

聖凱薩琳修道院海拔五〇一二英尺。摩西山海拔七五六〇英尺。聖凱薩琳山海拔八五七六英尺。

這樣我們就可以看出，聖凱薩琳山確實比「摩西山」高了一些——事實上，聖凱薩琳山是整個西奈半島最高的山頭——這就是為什麼天使選擇它來存放凱薩琳遺體的原因。但聖凱薩琳山比摩西山還要高，不禁令人失望，這和長久以來的信仰背道而馳，上帝把以色列子民帶到這片禁區，向他們展示神的威力和律法，居然並不是選在這片地區的最高峰。

上帝是不是找錯山了？

穆薩山不是西奈山

一八〇九年，瑞士學者約翰．路德維希．伯克哈特（Johann Ludwig Burckhardt）代表「英國促進非洲內陸發現協會」去了近東。他學習阿拉伯語和穆斯林的習俗，戴著頭巾，打扮成阿拉伯人，還取了個阿拉伯名字，叫做Ibrahim Ibn Abd Allah（意思是阿拉的僕人亞伯拉罕）。如此一來，他就可以進入迄今為止仍然禁止異教徒進入的地區；他在阿布辛貝（Abu Simbel）發現了埃及神廟，在「外約旦」的岩石城市佩特拉（Petra）發現了那巴頓（Nabatean）。

一八一六年四月十五日，伯克哈特騎在駱駝峰上，從蘇伊士灣北端的蘇伊士鎮出發。他打算探究當年以色列人出埃及的路線，並且確認西奈山的真實身分。他按照以色列人的路線，沿著西奈半島西岸南下。那裡的山脈離海岸線有十到二十英里，形成一個荒蕪的海岸平原，平原上遍布著乾河床及溫泉，其中一處溫泉還深受當年法老喜愛。

當伯克哈特南行時，他仔細觀察沿途的地理、地形和距離。他將所看見的情況、地名與《聖經》在《出埃及記》的描述和地點互相參照。當他走到石灰岩高原的盡頭時，大自然出現了一個沙質帶狀區域，就像是一條跨西奈大道把高原從努比亞沙岩地帶分開。伯克哈特轉入內陸，不久之後，朝南進入花崗岩的中心地帶，也就是從北方進入聖凱薩琳修道院。

他在途中的一些觀察引起了人們的興趣。他發現這個地區出產品質極佳的椰棗；修道士有一個傳統，他們每年都會向君士坦丁堡的蘇丹進貢很多箱椰棗。由於伯克哈特對當地的貝都因人非常友善，所以他們邀請他去參加一年一度為了紀念聖喬治（St.George）的盛宴；貝都因人把聖喬治叫做El Khidher（意思是長青）！

伯克哈特登上了穆薩山和聖凱薩琳山，把這個地方都繞了一圈。他被烏姆蘇瑪爾山（Mount Umm Shumar）給吸引住了，這座山峰僅僅比聖凱薩琳峰低了一百八十英尺；它位於穆薩—聖凱薩琳群峰的西南邊。從遠處看，山頂陽光呈「最絢麗的白光」，耀眼無比；這種奇妙的景色是因為是花崗岩中摻雜著雲母顆粒，「與板岩的黑色表層和紅色花崗岩形成了對比」。這座山峰同時可以將蘇伊士灣和艾拉特灣（阿巴卡灣）一覽無遺，甚至能遠眺蘇伊士灣上的伊爾托爾（el-Tol）。伯克哈特在修道院的紀錄中發現了一些線索，烏姆蘇瑪爾曾經是修道院雲集的重要地方。十五世紀時，「運載玉米和其他食物的駱駝商隊，經常從這裡前往伊爾托爾港，因為這條路是通往港口最近的路程」。

伯克哈特在回程時，取道飛蘭乾河床（Wadi Feiran）和它的綠洲——這裡是西奈最大的綠洲。飛蘭乾河床從山脈延伸到沿海地帶，伯克哈特爬上其上的斯爾巴爾山（Mount Serbal），海拔有六千英尺，是西奈半島的高山之一。他在那裡發現了一些神廟遺址和朝聖者刻下的碑文。伯克哈特在進一步調查後，認為過去許多世紀裡，西奈主要的神廟聚集中心是靠近斯爾巴爾山的飛蘭乾河床，而不是位於聖凱薩琳。

當伯克哈特出版《敘利亞和聖地之旅》（*Travels in Syria and the Holy Land*），公開他的發現後，他的推論引起了學術界和《聖經》世界的極大震撼。真正的西奈山不是穆薩山，而是斯爾巴爾山！

法國拉博多伯爵（Count Léon de Laborde）在伯克哈特著作的激勵下，在一八二六年和一八二八年分別造訪西奈；他對這個地區知識的最大貢獻就是出版了《出埃及述評》（*Commentaire sur L'Exode*）一書，裡面繪製了精美的地圖和圖畫。

在他之後，蘇格蘭藝術家大衛．羅伯特（David Roberts）也在一八三九年到了西奈；他動人的畫作，其中一些以想像力將現實加以美化，在照片出現之前的時代引起了很大的關注。

下一個西奈半島的重要旅程是美國人愛德華．羅賓森（Edward Robinson）和他的同伴以利．史密斯（Eli Smith）所進行的。他們像伯克哈特一樣，帶著他的書和拉博多伯爵的地圖，騎在駱駝峰上，離開了蘇伊士城。他們在早春季節，花了十三天，才來到聖凱薩琳。在那裡，羅賓森對修道士的傳說做了徹底的調查。他發現飛蘭的確有一處高級修道院聚集中心，這個中心裡有很多主教，聖凱薩琳修道院和西奈南部其他一些修道社區都隸屬於此；以至於傳說凸顯飛蘭的重要性。羅賓森從故事和文獻中發現，穆薩山和聖凱薩琳在早期基督世界裡，並不具有重要性；直到十七世紀時，因為侵略者和掠奪者攻陷了其他修道社區後，聖凱薩琳的至高地位才逐漸形成。他調查當地的阿拉伯傳說，發現當地的貝都因人完全不知道西乃山和何烈山這些《聖經》地名，是後來的聖凱薩琳修道士把這些地名標到具體的山脈上。

那麼，伯克哈特是對的嗎？羅賓森在《巴勒斯坦、西奈山和阿拉伯佩特拉的聖經研究》（*Biblical Researches in Palestine, Mount Sinai and Arabia Petraea*）一書（從德文翻譯的英譯本）寫道，他在伯克哈特依照以色列人到達斯爾巴爾的路線發現了一個問題，所以不贊成伯克哈特的新觀點；但羅賓森也對西奈山是穆薩山的傳統說法抱持懷疑，他認為附近有一座山更有可能是西奈山。

認為西奈山就是穆薩山的長期觀點，接連面臨了挑戰，甚至連偉大的埃及學家和科學考古學的創始人卡爾・理查・萊普修斯（Karl Richard Lepsius）也無力抵抗。他乘船穿過了蘇伊士灣，在伊爾托爾（el-Tor，意思是公牛）登陸。伊爾托爾是一個港口城鎮，基督教朝聖者到訪聖凱薩琳和摩西山前，會先在這裡上岸，基督徒的朝聖歷史甚至比穆斯林還要早。後來的穆斯林也把伊爾托爾當作朝聖之路重要的中途停靠站和淨化之地；從埃及前往麥加的海路，會經過伊爾托爾。伊爾托爾附近就是壯觀的烏姆蘇瑪爾山。萊普修斯把這座山當成穆薩山和斯爾巴爾山的「候選名單」，不斷拿來比較。他經過了大量走訪和調查以後，將焦點集中在那時最火熱的問題上：穆薩山是西奈山？還是斯爾巴爾山才是西奈山？

萊普修斯陸續出版了幾本書：《埃及的發現》（*Discoveries in Egypt*）、《衣索比亞和西奈半島，一八四二～一八四五年》（*Ethiopia and the Peninsula of Sinai 1842-1845*）、《埃及的來信》（*Letters from Egypt*）及《衣索比亞和西奈》（*Ethiopia and Sinai*）；此外，他還有一篇寫給普魯士國王的報告，因為他的旅行是由普魯士國王贊助的。萊普修斯幾乎剛到達當地，就對穆薩山是西奈山的說法產生了懷疑，他寫道：「那個地方地處偏僻，最常走的路又長又遠，海拔很高……特別適合隱士個人；但基於同樣的理由，讓它不適合作為一群人的聚居地。」他認為，成千上萬的以色列人留在西奈時，不可能在穆薩山這座荒涼的花崗岩頂峰待了那麼久（幾乎一年）。萊普修斯證實，這裡的修道院傳說最早只能追溯到西元六世紀，因此穆薩山的那些聖地地標並不是真的史蹟。

萊普修斯強調，西奈山是在一個沙漠平原中；在《聖經》中也叫做何烈山（Mount Horeb），意思是乾枯之山。一方面，穆薩山是在其他群山的中央，而不是位在一個沙漠地區裡；另一方面，從海岸邊到斯爾巴爾山就是這樣的地區——大到足以讓很多以色列人看見了上帝顯靈；而且鄰近的飛蘭乾河床，是唯一一處可以讓以色列人與牲畜生存一年的地方。此外，以色列人擁有了「這片特別肥沃的山谷」，才導致亞瑪力人來爭奪利非訂（Rephidim）——位於西奈山附近的門戶；但在穆薩山附近，實在沒有值得為之一戰的肥沃土地。當摩西第一次來到西奈山時，是為了他的大群牲畜尋找牧場；摩西找到的放牧地可能位於飛蘭乾河床，但不可能在荒蕪的穆薩山。

但如果西奈山不是穆薩山的話，那為什麼西奈山是斯爾巴爾山呢？除了斯爾巴爾山位於飛蘭乾河床的「正確」位置外，萊普修斯還發現了一些具體的證據。他描述了更多的符合條件，斯爾巴爾山的山頂上有「一個很深的山坳，被斯爾巴爾的五個山頭環繞，形成一個半圓，就像一個王冠的形狀」。他在山坳中央，發現了一座舊修道院的遺址。他認為那裡就是聖地，是「主的榮光」降下的地方，以色列人（聚集在平原西邊）看見了這個全景。至於羅賓森指出伯克哈特的出埃及路線通往斯爾巴爾並不正確，萊普修斯提出了另一個替代的迂迴路線來修正這個問題。

當萊普修斯這位學術權威發表了他的推論後，在兩方面動搖了傳統的觀點：他強烈否認原來以為西奈山是穆薩山的說法，支持西奈山是斯爾巴爾山的推論；而且，他挑戰了之前視為理所當然的出埃及路線。

西奈山難題

接下來的辯論差不多持續了四分之一個世紀，許多學者紛紛提出了看法，互相交流，其中著名的有查理斯・福特斯（Charles Foster）的《阿拉伯歷史地理》（*The Historical Geography of Arabia*）、《曠野中的以色列》（*Israel in the Wilderness*），以及威廉・巴雷特（William H. Bartlett）

的《追蹤以色列人在曠野的四十天》（*Forty Days in the Desert on the Track of the Israelites*）。他們又添加了一些假設、證實和疑問。一八六八年，英國政府也介入了巴勒斯坦探索基金會，派出了一支探險隊全面探查西奈。這支探險隊的任務，除了廣泛的地理測量和地圖製作之外，還想一勞永逸建立真正的出埃及路線，確定西奈山的位置。這支團隊是由威爾遜（Charles W. Wilson）和皇家工程師亨利・史賓塞・帕姆爾（Henry Spencer Palmer）兩位隊長共同指揮，團隊成員還包括了著名的東方學者暨阿拉伯專家：愛德華・亨利・帕姆爾（Edward Henry Palmer）教授。探險隊的官方報告叫做《西奈半島的軍事測量》（*Ordnance Survey of the Peninsula of Sinai*），是採用兩位帕姆爾的個人著作：帕姆爾隊長的《西奈山：遺跡中的古代歷史》（*Sinai: Ancient History from the Monuments*），及帕姆爾教授的《出埃及記的曠野》（*The Desert of the Exodus*）。

先前來到西奈進行短暫探訪的研究人員，大多是在春天。這支探險隊則是在一八六八年九月十一日從蘇伊士出發，在一八六九年四月二十四日返回埃及；他們在西奈半島從初冬時節待到隔年春天。因此，他們的第一個發現就是，南方山區在冬天時會變得相當寒冷，而積雪讓路徑難以通行，就算可以通過，也會非常艱難。比較高的山峰，諸如聖凱薩琳山和穆薩山，整個冬季都覆蓋著積雪。奇怪的是，當年在埃及從未見過雪的以色列人，出埃及後在這裡待了整整一年，但《聖經》卻完全沒提到這點：既沒有提到雪，也沒有提到寒冷的天氣。

威爾遜隊長向帕姆爾教授提供了他的考古和歷史數據，而帕姆爾教授則從這些資料做出團隊的報告結論，包括出埃及路線和西奈山。

儘管還有些疑慮，但這支探險隊認為西奈山不是斯爾巴爾山，而是在穆薩山的位置上，但轉了一個彎。由於穆薩山前面沒有寬闊的峽谷，足以讓以色列人安營及看見耶和華的榮光，所以帕姆爾提出了一個解決方案：西奈山的正確位置不是在迦巴勒—穆薩山脈的南部山峰上，而是在北側的拉斯沙夫拉夫（Ras-Sufsafeh），因為拉斯沙夫拉夫峰朝向一片廣闊的平原，可供「至少兩百萬的以色列人安營」。他說，儘管把穆薩山視為西奈山有著悠久的傳統，但「我們被迫拒絕」迦巴勒—穆薩是頒布十誡律法的聖山。

帕姆爾教授的觀點很快就受到批評、支持或修正。不久之後，就出現把一些南部的山峰當成西奈山的情況，也出現了一些不同的出埃及路線。

但只能在西奈南部尋找西奈山嗎？

讓我們回到一八六〇年四月。當時的《神聖文獻雜誌》（*Journal of Sacred Literature*）就發表了一篇具有革命性的文章，認為聖山不是在西奈南部，而是應該到中部高原尋找。這位匿名的作者指出，中部高原上有一座山叫做巴蒂耶斯—伊爾提（Badiyeth el-Tih），它的意思很重要，就是「流浪的曠野」；而當地貝都因人解釋那裡就是以色列子民流浪的地方。這篇文章認為伊爾提的某座山峰才是西奈山。

因此，一八七三年，一個叫做查理斯．貝克（Charles T. Beke）的地理學家暨語言學家，著手尋找「真正的」西奈山。貝克曾對尼羅河的源頭進行探索，還繪製了地圖。他在西奈的研究，建立了一個理論：穆薩山之所以取名為穆薩，是因為西元第四世紀時，有一位叫做穆薩的修道士，因虔誠和神蹟而聞名；穆薩山並不是根據摩西的名字而來；穆薩山的名字是從西元五五〇年才開始的。他也指出，猶太歷史學家約瑟夫．弗拉維（Josephus Flavius，他記錄了在耶路撒冷被占領後的猶太人歷史），曾將西奈山描述為那一地區最高的山，因此排除了西奈山是穆薩山和斯爾巴爾山的可能性。

貝克還問道：以色列人怎麼會一直往南部那些有埃及軍隊駐紮的礦區去呢？他也反對西奈山是在南部地區。

人們不會將查理斯．貝克視為最終發現真正西奈山的人：就像他的作品《在阿拉伯半島和米甸發現西奈》（*Discoveries of Sinai in Arabia and Midian*）的書名，他認為西奈山是位於死海東南部某個地方的一座火山。但他提出了許多的疑問推翻了之前的推測，讓我們除去束縛，重新思考西奈山的位置和出埃及路線。

水下山脊：穿越點

往西奈半島的南部尋找西奈山，是因為《出埃及記》裡提到了「南部穿越點」、「南部路線」等線索。因此認為從字面上來看，以色列子民從西向東越過了紅海，或穿過了蘇伊士灣的頂端。一旦過了海之後，就出了埃及，到達西奈半島的西部海岸。然後，他們沿著海岸線繼續往南走，在某個地方轉入了內陸，並到達了西奈山（這就是伯克哈特所說的出埃及路線）。

南部穿越點，確實是根深柢固、貌似合理的傳說，而且還有幾個傳奇加以支持。亞歷山大大帝依據希臘人提到以色列人在蘇伊士灣頂端穿過紅海，加以仿效。

下一個嘗試這項壯舉的人是偉大的征服者拿破崙，時間是在一七九九年。拿破崙的工程師在蘇伊士灣頂端建了一個內陸的「岬」。蘇伊士城南方有一座水面下六百英尺寬的山脊，連接兩岸。大膽的本地人在退潮時，會經過這座水面下的山脊，走到對岸，退潮時的海水淹及他們的肩膀。如果有一陣強勁的東方吹過來的話，海床就會露出水面。

拿破崙的工程師為他算好了合適的時間和地點，像以色列人一樣穿過紅海。但卻出現了一個意料之外的變化，風向突然改變了，一道超過七英尺高的海浪，在幾分鐘之內就淹沒了露出的山脊。拿破崙在最後的時刻逃過了這一劫。

這些經歷使得十九世紀的學者相信，在蘇伊士灣的盡頭確實發生過一次精彩的穿越：風可以創造出一條乾的通道，而風向的改變也會很快就將一支軍隊淹沒。在蘇伊士灣另一岸的西奈半島，那裡有一個地方叫做迦巴勒莫爾（Gebel Murr，意思是苦山），而附近有一個叫做比爾穆

（Bir Murr，意思是苦井）的水域，這和以色列人過了紅海後遇到的瑪拉（苦水河）很相似。再往南就是一處綠洲，叫做艾雲穆薩（Ayun Mussa）——「摩西之泉」；那麼，接下來的一站不就是以琳嗎？以琳是以出產美麗的泉水和豐盛的椰棗而聞名。這樣看起來，不管以色列人接下來是從哪裡轉入了內陸，南部穿越點與南部路線的理論都十分合理。

南部穿越點也符合以色列人曾被古埃及奴役的盛行觀點。埃及的歷史中心是赫利奧波利斯到孟斐斯，據說埃及人為了建造吉薩的金字塔，奴役了當時的以色列人。從赫利奧波利斯—孟斐斯這個埃及中心開始，有一條路直通東邊，正對著蘇伊士灣的頂端和後方的西奈半島。

但當考古發現開始填補歷史圖像，提供了一個準確的年表，大金字塔早在以色列人出埃及之前的一千五百多年就建好了——甚至比希伯來人來到埃及還早了一千年。越來越多的學者都同意，以色列人被埃及人奴役，是西元前一二六〇年拉美拉西二世法老在尼羅河三角洲北部修建新首都塔尼斯（Tanis）。以色列人的住所——歌珊地——是在埃及地的東北方，而不是埃及的中心「赫利奧波利斯—孟斐斯」附近。

一八五九至一八六九年開鑿了蘇伊士運河，累積了許多地形、地質、氣候和其他數據，證實了在更早之前的地理時代，這裡曾有一道自然的裂谷；這個裂谷可能曾把北部的地中海和南部的蘇伊士灣連通。而那個連結由於各種原因後來慢慢縮短了，形成了由一些沼澤湖泊串聯的水域，包括曼扎拉（Manzaleh）湖、小一點的巴拉（Ballah）湖和提姆薩（Timsah）湖，以及大苦湖和小苦湖。這些湖泊在以色列人出埃及之前，面積可能還更大一些，而當時的蘇伊士灣頂端可能延伸到更內陸的地方。

這些工程數據和考古資料也指出，古代有兩條「蘇伊士運河」的存在，一條讓埃及的中心和地中海相通，另一條則和蘇伊士灣相通。在「埃及小河」乾河床或是尼羅河支流乾涸時，這兩條「運河」還可以通行，並帶來「甘甜」的水，用來飲用和灌溉。這些發現證實了，早期在埃及東邊確實有一個連接的天然水域，並且可以作為天然的地理屏障。

一八六七年，蘇伊士運河的工程師畫了一張蘇伊士地峽的南北剖面圖（見圖115），的確有四個在海平面高度隆起的山脊，而且這些山脊在古代就存在了，就是進出埃及那片水障的通道（見圖116）：

通過這些通道，有很多條路線經由西奈半島將埃及和亞洲連接起來。但我們應該記住，以色列人穿過紅海（或蘆葦湖、蘆葦海）並不是一項預謀的計畫，而是當埃及法老改變放以色列人離開的主意時，以色列人在曠野迷路了，依照神的指示，才「靠近海邊安營」（《出埃及記》14：2）。因此，以色列人才從其中一個通道出埃及；但究竟是上述通道中的哪一個呢？

四個出埃及穿越點

蘇伊士運河的總工程師德雷塞（DeLesseps）認為，以色列人經過的是C點。其他人，比如奧利維爾．利特（Olivier Ritter）在《蘇伊士地峽的歷史》（*Histoire de l'Isthme de Suez*），從相同的資料中卻得出結論D點。一八七四年，埃及學家海因里希．卡爾．布魯格斯（Heinrich Karl Brugsch）在東方學國際會議上發表，以色列人被奴役及出埃及相關地點是在埃及的東北角。因此，他認為最可能的路線是走北部的A點通道。

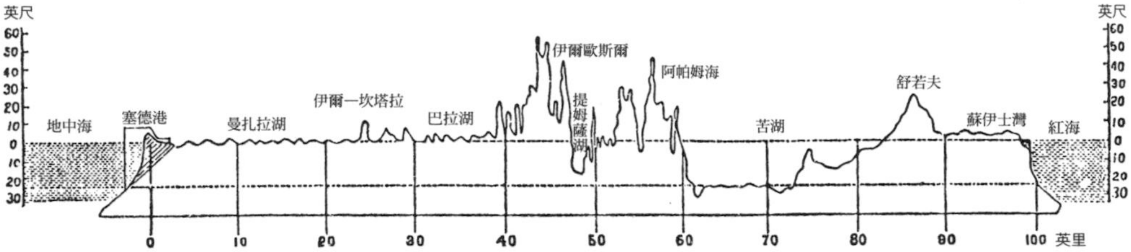

圖115　蘇伊士地峽的南北剖面圖

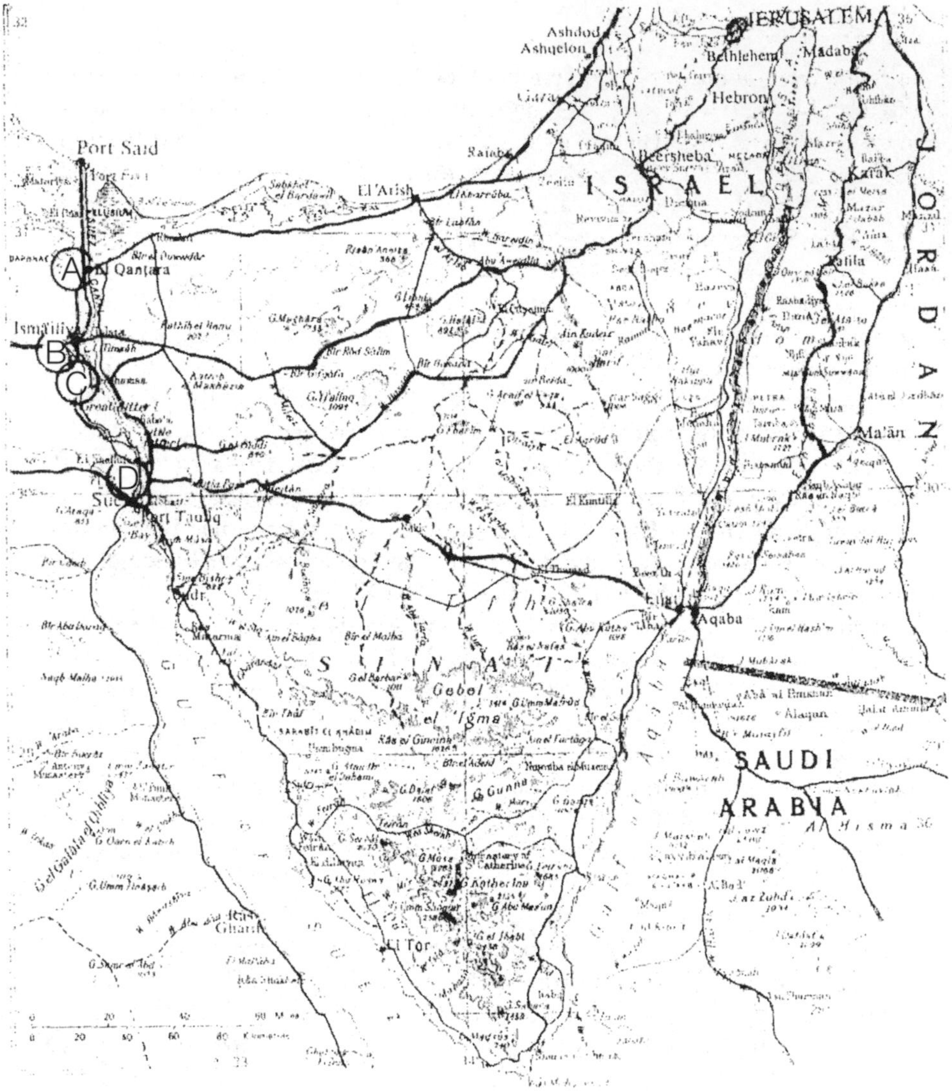

A. 在曼扎拉的沼澤潟湖和巴拉湖之間——現在的一個穿越點：伊爾—坎塔拉鎮（el-Quantara，意思是跨越）。

B. 在巴拉湖和提姆薩湖之間——現在的一個穿越點：伊斯梅利亞（Ismailiya）。

C. 在提姆薩湖和大苦湖之間——希臘羅馬時代的水下山脊：薩卡拉（Serapeum）。

D. 在小苦湖和蘇伊士灣的頂端之間——舒若夫（Shallof）陸橋。

圖116　西奈半島的相關位置

事實上，布魯格斯提出以色列人出埃及是走北部通道的近一個世紀之前，在一七九六年的《哈默爾內爾德的聖經地理》（*Hamelneld's Biblical Geography*）就有人提出來，後來也有其他研究者陸續支持這個論點。甚至連布魯格斯的對手都承認他是「從大量古埃及遺址的真實證據，建構了非常傑出而讓人眼花繚亂」的一套理論。布魯格斯在隔年出版了《埃及的出埃及遺址》（*L'Exode et les Monuments Egyptiens*）。

一八八三年，艾德伍德・那維勒（Edouard H. Naville）出版《比東買賣城與出埃及之路》（*The Store City of Pithom and the Route of the Exodus*）一書，他在提姆薩湖西邊發現了古城比東（Pithom），這是一座奴役以色列人的城市。這個發現和其他人提供的證據，例如喬治・埃伯爾斯（George Ebers）的《從歌珊到西奈》（*Durch Gosen zum Sinai*），合成一個推論：以色列人的居所是從提姆薩湖往西，而不是往北延伸。歌珊地並不位於埃及的東北部，而是在埃及中心及東邊水域的天然屏障之間。

之後，克爾・特朗布林（H. Clay Trumbull）又在《加低斯巴尼亞》（*Kadesh Barnea*）一書提出，古城疏割（Succoth）是以色列人出埃及的出發點：疏割是一處商隊聚集的地方，位於提姆薩湖的西側，而B通道離疏割最近。但特朗布林並不認為以色列人是走B通道。因為《出埃及記》13：17—18記載：「法老容百姓去的時候，非利士的道路雖近，神卻不領他們從那裡走……神領著百姓繞道而行，走紅海曠野的路。」所以，特朗布林認為，以色列人最終走的是D通道；他們在法老的追逐下，穿過了蘇伊士灣頂端的水域。

到了十九世紀末葉，學者忙著給這個問題做出最後的答案。薩繆爾・巴雷特（Samuel C. Bartlett）在《舊約前六書的真實性》（*The Veracity of the Hexateuch*），代表「南方派」學者的觀點，他認為：穿越點在南部，出埃及的路線也是向南走，西奈山就在半島南部（拉斯沙夫拉夫峰）。同樣的，另一批「北方派」的學者，比如魯道夫・基特爾（Rudolf Kittel）的《希伯來書的歷史》（*Geschichte der Hebräer*）、朱利葉・豪森（Julius Wellhausen）的《以色列和猶太》（*Israel und Judah*）、安東・葉爾庫（Anton Jerku）的《以色列人的歷史》（*Geschichte des Volkes Israel*），也各自提出了觀點，認為北部穿越點意味著西奈山在西奈北部。

他們最強大的論點之一（現在學者普遍接受）就是加低斯巴尼亞，以色列人在那裡寄居了四十年，那個地方並不是一個偶然的棲身地，而是出埃及的目的地。已經確定加低斯巴尼亞是西奈半島東北部的兩片沃土：艾恩—加低斯（Ain-Kadeis，意思是加低斯之春）以及艾恩—卡迪拉特（Ain-Qudeirat）綠洲。根據《申命記》1：2的記載，「從何烈山經過西珥山到加低斯巴尼亞有十一天的路程」。巴尼亞離西奈山有十一天的路程。基特爾、葉爾庫及其他持相同意見的學者，都認為加低斯巴尼亞附近的山就是真正的西奈山。

在十九世紀的最後一年（一八九九年），奧辛格（H. Holzinger）在《出埃及》（*Exodus*）一書，提出了一個折衷的看法：穿越點就在C點；出埃及的路線是往南。但以色列人在還沒到達埃及軍隊駐守的礦區之前，就轉入了內陸。他們的路線通過伊爾提（el-Tih）的高地高原，el-Tih也就是「曠野中的流浪者」。接下來，以色列人又朝北繞回平坦的中央平原，走向北部的西奈山。

四條出埃及路線

在二十世紀初期，研究和論戰的主題轉到了這個問題上：出埃及的路線到底是怎麼走的？第一條路線是古代的沿海路線，羅馬人把這條路線叫做「經由馬里斯」（Via Maris），這是一條「海之路」，從伊爾—坎塔拉（A點）出發。雖然這條路上有許多沙丘變化，但沿途也有許多水井，而且從貧瘠沙灘上長出了繁茂的棗椰樹，既生產當季的甜美水果，又能供全年遮蔭使用。

第二條路線，從伊斯梅利亞（B點）出發。這條路線幾乎和沿海路線平行，在第一條路線的南方大約二十至三十英里，沿途有小丘綿延，偶爾出現一些低山。這裡的天然井很少，地下水深埋在沙層和砂岩之下：人工井要鑽到幾百英尺才能取得水。即使是現代開著汽車的旅行者，在這條沿古代路徑建造的高速公路上，很快也會意識到自己身處在真正的沙漠之中。

從最早開始，有海軍支援的部隊都寧願走第一條「海之路」；而會選擇第二條更深入內陸、也更難走路線的人，則是為了安全考量，避免被巡邏隊和海軍發現。

C點也可以通往B路線，還有兩條岔路通往D點，沿途會越過山脈，進入西奈中央平原。中央平原平坦而堅硬的土地上，幾乎沒有稍深一些的乾河床。當冬天的雨季來臨時，一些乾河床就灌滿了水，看起來猶如小型湖泊——沙漠之湖！水很快就會流乾，但還是有一些水通過乾河床的礫石過濾，滲入了黏土層；在那些地方，向下挖掘，就可以找到水源。

從D點出發也有兩條岔路。從D點到較北邊的那條路，會引著旅行者經過吉迪山口（Giddi Pass），穿過中央平原北部的一些山區，通往別是巴、希伯倫（Hebron）和耶路撒冷。比較南邊的那條岔路，則會經過米特拉山口（Mitla Pass），它的阿拉伯名字叫做Darb el Hajj，意思是朝聖之路。早期埃及的穆斯林朝聖者就是從這條路前往阿拉伯的麥加。朝聖者從蘇伊士城附近出發，穿過沙漠地帶，經過米特拉山口；接著，他們會越過中央平原，進入奈赫勒綠洲（見圖117）；綠洲上有一座要塞，以及給朝聖者休息的客棧和水池。他們休息後，從這裡繼續往東南方走，到達位於阿卡巴灣頂端的阿卡巴港；最後沿著阿拉伯半島海岸，前往麥加。

這四條可能的路線中，以色列人到底走的是哪條「道路」出埃及呢？

在布魯格斯提出北部穿越點的爭論時，就引述了《聖經》裡的說法，解釋為什麼「非利士的道路雖然很近」，但以色列人卻沒有採用。《聖經》接下來這樣說：「因為神說『恐怕百姓遇到打仗後悔，就回埃及去。』」（《出埃及記》13：17）據說這條「非利士的道路」（從A點開始）是一條沿海路線，法老派出的軍隊和商隊喜歡走這條路，沿途都有埃及的要塞和駐軍。

圖117　奈赫勒綠洲

在十九、二十世紀之交，皇家工程師之首海恩斯（A. E. Haynes）在巴勒斯坦探索基金會的贊助下，研究了西奈的路線和水資源。他對「出埃及記路線」的報導令人印象深刻，不僅引述《聖經》的描述，也結合之前研究人員的成果，對象包括曾五次探訪西奈的荷蘭德牧師（Rev. F. W. Holland），以及特別留意以色列人在中央平原「曠野流浪」時水供應問題的瓦倫少將爵士（Major-General Sir C. Warren）。

海恩斯把問題的焦點放在「為什麼不選那條路線」上。除非它是一個方便而明顯的路線，可以抵達以色列人的目的地——要不然，為什麼要選這條路線呢？他指出，如果接受了加低斯巴尼亞就是以色列人出埃及的目的地，那麼，從沿海路線前往加低斯巴尼亞是最方便的一條路。因此，他認為，西奈山就在去加低斯的路上，也應該就在沿海路線附近，無論這條路線最後是否有被採用。

海恩斯認為不選從A點出發的沿海路線，是因為「摩西可能的計畫」，摩西帶領以色列人經過B路線，在西奈山停留後，直接前往加低斯。但在埃及人的追趕及穿越紅海之後，他們可能被迫經由C或D路線，繞道而行。中央平原確實是一片「流浪的荒野」。奈赫勒是西奈山附近一個重要的站點，無論是在到達西奈山之前或之後。西奈山距離加低斯巴尼亞只有一百英里，海恩斯估計，這個距離正好符合滿足了《聖經》所說的「十一天」。他的西奈山候選名單是亞拉克山（Mount Yiallaq），這是一座石灰岩山，「有令人印象深刻的大小，像一個巨大的藤壺」，位於中央平原的北邊上，「正好在伊斯梅利亞和加低斯之間」。他把亞拉克山的名稱拼寫成Yalek，「與古代的亞瑪力人（Amalek）很像，前面的Am意思就是『的國』」。

接下來的幾年裡，以色列人從中央平原出埃及的路線得到了一些人的支持；這些支持者中，有一些人也同意西奈山靠近加低斯的理論，例如雷蒙德·威爾（Raymond Weill）的《以色列人留在西奈曠野》（*Le Séjour des Israélites au désert du Sinai*）；雨果·格雷斯曼（Hugo Gressmann）的《摩西和他的時間》（*Mose und seine Zeit*）則相信以色列人是從奈赫勒朝北，而不是往南，抵達阿卡巴灣。還有一些人，包括布列克（Black）、布爾（Bühl）、查伊尼（Cheyne）、迪爾門（Dillmann）、高地亞（Gardiner）、葛雷茲（Grätz）、古德（Guthe）、梅耶（Meyer）、穆西爾（Musil）、彼得列（Petrie）、賽亞（Sayce）、斯特德（Stade），對這些推論有的完全同意或部分同意，有的則是完全不同意或部分不同意。當所有的經文敘述和地理論點都已經用完了，解決這個問題的唯一方法似乎就是實際走一趟。但要如何複製一模一樣的出埃及呢？

第一次世界大戰

一九一四年至一九一八年之間的第一次世界大戰就是答案。大戰爆發以後，西奈半島很快就成為兵家必爭之地，一邊是英國軍隊，而另一邊則是德國和土耳其軍隊。雙方都想奪得蘇伊士運河。

土耳其軍隊以很快的速度進入西奈半島，而英國人也迅速從伊爾—艾里什和奈赫勒進軍了。

由於地中海和「海之路」都被英軍控制了，土耳其人不能走這條路，只能選走B路線去伊斯梅利亞，他們用了兩萬隻駱駝來運送水和物資。土耳其指揮官澤瑪律・巴夏（Djemal Pasha）在《土耳其政治家的回憶錄，一九一三～一九一九年》（*Memories of a Turkish Statesman, 1913-1919*）說道：「在西奈沙漠的艱苦行軍中，最大的問題就是水資源。除了雨季之外，一支兩萬五千人的軍隊要穿越那片荒野幾乎是不可能的。」他的進攻因而被擊退了。

後來，土耳其的聯軍德國部隊接手了那個任務。由於德軍擁有發動機設備，於是選擇穿過堅硬而平坦的中央平原，到達蘇伊士運河。德軍在水利工程師的幫助下，找到可用的地下水資源，沿途挖了許多井作為補給之用。不過，德軍在一九一六年的進攻還是失敗了。當英國人在一九一七年採取攻勢時，他們自然而然的走了沿海路線。英軍在一九一七年二月，抵進了拉法赫（Rafah）；又花了幾個月的時間，占領了耶路撒冷。

韋弗爾（A. P. Wavell）將軍的《巴勒斯坦戰役》（*The Palestine Campaigns*）一書，是描述英軍在西奈戰役的回憶錄，和我們的主題是有些關聯。他坦承，英國最高統帥估計敵軍無法在中央平原找到足夠的水資源，供五千多人和兩千五百隻駱駝使用。當時，指揮德軍在西奈作戰的是阿多諾・威甘德（Theodor Wiegand）及科伊茨斯坦（F. Kress von KressEmstein）將軍。德軍努力調查當地的地形、氣候、背景、水資源和歷史，加上熟讀之前的研究。不令人意外的是，德軍的結論和英軍的結論一模一樣：沒有特別行動部隊的話，為數眾多的人們和牲畜要通過南部花崗岩山脈是不可能的。威甘德及科伊茨斯坦針對出埃及路線的問題，還特別寫了一章，他們斷言「迦巴勒穆薩山不可能是《聖經》中的西奈山」。他們認為西奈山應該是「巨大的迦巴勒雅力克（Gebel Yallek）」——而這呼應了海恩斯的推論。他們很可能是在古德和其他德國學者的建議下，還提出西奈山也許是迦巴勒馬格烈（Gebel Maghara），因為這座山也在北部的B線上，和迦巴勒雅力克山相對。

北方派證據

一次大戰結束後，一位英軍將領成了西奈半島的總督，他就是賈維斯（C. S. Jarvis），他長期在西奈半島任職，對當地十分熟悉，在那之前應該沒有任何一個現代人比他更熟悉西奈半島了。賈維斯寫了《西奈的昨天與今日》（*Yesterday and Today in Sinai*）一書，斷言以色列人和他們的牲畜不可能在「花崗岩橫亙」的西奈南部上，在那片曠野裡旅行或至少生存了一年，即使他們的人數據賈維斯估計不到六萬人。

除了這些已知的觀點之外，賈維斯還增加了新的論點。「嗎哪」（manna）是《聖經》中耶和華在曠野賜給以色列人的一種神奇食物。已知它可以代替麵包，供人食用。嗎哪的外觀呈白色，像漿果一樣，它是一些小昆蟲以檉柳為食，而在樹上留下的沉積物。在西奈南部，只有很少的檉柳生長；但在西奈北部，檉柳非常茂盛。還有一項《聖經》提出的事項，是為以色列人提供肉類來源的鵪鶉。這種鳥是從俄羅斯南方、羅馬尼亞和匈牙利飛來的候鳥，冬天時會在西奈和埃及南方過冬；隔年春天再飛回北方。直到今天，貝都因人都能輕易捕捉這些在地中海沿岸棲息，經過長途飛行疲憊不堪的鵪鶉。鵪鶉也不會飛到西奈南部；因為如果牠們要往南飛的話，根本無法通過這地區的高峰。

因此，賈維斯認為，出埃及的大舞臺就是在西奈半島的北部。「蘆葦之海」（Sea of Reeds）是Serbonic Sealet（阿拉伯語作Sebkhet el Bardawil），以色列人從南南東穿過蘆葦海。西奈山是迦巴勒哈拉（Gebel Halla）——那裡是「最壯觀的石灰岩地塊，海拔超過兩千英尺，獨自矗立在廣闊的沖積平原中央」。他還解釋道，這座山的阿拉伯名字意味著「合法的」——符合神透過摩西向以色列人頒布十誡律法的《聖經》記載。

接下來幾年對這個主題最引入注目的研究，是來自耶路撒冷的希伯來大學和巴勒斯坦的希伯來高等研究機構的其他學者。他們將希伯來《聖經》和其他碑文與西奈半島徹底調查的考古現場互相對照後，很少人會支持「南方派」的說法。

哈姆・巴爾迪羅瑪（Haim Bar-Deroma）寫了《*Hanagev*》、《*Vze Gool Ha'aretz*》兩書，他接受了「北方派」的說法，但也相信以色列人接下來往南走，經過中央平原，去了約旦的一座火山。還有三位著名的學者：泰爾哈伯（F. A. Theilhaber）、斯扎皮諾（J. Szapiro）、本傑明・邁斯勒（Benjamin Maisler），他們合著了《巴勒斯坦歷史地圖集：在聖經時期的以色列》（*The Graphic Historical Atlas of Palestine: Israel in Biblical Times*）一書，也接受了以色列人是經由塞爾維亞海的淺灘，走了北方通道。他們認為，伊爾—艾里什是以琳的繁茂綠洲，而哈拉爾山（Mount Hallal）就是西奈山。本傑明・邁斯勒自己也寫了很多著作，其中一本是《*Atlas Litkufat Hatanach*》採用了同樣的位置。《聖經學者》維爾奈（Zev Vilnay）在巴勒斯坦和西奈徒步旅行，寫了《*Ha'aretz Bamikra*》一書，就像書名的字面意思「端到端」，也選擇了相同的路線和同一座山。耶赫奈・亞哈羅尼（Yohanan Aharoni）著有《聖經時代以色列的土地》（*The Land of Israel in Biblical Times*）一書，也接受北方通道的可能性，相信以色列人是前往中央平原的奈赫勒；接著他們進入了南部的西奈山。

當學術界和《聖經》界繼續在這些問題上爭論不休時，沒有解決的基本問題就更加明顯了：如果認為穿越點在北方，可是北方的範圍內並沒有可以通過的水域；但如果認為穿越點在南方，可是南方的範圍裡又沒有西奈山的證據。這個僵局讓學者和探險家只能朝一個妥協的地方尋找：西奈半島的中央平原。

在一九四〇年代，卡所托（M. D. Cassuto）在《出埃及記述評》（*Commentary on the Book of Exodus*）和其他著作中，他考據「不被選擇的路線」（非利士的道路）不是沿海的A路線，而是更內陸一點的B路線，讓中部路線為人接受。以色列人從B路線走到與從C點出發的C路線交會處，直接往東南方的中央平原走；而這個說法與《聖經》的敘述完全符合——並不需要再繼續前往半島南部。

一九六七年的以埃戰爭爆發後，以色列長期占領了西奈半島，開啟了西奈半島規模空前的研究。考古學家、歷史學家、地理學家、地質學家和工程師，對西奈半島進行了全面的考察。特別令人感興趣的是，著有《西奈探索，一九六七～一九七二年》（*Sinai Explorations 1967-1972*）一書及其他報導的本諾·羅森伯格（Beno Rothenberg），在特拉維夫大學的主持下，組織了一個研究團隊。在北部沿海地帶找到許多古代遺址，都反映了「這個地區像橋一樣的特徵」。而在西奈北方內陸的中央平原裡，卻沒有發現任何一座作為永久居住之用的古老建築；中央平原只有安營的痕跡，說明了這個地方只是一個暫住區。把這些宿營地標在地圖上，就形成了「一條清楚的線，從南地到埃及，而且這條線應該就是史前遷徙的伊爾提（el-Tih，意思是流浪的曠野）路跡」。

希伯來大學的地理學家門納西·哈爾伊爾（Menashe Har-El）對這個古老背景的新理論，提出了反對。他寫了《*Massa'ei Sinai*》一書，在回顧了所有的論戰後，指出那個橫跨大苦湖和小苦湖的水下山脊（參見第269頁的圖115）才是以色列人的穿越點。如果有夠強的風把湖水吹走的話，那麼這座水下山脊的水面就會變淺到足以讓人通過；以色列人的穿越事蹟就是在那裡發生的。接下來，以色列人沿著傳說的道路南下；他們經過馬拉和以琳，到了紅海的岸邊，並在那裡宿營。

門納西在這裡提出了他的主要創新點：以色列人沿著蘇伊士灣走，並沒有一路南下。他們只繼續向南走了大約二十英里，到了蘇德爾乾河床（Wadi Sudr）的河口——並順著乾河床的河道進入了中央平原，再繼續向前，從奈赫勒前往加低斯巴尼亞。門納西認為，辛恩—比西爾山（Mount Sinn-Bishr）就是西奈山，因為它位於乾河床的入口處，大概有一千九百英尺高。他認為，以色列人和亞瑪力人的戰鬥就發生在蘇伊士灣的海岸上。但他這個說法被熟悉西奈戰爭地形和地勢的以色列軍事專家否決了。

那麼，到底西奈山在哪裡？我們得重新看一下古代的證據。

埃及、亞述的古代證據

通往來生之旅的法老是向東走。他穿過了埃及東邊的水屏障之後，進入一條山道。然後就到了杜亞特；杜亞特是一個四面環山的橢圓形地區。「光之山」位於奧西里斯河分成支流的地方。有一幅圖畫（參見第72頁的圖16）顯示了，奧西里斯河的支流蜿蜒流穿一片農業區田野的畫面，還可以看見農夫。

我們從亞述的遺址中也發現了類似的圖畫證據。我們應該還記得，亞述國王到西奈半島的方向，正好與埃及法老的方向相反：亞述國王是從東北方，經過迦南，到達西奈半島。其中一位亞述王就是以撒哈頓，他在一塊石碑上刻下他尋找「生命」的路線圖（見圖118）。上面有棗椰樹——這個密碼暗示了西奈半島；犁則象徵了農業區；此外，還有一座「神聖之山」。在前面的章節中，我們看到了以撒哈頓置身於最高神祇的神廟之中，靠近著生命之樹。牛就在樹的兩側——這就像以色列人在西奈山下

圖118　以撒哈頓尋找「生命」的路線圖

所做的事一樣，他們鑄了金牛犢。

所有這些資料，都不能用來說明西奈南部那些惡劣而貧瘠的花崗岩山峰。反而指向西奈北部，以及那裡最主要的伊爾─艾里什乾河床，伊爾─艾里什（El-Arish）的意思是農夫之河。西奈山就是在伊爾─艾里什河的支流流域之中，位於一個山脈環繞的山谷。

整個西奈半島，只有一處地區具有這種地貌。從地理、地形、歷史紀錄和圖畫描繪來看，這一切都指向了位於**西奈北半邊的中央平原**。

即使是帕姆爾，為了維護「南方派」的認同，發明了拉斯沙夫拉夫的複雜推論，他也知道西奈山是在一片一望無際的曠野中，而不是海邊花崗岩群山的一座山頭；西奈半島是上帝顯靈的地方，是以色列人在曠野流浪時遇到之地。帕姆爾在《出埃及的曠野》寫道：「西奈山的盛行說法，即便是在今天，似乎都是指一座孤山，是在沙漠平地上明顯升起的高山，從各個方向都能靠近它。如果我們沒有參照現代的發現來研讀，單就《聖經》本身來說，也贊同這種觀點……《聖經》提到的西奈山，好像它就矗立在一片平坦的曠野平原。」

帕姆爾也承認，西奈半島確實有這樣一個「平坦的曠野平原」；但它並沒有被沙子覆蓋：「甚至（半島）這些部分和我們的概念很近──海洋就在不遠處，只隔了一層小山的阻擋──但這裡沒有沙子，那裡的土壤相當堅硬，是一處礫石的路徑，而不是柔軟的海灘。」

帕姆爾描述的正是中央平原。對於他來說，缺了沙子就等於丟掉了「曠野」的形象；但對於我們來說，它堅硬的礫石頂部，正好適合用作納菲力姆的太空站。如果穆薩山就是太空站的門戶，那麼就必須是離太空設備不遠的地方。

兩座聖山

那麼，難道幾代往南行的朝聖者都是徒然之舉嗎？對南部山峰的敬拜，是不是從基督時代才開始？考古學家從這些山上的古代神廟、聖壇和其他證據中，得到了很不一樣的結果；朝聖者刻下的碑文和岩石雕刻（**包括猶太燭臺象徵**），都說明這個地區的許多信仰和信念已經長達幾千年了，史前時代的人類對這個區域相當熟悉。

要是有兩座西奈山就好了，這樣就可以同時滿足傳說和現實了。其實，西奈山不止一座的想法也不是新鮮主意。近兩世紀的學者，努力找出西奈山的位置，《聖經》學者和神學家都懷疑過，《聖經》裡那些聖山的不同名字是否意味著聖山不是一座，而是兩座。它們的名字有：西乃山（**Mount Sinai**），摩西在這座山上代表以色列人領受耶和華的律法；何烈山（**Mount Horeb**），「乾枯之山」；巴蘭山（**Mount Paran**），《申命記》33：2記載「耶和華從西乃而來，從西珥向他們顯現，從巴蘭山發出光輝」；「神的山」（**the Mountain of Gods**），則是上帝第一次向摩西現身的地方。

如果把有兩座聖山的話，可以從兩個地名與它們的地理關係來辨別。巴蘭是鄰近加低斯巴尼亞的荒野，巴蘭很可能就是中央平原的《聖經》地名；所以，巴蘭山應該位於中央平原。以色列人來到的那座山就是巴蘭山。但摩西第一次遇見上帝的那座「神的山」，應該距離米甸地不遠；因為「摩西牧養他岳父米甸祭司葉忒羅的羊群；一日領羊群往野外去，到了神的山，就是何烈山」（《**出埃及記**》3：1）。米甸人住在西奈南部，沿著阿卡巴灣，橫跨銅礦區。「神的山」應該就在西奈南部與荒野相鄰的某個地方。

在蘇美的圓柱印章上面，發現一位神出現在牧羊人面前的圖案。兩個人看見神從兩座山之間出現（**見圖119**），而神的背後有一棵像火箭的樹——也許就是《聖經》裡「荊棘被火燒著」

圖119　蘇美圓柱印章

（Sneh）的意思。至於，兩座山峰和牧羊的畫面，吻合了《聖經》經常提到主是伊爾．沙代（El Shaddai，意思是全能者）——雙峰之神。所以，這就指出有兩座山：一座是摩西領受十誡，而另一座是「神的山」；一座是位於曠野平原中的孤山，另一座則似乎與兩座神聖山峰有關。

烏加里特文獻也提到了在加低斯近郊有一座「年輕眾神之山」，而半島南部有伊爾和阿西拉的兩座山峰：伊爾之山（Shad Elim）和阿西拉之山（Shad Asherath u Rahim）。它是伊爾退休後所住的地區，位於mebokh naharam（意思是兩個水域開始的地方）和kerev apheq tehomtam（意思是靠近兩海的裂縫）。我們相信，這些文獻描述的是西奈半島南端。

現在，我們可以得出一個結論：山路通道（聖山）是在中央平原的太空站周邊。而在西奈半島南端，則有兩座山峰供納菲力姆往來之用。他們用這兩座山峰來**測量**。

12・眾神和國王的金字塔

大英博物館的拱頂中藏著一塊在西巴爾找到的陶碑，西巴爾是沙馬氏在美索不達米亞的「崇拜中心」。在陶碑上，這位天神坐在一個寶座上，寶座上方是一棵像是棗椰樹主幹延伸出去的樹冠（見圖120）。而在沙馬氏前方，另一位神正引薦一位國王和王子。沙馬氏的王位前，還有一個基座，上面安裝著一個巨大的發光星體。碑文中不僅提到了辛（沙馬氏的父親），還提到了沙馬氏和他的妹妹伊師塔。

神聖測量者

這幅畫的主題很常見，描述將國王或祭司引薦給主神的畫面看起來似乎沒什麼

圖120　一位神向沙馬氏引薦國王和王子

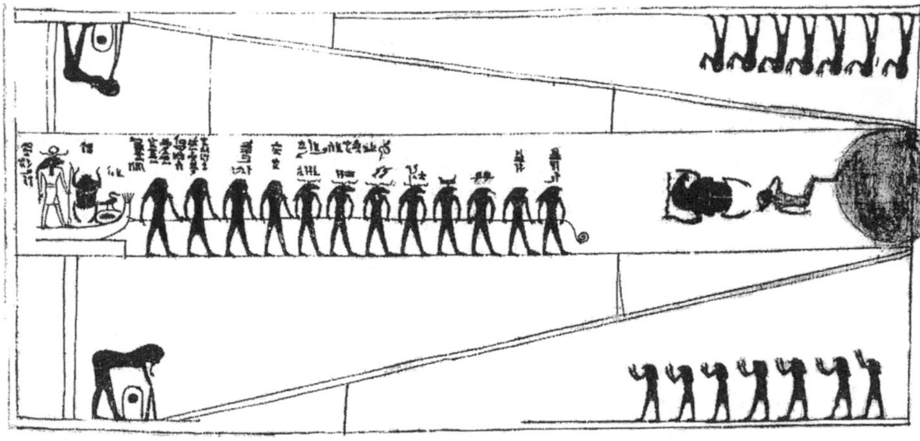

圖121 《死者之書》

問題。但令人困惑的是，上方還畫了兩位天神（幾乎已完全重疊在一起），兩位神的手中（兩位天神各伸出兩隻手）拉著兩根繩索，繩索的下端正是那個發光的星體。單從畫面上來看，兩位神似乎並不在引薦的現場。

那兩位神聖的拉繩者是誰呢？有什麼功能？兩位神真的處在同一個位置上嗎？如果的確如此，這兩根繩子又為什麼非得要由兩位天神分別拉動呢？只有一位天神拉不動嗎？兩位神究竟在哪裡？和沙馬氏又有什麼關係？

學者已經知道，西巴爾是蘇美的高等法院；沙馬什則是最早的立法者。巴比倫的漢摹拉比（Hammurabi）國王因制定了《漢摹拉比法典》聞名於世，而他自稱是從沙馬氏那裡得到那部法典的。難道上述畫面那兩位神聖的拉繩者，也和法典的授受有關？迄今無人能解答。

我們相信，所有的答案都藏在大英博物館中，但不是在「亞述」展區，而是在埃及部門。那裡有一個房間，不是用來展示木乃伊、死者遺體與棺木，而是展示著《死者之書》的莎草紙。答案就在這裡，大家都可以看到。（見圖121）

其中一頁是娜吉米忒皇后莎草紙書（Papyrus of Queen Nejmet）和插圖，描述了法老在杜亞特旅程的最後階段。十二位神在地下拖著駁船，他們將法老帶往最後一個走廊，也就是啟程升天的地方。那裡，「荷魯斯之紅眼」正等著法老。接下來，法老就要脫掉他塵世的衣服，準備升天，法老的轉化以甲蟲的象形文字表示（重生）。有兩組神祇分別列在兩側，祈禱法老能成功抵達永生之星。

而且，這幅埃及畫作中，也有兩位神聖的拉繩者！

不像西巴爾的描繪，這幅來自埃及《死者之書》的插圖顯示了兩個拉繩者不是疊在一起，而是分別位於繩子的兩端，顯然是在地下走廊的外側。更重要的是：兩個拉繩者所在的地方，都有一塊放在平臺上的圓石。而且，正如插圖所示，這兩位神聖拉繩者的動作，並不是在拉動繩索，而是在從事測量。

這個發現應該不讓人驚訝：《死者之書》的經文中，不是曾經描述法老在旅程中遇到了「在杜亞特拿著繩子」的十二位神，以及「拿著測量線」的十二位神嗎？

這令人想起《以諾書》裡的線索。書中提到，當天使帶著以諾參觀大地的西邊天堂時，以諾「在那些日子裡看見，鼓動翅膀的天使拿著繩子向北方飛去」。引導以諾的天使回答他的問題：「他們去做測量的工作了……他們會帶回來最準確的測量結果，以及他們最準確的繩子……這些測量結果可以揭開大地所有的祕密。」

有翼的存有到北方去做測量……測量結果可以揭開大地所有的祕密……所有這些線索，都讓人想起先知哈巴谷的話，如雷貫耳——他描述了主從南方現身，朝著北方而去：

> 神從**南方**而來；聖者從**巴蘭山**臨到。他的榮光遮蔽諸天；頌讚充滿大地。他的輝煌如同日光；從他手裡射出光線，在其中藏著他的能力……他站立，量了大地。（《哈巴谷書》3：3—6，編按：《和合本》將「南方」譯為提幔。）

測量地球及地球的「祕密」，是否和在大地上空飛行的諸神有關？烏加里特文獻又向我們提供了一條線索：巴爾從撒分之頂「伸出一根結實而柔軟的繩子，把天國和加低斯的座位連起來」。

每當這些文獻提到一位神向另一位神傳遞某個消息，詩節中總會以Hut開頭。學者認為Hut是一種首碼，就像「你準備好聽我說了嗎？」一樣。但Hut一詞在閃語的字面意義是繩子、繩索。更重要的是，Hut在埃及語也意味著伸出、伸展。海因里析・布魯格斯研究荷魯斯之戰的埃及文獻，寫成《有翼的太陽天碟》（*Die Sage von der geflügten Sonnenscheibe*）一書，他認為Hut也是一個地名——有翼天使的居所，也就是塞特囚禁荷魯斯的那座山。

我們從古埃及人的描繪（參見第285頁的圖121）得知，「神諭的圓頂形寶石」就位於神聖測量者的位置。巴勒貝克正有這麼一塊圓石，那塊璀璨的寶石具有Hut的功能。而在巴勒貝克的孿生城市赫利奧波利斯，也有這樣一顆神諭寶石。巴勒貝克是眾神的登陸區；埃及的繩子則是將法老引向位於杜亞特的升天之地。《聖經》中的耶和華（先知哈巴谷所見到的神伊爾），在從南方飛往北方的途中，量了大地。這些難道都是巧合？或者，它們都是同一個拼圖遊戲中的一部分？

登陸通道

我們接著描述西巴爾。當我們回想大洪水之前的時代，這就不令人費解了。那時，蘇美是眾神之地，西巴爾是阿努納奇的太空站，沙馬氏則是最高指揮官。如此看來，那麼神聖測量者的任務就很清楚了：**他們的「繩子」是測量通往太空站的路徑**。

我們回想一下，四十萬年前，西巴爾是如何成為地球上的第一個太空站，將會有所幫助。

當恩利爾和他的兒子們接到任務，要在地球建立太空站，位置選在兩河流域之間的美索不達米亞平原，他們制訂了一套整體計畫；這個計畫牽涉到太空站的選址、確定飛航路徑，以及導航與地面指揮中心設備。他們選在近東最顯眼的自然地標——亞拉拉特山——那裡有一條南北線吸

圖122　阿努納奇的太空站周邊地圖

引了他們的注意力。飛航路徑橫越了波斯灣，並且遠離高山，航道和南北線正好形成精確的四十五度。南北線和航道路線的交會點，就在幼發拉底河岸邊的西巴爾（Sippar，意思是鳥城）。

在這條四十五度的斜線上，等距設了五個點。最中間的尼普爾（Nippur，意思是十字之地）就是地面指揮中心。其他點形成了一個箭頭狀的通道；所有路線都會在西巴爾交會（見圖122）。

然而，所有這一切都被大洪水毀滅了。大洪水過後，在大約一萬三千年前，只剩下了巴勒貝克的登陸平臺。直到其他太空站修成之前，所有太空船的起降都只能在那裡進行。我們可以這麼假設，當年的阿努納奇靠著精湛的飛行技術，把太空船降落在兩山之間的巴勒貝克——或者，他們很快又建造了一條通往巴勒貝克像箭頭的登陸通道？

下面這張美國國家航空暨太空總署提供的衛星照片，可以讓我們像當年那

圖123　近東地區的衛星圖

些坐在飛行器裡的阿努納奇，仔細從上空觀察近東地區（見圖123）。北邊有一點就是巴勒貝克。他們可以選擇哪些有利的地標，標示出三角形的登陸通道？答案近在咫尺。東南方，可以用西奈半島南部的花崗岩山峰標示出來。群山中有一座最高峰（現今叫做聖凱薩琳峰）。這座高峰可以當成一座天然的航標，勾勒出東南線。但西北方的對應點是在哪裡呢？要怎麼錨定三角形的北線？

坐在太空船裡的測繪人員——神聖的測量者——低頭看了一下腳下的鳥瞰圖，接著研究他手中的地圖。遠處，在巴勒貝克之後，亞拉拉特山的雙峰隱約顯現。他畫了一條直線，從巴勒貝克到亞拉拉特山，然後，將這條直線一直延伸到埃及。

他拿出了指南針。以巴勒貝克為圓心，畫了一條弧線，穿過西奈半島最高的山峰。這條弧線和亞拉拉特至巴勒貝克連線交會的地方，他做了一個記號。然後他又畫了兩條等長線，一條連接了巴勒貝克和聖凱薩琳峰，另一條則連接巴勒貝克和他剛剛做了記號的地方（見圖124）。

他說道：「這裡就是我

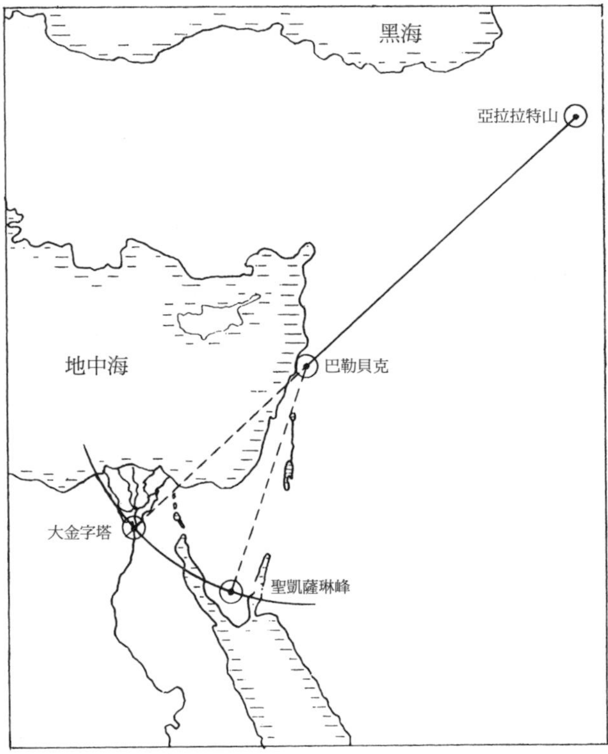

圖124　降落巴勒貝克的登陸通道

們的三角形登陸區，它將會直接把我們引到巴勒貝克。」

但另一位太空船船員可能說：「長官！可是，那裡什麼也沒有啊！你做記號的地方沒有任何東西可以作為我們的飛航航標。」

指揮官說：「我們會在那裡建起一座金字塔。」

他們繼續飛行，向上級報告他們的計畫。

這樣的對話曾發生在阿努納奇的太空船上嗎？當然，我們永遠不會知道（除非有一天在哪座石碑上發現這個紀錄）；我們只不過把一些令人驚訝、但不容否認的事實，加以戲劇化了：

- 巴勒貝克獨特的平臺，在很久以前就已經存在了，而且它的神祕和廣大，依然保存到現在。
- 自古以來就具神聖地位的聖凱薩琳山，也聳立迄今，它是西奈半島最高的山峰，它（和鄰近的穆薩山雙峰）籠罩著神祇和天使的傳說。
- 吉薩大金字塔，和另兩座金字塔及獨特的獅身人面像，剛好位於亞拉拉特山—巴勒貝克的延長線上。
- 從巴勒貝克到聖凱薩琳山的距離，和從巴勒貝克到吉薩大金字塔的距離，完全等長。

而且，這只是驚人網絡的一部分而已。我們將會揭開，大洪水之後的阿努納奇和太空站的全部故事。因此，不管上述在太空船上的對話有沒有發生過，我們都將確知**金字塔是怎樣在埃及出現的**。

埃及金字塔興建史

埃及有許多金字塔和金字塔結構的建築，從尼羅河北部的三角洲，一直到南部的努比亞，星羅棋布。但當人們說到金字塔時，那些後來類似金字塔結構的建築、金字塔的變體，和「小型金字塔」都被略過不談；學者和遊客只把焦點放在大約二十座金字塔上，據信這些金字塔是古王朝（大約西元前二七〇〇～前二一八〇年）的法老所修建。這些金字塔被依序分為兩組：第一組是第五和第六王朝的統治者所建，例如烏納什（Unash）、泰蒂、佩皮，這些金字塔都有精心裝飾和著名《金字塔經文》碑文；另一組則是更古老的金字塔，它們屬於第三和第四王朝的國王所建。後面這一組年代更老、首批建立的金字塔，才是最引人入勝的。它們和後來才興建的金字塔相比，更堅固、更精確、更完美，而且也是最神祕的——因為它們沒有任何線索，可以透露出建築構造的祕密。是誰建造？如何建造？為什麼要建造？甚至是何時建造的？——沒有人真正知道；有的只是理論和憑經驗而來的推理。

教科書告訴我們，埃及第一座宏偉的金字塔，是一位叫做左塞爾（Zoser）的國王所建，左塞爾是第三王朝的第二任法老（多數學者認為大約是在西元前二六五〇年）。左塞爾在孟斐斯西邊一個高原上選了一塊墓地（作為死者的城市），他命令印和闐（Imhotep）這位傑出科學家和建築家，為他建立一座能媲美以往所有墳葬的陵寢。在那之前，皇室習俗是在一片岩石地面上挖一個墳墓，把國王埋進去，然後用一塊叫做馬斯塔巴（mastaba）的巨大水平墓石蓋住墳墓；隨著時間的推移，這種墓葬建築越蓋越大。有些學者認為，聰明的印和闐是在原來的馬斯塔巴基礎上，再堆上一層一層的墓石，而墓石一層比一層小；分為兩個階段建成（見圖125a），最終形成了階梯金字塔。在它旁邊一個巨大的長方形庭院裡，還修建了各種各樣不同功能和裝飾的建築——包括小廟、葬禮廟、庫房和侍者墓室等等；這個區域被一道宏偉的圍牆包圍起來。我們今天都

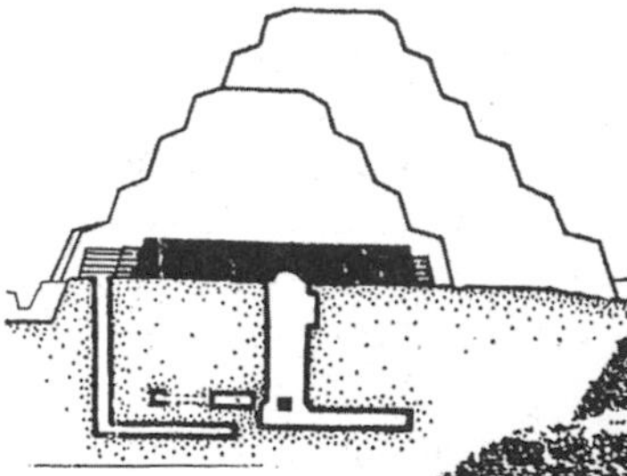
圖125a　左塞爾階梯金字塔分兩階段建成

圖125b　左塞爾階梯金字塔

還可以在塞加拉（Sakkara）看見這樣的金字塔和一些相鄰建築物及牆壁的遺跡（見圖125b）。據信，塞加拉這個地名是為了榮耀塞克（隱藏的神）。

教科書繼續解釋，左塞爾之後的國王看到階梯金字塔之後，也很喜歡，於是他們開始模仿左塞爾。據推測，繼承左塞爾王位的塞漢赫特（Sekhemkhet）想在塞加拉建造第二座階梯金字塔。但不知道是什麼原因（也許是缺少了神祕的科學工程天才印和闐吧），他並沒有蓋成。第三座階梯金字塔（或者應該說是已經開始破敗的土墩）則是位於塞加拉和吉薩中間的北邊。這座金字塔比前兩座都更小，一些學者按照邏輯，推斷它是下一任國王哈巴（Khaba）的金字塔。有些學者認為第三王朝還有一、兩位身分不明的國王曾試圖在附近建造金字塔，但都沒有成功。

現在我們要前往塞加拉南方約三十英里的米達姆（Maidum），看一看下一座編年史上的金字塔。由於缺乏證據，只有依照時間順序，推測這座金字塔是哈巴後面的國王胡尼（Huni）

所建。但很多間接的證據都顯示，胡尼只是開始興建的法老，整個建造工程是由後來的繼位國王斯尼夫魯（Sneferu）所完成；斯尼夫魯是第四王朝的第一任國王。

這座金字塔，就像之前的金字塔一樣，也是階梯金字塔。但不知道是什麼原因，甚至連理論都沒有被提出來，建造者最後卻決定將它建成一座「真正」的金字塔，也就是四面都是平滑的側面。這意味著要在一個陡峭的角度上，鋪上一層光滑的外包石頭（見圖126a）。同樣的，也不知道是什麼原因，建造者把角度選了五十二度。但根據教科書所記，這座有史以來第一座真正的金字塔，卻是以令人沮喪的失敗告終：因為石塊的巨大重量，以及因為一層層石塊是疊在不穩定的角度上，以至於外層的外包石頭、石屑，以及部分核心都因承受不住而坍塌。只剩下部分堅實核心，以及周圍殘存的大堆碎塊（見圖126b）。

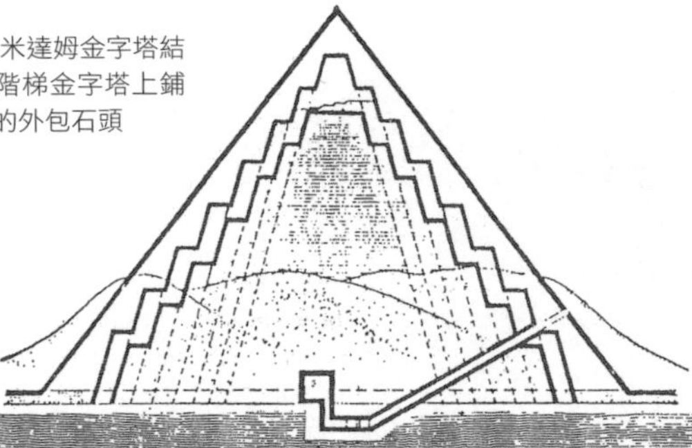

圖126a　米達姆金字塔結構圖：在階梯金字塔上鋪一層光滑的外包石頭

圖126b　米達姆金字塔遺跡

克魯特．曼丹索恩（Kurt Mendelssohn）在《金字塔之謎》（*The Riddle of the Pyramids*）認為，斯尼夫魯在米達姆金字塔坍塌之後，又在米達姆北部修建了另一座金字塔。斯尼夫魯的建築師在建造中途，匆匆改變了金字塔的角度。改成比較平坦的四十三度，確保了更高的穩定性，但也因此減少了金字塔的高度和巨大。那是一個明智的決定，因為那座金字塔——更確切的說是一座曲折金字塔（Bent Pyramid，見圖127）——迄今依然矗立。

斯尼夫魯受到這次成功的激勵，下令在附近再建一座真正的金字塔。因為它的石頭色調，這座金字塔叫做紅色金字塔。這座金字塔代表了超越不可能：一個三角錐從方形底座升起；每邊長大約有六百五十六英尺，金字塔高度有三百二十八英尺。然而，成功的背後是靠著一點作弊：這座「第一座典型的金字塔」不是以五十二度的完美傾斜角度，兩側是以更安全的四十三度升起……

吉薩三座金字塔

我們現在將依照學者建議的時間順序，進入了埃及典型金字塔的建造時期。

斯尼夫魯是古夫（Khufu）的父親；希臘歷史學家稱古夫為基奧普斯（Cheops）。因此，推測兒子是延續父親的成功經驗，建造了下一座真正的金字塔——只是更大、更宏偉，也就是舉世為名的吉薩大金字塔。它在其他兩座金字塔的陪伴下，歷經數千年仍然在原地屹立不搖；那兩座小一些的金字塔是他的繼位國王卡夫拉（Chefra），和孟考拉（Menka-ra）所建，希羅多德將這兩位法老分別叫做齊夫倫（Chephren）和邁瑟林諾斯（Mycerinus）。這三座

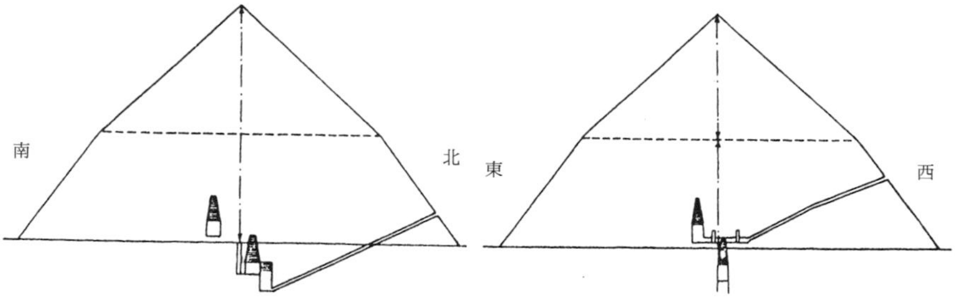

圖127　曲折金字塔：中途改變角度

金字塔周圍，被一些更小的衛星金字塔、神廟、馬斯塔巴、墳墓和獨特的獅身人面像所環繞。這三座金字塔雖然是由不同的統治者所建造，但很明顯的是以一個整體來規劃和完成的，這三座金字塔的方位一致，彼此相同（見圖128）。事實上，從這三座古蹟的三角測量，可以延伸至整個埃及的測量——甚至是整個地球的測量。現代第一個發現這個知識的人，是拿破崙的工程師：他們選大金字塔的頂點作為焦點，對下埃及進行三角測量，並製作地圖。

遺址位於北緯三

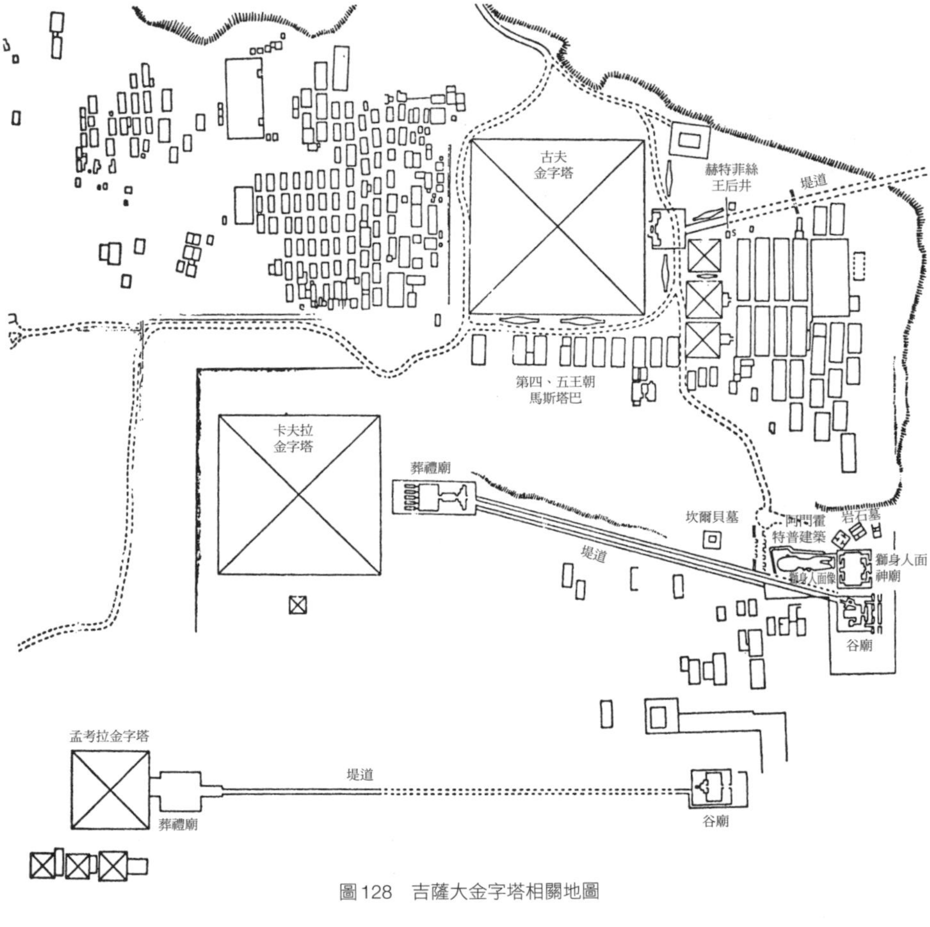

圖128　吉薩大金字塔相關地圖

十度上的發現，使吉薩金字塔建造的意圖和目的更清楚了。聚集大量古蹟的整個吉薩建築群，從利比亞高原的東邊盡頭開始，跨過利比亞西部，一直延伸到尼羅河岸邊。雖然吉薩遺址只比河面高出一百五十英尺，但在上面可以清楚看到四個方位，視線完全沒有阻礙。大金字塔矗立在高原的最東北角；離大金字塔幾百英尺的北部和東部，都是沙漠和泥漿，無法修建這樣巨大的建築。最早開始測量大金字塔的科學家之一是查理斯．皮亞齊．史密斯（Charles Piazzi Smyth），著有《大金字塔給我們的遺產》（*Our Inheritance in the Great Pyramid*）一書，他確立了大金字塔的中心位置，位於北緯二十九度五十八分五十五秒——與北緯三十度只差了六十分之一度。第二大的卡夫拉金字塔的中心，在北緯三十度南邊，只差了十三秒（三千六百之十三度）。

金字塔的四面對著東南西北四個方位；金字塔各邊是完美的傾斜角度五十二度（金字塔的高度和周長相關，就像圓的半徑和周長相關一樣）；正方形底座立在完美的水平臺上——這些都需要高度的科學知識，包含數學、天文學、幾何學、地理學，還有建築技術和建築學，以及動員人力的行政能力，去規劃和執行這樣浩大的長期工程。大金字塔內部複雜的構造，就更讓人驚訝了：在金字塔裡面設計了精準的通道、走廊、房間、井道及開口，還有隱藏的入口（總是在北面），以及閉鎖和封死的系統——所有這些在外面都看不見的內部結構，是在金字塔一層一層搭建上去時就已修建完成。

卡夫拉金字塔只比大金字塔稍微小一點（卡夫拉金字塔高四百七十英尺，底座每邊七百零七英尺；而大金字塔高四百八十英尺，底座每邊七百五十六英尺），人們見到這些古蹟時，總是盯著大金字塔瞧；這座大金字塔激發了很多學者和非專業者的興趣和想像力。它是世界上最大的石材建築，估計用了兩百三十萬到兩百五十萬塊黃色石灰岩（核心）、白色石灰岩（平滑的外包或外衣石頭），以及花崗石（內部的房間、通道和房頂等）。據估計，它的體積共有九千三百萬立方英尺，重量約達七百萬噸；算起來，這座大金字塔甚至比迄今英國建造的基督教所有大小教堂加起來的重量還重。

大金字塔在人為建構的平地上，升起了一個很薄的平臺底座；平臺四個角各有一個插孔，目前還不清楚用途。儘管經歷了數千年的時光、陸地變化、地球自轉、地震，以及承受著金字塔本身的巨大重量，但這個相對來說的薄平臺（不到二十二英寸）仍然沒有受損，維持著完美的水平：平臺與絕對水平的誤差小於十分之一英寸，而平臺每邊有七百五十六英尺。

從遠處看來，大金字塔和另兩座稍小一點的金字塔，是真正的金字塔；但走近時，就會發現它們也是階梯金字塔，但層層相疊的石頭（學者稱為進程），上一層都比下一層小一些。事實上，現在的研究認為，大金字塔的核心結構也是一座階梯金字塔，設計用來支撐巨大的垂直壓力（見圖129）。它光滑的表面，是因為四面的外包石頭。在阿拉伯時代，人們曾經拆下這些外包石頭，用來建造開羅附近；但在第二座金字塔頂端附近，還可以看到在原位的石塊；而在大

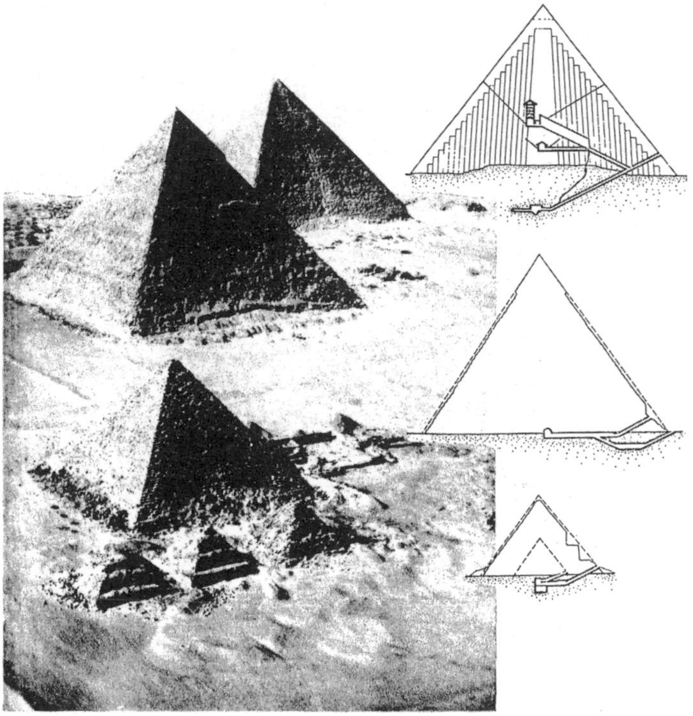

圖129　三座金字塔和核心結構圖

金字塔底座也發現了這些石塊（見圖130）。這些外包石頭決定了金字塔斜面的角度；它們是所有用來建造金字塔的石材裡最重的石塊；每個石塊的六個面都經過精細的切割、拋光，達到精確的光學標準——外包石頭不僅要與被覆蓋的核心石塊吻合，而且每塊外包石頭彼此之間也要能面面吻合，讓整體精密形成了一大塊石灰岩，面積有二十一英畝。

今天，三座吉薩金字塔都缺了形塑金字形尖端的頂點或頂石，它們可能是用金屬做成，或是外層包著金屬——就像方尖碑的頂部一樣。誰從金字塔這麼高的地方拿走了頂石呢？什麼時候拿走的？為什麼要拿走？沒有人知道答案。但已知，後來興建的金字塔上面的頂石，則是用特殊的

圖130　a、b　金字塔的外包石頭

花崗石做成，刻著相應的碑文，就像赫利奧波利斯的「本本」一樣。位於達舒（Dahshur）的阿門內姆哈特（Amen-em-khet）金字塔，上面的頂石被移走了，後來被發現埋在離金字塔不遠的地方，頂石是一個有翼的球體，刻有碑文（見圖131）：

> 阿門內姆哈特國王的臉已經打開了，當他航行過天空時，可以看到光之山的主。

希羅多德在第五世紀造訪吉薩時，根本就沒有提到頂石，但那時金字塔四面覆蓋著光滑的表面。希羅多德就像他之前的古人和後來的來者一樣，都想知道這個世界七大奇蹟之一的古蹟到底是怎麼建造起來的。希羅多德的嚮導對他說，這座大金字塔動員了十萬人，每三個月就要更換一批新的工人，總共「壓迫了人民十年」，才蓋好通往金字塔的堤道；修建堤道是為了方便從採石場搬來準備修建金字塔的石塊。「金字塔本身就蓋了二十年。」就是從希羅多德開始傳播，大金字塔是由基奧普斯（古夫）下令所建；但古夫為什麼要蓋金字塔、蓋來做什麼用途，希羅多德都沒有說。希羅多德認為第二座金字塔由卡夫拉所建，他說，這座金字塔「尺寸一樣大，只不過高度低了四十英尺」；希羅多德還斷定孟考拉「也留下一座金字塔，但比他父親的金字塔要小很多」——用暗示的口吻，而非精確指出那就是吉薩的第三座金字塔。

圖131　阿門內姆哈特金字塔的頂石

大金字塔內部

在西元第一世紀，羅馬地理學家和歷史學家斯特雷波，記載他不僅造訪大金字塔，還「進入」了金字塔，他從大金字塔北部一處藏在鉸鏈石下面的開口進去。他經過一個很長而狹窄的通道，到了一個在基岩上挖掘的坑洞——就像之前其他希臘和羅馬的參觀者一樣。

但這個入口的位置，在接下來的幾個世紀裡，都被人們遺忘了。西元八二〇年，當穆斯林哈里發阿爾．瑪沐恩（Al Mamoon）試圖進入金字塔時，他雇了一支由石匠、鐵匠和技師組成的隊伍，鑽開石頭和地道，進入金字塔的核心部分。兩個因素激勵了他，一是科學探索，另一個則是尋寶的渴望；因為他從古代傳說得知金字塔有一間密室，裡面藏有天體地圖和陸地球體，以及「不會生銹的武器」和「可以彎折而不裂的玻璃」。

阿爾．瑪沐恩的手下，以忽熱忽冷的方式讓大量石頭爆裂開來，並且用撞擊和鑿碎的方法來移除石頭，一吋一吋進入金字塔，但一無所獲。正當他們準備放棄的時候，卻聽到了前方不遠處有石頭落下的聲音，說明了裡面是空心的。他們獲得了新的動力，最後終於闖進了原本的下降通道（見圖132）。他們從那裡往上爬，到達把他們擋在外面的原始入口。又從那裡向下爬，才到了斯特雷波描述的坑洞；但裡面已經空無一物了。坑洞裡有一條井道，不知通往何處。

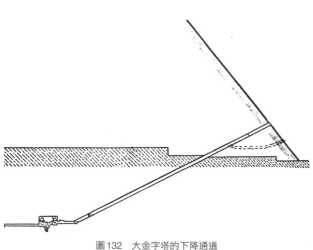

圖132　大金字塔的下降通道

以搜尋者關注的目標來說，他們只得到一場空。幾個世紀以來，已被入侵或硬闖的其他座金字塔，也都有相同的內部結構：一條通往一間或多間密室的下降通道。阿爾．瑪沐恩的手下在大金字塔中什麼也沒找到。沒有破解任何祕密……

但命運是用別的方法達成他們的願望。阿爾．瑪沐恩的手下用撞擊和爆破的方式鬆開石頭，聽到了落地聲才激勵他們進入地道。當他們準備放棄時，卻發現躺在下降通道上的掉落石頭。那是一塊奇怪的三角形石頭。於是他們檢查天花板，發現那塊掉下的石頭是用來隱藏一個更大的長方形花崗石板，石板放置的角度和下降通道的角度一樣。那塊石板遮住了通往真正密室的通路嗎？也許那裡才是前人從沒有到過的地方？

對於巨大的花崗石，他們實在沒有辦法，打也打不碎，搬也搬不動；所以阿爾．瑪沐恩的手下就在花崗岩四周打通道。結果，原來那塊花崗岩只是一疊大石板中的一塊，花崗岩石板後面則是石灰岩石塊，堵住了一條上升通道——上升通道和下降通道的傾斜角度一樣，都是二十六度（**恰好是金字塔外部斜面五十二度的一半**）。在上升通道的頂端，連結一條水平的通道，通往一個尖頂的方形房間（**見圖133**），這間房間的東牆上有一處不尋常的壁龕；而房間裡依然空空如也。但房間恰巧位於金字塔南北軸線的中間點——它的重要性迄今仍未破解。這間房間後來被叫做「皇后房」；這個名字是根據浪漫的傳說而來，而不是基於事實的證據。

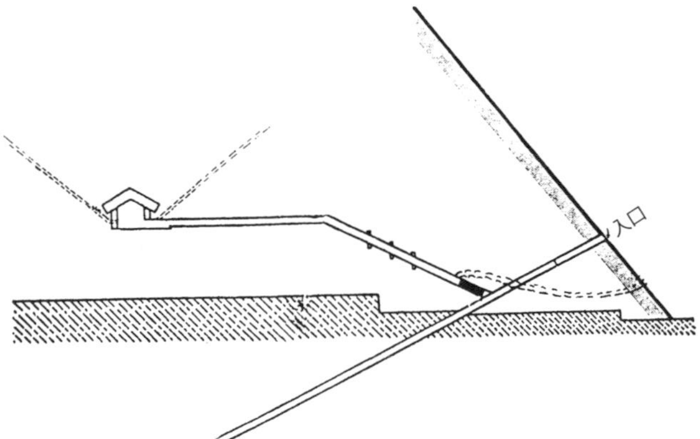

圖133　皇后房的位置

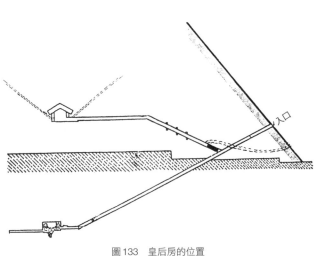

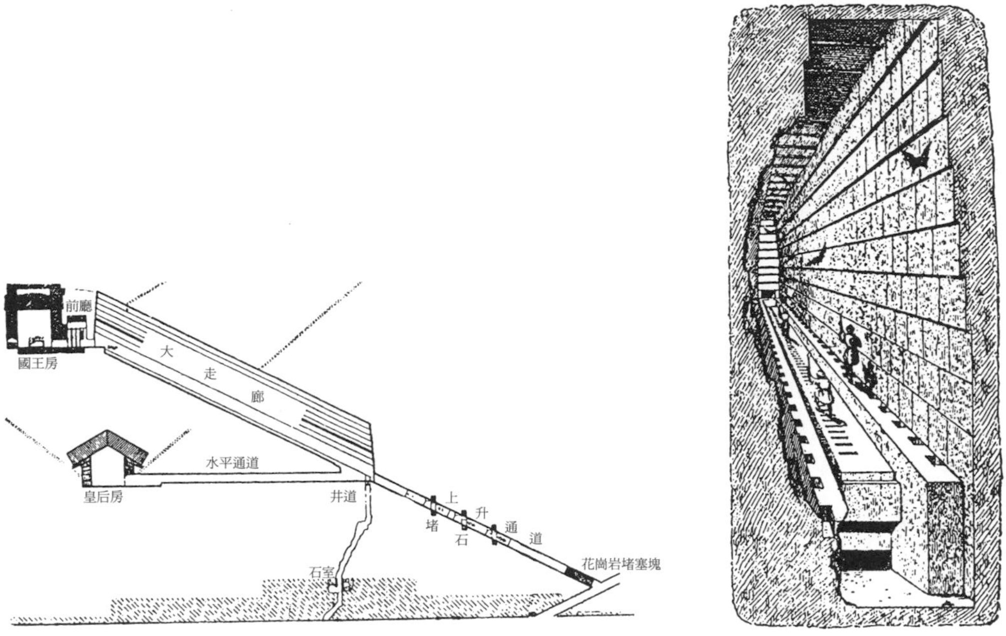

圖134　大走廊

在上升通道的頂部，有一條一百五十英尺的「大走廊」，角度也是同樣的二十六度，它的結構相當複雜而精確（見圖134）。它是一個渠狀的走廊，中間下沉，兩邊有凸起的坡道；坡道上面等距鑿出一些長方形的狹長孔洞，兩邊對稱。大走廊的牆高十八英尺，以七個梁托支撐，每一部分都比前一個寬了三英寸，因此大走廊在上升時會愈來愈窄。在大走廊的頂端，有一個巨大的石塊形成了一座平臺。與它齊平的是一條相對來說較狹窄而低矮的走廊（只有三英尺半高），通向一個構造極其複雜的前廳；這個前廳裝著一個簡單的機關（拉繩？），可以讓三面堅硬的花崗岩牆垂直落下，堵住前進的道路。

還有一條走廊和前一條的寬度和高度都差不多，它通向一個由紅色花崗石構成的房間，房間的天花板很高；它被稱為「國王房」（見圖135）。裡面除了一個沒有蓋子的花崗石箱櫃以外，什麼也沒有。箱櫃的做工精細，包括蓋子的凹槽或頂部，都

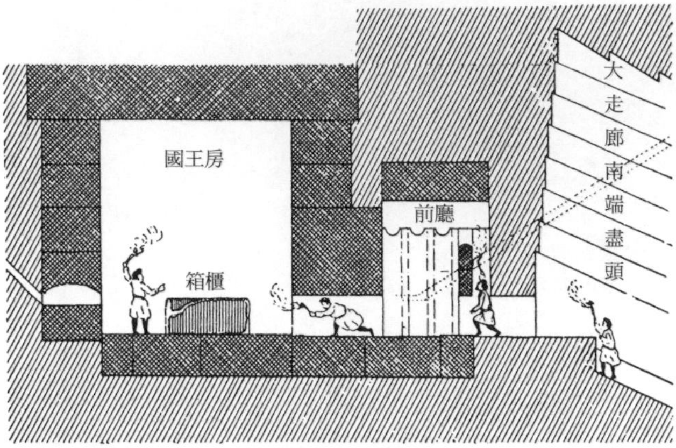

圖135　國王房

是以複雜的數學公式計算而出，但發現時裡面也已經空無一物了。

這麼大一座石山就是為了藏空屋子裡的一件空「箱櫃」嗎？火炬留下的燻黑痕跡和斯特雷波的證據，顯示之前已經有人到過這條下降通道了；如果密室曾藏著什麼寶物的話，那麼很久以前就被先來的人拿走了。但在第九世紀，阿爾．瑪沐恩的手下進去上升通道時，確實被巨石堵得很緊。如果金字塔是用來作為國王的墳墓，那麼它們是為了保護國王的木乃伊和他的寶藏，防止盜墓者和外人打擾他的寧靜。因此，當國王的木乃伊放入棺木後，通道就被堵死了。但在這個堵塞的通道裡，除了一個空石櫃以外，整座金字塔裡什麼都沒有。

隨著時間的推移，其他統治者、科學家、探險家也陸續進入金字塔，穿過通道，了解金字塔內部構造的其他特徵——包括兩條井道，有些學者認為這些井道是通風管（為了誰通風？），而其他學者認為是為了天文觀察（又是誰在觀察天文？）。雖然學者堅持認為石櫃就是石棺（因為它的尺寸恰好可以容下一個人），但事實上沒有任何證據可以證明大金字塔就是皇室陵寢。

金字塔不是法老陵寢

事實上，傳統觀點認為修建金字塔是為了當作法老的陵寢，並沒有可以支持的具體證據。

第一座金字塔（左塞爾的階梯金字塔）裡的兩個房間，學者堅稱那是兩間墓室，是被原來的馬斯塔巴（平頂墓室）蓋著。一八二一年，當馮孟納托利（H. M. von Minutoli）首先進入裡面後，他宣稱在屋子裡發現了木乃伊以及一些刻有左塞爾名字的碑文。據稱，他準備將這些發現運往歐洲，但在海上失蹤了。一八三七年，霍華德．維斯（Howard Vyse）上校進入左塞爾金字塔，對內部進行了更徹底的挖掘，他報告說發現了「一堆木乃伊」（一共八十具），並進入了一個「刻有左塞爾名字的房間」。一個世紀之後，考古學家報告發現了一部分的頭骨，以及一些證明了「在紅色花崗石房間裡有一具木棺」的證據。一九三三年，奎貝爾（J. E. Quibell）和勞爾（J. P. Lauer）在金字塔下面發現了其他走廊，裡面有兩具石棺——但也是空的。

現在大家都普遍接受這樣的說法，這些木乃伊和棺木都是後來才放進去的，也就是說，死者是後來才被放進那些封閉的走廊和房間裡。但左塞爾法老呢？他也被葬在金字塔裡嗎？——有沒有一場「最初始的喪禮」呢？

大多數考古學家現在都懷疑，左塞爾曾被葬在他的金字塔裡面或下方。一九二八年，在金字塔的南邊發現了一個墳墓，左塞爾似乎就是葬在那裡。後來知道，這個「南方墳墓」是從一條走廊進入，走廊上方有仿「棗椰樹」的石製天花板。這條走廊直接通向一扇半開的門，穿過門會進入了一個巨大的圍場。還有更多走廊通向一間花崗岩做成的地下室；房間有三道假門，其中一面牆上刻著左塞爾的名字、畫像和稱號。

許多知名的埃及學家現在都相信，那座階梯金字塔只是左塞爾象徵性的埋葬地，他真正的埋葬地是有豐富裝飾的南方墳墓，墳墓上有一個巨大的長方形超級建築，下面是一個凹陷的房間，房間裡有很重要的祈禱間——就像一些埃及圖畫所描述的一樣（見圖136）。

據推測，左塞爾的繼位者塞漢赫特開始修建的階梯金字塔裡面有一間「埋葬室」。房間裡面有一具細紋大理石的「石棺」，也是空的。教科書告訴我們，考古學家札卡瑞亞．高內姆

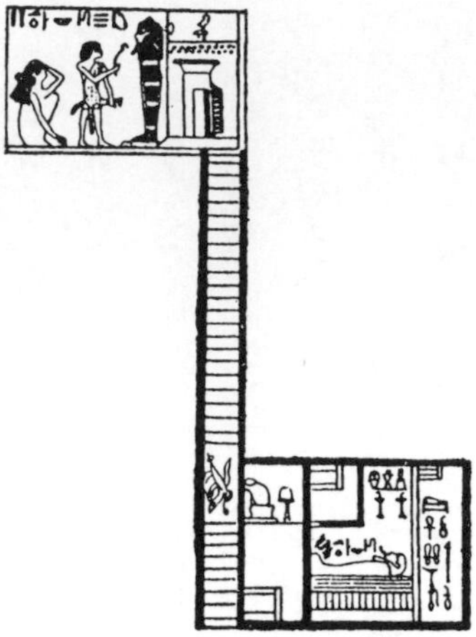

圖136　左塞爾的南方墳墓

（Zakaria Goneim）發現了房間和石櫃，他推論已經有盜墓者來過這個房間，盜走了木乃伊和墳墓的其他東西；但這並不全然準確。事實上，高內姆發現的細紋大理石石櫃上，有兩扇關著的直立滑動門「用石膏密封住了」，「在石棺上面留下了」早已乾枯的圈狀殘跡。正如他後來的回憶：「充滿了高度的期待；但當石棺打開時，裡面卻是空的，沒有使用過。」曾有國王葬在那裡嗎？有些人很肯定，但其他人認為塞漢赫特金字塔（罐子的塞子上刻著他的名字）只是一座紀念建築（一個空的象徵性墳墓）。

第三座階梯金字塔，也就是哈巴的金字塔，也有一間「埋葬室」；但裡面什麼都沒有：沒有木乃伊，甚至連石棺都沒有。考古學家還在附近發現了另外一座未完成的金字塔，他們認為是哈巴的繼位者所建。金字塔地下有一個罕見的橢圓形「石棺」，石棺嵌在石頭地板裡面（就像現在的浴缸一樣）。石棺的蓋子還用膠緊緊黏著。裡面什麼也沒有。

後來又發現了第三王朝其他統治者的三座小型金字塔。其中一座還沒有被人闖入過。另外一座沒有發現埋葬室。至於第三座，房間裡則沒有埋葬過人的跡象。

已坍塌的米達姆金字塔的「埋葬室」裡，同樣什麼都沒有發現，甚至連石棺也沒有。相反的，弗林德斯．皮特（Flinders Petrie）只發現了木棺的碎片，他認為那就是裝著斯尼夫魯木乃伊的棺木。現在學者一致認為，那些碎片是屬於後來才放進去的棺木。在米達姆金字塔周圍，有許多第三和第四王朝的馬斯塔巴，裡面埋葬著那些時代的皇室成員和其他重要人物。金字塔圍場和一種較低的建築（也叫葬禮廟）相連，現在這些建築都已經被尼羅河水淹沒了。也許法老的遺體就在那裡安息，被神聖的尼羅河水保護著。

就「金字塔是法老陵寢」的理論來說，下面兩座金字塔更讓人尷尬。這兩座位於達舒的金字塔（曲折金字塔和紅色金字塔）都是由斯尼夫魯所建。第一座金字塔有兩間「埋葬室」，而另外一座則有三間「埋葬室」。這些都是要葬斯尼夫魯？如果說每座金字塔都是法老用來作為自己的陵寢，那麼為什麼斯尼夫魯蓋了兩座金字塔？更不用說，發現房間時裡面空無一物，甚至連石棺沒有。一九四七年和一九五三年，埃及古文物部門對這兩座金字塔進行了徹底的挖掘工作（特別是針對紅色金字塔），結果報告承認了「在那裡沒有發現皇室陵寢的跡象」。

「一位國王一座金字塔」的理論，現在輪到斯尼夫魯的兒子古夫了；而且連希羅多德都說吉薩的大金字塔是古夫所建（其後的羅馬歷史學家也根據他的作品如此宣稱）。它的房間裡，沒有被人動過的「國王房」也是空的。這並不奇怪，因為希羅多德（《歷史》第二卷，第127頁）寫道：「尼羅河河水經過一條人工渠道的引水，繞著一個島嶼流過，島上就是古夫國王遺體所躺的地方。」法老真正的墳墓是不是在靠近尼羅河的河谷裡？到現在為止，沒有人知道。

吉薩第二座金字塔的建造者卡夫拉，並非直接繼承古夫的王位。在古夫和卡夫拉之間，還有一位在位八年的法老拉迪耶迪夫（Radedef）。他選了離吉薩有些遠的地點作為金字塔的修建地，其中原因學者並不清楚。拉迪耶迪夫修建的金字塔，有大金字塔的一半大，內部也有習俗所謂的「埋葬室」。但進入裡面時，也發現房間裡什麼都沒有。

吉薩第二座金字塔（卡夫拉金字塔）在北面有兩個入口，這與習俗中的單一入口不一樣（參見第298頁的圖129）。第一個入口的開口位於金字塔外面（又是一個不尋常的特徵），入口通往一個未完成的房間。另一入口則通往一間與金字塔頂部對齊的內室。一八一八年，喬萬尼·伯爾佐尼（Giovanni Belzoni）進入其中時，發現花崗石石棺是空的，損毀的棺蓋碎片散落於地。一篇阿拉伯文的碑文，記錄幾個世紀之前曾有人入侵房間。但如果阿拉伯人曾發現了什麼，也沒有紀錄了。

吉薩的第三座金字塔要比前兩座小很多，但這座金字塔卻展現了獨特的特徵。這座金字塔的主體工程使用的石塊是三座金字塔中最大的；它底下的十六層都是用很難加工的花崗石砌成，而不是白色的石灰岩。開始的時候，它是一座很小的真正金字塔（參見第298頁圖129）；但後來又將體積加大一倍。所以，就有了兩個入口；也許還有第三個「試驗的」入口，但建造者未完工。在不同房間裡，有一個房間被認為是主要的「埋葬室」，一八三七年，霍華德・維斯和約翰・佩林（John Perring）進入，他們在房間裡面發現了一具裝飾華麗的玄武岩石棺；和其他一樣的石棺一樣，這裡也是空的。但他們在附近發現了一片木棺的碎片，上面寫著皇室的名字「Men-ka-Ra」，以及一具木乃伊遺骸，「很可能就是孟考拉」——也就是希羅多德所認定，第三座金字塔屬於邁瑟林諾斯。利用現代的碳測定年代技術，確認了木棺「可以追溯到塞提克（Saitic）時期」，而不會早於西元前六六〇年。參見米卡洛斯基（K. Michalowsky）《古埃及的藝術》（*Art of Ancient Egypt*）一書。而木乃伊遺骸大約是在早期基督教時代，不屬於任何原始的葬禮。

孟考拉是不是卡夫拉的直接繼位者，還存在一些不確定性；但學者已確認，他的繼位者名叫斯普塞卡夫（Shepsekaf）。眾多未完成的金字塔中，究竟哪座才是屬於他的，目前還不清楚（或許他的金字塔太粗糙了，無法經過時間的考驗，因而什麼都沒留下）。但很肯定的是，他並不是葬在金字塔裡面：他葬在了一個巨大的馬斯塔巴（見圖137）裡，埋葬他的房間中有一具黑色的花崗石石棺。古代的盜墓者已經入侵過了，把墳墓和石棺裡的所有東西竊盜一空。

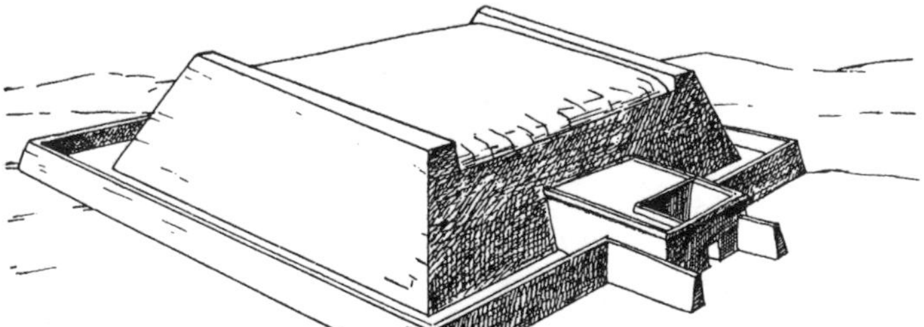

圖137斯普塞卡夫的馬斯塔巴

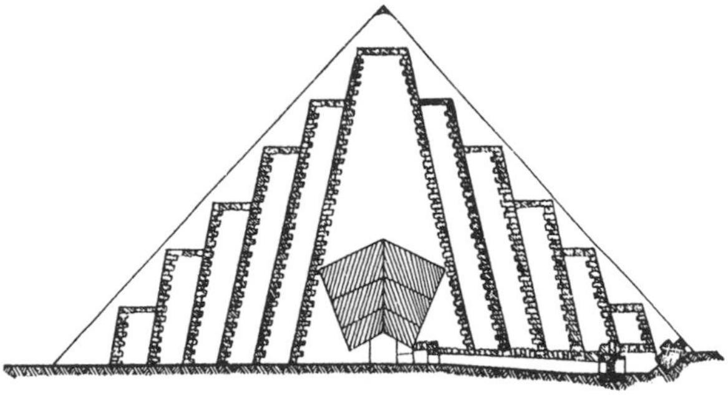

圖138　薩胡拉金字塔的結構圖

第五王朝的第一任法老是烏塞爾卡夫（Userkaf）。他將他的金字塔建在塞加拉，靠近左塞爾的金字塔建築群。金字塔被盜墓者嚴重破壞。他的繼位者薩胡拉（Sahura）在塞加拉北部，現今的阿布西爾（Abusir），修建了一座金字塔。雖然這座金字塔是保持完好的金字塔（見圖138）其中的一座，但在它的矩形「埋葬室」裡也是什麼都沒發現。然而，在金字塔和尼羅河河谷之間的壯麗神廟群裡，有一間較低矮的神廟，以仿棗椰樹的石柱裝飾，表明了薩胡拉真正的墳墓就在附近某處。

後來繼位的尼夫尼爾卡爾（Neferirkara），將他的墓葬建築群建在離薩胡拉金字塔不遠的地方。這座未完成（或是遭破壞）的金字塔，裡面房間也是空的。尼夫尼爾卡爾繼位者的金字塔還沒有找到。至於接下來的統治者，用了更多的乾泥磚和木頭建造他的金字塔；現在只剩一點遺跡了。再下一個統治者是尼夫塞爾（Neuserra），他將金字塔建在離前人很近的地方。他的金字塔裡有兩個房間——兩間都沒有埋葬的跡象。然而，尼夫塞爾卻因他建造的葬禮廟而聞名，這間葬禮廟就像是一座去了頭的金字塔，頂端是一座粗短形狀的方尖碑（見圖139）。方尖碑高達一百一十八英尺；頂點外部鍍了一層銅。

下一位法老的金字塔還沒找到；也許他的金字塔已經坍塌化成土堆，被沙漠淹沒了。他的繼位者的金字塔直到一九四五年才被發現。和其他金字塔一樣，裡面的房間很尋常，同樣也是空的。

第五王朝最後一任法老烏納斯（Unash），也有人認為他是第六王朝的第一任法老，從他開始，金字塔的修建發生了很大的變化。一八八〇年，加斯頓·麥斯皮羅在烏納斯的金字塔中第一

圖139　尼夫塞爾的葬禮廟

次發現了《金字塔經文》，這些經文刻在房間和走廊的牆上。接下來，就是第六王朝的四位國王：泰蒂、佩皮一世、莫潤爾（Mernera）和佩皮二世，他們的金字塔也模仿烏納斯，在牆上刻了《金字塔經文》。在他們的「埋葬」室裡都找發現玄武岩或花崗岩的石棺；除了在莫潤爾的石棺中發現了一具木乃伊以外，其他三個都是空的。之後考古學家很快確認了那具木乃伊並不是國王，而是後來才埋進去的。

那麼第六王朝的國王葬在哪裡呢？第六王朝和早期的皇室墳墓都在南部的阿比多斯。這些和其他證據都排除了墳墓是紀念之用，以及金字塔是陵寢的概念。然而，長久的信念很難消失。

事實恰恰相反。古老王國的金字塔從來沒有裝過一具法老的木乃伊，因為它們本來就不是用來裝載國王的遺體。在國王仿效的地平線之旅中，金字塔是建造用來當作指引的地標，引導法老的卡（靈魂）前往天國的階梯——就像眾神最初建造金字塔的目的一樣，是為了在「航行天空時」有一個具體的航標。

我們認為，一代一代的法老建造金字塔，不是為了模仿左塞爾的金字塔，而是仿效眾神的金字塔：吉薩金字塔群。

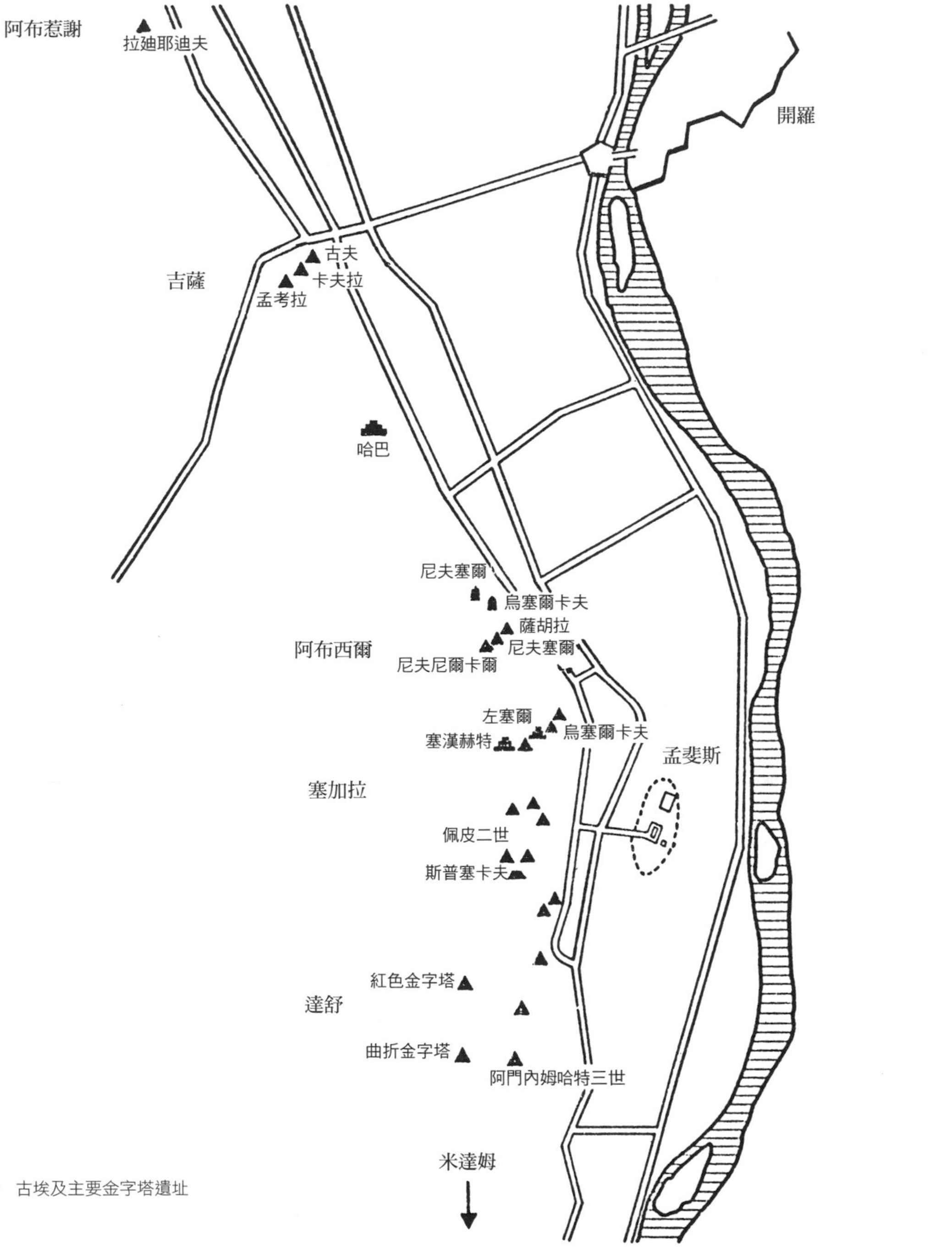

圖140　古埃及主要金字塔遺址

13・假託法老之名

在商業界、藝術界、科學界和文物界裡，用偽造手段來騙取名利的例子，屢見不鮮。一旦曝光後，結果就是信譽掃地；但如果偽造沒被揭發，一直持續下去，可能就會改變歷史。

我們相信，這樣的偽造事件也在大金字塔中發生，以至於人們認定大金字塔的建造者是一位叫做古夫的法老。

吉薩三座金字塔是原型

尋寶者在考古學家之前，已經進出大金字塔不少次了。在一個半世紀前，考古學才以系統性和訓練有素的方式重新調查金字塔現場，但考古發現是在匆忙之下完成的，疑點重重。人們一直認為，金字塔時代是從左塞爾的階梯金字塔開始，經過連續的發展過程，往真正的金字塔進化，最終獲得成功。但為什麼進化成真正的金字塔如此重要呢？如果金字塔的建築技術是逐漸進步的話，那麼為什麼在吉薩金字塔之後的眾多金字塔，又全都不如它呢？

左塞爾的階梯金字塔，是後來金字塔的範本嗎？或者，左塞爾金字塔本身就是模仿了更早期的金字塔？現在學者相信，古埃及第一座較小的階梯金字塔（參見第293頁的圖125）是印和闐在馬斯塔巴上所興建，艾哈邁德・法克瑞（Ahmed Fakhry）在《金字塔》（*The Pyramids*）一書中認為，那座金字塔是「用美麗的白色石灰岩包在」原來的馬斯塔巴上面，「但在外包計畫完成前，他又做了另一次更改」——疊加成更大的金字塔。然而，有新的證據顯示，左塞爾金字塔其實也是一座用外包石頭鋪成的真正金字塔。由喬治・芮斯納（George Reisner）主持的哈佛大學考古團發現，這種外包技術最先是用泥磚砌成，但泥磚很快就崩碎了——所以，左塞爾金字塔看起來才會是一座階梯金字塔。此外，也有發現那些泥磚曾經被刷成白色，模仿真正金字塔白色石灰岩的外包石頭。

那麼，左塞爾是在模仿誰呢？印和闐曾在哪裡看見已經蓋好，有光滑立面和石灰岩外包石頭的真正金字塔呢？還有一個問題：如果按照目前的理論，在米達姆和塞加拉試圖建造五十二度、有光滑立面的金字塔，但卻失敗了；於是接下來繼位的斯尼夫魯才不得不「作弊」，修改角度，建造了一座四十三度的真正金字塔——那麼，為什麼下一任法老，斯尼夫魯的兒子古夫，又馬上開始用五十二度的不穩固角度，建造了一座更大的金字塔，而且據說非常成功，沒出現任何問題呢？

如果吉薩金字塔只是歷代「一位國王一座金字塔」中，一座「平常」的金字塔，那麼為什麼古夫的兒子拉迪耶迪夫，不在他父親吉薩的金字塔旁邊，興建自己的金字塔？據說，吉薩的另外兩座金字塔當時都還沒蓋起來，所以應有很多空地可以任他選擇。而且，如果他父親的建築師和工程師已經掌握了建造大金字塔的技術，他們在哪裡為拉迪耶迪夫建造一座同氣勢的金字塔？結果他們卻沒這樣做，反而把拉迪耶迪夫的金字塔蓋得那麼粗劣，以至於很快就坍塌了？

唯有大金字塔，才有其他金字塔沒有的獨特上升通道，它成功封住並隱藏了國王房，讓外人無法闖入，直至西元八二〇才有人進入——後來模仿這座金字塔的法老們，卻只知道蓋下降通道，不知道要建上升通道？

吉薩三座金字塔內都沒有聖書體（編按：古埃及文字分為聖書體、僧侶體和世俗體）的碑文，正如一個世紀前的詹姆斯・邦維克（James Bonwick）在《金字塔的事實和想像》（*Pyramid*

Facts and Fancies）中寫道：「誰能說服自己，埃及人留下了這麼宏偉壯麗的建築，卻沒有留下任何聖書體碑文？——埃及人可是在任何建築物上，不加考慮的留下了豐富的聖書體。」所以我們必須推測，吉薩三座金字塔之所以沒有聖書體碑文，正說明了它們是在埃及有聖書體之前就蓋好了，或根本就不是埃及人所建。

還有一些觀點可以支持我們的推論，當左塞爾和其他繼位者延續建造金字塔的傳統時，是模仿已經蓋好的金字塔：也就是吉薩金字塔群。吉薩三座金字塔不是修改之前左塞爾的階梯金字塔；事實正好相反，它們才是左塞爾和其他法老試圖模仿的原型。

有些學者認為，吉薩的衛星金字塔，是古代建築師在蓋大金字塔之前，先做出小一點的模型來試驗（衛星金字塔大約是大金字塔的五分之一），就像現代建築師也會先做模型進行工程評估；但已知的是，衛星金字塔是在大金字塔蓋好之後才增建的。不過，**我們認為，的確有這樣的比例模型存在；第三座金字塔因為它明顯的實驗構造，讓我們相信，另外興建的兩座較大的金字塔，是用來作為阿努納奇的航標。**

古夫、卡夫拉、孟考拉沒有蓋金字塔

但是，古夫、卡夫拉和孟考拉，這三位法老又是誰呢？希羅多德說，這三位法老是吉薩金字塔群的建造者。

他們到底是誰呢？從第三座金字塔附屬的神廟和堤道來看，的確可以證明它們的建造者就是孟考拉——證據包括，刻著他名字的碑文，描繪他被哈托爾女神和另一位女神擁抱的幾座精緻雕塑。但這一切只能證明那些附屬建築是由他所建，證明他和這座金字塔有關——卻不能證明孟考拉修建了這座金字塔。我們根據邏輯來推論，阿努納奇只需要興建金字塔就好，並不需要蓋神廟來供奉自己；只有法老才需要一座葬禮廟、一座放置遺體的神廟，以及有助他前往眾神之旅的其他建築物。

第三座金字塔裡什麼也沒有；沒有碑文，沒有發現雕塑，也沒有發現裝飾牆。唯一可以支持金字塔是孟考拉所建的證據，已經被學者否決：因為刻有孟考拉名字的木棺碎片，年代是他在位的兩千多年之後；而和棺木「匹配」的木乃伊，則是基督教早期時代的遺體殘骸。所以，根本沒有任何證據能證明孟考拉（或任何法老）創造和興建了這座金字塔。

第二座金字塔裡也什麼都沒有。那座刻著卡夫拉的橢圓形符號（cartouche，其中有皇家名字的橢圓框）的雕塑，是在金字塔旁邊的神廟裡發現。但也沒有證據證明這座金字塔就是由卡夫拉所建。

那麼大金字塔的古夫呢？

唯一能證明古夫修建了大金字塔的證據，就是希羅多德的紀錄（以及，根據他的作品著述的羅馬歷史學家），除了一個例外——而我們將會說明，**這個例外的證據很可能是偽造出來的**。希羅多德描述，古夫這位統治者為了建造金字塔和堤道奴役了人民三十年。但也有其他紀錄顯示，古夫在位只有二十三年。而且如果他是這麼偉大的建造者，擁有厲害的建築師和石匠，那麼他其他的紀念建築在哪裡呢？他自己「比生命更重要」的雕塑又在哪裡呢？

什麼也沒有；從古夫沒有建造自己的紀念建築這點來看，他並不是什麼偉大的建造者，卻蓋了大金字塔？但他有一個很棒的主意：我們猜想，當他看到階梯金字塔的外包石頭成了破碎的泥磚，看到那座位於米達姆的金字塔坍塌了，看到斯尼夫魯第一座曲折金字塔只剩下核心結構，於是古夫想到了一個好點子。在吉薩那裡，矗立著三座沒有法老名字，由神所蓋的完美金字塔。難道他不會請求神，答應他在那裡蓋一座附屬的葬禮廟，以便他在來生之旅時能夠用到？這麼做，沒有侵犯到金字塔本身的神聖性：所有的神廟，包括葬著古夫遺體的河谷神廟，都是在大金字塔的外圍——它們靠近大金字塔，但沒有與大金字塔接觸。就這樣，人們認為大金字塔是屬於古夫的。

古夫的繼位者拉迪耶迪夫，沒有採用他父親的想法，而是像斯尼夫魯一樣，蓋起了自己的金字塔。但他為什麼要將金字塔蓋在吉薩的北邊，而不是把他的神廟建在靠近他父親的地方？最簡單的解釋就是，吉薩的角落已經被占滿了——那裡已經有三座老金字塔，加上古夫附近的衛星金字塔……

下一位法老卡夫拉，目睹了拉迪耶迪夫的失敗後，選擇和古夫一樣的解決方案。當他到了需要金字塔的時候，他看到直接借用現成的第二座金字塔是可行的辦法，就在周圍建立了自己的神廟和衛星建築。他的繼位者孟考拉，把神廟等建築物蓋在僅剩的第三座金字塔附近。

當這三座現成的金字塔都被用光了，後來的法老們也就別無選擇，被迫用艱難的方式獲得金字塔：試圖自己蓋……但結果就是，像之前的左塞爾、斯尼夫魯和拉迪耶迪夫一樣，後來這些自己蓋金字塔的法老們，最終也只能蓋出模仿吉薩三座金字塔的粗糙仿製品。

我們認為古夫（**以及另外兩位法老卡夫拉、孟考拉**）和金字塔的建造無關。我們的觀點，乍看之下似乎有點牽強。但事實並非如此。我們將會用古夫自己的話來證明。

古夫是否真的建造了大金字塔？當**唯**一一**件**指出大金字塔和古夫有關的文物出土後，這個問題開始讓嚴謹的埃及學家感到困擾，迄今超過一百二十五年。這件文物令人困惑不解，它指出大金字塔並不是古夫所建：**因為當他在位時，大金字塔就已經存在了！**

清單石碑

這個有力證據是一塊石灰岩石碑（見圖141）。一八五〇年代，奧古斯特・馬里特（Auguste Mariette）在大金字塔附近的愛西絲神廟遺址裡，發現了這塊石碑。根據碑文來看，它是古夫自我褒獎的紀念碑。他之所以豎立這塊紀念碑，是為了紀念他修復了愛西絲神廟，還有在搖搖欲墜的神廟中發現了眾神畫像和標誌，並加以修復。碑文一開始的詩節，從橢圓形符號清楚認出古夫的名字：

Ankh	Hor	Mezdau	Suten-bat	Khufu	tu	ankh
活生生的荷魯斯馬茲杜			（給）上下埃及（的）國王	古夫，被賜予了生命！		

圖141　清單石碑

這種碑文開篇很常見，國王向荷魯斯祈求，賦予他長壽的生命。但這塊碑文接下來卻是爆炸性的聲明：

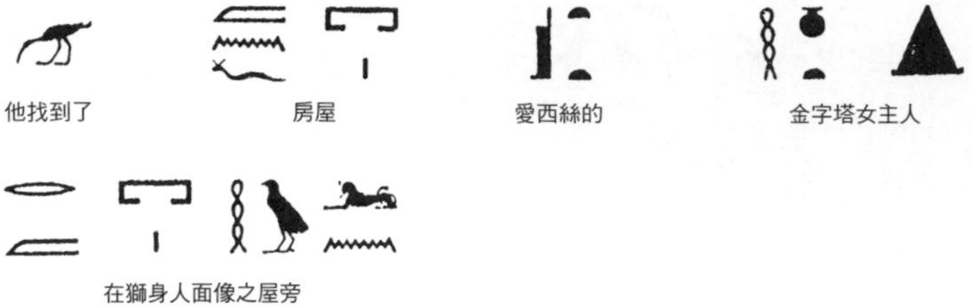

根據這塊石碑（現藏於開羅博物館）的碑文，當古夫到達時，大金字塔就已經矗立在那裡了。大金字塔的女主人，就是愛西絲女神——大金字塔是屬於女神，而不屬於古夫法老。此外，人們一直以為獅身人面像是卡夫拉和第二座金字塔同時建造的，但其實它早就已經蹲伏在現在的位置上了。接下來的碑文明確指出獅身人面像的具體位置，並記錄獅身人面像的部分曾因雷擊而毀壞——現在我們還能看到那塊毀壞的痕跡。

古夫繼續在碑文說，他在「女神神廟的旁邊」，為他的妃子恆納絲恩（Princess Henutsen）蓋了一座金字塔。在大金字塔側邊的確有三座小金字塔，考古學家發現了獨立的證據，證明其中最南邊的那座，也就是靠近愛西絲神廟的小型金字塔，可能就是古夫為恆納絲恩所建。碑文中描述的部分，與已知的事實都相符；古夫提到有關他自己建造金字塔的事蹟，就只有他為妃子建造的一座小型金字塔而已。至於大金字塔，古夫說他到達時就已經在那裡了，獅身人面像也已經建好了（所以，根據推論，另外兩座金字塔也已建成）。

碑文中還有其他部分，可以進一步支持我們的理論。碑文的另一段，直接把大金字塔稱為「哈托爾的西山」：

> 活生生的荷魯斯馬茲杜；給上下埃及的古夫國王，賜予永生。因為他的母親愛西絲，聖母，「哈托爾西山」的女主人，他將（這件事情）寫在一塊石碑上。他（為她）做了新的獻祭。他

（為她）修建了石頭房子（神廟），裡面重新供奉著在她神廟裡發現的一些神。

我們記得，哈托爾是西奈半島的女主人。如果西奈半島的最高峰是她的東山，那麼大金字塔就是她的西山——這兩座山的作用，就像登陸航道的兩個指標。

清單石碑是偽造的？

這塊「清單石碑」，就像它的名字一樣，記錄了所有確切的地標。然而學者在發現這塊石碑的時候（以及後來），卻無法根據石碑這明確的結論修正他們的觀點。他們不願意讓整個金字塔學界失望，於是宣稱這塊「清單石碑」是偽造的——是一塊「古夫過世很久以後」才出現的石碑，古夫的名字是用來「支持當地祭司的一些虛構主張」。（引自於賽利姆．哈森（Selim Hassan）的《吉薩的挖掘》（*Excavations at Giza*）一書。）

詹姆斯．布里斯特德的《埃及的古代紀錄》（*Ancient Records of Egypt*）是古埃及碑文的一流作品，他在一九〇六年就寫道：「獅身人面像的參考資料，和它旁邊建於古夫時期的神廟，讓這座紀念建築第一次引起人們極大的興趣。如果這座紀念建築和古夫建於同一個時代的話，那麼這些參考資料就非常重要了；但後面的文字拼寫，才是決定性的證據。」當時另一位重要的埃及學家加斯頓．麥斯皮羅，在布里斯特德之前就曾提出，如果這塊碑文上後面的文字拼寫屬實，那麼它應該是另外一個更早原版的副本。但布里斯特德儘管有些存疑，還是將碑文歸入第四王朝。一九二〇年，當麥斯皮羅撰寫《文明的曙光》（*The Dawn of Civilization*）這本豐富的史料時，也把「清單石碑」歸為古夫所有。

那麼，為什麼不願意把這塊碑文當成真的？

判定清單石碑是假造的，是因為在十年或更早之前，學術界已經無爭議的認可大金字塔是由古夫興建的理論。但導出這個結論的證據，來自大金字塔國王房上方密室裡的紅漆標記，而這些標記被認為是在古夫統治第十八年的石匠所刻（見圖142）。因為那些房間直到一八三七年被發現時，都沒有被人闖入的跡象，所以那些標記應該是真實不虛的；因此，如果清單石碑描述了任何和這個說法相矛盾的資訊，那麼，這塊清單石碑就是偽造出來的。

不過，當我們探查紅漆標記的考古發現，誰發現了這些標記、如何發現（之前從未進行這樣的調查），卻得出了這樣一個結論：如果曾有任何偽造案發生的話，那麼，偽造時間並不是古代，而是在一八三七年；偽造者不是「一些當地的祭司」，而是兩個（或三個）不擇手段的英國人……

維斯的考古記事

故事要從一八三五年十二月二十九日說起，那天是理查．霍華德．維斯上校（Colonel Richard Howard Vyse）抵達埃及的日子；他是個英國上流家庭的敗家子。那時，一些女王陛下軍隊的軍官都已在「古文物」（當時的考古學家的說法）屢屢建功，這些人在上層社會宣讀他們的報告和論文，在公眾面前贏得了榮譽。不管維斯上校是不是也有這樣的企圖，但事實是，當他到訪吉薩金字塔時，被報紙上那些學者和外行的發現吸引住了。特別是喬萬尼．巴蒂斯塔．卡維利亞（Giovanni Battista Caviglia）的故事和理論讓他十分激動。卡維利亞那時一直在尋找大金字塔內部的密室。

維斯在幾天之內，就向卡維利亞提出要贊助他的探尋工作，但條件是要讓他掛名為共同的發現人。卡維利亞直接回絕了；維斯十分鬱悶，於是在一八三六年二月底去了貝魯特，到敘利亞和

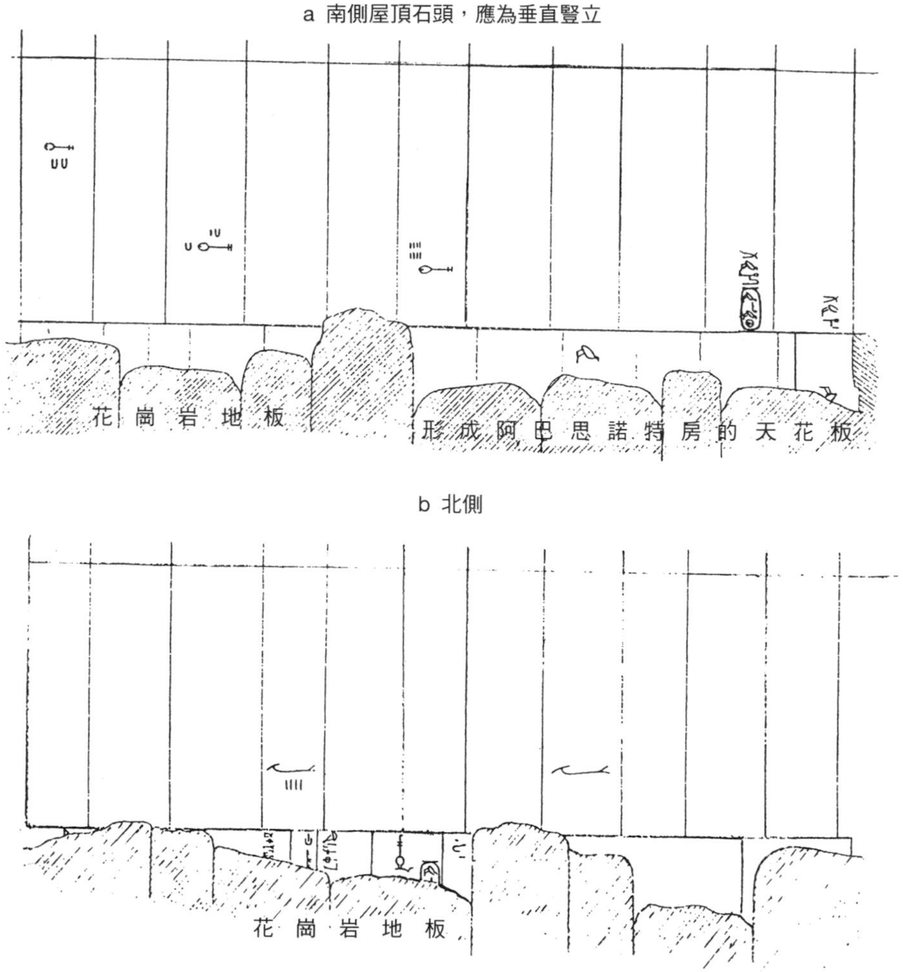

圖142a、b　國王房上方密室的紅色標記

小亞細亞旅行。

但這趟長途旅行並沒有平息他心中的渴望。他並沒有回英國，一八三六年十月，他又去了埃及。他在先前的旅行中，認識了一個叫做希爾（J. R. Hill）的狡猾中間人，以及一名銅廠主管。現在，維斯又被引薦給斯洛恩先生（Mr. Sloane），他私下向維斯透露，他有辦法從埃及政府弄到一張勒令（特許證），取得吉薩金字塔的獨家挖掘權。

維斯得到這個引導後，就去找英國領事坎貝爾上校（Col. Campbell），獲得必要的文件。但讓他吃驚的是，他拿到的勒令是共同許可，上面也有坎貝爾和斯洛恩的名字，還指派卡維利亞為工作督導。一八三六年十一月二日，失望的維斯付給卡維利亞「我的第一筆捐款，兩百美元」，心不甘情不願的到埃及北部進行了一次觀光旅行。

維斯在《一八三七年在吉薩金字塔群的行動記事》（*Operations Carried on at the Pyramids of Gizeh in 1837*）裡記載，他在一八三七年一月二十四日回到吉薩，「非常焦慮的想知道有什麼進展」。但卡維利亞和工人正忙著從金字塔周圍的墳墓裡挖掘木乃伊，而不是尋找金字塔裡面的密室。維斯十分惱怒，但後來又消氣了，因為卡維利亞聲稱要給他看一些重要的東西：金字塔建造者所寫的東西！

原來，卡維利亞在周圍墳墓的發掘工作中，發現了古代石匠有時會用紅漆在還沒切割的石頭上做標記。卡維利亞說，他是在第二座金字塔的底座發現了這些標記。但當維斯檢查後，卻發現那些「紅漆」只是石頭自然的斑點變色而已。

那大金字塔呢？卡維利亞正在尋找通往「國王房」的「通風道」；他比任何時候都更堅信上面還有更高的密室。之前，納日尼爾．達文森（Nathaniel Davison）在一七六五年經過一條爬行通道，發現了一個隔間（見圖143）。維斯認為應該把工作重點放在尋找密室上；然而，他發現卡維利亞和坎貝爾對尋找木乃伊更感興趣，因為每間博物館都想要木乃伊；維斯非常氣餒。卡維利亞甚至還將他發現的一個大墳墓，命名為「坎貝爾墓」。

維斯下定決心要自己行動，所以他從開羅搬到了金字塔現場。他在一八三七年一月二十七日的日記裡，坦白的寫道：「我自然希望在回英國之前，能有所發現。」他已經在外面一年多了，花了家裡很多錢。

接下來幾週，維斯不斷指責卡維利亞，兩人之間的歧見越來越深。二月十一日，他們兩人爆發了一次激烈的爭吵。二月十二日，卡維利亞在坎貝爾墓有了重大發現：他發現了一具石棺，上面刻著象形文字，還有石匠在墳墓石牆的紅漆標記。二月十三日，維斯即刻免除了卡維利亞的職位，命令他離開考古現場。後來，卡維利亞只回去過一次，他在二月十五日回去拿他的隨身物品；此後多年，卡維利亞對維斯做了「不光彩的指控」，他認為維斯的考古記事沒有寫下細節。

那場爭吵真的是由於意見分歧嗎？還是維斯藉故要把卡維利亞調離考古現場？

已知的事實是，維斯在二月十二日夜裡進入大金字塔，那時只有一個人陪著他。這個人叫做約翰．佩林（John Perring），他是埃及公共工程部門的工程師，也對埃及學有所涉獵。維斯透過人脈很廣的希爾先生認識了他。維斯和佩林兩人發現達文森房上方一塊花崗岩上，有一處引人注意的裂縫；當他們把一根蘆葦稈伸進去後，蘆葦稈並沒有彎折；這說明上方是空的。

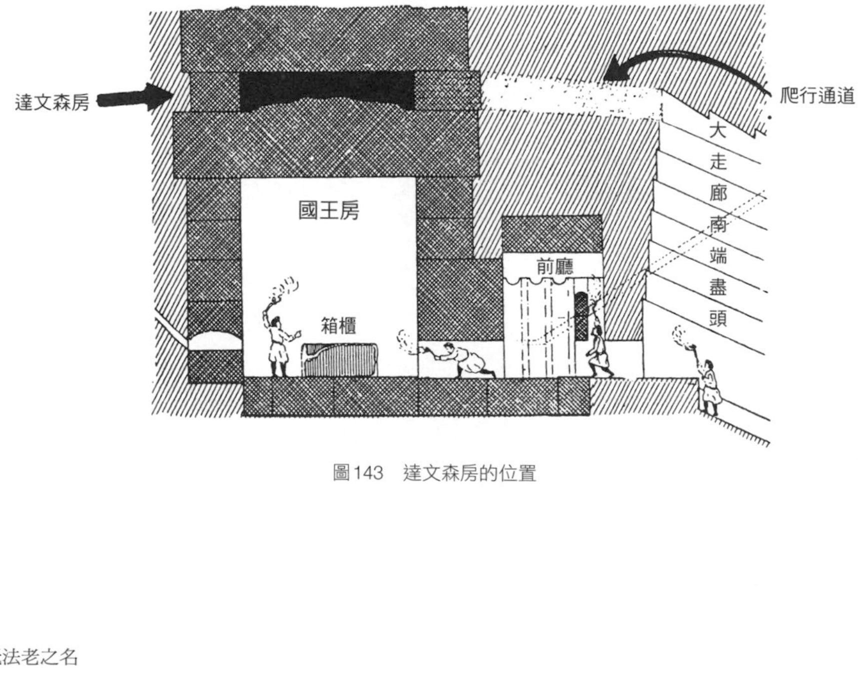

圖143　達文森房的位置

那天晚上，他們兩人到底密謀了什麼計畫？我們只能從後來發生的事情來猜測。已知的事情是，維斯在隔天早上解除了卡維利亞的職位，由佩林接任。維斯在考古記事中寫道：「我決心要繼續對（達文森的）房間天花板上方進行挖掘，我預期會在那裡找到一個隔間。」維斯在這次搜尋後，又投入了更多的人力和資金，而皇室和其他達官貴人紛紛前來視察坎貝爾墓；但維斯在金字塔內部卻沒有太多新發現能展示給他們看。維斯對尋找密室的進展感到失望，下令手下鑽進獅身人面像的肩膀，希望能從那裡找到古代石匠留下的標記。結果並不成功，於是他又重新把焦點放在尋找金字塔內部的密室上。

三月中旬，維斯遇到了一個新問題：其他工程想要搶走他的工人。他向工人提出，他願意支付一倍的工資，但前提是他們願意日夜趕工：因為維斯也意識到他的時間不夠了。無奈之下，他決定用炸藥炸開擋住進度的石頭。

三月二十七日，工人終於在花崗岩石板上打開了一個小洞。有點不合邏輯的是，他隨即又解雇了一名叫做保羅的領班。隔天，維斯寫道：「我將蠟燭插在一根棍子上，把棍子伸進達文森房天花板上那個洞，我很害怕我將要發現的房間，結構就像下面的達文森房一樣。」接著，他就發現了隱藏的密室（見圖144）！

他用炸藥將洞口擴大。三月三十日，維斯在希爾的陪同下，進入新發現的房間。他們對房間

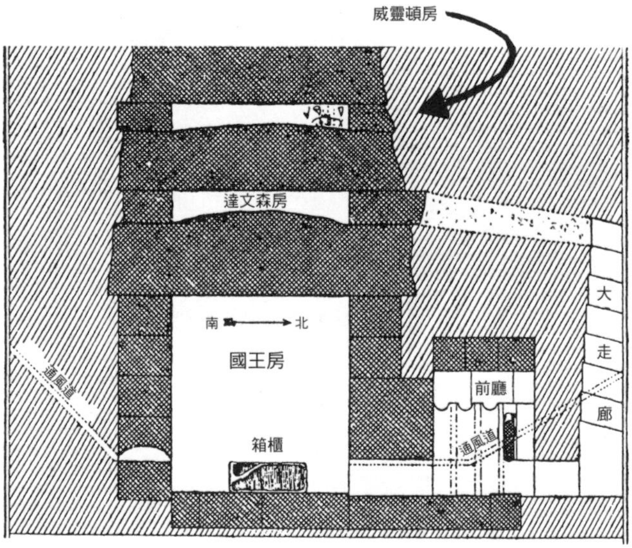

圖144　威靈頓房的位置

進行了徹底的檢查。房間是完全密閉的，沒有任何開口。房間地板是大型花崗石板的粗糙背面，另一面就是下方達文森房的天花板。「地板上有一層黑色沉積物均勻分布，上面映出了每一個腳印。」（這層「累積了一定厚度的灰」到底是什麼，還沒有查明。）「天花板經過精美的拋光，接合完美。」很明顯的，這個房間之前從來沒有人進來過；然而裡面依然什麼也沒有；沒有石棺，也沒有寶藏。它是一間空的密室——裡面空無一物。

維斯下令把洞口擴大，他向英國領事發了一封電報，宣稱他已經把那個新發現的隔間命名為「威靈頓房」。傍晚時分，「佩林先生和馬西先生（Mr. Mash）到了之後，我們進去威靈頓房，做了各種測量；**在這個過程中，我們發現了石匠標記。**」多麼突然的運氣啊！

這些標記和在金字塔外面的墳墓中發現的石匠紅漆標記很相似。不知何故，先前只有維斯和希爾兩人在場時，他們徹底了檢查房間，卻錯過那些標記。但當佩林先生和馬西先生（馬西是土木工程師，受佩林之邀而前來）加入之後，現場有四個見證人時，才發現了那些標記。

由於威靈頓房和達文森房有很大的相似之處，維斯懷疑上方還有一個房間。四月四日，維斯沒有任何理由，解雇了另外一名叫做吉爾查諾（Giachino）的領班。四月十四日，英國領事和奧地利總領事來參觀考古現場。他們要求對那些石匠標記做一份副本。維斯讓佩林和馬西製作副本——但他只讓他們做先前在坎貝爾墓中發現的標記；至於，大金字塔內部密室的獨特標記，他說要等等。

四月二十五日，他們在火藥的幫助下，在威靈頓房上方又找到了一個隔間，維斯後來用尼爾森勳爵（Lord Nelson）名字來取名。尼爾森房和其他房間一樣，也是空的，地板上也有一層神祕的黑灰。維斯記載，「他在石塊上發現了紅色的石匠標記，特別是西側。」一直以來，希爾不斷進出這個新發現的房間，表面上是在提寫（如何提寫？）威靈頓和尼爾森的名字。四月二十七日，希爾（而不是佩林或馬西）做了石匠標記的副本。維斯在他的書中，也重製了尼爾森房的一些標記（但沒有任何來自威靈頓房的標記）（見圖145a）。

a

b

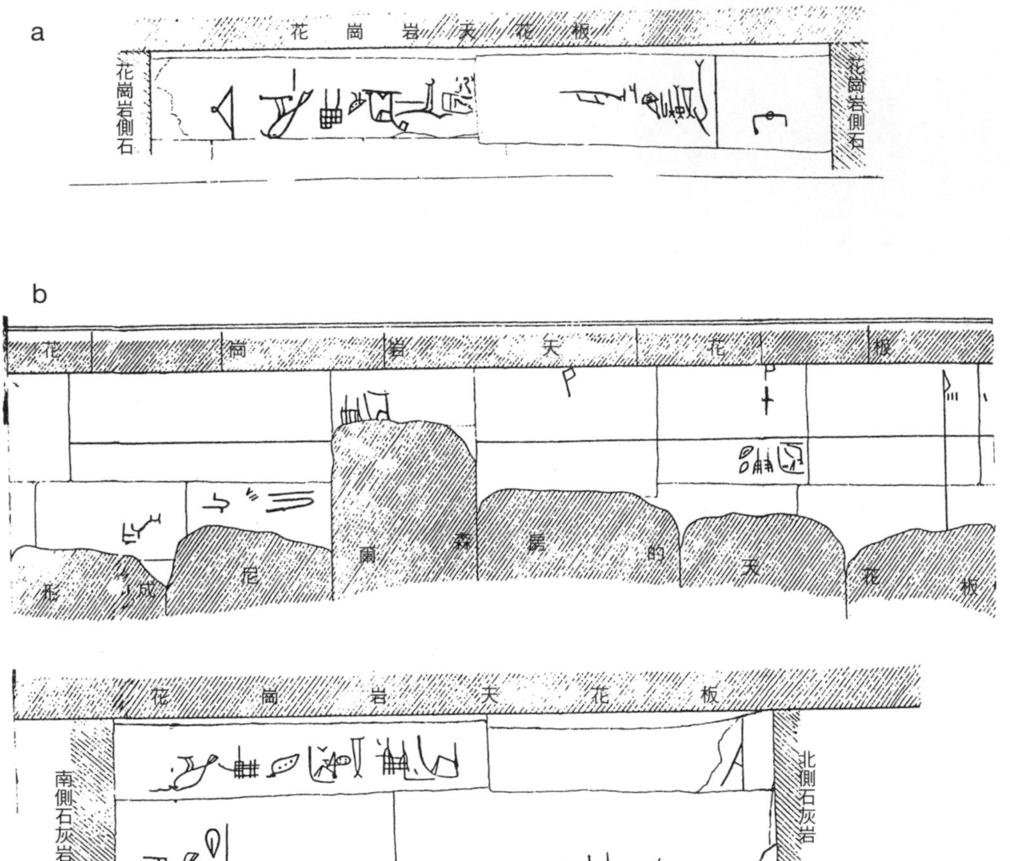

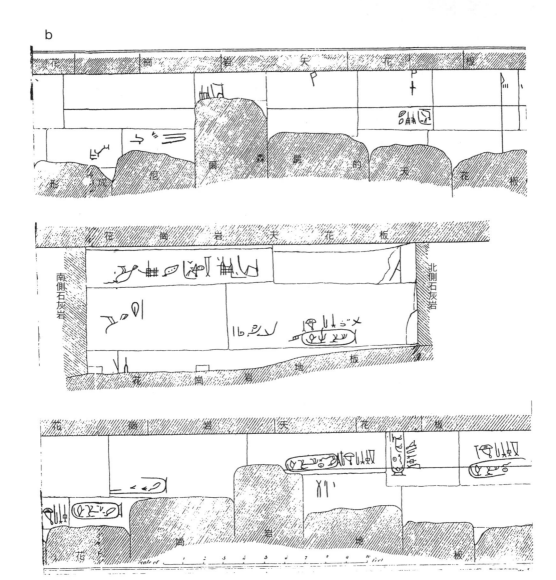

圖145a、b　維斯發現紅漆標記

五月七日，他們又在尼爾森房上方炸出了一個房間，維斯暫時用阿巴思諾特（Lady Arbuthnot）來取名。雖然他們在阿巴思諾特房裡有大量發現，但維斯的考古記事裡並沒有提到任何石匠標記。而令人振奮的是，他們發現了大量的橢圓形符號——代表埃及皇室成員的名字（見圖145b）。維斯已經找到建造這座金字塔的法老名字嗎？

五月十八日，瓦爾尼博士（Dr. Walni）向他「申請一份在大金字塔發現的標記副本，送交給羅塞里尼先生（Mr. Rosellini）」。羅塞里尼是專門解讀皇室名字的埃及學家。維斯直接拒絕了瓦爾尼的要求。

隔天，維斯在阿巴思諾特勳爵（Lord Arbuthnot）、布雷特爾（Brethel）先生和雷文（Raven）先生的陪同下，進入了阿巴思諾特房，而這四人「將希爾先生描繪的大金字塔石匠標記做了比對；簽字確認那些標記的精確性」。之後不久，他們又炸出了最後一個拱形房間（坎貝爾房），在裡面發現了更多的標記，包括一個皇室的橢圓形符號。接著，維斯就去了開羅，把石碑上的文字副本交給英國大使館，由官方轉發給倫敦。

他的工作完成了：他在那裡發現了前所未見的房間，並且證明大金字塔的建造者身分；因為這個橢圓形符號裡明確寫著皇室名字，古夫（Kh-u-f-u）：。所有的教科書都為他證實了這個發現的真實性。

拙劣錯誤之一：寫錯聖書體

維斯的發現影響巨大。他將橢圓形符號送交給大英博物館的專家，專家迅速確認了古夫的名字。

希爾先生的臨摹本是什麼時候到達大英博物館，專家的分析又是什麼時候傳給維斯，這些都不清楚；但維斯將博物館的評估報告——這些分析是由聖書體的專家薩繆爾．比爾奇（Samuel Birch）所做——寫進了他在一八三七年五月二十七日的考古記事。從表面看來，這份很長的分析證實了維斯的期望：橢圓形符號裡的名字就是古夫，或古夫的變體——正如希羅多德曾寫的，古夫就是大金字塔的修建者。

我們可以想像維斯的興奮，但很少人注意到博物館的評估報告裡有很多「如果」及「但是」。裡面也包含了讓我們知道這是一樁偽造案的線索：偽造者犯下的拙劣錯誤。

一開始，比爾奇也因那些文字的拼法和很多標記上的寫法，感到不安。他在開頭的段落裡，觀察到這一點，「這些在大金字塔房間的石頭上面，所發現雕刻者或石匠用紅色描繪的符號或象形文字」，他馬上接下來說：「雖然有些不清楚，但由於它們是用一種半僧侶體（semi-hieratic）或線型聖書體（linear-hieroglyphic）所寫，它們確實有讓人感興趣之處……」

讓比爾奇困惑的是，那些標記大概是第四王朝初期開始使用，但寫法卻像是後幾個世紀才出現的寫法。這種起源於圖形文字——「書寫的圖案」——的聖書體，需要很高的技巧和訓練才能掌握；所以，後來在商業交易中，出現了一種更容易書寫、更簡單的線性寫法，叫做僧侶體。而維斯發現的聖書體是屬於另外一個時代。這些文字很模糊，就連比爾奇先生都很難閱讀：「橢圓形符號的手寫線型字體是同一種，後面接著的聖書體，不是很明顯……符號後面的名字非常模糊。」他認為很多文字看起來「更接近僧侶體的特徵」——也就是一種比半僧侶體更晚出現的寫法。有些符號非常不尋常，在埃及其他碑文中從未見過，他寫道：「蘇斐斯（Suphis，也就是希羅多德稱為「基奧普斯」的古夫法老）的橢圓形符號是聖書體，但很難找到同樣的寫法。」其他符號也「很難解釋」。

比爾奇對最上層的拱形房間（維斯把它叫做坎貝爾房）的發現，「奇怪的符號順序」，也感到困惑。「好、優雅」的聖書體符號用來當作數字——這是之前和之後都沒有發現過的用法。這些不尋常的數字寫法的意思可能是「（古夫統治時的）第十八年」。

而令他同樣困惑的是，接在皇家橢圓形符號下面的符號也是如此，和「手寫的橢圓形符號一樣」。他推測這些符號是一個皇家稱號，如「上下埃及的強者」。他能找到與這一排符號的唯一相似之處，就是塞提克（Saitic）時期，「出現在亞瑪西斯（Amasis）王后的棺木上」。他認為沒有必要強調亞瑪西斯法老，因為這位法老的統治時期是在西元前第六世紀——比古夫晚了兩千多年以上！

不管維斯記下的那些紅漆標記是誰塗寫的，從它們的書寫方式（線性）、文字寫法（半僧侶體或僧侶體）和不同時代的稱號——都不是出自古夫的時代，而是更晚的時期。而且書寫的人顯然不太會寫聖書體：其中有很多地方不清楚、不完整、不合適及誤用，或是完全無法解釋的地方。

一年之後，當時一位德國傑出的埃及學家卡爾·比查德·萊普修斯（Carl Richard Lepsius）也分析了這些石頭標記，同樣感到困惑不已，石頭標記「以紅漆畫筆潦草刷過，所以看起來很像僧侶體」。他聲稱，橢圓形符號之後的聖書體，完全看不懂，「我不能解釋它們」。

拙劣錯誤之二：兩個名字

比爾奇對主要問題的分析（也就是確認石頭標記中法老名字的身分），丟出了一顆重磅炸彈：這座金字塔有**兩個**法老名字，而不是一個！

有沒有可能是兩位法老建造了同一座金字塔呢？如果是的話，那麼他們又是誰呢？

比爾奇說，石頭標記裡出現的兩個皇室名字並不清楚：「它們已經在該王朝（第四王朝，也就是吉薩金字塔所屬的法老時期）君主雇用的官員的墳墓裡發現過了。」其中一個橢圓形符號（見圖146a）讀作騷弗（Saufou）或蘇弗（Shoufou）；另外一個符號（見圖146b）有庫努牡神的象徵

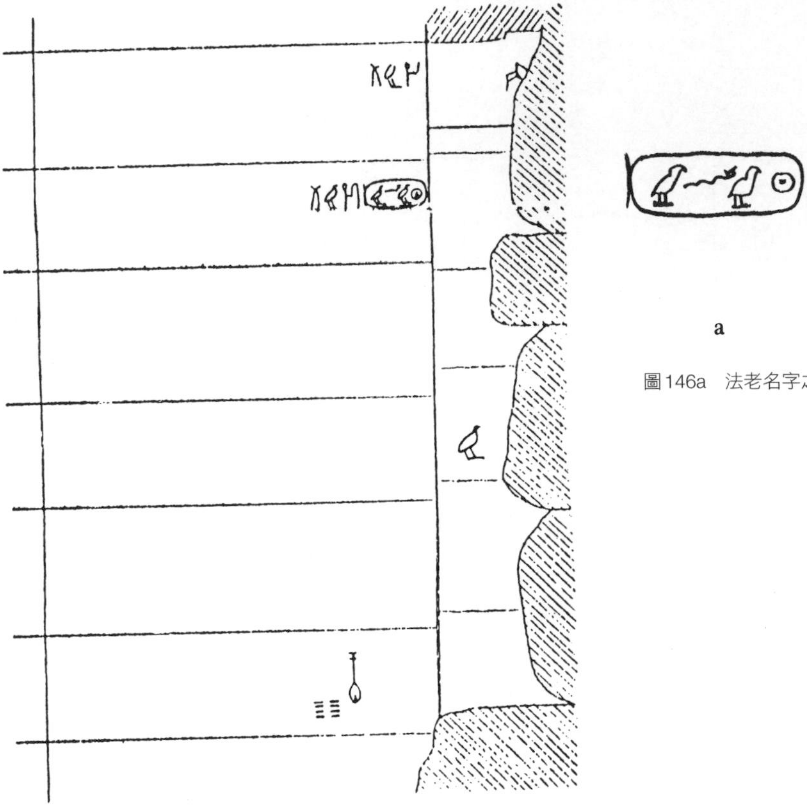

a

圖146a　法老名字之一

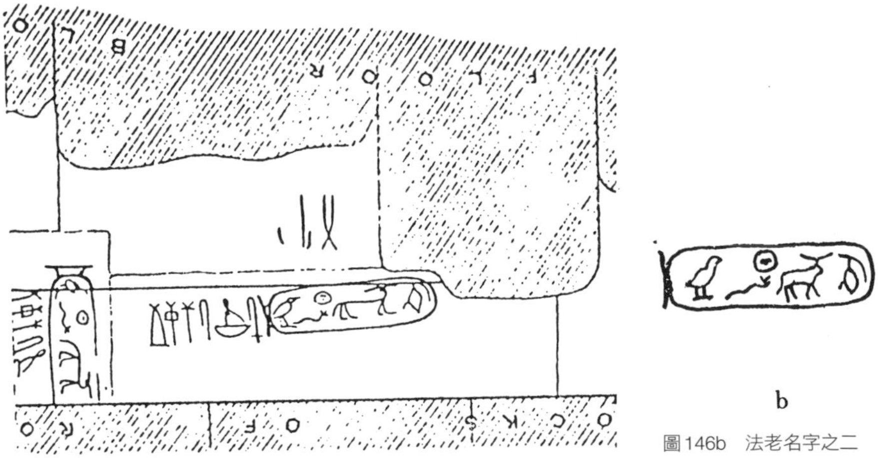

b

圖146b　法老名字之二

（一隻公羊），讀作塞內庫夫（Senekhuf）或塞內騷夫（Seneshoufou）。

比爾奇試圖分析那個有公羊符號的名字時，注意到「有一個橢圓形符號，和威靈頓房第一次出現的聖書體很像，這個字可以在威爾金森先生（Mr. Wilkinson）出版的《象形文字資料》（*Materia Hieroglyphica*）一書中找到，也能在羅塞里尼先生的資料看見。羅塞里尼把組成這個字的拼音讀作塞內蘇夫（Seneshufo），推測出它的意思是『蘇斐斯的兄弟』。」

埃及學家提出一個理論，認為法老會接續前一任法老開始建築但未完工的金字塔，將它完成，米達姆金字塔就是這種例子。所以，一座金字塔裡可以有兩位法老的名字？或許吧——但在我們講的這個例子裡並不成立。

就這個大金字塔的情況，各種橢圓形符號是在不同位置發現的（見圖147）。認定這座金字塔是古夫所建的橢圓形符號，是在**最上方**的拱形房間（坎貝爾房）發現。而第二個名字的橢圓形符號，現在讀作庫姆古夫（Khnem-khuf），則出現於下方的威靈頓房和阿巴思諾特房（尼爾森房**並沒有找到橢圓形符號**）。換句話說，在下面房間發現的法老名字（庫姆古夫），他在世和在位的時間，竟是在古夫**之後**。因為金字塔是從下面往上蓋；從橢圓形符號的發現位置可以推算出時間先後。在上面房間發現的橢圓形符號屬於古夫，而古夫統治埃及的時間比卡夫拉更早，但他卻比後來繼位的法老更晚才從事金字塔建築，直到完工！當然，這是不可能的。

國王名單裡有蘇斐斯一世（古夫）和蘇斐斯二世（卡夫拉）的記載，比爾奇試圖找出古夫、庫姆古夫這兩個名字都屬於古夫的證據，例如一個是真名，另外一個「發音」，但最後的結論是「在大金字塔的石匠標記裡出現了第二個名字（庫姆古夫）」，讓石頭標記的難題上難上加難。

「第二個名字的問題」一直沒有解決。半個世紀以後，英國著名的埃及學家弗林德斯・皮特里花了幾個月測量這座金字塔。他在《吉薩的金字塔和神廟》（*The Pyramids and Temples of Gizeh*）一書中寫道，「把庫姆古夫這位國王視為古夫法老，是最糟糕的理論。」他提出許多埃及

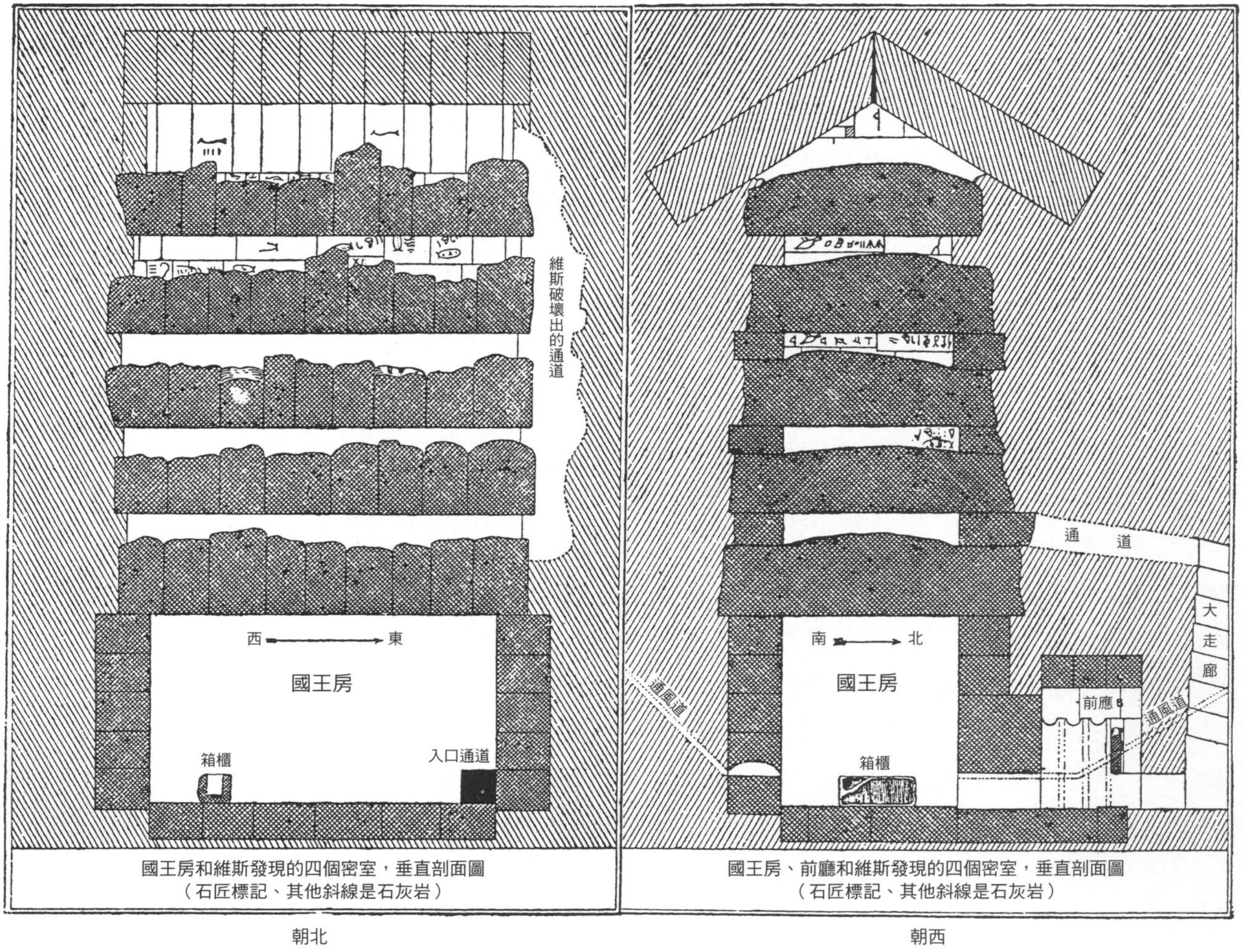

圖147　紅漆標記的相關位置

學家的理由來反對這種理論。皮特里認為，基於各種理由，這兩個名字分屬於兩位不同的國王。但為什麼一座金字塔裡會在不同地方出現了兩個法老名字？皮特里相信，唯一可能的解釋，就是古夫和卡夫拉曾在同一時期裡共同執政。

由於沒有證據來佐證皮特里的推論，加斯頓・麥斯皮羅在維斯的考古發現經過了將近一個世紀之後，於《文明的曙光》一書中寫道：「在同一座紀念建築裡，出現了古夫和庫姆古夫兩個橢圓形符號，這個情況確實很讓埃及學家尷尬。」雖然學者提出了很多解決的建議，但它仍然是一個令人困窘的問題。

但我們相信，我們可以提出解決辦法——只要我們不繼續將那些石頭標記視為古代石匠所寫，而開始看清真正的事實。

拙劣錯誤之三：位置不對

吉薩金字塔群與其他金字塔相比是獨一無二的，裡面沒有任何的裝飾或碑文——除了維斯找到的重要石頭標記之外。為什麼有這個例外呢？如果石匠毫不猶豫的把紅色顏料塗在「國王房」上方隔間的石頭上，那麼，為什麼達文森在一七六五年發現了第一個隔間，裡面卻完全沒有這樣的石頭標記？——偏偏只在維斯發現的隔間裡出現？

除了維斯記下的石頭標記之外，其實在金字塔各種隔間裡都曾發現石匠的真正標記——用來定位的線條和箭頭。它們和預期一樣，都是正面朝上；因為當石匠寫下這些標記時，隔間上方的天花板還沒有蓋好：工匠可以站起來，隨意走動，寫下這些標記而不受阻礙。但維斯發現的所有石匠標記（參見第326頁的圖145），是**上下顛倒**或垂直的，就像畫出這些標記的人身處在低矮的隔間裡，必須彎下腰或蹲下來才能寫字（阿巴思諾特房的高度從一英尺四英寸到四英尺五英寸不等，**威靈頓房的高度則從兩英尺兩英寸到三英尺八英寸不等**）。

在隔間牆上寫下的這些橢圓形符號和皇室稱號，既不精確、粗陋，面積也非常大。大多數橢圓形符號有兩英寸半到三英尺長，寬約一英尺，有時是漆在石頭的光滑面——繪製者彷彿是在他能取得的所有空間裡隨意塗寫。這些在同樣隔間裡發現的石頭標記，和古埃及精確、精緻和完美比例的聖書體，相成強烈對比。

除了在威靈頓房的東牆角發現了那些標記之外，其他房間的東牆角並無這樣的標記；坎貝爾房的東牆角也發現了一些毫無意義的線條和一隻鳥的部分輪廓，其他房間的東牆角都沒有發現任何標記（**指的是「原來的」石匠標記**）。

奇怪的是，維斯恰好是從東牆角穿過隧道，破牆而入，進入這些隔間。難道是古代石匠預料到維斯會從東牆破牆而入，因而沒有在東牆上留下任何痕跡嗎？或者，不論是誰寫下了這些標記，都喜歡寫在完好的西牆、南牆和北牆上，而不想寫在破損的東牆上？

換句話說：如果我們假設，那些石頭標記不是古人在修建金字塔時留下的，而是當維斯破牆闖入隔間**之後**才寫下的，那麼，這些疑惑就找到了答案！

維斯在當時忙碌的日子裡，將考古行動的運作情況描述得很清楚。在金字塔群附近有許多重要的發現，但金字塔裡面卻沒有。卡利維亞發現的坎貝爾墓，不僅有許多文物出土，還有許多石匠用紅漆寫下的標記和聖書體。維斯正處於孤注一擲的狀態，想要找到自己的發現。最後，他終於進入了那些未知的房間；但一間接著一間，都像達文森先前發現的房間一樣，空無一物，什麼也沒有。他花了這麼多努力和經費，能向世人展示出什麼發現呢？他要靠什麼得到榮譽？又靠什麼被人記住呢？

我們已經從維斯的考古記事得知，他在白天派了希爾進入房間，提寫威靈頓公爵，以及打敗拿破崙的英雄，尼爾森海軍上將的名字。我們猜測，到了晚上，希爾又回到房間——偽造古代建築者的橢圓形符號，為金字塔「取名」。

比爾奇在報告裡指出，「這兩個皇家名字，已經在建造這些金字塔的王朝，其君主雇用的官員的墳墓裡發現過了」。法老的工匠，當然知道他們國王的正確名字。但一八三〇年代的埃及學還處於起步的階段；沒有人能夠確定希羅多德稱為「基奧普斯」國王的正確聖書體設計。

所以，我們懷疑希爾很可能是獨自一人，在夜深無人的時分，進入新發現的房間裡。他借著火炬的光，在低矮天花板的隔間裡蹲伏著，用重要的紅漆，緊張的在牆上複製了一些從其他資料抄來的聖書體符號；他在完好的三面牆上，抄畫了一些他覺得適合的標記。又在威靈頓房如法炮製了在阿巴思諾特房的作為，但結果卻寫錯了名字。

拙劣錯誤之四：抄的來源也錯了

在金字塔周圍的考古發現中，曾發現了第四王朝的皇家名字，那些就是希爾抄寫的正確橢圓形符號嗎？希爾沒有受過書寫聖書體的訓練，他應該帶了一些參考資料進入金字塔，複製這種複雜的符號。當時唯一一本就是約翰·伽登·威爾金森（John Gardner Wilkinson）的《象形文字資料》，維斯曾在自己的考古記事中提過這本書。這本書正如它的封面所寫，它是為了向讀者更新「埃及萬神殿，以及從最早直到亞歷山大征服埃及前的法老繼承」年代資料。這本書在一八二八年出版（**比維斯硬闖金字塔早了九年**），是一本英國埃及學者的標準書目。

比爾奇在他的報告中說，「有一個橢圓形符號，和威靈頓房第一次出現的聖書體很像，這個字可以在威爾金森先生出版的《象形文字資料》一書找到。」所以，希爾在維斯發現的第一個房間（**威靈頓房；參見第330頁的圖146a**），寫下的橢圓形符號，來源是出自於哪裡，我們已經有些頭緒了。

查閱了威爾金森的《象形文字資料》後，我們就開始有點同情維斯和希爾了：這本書的內容和描述都很雜亂，書中所附的插圖又很小，品質不佳，印刷也不好。威爾金森顯然對皇室名字的讀法還不太確定，也不熟悉如何正確把刻在石頭上的聖書體轉成線性書寫。其中問題最大的就是一個圓盤標記，在碑文上可以是實心的圓盤●，或是一個空心的圓圈○，而在線性寫法裡（或用畫筆寫時），就是一個圓圈加上中間一點⊙。在威爾金森的書裡，他將皇家橢圓形符號轉錄下來時，有些例子用了實心圓盤，而其他例子又用了圓圈加上中間一點。

希爾照著威爾金森的書抄寫。但這些橢圓形符號，卻成了造物之神庫努牡（Khnum）的變體。以時間來看，五月七日，只有「公羊」的橢圓形符號出現；而到了五月二十七日，當他們硬闖入坎貝爾房後，橢圓形符號就拼出了至關重要的古夫（Kh-u-f-u）。這樣的奇蹟是怎麼發生的？

維斯的考古記事中有一條隱密的線索，他提到了外包石塊「沒有絲毫關於石頭標記的痕跡，而且，在金字塔的任何石塊上也找不到，附近也沒有（除了已經描述過的石匠標記之外）」。維斯提到的那個例外是：「在一塊長六英尺、寬四英尺的棕色石頭上，發現了刻著部分蘇斐斯的橢圓形符號。這個碎片是六月二日在北邊一個土堆中挖出來的。」維斯繪製了這個碎片的素描（見圖148a）。

維斯怎麼知道，它是蘇斐斯的部分橢圓形符號？他甚至在還沒與大英博物館聯絡之前，就知道了？維斯想要我們相信，他一週前（五月二十七日）就在坎貝爾房發現了完整的橢圓形符號（見圖148b）。

圖148b　在坎貝爾房發現完整的橢圓形符號

圖148a　維斯在外包石頭發現的部分橢圓形符號

這裡有一個疑點。維斯在上述條目中曾說過，他是在六月二日發現了部分的古夫橢圓形符號。然而，他的考古記事卻記載是在五月九日！維斯在日期上動手腳，讓我們有理由相信，在金字塔外面發現的部分橢圓形符號，證實了先前在金字塔裡面發現的完整橢圓形符號。但日期顯示卻正好相反：五月九日，維斯就已經知道關鍵的橢圓形符號的形狀了——整整比發現坎貝爾房早了十八天。不知道什麼原因，五月九日，維斯和希爾也意識到了他們把古夫的名字搞錯了。

這就可以說明，維斯和希爾在發現阿巴思諾特房之後，每天發狂似的在開羅和考古現場往返。為什麼在考古工作最抽不出身的時候，要每天離開現場？維斯的考古記事沒有記載。我們相信，這個打擊他們的「重磅炸彈」是威爾金森出版的另一本書，一本三冊的《古埃及人的習俗和行為方式》（*Manners and Customs of the Ancient Egyptians*）。這本書是在那年（一八三七年）年初出版，在那些戲劇化和緊張的時期，這本書應該也到了開羅。而且，和他的上一本書不一樣，這本書的印刷變好了，印得十分整潔和清楚；新書的其中一章，重新繪製了希爾和維斯已經照著抄的公羊橢圓形圖案——不過，和它們抄的前一本書完全不一樣，這是一個新的橢圓形符號，威爾金森將它讀作蘇夫（Shufu）或蘇斐斯（Suphis）（見圖149）。

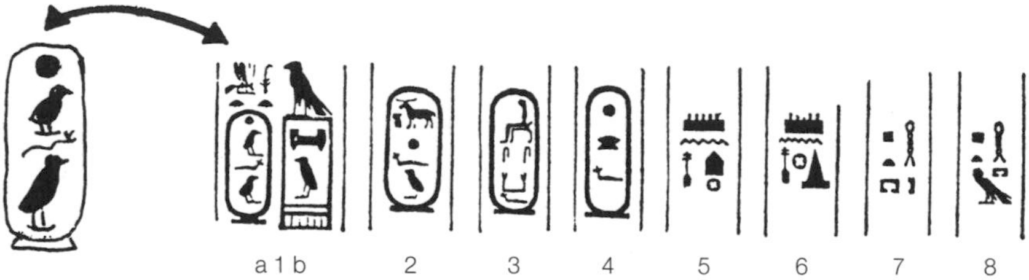

1ab　蘇夫（Shufu）或蘇斐斯（Suphis）的名字
2　尼帕古夫（Numba-Khufu）或查姆貝斯（Chembes）
3　Asseskaf of Shepeskaf
4　Shafra, Khafra or Kephren
56　孟斐斯的名字
78　（孟斐斯，或）普塔—伊爾，普塔的居所

金字塔附近的墳墓

圖149　威爾金森新書的橢圓形符號

威爾金森的新寫法一定讓維斯和希爾大吃一驚，因威爾金森決定修改公羊的橢圓形符號（他的第二幅插圖）。他現在把它讀作尼帕古夫（Numba-Khufu）或查姆貝斯（Chembes），而不是森蘇斐斯（Sen-Suphis）了。他說這些名字是在大金字塔附近的墳墓中找到的，參見他的插圖1a裡的橢圓形符號，「我們知道是蘇斐斯（Suphis），或，當它用聖書體書寫時，是蘇夫（Shufu）或古夫（Khufu），這個名字很容易轉換為蘇斐斯（Suphis）或基奧普斯（Cheops）」。因此，這個字才是維斯和希爾要抄的正確名字！

那麼這些橢圓形符號中，公羊的象徵（**見圖149的2**）到底是代表誰呢？威爾金森解釋了確認的難度，承認他無法決定「前兩個名字都是蘇斐斯，還是第二個名字是另外一座金字塔的建造者」。

維斯和希爾知道了這個令人不安的消息後，他們要怎麼做呢？他們認為威爾金森的敘述為他們指引了一條路，於是他們急忙照做。威爾金森寫道，這兩個名字「再次在西奈山」出現。

這其實有點不夠精準（威爾金森的書裡很常見），他指的是聖書體碑文並不是在「西奈山」出現，而是在「西奈地區的綠松石礦區」出現。這些碑文，由於拉波爾德（Léon de Laborde et Linat）寫了一本描述西奈半島，華麗精美的《皮特里的旅程》（*Voyage de l'Arabie Pétrée*），那些年廣為人知。這本書在一八三二年出版，裡面有許多從古蹟臨摹的插圖，包括馬哈拉乾河床，從乾河床到礦區一帶。那裡，一代又一代的法老在石頭上，刻下了描述自己入侵亞洲功績的紀念物。有一塊這樣的碑文（**見圖150**），上面就有威爾金森書裡所寫的橢圓形圖案。

在說法語的開羅，維斯和希爾要找到一本《皮特里的旅程》並不會很困難。這幅特別的插圖，似乎能解答了威爾金森的疑惑：同一位法老有兩個名字，一個帶有公羊的符號，而另外一個清楚拼出了古夫。因此，五月九日，維斯、希爾和佩林很清楚，他們還需要另外一個橢圓形符號，也知道它應該是什麼樣子。

五月二十七日，當他們硬闖坎貝爾房後，三人應該這樣問過自己：我們在等什麼呢？所以，最後一個決定性的橢圓形符號就在最上面的牆上出現了（參見第330頁的圖146a）。維斯就算沒有得到寶藏，他至少成名了；而希爾也沒有空手而歸。

拙劣錯誤之五：◍⊙不分

我們在案發事件的一個半多世紀之後，如何確定可以提出這樣的指控？

我們非常有把握。因為就像大多數偽造者一樣，希爾犯了一個致命性的錯誤：一個古代的抄寫員不可能犯下的錯誤。

事實證明，維斯和希爾照抄的兩本書（先是威爾金森的《象形文字資料》，之後是拉波爾德的《皮特里的旅程》）都有拼寫的錯誤；而他們毫無懷疑的將這些錯誤抄到了金字塔的石頭標記中。

塞繆爾．比爾奇在他的報告中指出，古夫（Kh-u-f-u）開頭的第一個象形音符Kh，應該是◍，它是一個篩子，「而在威爾金森的書裡，這個象形音符卻和太陽碟一樣」。在維斯發現的下面兩個房間裡拼寫出來庫姆古夫（Khnem-Kh-u-f）的Kh象形文字，**沒有一次寫對**。他把◍誤寫為⊙；無論是誰把橢圓形符號寫錯了，都是從威爾金森那裡抄來的……

當維斯和希爾拿到拉波爾德的書，裡面的插圖更加深了他們的錯誤。拉波爾德描繪的岩石雕刻，右邊的橢圓形符號是古夫，左邊的橢圓形符號則是庫姆古夫。拉波爾德承認對聖書體沒有什麼涉獵，也不想讀懂那些符號，他只是照著雕刻描下來；但他畫錯了，畫成了空心的圓圈○（圖150）。所有學者都證實了在馬哈拉乾河床發現的岩石雕刻上面是◍（Kh）。這些學者和著作包括：李佩修斯（Lepsius）的《紀念碑》（*Denkmäler*），賽斯（Kurt Sethe）的《古王國的文件》

圖150 《皮特里的旅程》描錯了橢圓形符號

圖151 實際的橢圓形符號

（*Urkunden des Alten*）、卡迪奈（A. H. Gardiner）和皮特的（T. E. Peet）《西奈碑文》（*The Inscriptions of Sinai*）。拉波爾德也犯了另外一個嚴重的錯誤：他把兩個皇家名字視為同一位法老；而實際上那是兩位不同法老的名字，碑文的風格也不太一樣——正如圖151所示。

因此，拉波爾德的插圖增強了維斯和希爾的信念，他們認為最上層房間裡關鍵的橢圓形符號要寫成古夫（Kh-u-f-u），而且應該要用太陽碟標誌⊙（參見第330頁的圖146a）。但他們這麼做時，寫下的聖書體符號⊙，其實讀作拉，也就是埃及最高的神——拉！抄寫的人，原來想寫的是庫姆古夫（Khnem-Khuf），卻不知不覺的拼成了庫姆「拉」夫（Khnem-Rauf）；他的古夫也沒有寫對，而是寫成了「拉」夫。他誤把大神的名字寫進去，他的努力成了徒勞一場，更是對古埃及的褻瀆。

對於法老時代的埃及文士來說，這是一個不可思議的錯誤。一座又一座紀念碑、一塊又一塊碑文，都清楚使用「拉」的標誌⊙，和「古」的標誌◍——⊙◍不僅出現在不同的碑文裡，在同一塊碑文裡也是這麼使用。

因此，古夫時代或其他法老時代的文士，都不會犯下這個錯誤，不會把⊙◍寫錯。只有對聖書體的外行人，對古夫很陌生的人，以及對至高無上的拉神並不熟悉的新手，才會犯下這樣一個不可能犯的錯誤。

維斯記下的考古發現，還有其他令人費解和莫名的部分，而這一個決定性的錯誤，讓我們相信，紅漆標記並不是大金字塔原來的建造者所寫，而是維斯和他的同夥所為。

但有人可能會問，難道其他外人訪客，例如英國和奧地利領事，或是阿巴思諾特勳爵和夫人，不會注意到那些石頭標記看起來很新，不像是古代石匠所留？這個問題，可以用當時的偽造同夥之一佩林先生自己的話來回答，他在《吉薩的金字塔》（*The Pyramids of Gizeh*）寫道，這是一種「紅赭石，阿拉伯人把它叫做莫格拉（moghrah），目前仍在使用」。佩林還說，這種紅赭石顏料不僅可以隨意取得，而且「採石場用它來畫記號，它很難分辨新舊，**昨天做的記號和三千年前的記號難以區別**」。

換句話說，偽造者當然會注意到他們要使用的顏料。

另一場考古騙局

維斯和希爾——也許是在佩林的默許下——會冒著道德風險，做出這樣的偽造嗎？

從維斯開始投入冒險的考古業，他對待卡維利亞的方式，他記錄的考古記事，他在時間和金錢都快要花光的情況下，想要有所發現的決心來看——這些都說明維斯很可能會做出這樣的行為。至於希爾先生（維斯在前言中，對希爾可是充滿無限的感謝），他在遇到維斯之前，是在銅廠做事的一名雇員；而當維斯離開埃及時，希爾已經坐擁開羅酒店。至於佩林先生，從之前一名土木工程師，搖身一變成了埃及學家——好的，我們還是讓隨後發生的事件自己說明。因為，既然維斯團隊已經成功偽造了一次，還受到了鼓舞，或許他們還會再偽造一次、兩次……

一直以來，維斯在進行大金字塔的考古發現時，他對卡維利亞的挖掘工作和附近兩座金字塔都是敷衍了事。但他在大金塔獲得了名聲之後，決定延遲回英國的時間，轉而投入另外兩座金字塔的探索，想要尋得其中的祕密。

來自開羅的專家，抱持著會在石頭上找到紅漆標記的預期，決定在金字塔外面的墳墓或建築結構，以及在金字塔內部尋找，但他們卻在第二座金字塔一無所獲。不過，在第三座金字塔中，維斯的辛勤得到了回報。一八三七年七月底（正如我們先前曾提過），他的工人打開了一個「埋葬室」，在那裡發現了一具裝飾精美的空「石棺」（見圖152）。牆上的阿拉伯文和其他證據都顯示，這座金字塔「經常有人進來」，房間和通道的石頭地板「磨損和光澤度，是因為絡繹不絕的人們踩踏和通過造成」。

然而，就在這個很多人進來過的房間，而且裡面只有一具空石棺，維斯還是找到了金字塔建造者的證據——這項功績和大金字塔的發現同樣高超。

另外一個維斯稱之為「大公寓」的長方形房間，裡面發現了一大堆垃圾，以及潦草的阿拉伯文塗鴉。維斯立刻斷定這個房間「很可能是用於葬禮，就像阿布辛貝、底比斯等地」。當垃圾清乾淨後——

圖152　第三座金字塔的房間

> 石棺的蓋子大部分被找到了……在蓋子附近一塊石板上，發現了一個木乃伊木棺頂部的殘片（寫著聖書體，其中有孟考拉的橢圓形符號），裡面還有人體局部骨架，有肋骨和脊椎骨、腿骨和腳骨，被黃色的粗呢包裹著……
>
> 更多的板子和布料，後來從垃圾中取出來。
>
> 由於石棺暫時不能移動，所以只有裝著部分骨架的那副木棺，被移到大公寓裡檢查。

接下來是維斯的概述情景：幾個世紀之前，阿拉伯人闖入了埋葬室。他們發現石棺，打開蓋子。裡面有一具裝在木棺裡的木乃伊——這具木乃伊就是金字塔的建造者。阿拉伯人把木棺和木乃伊移到大公寓裡進行檢查，在檢查過程中把它們弄壞了。現在，維斯發現了這些殘餘的部分；在木乃伊木棺的碎片上發現了一個橢圓形符號（見圖153），拼作孟考拉（Men-ka-ra）——也就是希羅多德說的邁瑟林諾斯。維斯一共發現了兩座金字塔的建造者！

後來，石棺在運往英國的途中掉進了海裡。但木乃伊木棺和骨架都安全運抵大英博物館，比爾奇可以在那裡檢查實際的石頭標記，而不用依據摹寫的副本鑒定（就像大金字塔內部房間的情況）。他很快的表達了懷疑：他說「孟考拉的木棺」和第四王朝「有很大的不同」。另一方面，

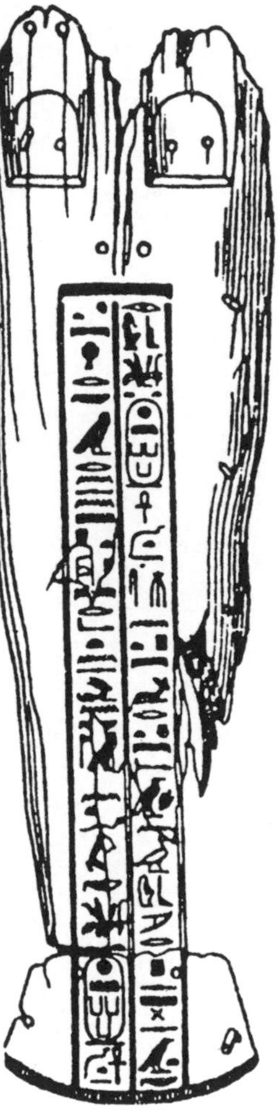

圖153　木乃伊木棺上的碎片

威爾金森接受了木棺是真正的證據，證明金字塔建造者的身分；但他卻對木乃伊本身有所懷疑：包裹木乃伊的布，在他看起來與它宣稱的古老年代不符。一八八三年，加斯頓．麥斯皮羅也同意，「那個所謂孟考拉的木棺蓋子不屬於第四王朝時代」；他認為那是第二十五王朝的修復品。一八九二年，庫爾特．賽斯（Kurt Sethe）概括出大多數人的意見，木棺蓋子「可能是在第二十王朝之後製作的」。

現在大家都知道，木乃伊木棺和骨頭都不是最初埋葬留下的東西。用愛德華（I. E. S. Edwards）在《埃及的金字塔》（*The Pyramids of Egypt*）一書中的話來說，「在最初的埋葬室裡，維斯上校發現了一些人骨和一個木製人形棺的蓋子，上面寫著孟考拉的名字。這個蓋子，現在存放在大英博物館，它不可能是孟考拉時期製作的，因為那種圖案在賽第時期之前就不用了。放射性碳定年法的結果顯示，這些骨頭是來自於基督教早期。」

然而，這個聲明雖然否定了維斯這些發現的真實性，但沒有觸及問題的核心。如果木乃伊和木棺都不是最初埋葬的東西，那麼它們就是後來的入侵性埋葬所為；但如果是入侵性埋葬，木乃伊和木棺應該都屬於同一時期。在這個案例裡情況卻不是如此：有人把從某地出土的木乃伊，放在這個房間裡，又從另一地找來了一具木棺。所以，結論就是，這個發現代表這是**一場蓄意為之的考古騙局**。

木棺和木乃伊的年代不符，難道只是一個巧合嗎？——還是金字塔在兩個不同的時間裡，發生過**兩次**入侵性埋葬？從木棺蓋子碎片寫著孟考拉的橢圓形符號來看，我們深表懷疑。這種橢圓形符號，在第三座金字塔附近神廟的雕塑和碑文上都可以找到（但唯獨在金字塔裡面沒有）；刻有這種橢圓形符號的木棺蓋子，很可能也是從那些地方運來的。木棺屬於後來的時代，不僅是從它的圖案判斷，從文字內容也能得出同樣的結論：木棺蓋上的文字內容是向奧西里斯祈禱的禱詞，來自於《死者之書》；在第四王朝的棺木上經常會看到這個祈禱文。即使是採信任態度（但知識淵博）的比爾奇，在《來自紀念碑的古代史》（*Ancient History from the Monuments*）一書中，也認為這點值得注意。它不是一些學者所說的，來自第二十六王朝的「修復」。我們從阿布希爾發現的塞提一世「國王列表」得知，第六王朝的第八位法老也叫做孟考拉，他名字的拼法與第四王朝的孟考拉相似。

接下來，就很清楚了。首先，在金字塔附近發現了這具寫著孟考拉的木棺。維斯也意識到了這個發現的重要性（他自己的報告也是這麼說），因為在第三座金字塔的南方，那裡有三座小型的金字塔，他在一個月以前，在中間那一座小金字塔的埋葬室裡，發現了寫著孟考拉名字的紅漆字。也許這個發現讓他們的團隊靈機一動，想要偽造成是在第三座金字塔裡面的新發現……

維斯和佩林宣布了這個考古發現全是他們的功勞。但無論有沒有希爾的幫助，他們都能施展這個詐騙行為嗎？

維斯再一次在他的考古記事中，為我們提供了真相的線索。維斯上校寫道，「當它們（遺物）被發現時，他不在場」，他「要求雷文先生，當時人在英國的一位紳士，寫一篇描述這個發現的報導」，並請他來現場參觀，成為見證人。雷文在正確的時間適時出席了。他稱維斯上校為「閣下」，並在證明信上署名「你最順從的僕人」。他的報導是這樣寫的：

在把入口房間的垃圾清出時，工人已經在那裡工作了好幾天，離東南角落不遠的地方，有一些進展，在垃圾底下發現了一些骨頭；又立即找到其餘骨頭以及部分棺木：在這個房間裡，就找不到棺木的其他部分或骨頭。

所以，我就重新仔細檢查那些從同一個房間運出的垃圾，在裡面發現了幾片棺木碎片和木乃伊布；但是——

在金字塔的其他區域都沒有任何發現，雖然每個地方都仔細搜索過，但沒有發現讓棺木完整的殘骸。

我們現在可以更清楚了解發生了什麼事。連續幾天，工人都在大公寓清除垃圾，把它們堆在附近。這些垃圾已經仔細檢查過了，但一無所獲。接著，最後一天，房間只剩下東南角還沒整理，卻在那裡發現了一些骨頭和木棺殘片。「在這個房間裡，就找不到棺木的其他部分或骨頭。」所以，有人建議「重新仔細檢查」堆在外面三尺高的垃圾——不是「檢查」而已，而是「重新檢查」；而在重新檢查時，找到了更多骨頭、更多木棺碎片，以及最重要的橢圓形符號！

其餘的骨頭和棺木碎片在哪裡呢？「雖然每個地方都仔細搜索過，但沒有發現讓棺木完整的殘骸。」在金字塔的其他區域，也沒有任何發現。所以，除非我們相信，過去幾個世紀裡，有人把其餘的骨頭和棺木碎片當作紀念品帶走了，不然，我們只能做出一種假設，不論是誰**搬來**這些骨頭和棺木碎片，讓它們足以創造出這次發現：他們要麼是因為沒有一具完整的木棺和一具完整的木乃伊可以運進來，要麼就是因為它們太笨重了而搬不進去。

維斯上校因為這第二次的重大發現，受到了表揚，之後被授予將軍的頭銜。維斯和佩林繼續在左塞爾的階梯金字塔中製造出寫著左塞爾名字的石頭——當然也是用紅漆寫的。維斯的考古記事沒有足夠的細節，來判斷在左塞爾金字塔的發現是不是也是偽造出來的；但難以置信的是，同一個團隊成功發現了一座以上的金字塔的建造者名字。

許多埃及學家在沒有進一步調查的情況下，就接受了大金字塔裡有古夫的名字。阿蘭．加德納閣下（Sir Alan Gardiner）建議對這個看法表示懷疑。他在《法老們的埃及》（*Egypt of the Pharaohs*）一書中，清楚區分了皇室橢圓形符號的「拉」和「古」的聖書體。對於古夫的橢圓形符號，他寫道：「……在各種採石場，在古夫親屬和貴族的墳墓中，發現了這種橢圓形符號，而且這種寫法明確屬於古夫之後的年代。」顯而易見的，在這份親屬和貴族名單中，沒有在大金字塔中找到的橢圓形符號……同樣的，艾倫閣下（Sir Alan）也刪去了維斯在第三金字塔發現的橢圓形符號。不過，維斯的聲名依舊。

回到「清單石碑」的證據

假定吉薩金字塔群是由幾位法老建造的證據都不成立，那麼，根本就不用質疑「清單石碑」的真實性了：清單石碑記載著，當古夫來敬拜愛西絲和奧西里斯時，金字塔和獅身人面像早就在那裡矗立了。

沒有任何事實能反駁我們的論點：這三座金字塔是由「眾神」所建。反之，這三座金字塔在各方面，都顯示出不是人類構想出來的，也不是供人類使用的。

下面我們會繼續證明，它們是納菲力姆用來作為「指引網絡」的一部分，它們是納菲力姆的太空站航標。

14・獅身人面像的凝視

隨著時間的推移，吉薩金字塔成為納菲力姆的「登陸網絡」之一；他們利用亞拉拉特山的山峰，作為登陸的對準點；並將耶路撒冷設為地面任務指揮中心，引導太空船在西奈半島的太空站起降。

不過一開始，興建金字塔只是為了利用它們的位置、排列和形狀，來發揮航標的導航作用。我們已經看到，所有金字塔的主體結構都是階梯金字塔——仿造了美索不達米亞的廟塔。當「來自天上的眾神」在吉薩試建模型（第三座金字塔）之後，他們可能發現了，廟塔曲折的輪廓，在岩石和不斷變化的沙漠中，投下的影子太模糊了，不能作為指引的航標。於是，他們就在階梯金字塔外面，砌了一層光滑的表面，讓它們變成「真正」的金字塔；他們選用了白色石灰岩來做外包石頭，是因為這種白色石頭可以反光，使得金字塔的光影能提供精確的定位。

登陸航道的兩條航標線

一八八二年，羅伯特・巴拉德（Robert Ballard）搭乘火車，從車窗外觀看吉薩金字塔，他注意到可以從金字塔不斷變換的排列方向，來確定自己的位置和方位（見圖154）。他詳述這個觀察，寫成《金字塔問題的解答》（*The Solution of the Pyramid Problem*）一書。他還向我們展示，金字塔的排列方式是依照畢氏定理（編按：直角三角形中的斜邊平方等於兩直角邊之平方和），三邊比例分別是是3：4：5。金字塔學家也注意到，金字塔的投影可以作為日晷，影子的方向和長度標示了時間。

然而，更重要的是，觀測者從天上俯瞰金字塔時，它們的剪影和投射的影子。正如左頁這幅空中俯視圖（見圖155）所示，金字塔投射的影子其實是呈箭頭的形狀，這些影子就是明確的飛航指標。

當阿努納奇（《聖經》裡的巨人——納菲力姆）準備好要重建一座合適的太空站時，還需要興建一條比巴勒貝克登陸航道更長的航道。因為他們之前在美索不達米亞的太空站，就是以近東最顯眼的亞拉拉特山山峰作為登陸的對準點。所以，如果基於同樣的理由，選了同一座山作為新太空站的登陸對準點，並不會太令人訝異。

我們在吉薩金字塔的建築和排列方式中，發現了許多三角測量和幾何完美圖形的「巧合」，而且，我們越是以登陸航標來研究它們，就會發現越來越多阿努納奇布置的「巧合」，他們用這些三角測量和幾何完美圖形，作為登陸網絡。如果亞拉拉特山山峰是新登陸長廊的對準點，那麼

圖154　從地面遠處觀看吉薩金字塔，產生的方位及陰影變化

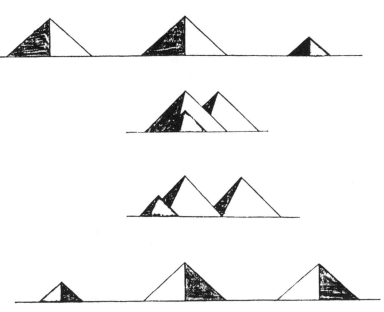

圖155　從天空俯瞰吉薩金字塔的影子

登陸長廊的西北線和東南線，都會指向亞拉拉特山，並在那裡交會。但它的另外一點，是錨定在西奈半島的哪裡呢？

聖凱薩琳山在較低的西奈花崗岩群峰之間，是該地的最高峰。由帕姆爾領軍的英國軍械測量局開始探查西奈半島，他們發現，雖然聖凱薩琳峰是西奈半島的最高峰，但卻無法在群峰之間脫穎而出，它並不適合當作地標使用。英國軍械測量局另外選了烏姆蘇瑪爾山（見圖156），這座山有八千五百三十四英尺高，幾乎是聖凱薩琳山的雙胞胎，兩座山差不多高（在英國人測量之前，很多人還以為烏姆蘇瑪爾山比聖凱薩琳山高一些）。與聖凱薩琳山不同的是，烏姆蘇瑪爾山的地勢清楚、獨特，不容易認錯，在峰頂上又可以清楚看到

圖156　烏姆蘇瑪爾山

西奈半島兩邊的海灣；往西、西北、西南和東看去，全都一覽無遺。英國軍械測量局因為這些理由，毫不考慮的就將烏姆蘇瑪爾山選作地標，用來調查和測量西奈半島。

也許對較短的巴勒貝克登陸航道來說，聖凱薩琳山是一個合適的對準點；但如果把對準點選在更遠的亞拉拉特山，就需要一個更清晰的地標。我們相信，阿努納奇和帕姆爾的理由一樣，因而選了烏姆蘇瑪爾山作為新登陸航道的東南線航標。

這座山的故事和它的位置都十分引人好奇。從它的名字開始。這座山叫做烏姆蘇瑪爾（Umm Shumar），它的意思是「蘇美的母親」，這個名字的意思雖然可能讓人覺得疑惑，但卻十分重要。「蘇美的母親」，正是烏爾賜予寧加爾（Ningal）的稱號，而寧加爾就是辛的妻子。

蘇瑪爾山和聖凱薩琳山不一樣之處在於，聖凱薩琳山位於西奈半島群山的中央位置，難以抵達；而蘇瑪爾山是在群山邊緣，較易到訪。蘇伊士灣的沙灘有一些天然溫泉。阿西拉是不是就在這裡的「海邊」度過了她的冬天呢？烏加里特經文生動描述了，阿西拉從這裡前往伊爾的山上探訪。

從溫泉沿海岸往下幾英里，就是半島最重要的港口城市——伊爾托爾（el-Tor）。這個名字的意思是「公牛」，這難道也是一個巧合嗎？我們已經知道，伊爾的稱號就是公牛（烏加里特經文稱伊爾為「公牛伊爾」）。伊爾托爾，從最早開始就是西奈最重要的城市；我們懷疑它是否就是蘇美經文裡提到的提爾蒙城（提爾蒙城和提爾蒙之地是不一樣的地方）。提爾蒙城是吉爾伽美什第二次旅程時，要搭船前往的港口城市，他打算讓恩奇都從那裡前往附近的礦區（神宣判他要終身在此服勞役）；而吉爾伽美什繼續則前往「登陸區，閃升起的地方」。

面向蘇伊士灣的西奈半島花崗岩群峰，有些名字很奇怪，讓人不停下來，心生疑惑。有一座山峰叫做「受賜福的母親之山」；它離蘇瑪爾山很近，前方是提幔山（Mount Teman）——提幔的意思是南部的。這個名字把我們帶到《聖經．哈巴谷書》3：3的詩節：「神從提幔而來……他的榮光遮蔽諸天；頌讚充滿大地……在他前面有『字，從他手裡射出光線』……**他站立，量了大地……**」（編按：保留原譯文，《和合本》將「字，從他手裡射出光線」譯為「瘟疫流行」。）

先知哈巴谷指的提幔，就是從古代一直沿用下來的那座提幔山嗎？它在「蘇美的母親」之山的南邊嗎？因為沒有其他山取這個名字，所以這樣的判定應該很合理。

烏姆蘇瑪爾山適合當作阿努納奇的登陸網絡，以及作為聖地的網路圖之一嗎？

我們認為，在最終的登陸航道計畫定下來之後，他們就選用烏姆蘇瑪爾山，取代了聖凱薩琳山；對準亞拉拉特山的航道，東南線的錨點就是烏姆蘇瑪爾山。但如果這是實情的話，那麼另外一個互補的西北線航標又在那裡呢？

我們認為，在埃及興建赫利奧波利斯城的位置，並不是巧合。**赫利奧波利斯就在原來的亞拉拉特山—巴勒貝克—吉薩的這條線上。**但位置稍微挪移了一點，**讓赫利奧波利斯到亞拉拉特山**

的距離，和烏姆蘇瑪爾山到亞拉拉特山的距離一樣！我們認為，赫利奧波利斯的位置是這麼來的：首先，測量了亞拉拉特山到烏姆蘇瑪爾山的距離，然後在亞拉拉特山到吉薩的那條線上，找到等距的位置（見圖157）。

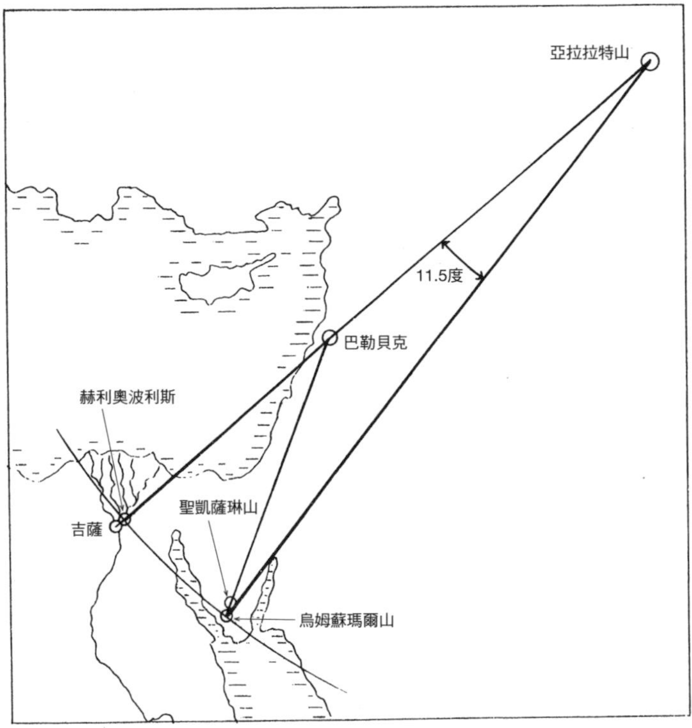

圖157　登陸航道的兩條航標線

通訊導航設備

當我們展開阿努納奇這個包含天然地標（烏姆蘇瑪爾山、亞拉拉特山）和人造高峰（金字塔）的登陸及通訊網絡時，有人一定會陷入沉思之中：這些當作航標的山峰或金字塔，只是利用它們的高度或形狀嗎？它們有沒有裝配什麼導航設備？

一開始在大金字塔的房間裡，發現了兩對狹窄的管子，他們認為這些管子，是為了那些已經被封在法老陵寢的侍者輸送食物。當維斯的團隊進去時，他們拆了一根通向「國王房」北部的管子，裡面充滿了涼爽的空氣；因此，把那些管子叫做「氣井」。然而，令人驚訝的是，這種說法卻受到一份重要學術期刊（*Mitteilungen des Instituts für Orientforschung der Deutschen Akademie der Wissenschaften zu Berlin*）的反駁。雖然學術界不願意離開「金字塔就是墳墓」的主張，但維吉尼亞・特里波（Virginia Trimble）和亞歷山大・拜德威（Alexander Badawy）卻在一九六四年的期刊發表，這些「氣井」具有天文的功能，它們「毫無疑問的指向極星，誤差只有一度」。

的確，雖然我們相信氣井的位置和傾斜角度是事先設計好的，一定能讓空氣流入「國王房」，但我們還是對這個發現非常好奇：不管外面的氣溫怎樣，金字塔房間的溫度始終維持在華氏六十八度。所有這些發現，似乎都確認了拿破崙科學團隊的一員尤瑪律德（E. F. Jomard）的結論，他認為「國王房」和裡面的「石棺」不是用來葬人，而是用來存放秤重器材和度量工具的庫房；就像現代也需要一個保持溫度和濕度的穩定環境一樣。

尤瑪律德推測庫房存放的是一公尺或一公斤的度量單位，畢竟一八二四年的他，不可能想到精細的太空導航設備。但我們當然可以。

很多人思考「國王房」上方的五個隔間有什麼建築目的，他們認為那些隔間的作用是為了減輕「國王房」的壓力。但在「皇后房」上面有更大的石塊，卻沒有這些「減壓隔間」。當維斯和手下進入這些隔間時，他們可以清楚聽到金字塔內其他地方的說話聲，感到十分驚訝。弗林德斯・皮特在《吉薩的金字塔和神廟》一書寫道，他仔細檢查「國王房」和裡面的「石製箱櫃」時，發現兩者都是按照畢氏定理來建造的。如果要從箱子上鋸下一塊石板，鋸子需要九英尺的鋸片，而且鋸齒必須是鑽石尖。如果要在上面打洞，也需要有鑽石尖的鑽子，還要承受得了兩噸的壓力。要怎樣做才能成功？這就超出了皮特雷的能力。這個石箱的目的是什麼呢？他抬起石箱，想看看底下有沒有縫隙（答案是沒有）；如果敲打石箱，它就會發出渾厚如鐘的聲音，在金字塔內不斷迴盪。先前的研究人員也指出，石箱會發出類似鐘聲的聲音。那麼，「國王房」和裡面的「石箱」是作為發聲器或回聲室嗎？

即使是現在，機場的降落導引設備在發射電子信號時，如果飛抵的飛機在規定的航道上，就是一種舒服的嗡嗡聲；如果飛機偏離了航道，則會轉成一種警告的嗶嗶聲。我們可以安全的假設，在大洪水不久後，阿努納奇又帶了新的導航設備到地球上。古埃及人描述的「神聖拉繩者」（參見第285頁圖121），顯示登陸航道的兩個錨點都安裝了「璀璨寶石」；我們猜測，金字塔內部的不同房間就是用來存放這樣的導航和通訊設備。

夏德伊爾（Shad El，意思是伊爾之山）——也有同樣的設備嗎？

烏加里特經文描述其他眾神來到伊爾的「七個房間裡」時，就多次重複使用「進入夏德伊爾」的句子。這暗示著這些山裡的房間——就如那些在大金字塔這座人造山裡的房間一樣。

西元第一世紀的歷史學家記載，住在西奈和鄰近的巴勒斯坦、阿拉伯北部的居民，崇拜一對神祇，男神叫做杜夏拉（Dushara，意思是群山之主），還有他的妻子阿拉特（Allat，意思是眾神之母）。他們就是男性的伊爾和女性的伊拉特，伊拉特是伊爾的配偶阿西拉。幸運的是，有一枚當時統治這些省份的羅馬總督鑄造的硬幣出土，硬幣上面描述著杜夏拉的神聖物件（見圖158）。令人好奇的是，它很像大金字塔裡面的密室——有一座傾斜的梯子（上升通道）通向兩塊巨石之間的房間（國王房）。房間上面則有一疊石頭，重現了金字塔內的「減壓隔間」。

圖158　杜夏拉的神聖物件

我們知道，當阿爾．瑪沐恩的手下闖入大金字塔的上升通道時，它們還是完好無缺，被緊緊堵住了；那麼問題就是：古代有誰知道並模仿了金字塔內部的構造？答案只可能有一個：大金字塔的建築師和建造者就具有這些知識。只有他們才能在別處，無論是巴勒貝克或伊爾之山，建造出完全一樣的結構。

所以，雖然以色列人出埃及後的那座山位於西奈半島北部，但該地區一代又一代的人民回憶的聖山，其實是位於西奈半島南部的群峰。這些山脈之所以神聖，純粹是因為它們的高大和地理位置，以及供「駕雲而行」的神作為航標使用，放在山裡的特殊設備。

新的地面指揮中心：耶路撒冷

當美索不達米亞建立了第一個太空站時，飛行航道是沿著一條中心線，畫出了一個像箭頭形狀的登陸通道。兩條邊線上有導引的航標，發出了閃光和信號；而地面任務指揮中心就在兩條線的中間線位置上：這裡是所有通訊導航設備最集中的地方，這裡也是處理數據的地方，存放著計算天體和太空船軌道的設備。

當阿努納奇在地球降落，開始在美索不達米亞建設他們的太空站和相關設施時，把地面指揮中心設在尼普爾——「十字之地」。它的「神聖區」或禁區，是在恩利爾的絕對控制之下；它叫做基烏爾（**KI.UR**，**意思是地球城**）。在它的中間，有一座人造的凸出平臺，叫做杜蘭安基（**DU.RAN.KI**，**意思天國和地球的紐帶**）。它就是蘇美經文裡記載的「一根朝天伸展的高柱」，恩利爾透過這根柱子向天上「傳達消息」。

所有這些術語都是蘇美人試圖描述複雜的天線和通訊設備，可以從恩利爾名字的「拼寫」看出來：它被描繪成一個龐大的天線系統和通信結構（**參見第130頁的圖52**）。

在恩利爾的「高大房子」裡，藏著一間充滿神祕的密室，叫做迪爾加（**DIR.GA**，**字面上的意思是像王冠一樣的黑色房間**）。這個名字的描述，讓人想起了大金字塔中藏著神祕的「國王房」。恩利爾和他的助手在迪爾加裡放著非常重要的「命運碑」；上面存有軌道和太空飛行的資訊。當一位能像鳥一樣飛行的神，奪走了這些石碑——

> 神聖的公式停下了，一切都靜止了……聖地的光輝被帶走了。

恩利爾和他的助手把天體圖表放在迪爾加裡，迪爾加可以讓「密」（ＭＥ）「傳得更完美」

——「密」是與太空人設備和功能有關的術語。它是一個房間——

像是遙遠的東西那麼神祕，像是天國的拱頂那麼神祕。在它的標誌中……星星的標誌；「密」傳得更完美。它的話語要開始訴說了……它的話語就是神諭。

如同大洪水之前美索不達米亞的地面指揮中心一樣，阿努納奇在西奈蓋了類似的一座，作為西奈太空站的通訊指揮。那麼，它會在哪裡呢？

我們的回答是：耶路撒冷。

耶路撒冷是猶太人、基督徒和穆斯林的聖城，那裡的氣氛十分神祕；在大衛王定都耶路撒冷，或所羅門重建耶路撒冷之前，那裡就是一座聖城，是「上帝的居所」。當亞伯拉罕族長到達耶路撒冷的大門時，它已經是一個完善的中心，是「至尊、天地最公正的伊爾」掌管的地方。耶路撒冷最早的名字是烏爾薩利姆（Ur-Shalem），意思是「圓滿之城」，這個名字顯示出它與環形的東西有關，或是與軌道之神有關。薩利姆可能是誰呢？學者提出了不同的理論：根據班傑明．馬扎爾（Benjamin Mazar）在〈大衛王之前的耶路撒冷〉（Jerusalem before the David Kingship）的說法，他認為薩利姆是恩利爾的孫子沙馬氏；其他人則認為薩利姆可能是恩利爾的另一個兒子尼尼普（Ninib）。然而，在所有理論中，耶路撒冷的根源都和美索不達米亞的萬神殿有關，這點倒是沒有爭議。

從一開始，耶路撒冷就位於三座山的之間；從北到南，分別是蘇弗山（Mount Zophim）、摩利亞山（Mount Moriah）和錫安山（Mount Zion）。這三座山的名字說明了它們的功能：北邊是「觀察者之山」——現在叫做斯科普斯山（Mount Scopus）；中間是「指路山」；南邊則是「信號山」。數千年之後，它們仍然還是沿用了原來的名字。

耶路撒冷的許多峽谷，也有各種透露了內情的名字和別稱。先知以賽亞看見的「異象谷」，希伯來文是Hizzayon。汲淪（Kidron）谷則以「火谷」聞名。根據千年的傳說，在欣嫩（Hinnom）谷——希臘語中的欣嫩子（Gehenna）谷——有一個通往地下世界的入口，那裡有一根冒煙的柱子，就立在兩棵棗椰樹之間。依據烏加里特經文的記載，由神聖療癒師女神夏佩西掌管的峽谷叫做雷芬亞姆（Repha'im）谷，阿拉姆譯本則譯為Heroes；首先將《舊約》譯為希臘文的譯本，則把那裡叫做泰坦（Titans）谷。

在耶路撒冷的三座山中，摩利亞山是最神聖的一座。《創世記》明確記載著，神要試驗亞伯拉罕的忠誠時，指示他帶著兒子以撒前往摩利亞的山峰。猶太傳說提到，亞伯拉罕在很遠處就認出了摩利亞山，因為他看到了「有一根火柱從大地伸到天上去，在一片濃雲可以看神的榮光」。這些文字和《聖經》中描寫神在西奈山顯現時，幾乎沒有差別。

摩利亞山上的巨大水平平臺，叫做「聖殿山」，因為它曾經是耶路撒冷猶太聖殿的所在地（見圖159），這個平臺讓人想起了巴勒貝克平臺上的布局，只是規模小了一點。現在，它被一些穆斯林清真寺取代了，其中最出名的是圓頂清真寺。相傳，圓頂清真寺是第七世紀時，被一位來自巴勒貝克的哈里發，阿卜杜勒—馬利克（Abd al-Malik）奪走，他在那裡建起拜占庭神龕；哈里發立起屋頂，八面繞著「聖石」：一個從遠古時代起就神聖奇妙的巨大岩石。

穆斯林相信，他們的先知穆罕默德就是從這塊叫做「登霄石」的聖石升上天去。根據《可蘭經》的描述，天使吉卜利勒（Gabriel，編按：阿拉伯語的加百列）將穆罕默德從麥加帶到了耶路撒冷，他們中途先在西奈山稍作停留；接著，天使用「光梯」把穆罕默德帶到天上。穆罕默德在天上穿越了七重天，最後來到真主面前。在得到真主的指示之後，又經由同樣的光束被帶回了地球，回到登霄石上。穆罕默德接下來騎著天使那匹有翅膀的飛馬回到麥加，途中也在西奈山停留。

圖159　耶路撒冷

中世紀的旅行者認為，登霄石是一塊人工打造的立方體大石，它的四面恰好對準了東南西北四個方位。現在的登霄石只看得到露出的頂端部分；它隱藏的巨型立方體是源自於穆斯林的傳說，當他們造好耶路撒冷的登霄石後，就開始設計麥加的克爾白（Qa'aba）天房聖石。

從現在登霄石可見的部分來看，它的表面和四周都被切削過，上面鑽了兩個煙囪狀的洞，裡面被挖空，形成地下密道和密室。但沒有人知道這些工程的動機；也沒有人知道到底是誰設計，把它們切削成這樣的形狀。

但我們知道，耶路撒冷的第一座聖殿是由所羅門修建。所羅門完全按照神的指示，將聖殿蓋在摩利亞山上的一個確切地點。猶太聖殿的「聖示所」就建在聖石上；聖殿最內層的房間是鍍金的，有兩個純金的基路伯（很像有翅膀的獅身人面像），基路伯的翅膀碰到了牆壁，彼此的翅膀也互相接觸著；在兩個基路伯之間放著《舊約》的法櫃，也就是神在曠野吩咐摩西做的物件。鍍金的「聖示所」完全與外界隔離，它在《舊約》中被叫做「施恩座」（Dvir，字面上的意思是發聲者）。

將耶路撒冷想像為一個「神聖的」通訊中心，裡面藏著一顆「璀璨寶石」，它能從很遠很遠的地方傳來「神的聲音」，這種想法並不荒謬。這些通訊的概念在《舊約》中並不陌生。事實上，神具有這樣的通訊能力。選擇耶路撒冷作為通訊中心，是為了證明耶和華及耶路撒冷的至高無上。

神向先知何西阿保證「我必應允天，天必應允地」（《何西阿書》2：21）；先知阿摩司看見「耶和華必從錫安吼叫，從耶路撒冷發聲」（《約珥書》3：16）。《詩篇》也說，神在錫安山發言，聲音「從日出之地到日落之處」，天國也聽得見：

> 耶和華向眾神說話，他召喚了大地，從東邊到西邊……他招呼上天、下地。（編按：保留原譯文，對應《和合本》應是《詩篇》50：1—4）

巴爾，是巴勒貝克的設備之神，自誇他的聲音在加低斯也聽得見。加低斯位於西奈中部的「曠野」，是通往神聖區的門戶。《詩篇》第29篇，列出神在錫安山發言能傳達的地方，其中就包括了加低斯和「雪松地」（巴勒貝克）：

> 耶和華的聲音發在水上……耶和華震碎利巴嫩的香柏樹……耶和華的聲音震動曠野：耶和華震動加低斯的曠野。（《詩篇》29：3—8）

烏加里特南經文描述，巴爾在巴勒貝克安裝了「璀璨寶石」後，他就能「在大地放一片嘴脣，也在天國放一片嘴脣」。我們之前已經看過，這些通訊設備的標誌就是鴿子。這些象徵和術語，都可以在《詩篇》第68篇讀到，內容描述神飛來時：

你們當向神唱詩，歌頌他的「閃」；為那「駕雲」行過曠野的修平大路……你們安臥在羊圈的時候，好像鴿子的翅膀鍍白銀，翎毛鍍黃金一般……神的車輦累萬盈千；主在其中，好像在西乃聖山一樣。（《詩篇》68：4—17，編按：《和合本》將「閃」譯為「名」，將「駕雲」譯為「坐車」。）

耶路撒冷那塊「璀璨寶石」（「聖約石」），也就是先知所說的「探測石」），藏在地下室裡。我們從哀悼耶路撒冷的荒涼學到了這一點，當神對人民發怒時，向祂的子民說：

宮殿被市民拋棄了；遺忘了錫安山的山峰（和）「見證的見證人」。永恆見證的洞穴，現在是野驢的嬉戲之地，羊群放牧的地方。

先知承諾，隨著耶路撒冷聖殿的復興，「耶和華的言語必出於耶路撒冷」（《以賽亞書》2：3）。耶路撒冷將重建為世界的中心，受到所有國家的追尋。以賽亞傳達了神的應許，向人們保證，這顆石頭不僅是「探索石」，還將會恢復「測量」的功能：

看哪，我在錫安放一塊石頭作為根基，是試驗過的石頭，是穩固根基，寶貴的房角石；信靠的人必不著急。我必以公平為準繩，以公義為線鉈。（《以賽亞書》28：16—17）

登陸航道的中線

如大洪水之前的地面指揮中心尼普爾一樣，耶路撒冷必須位在登陸航道的中線上。關於耶路撒冷神聖的傳說確認了這樣的位置，而且有證據顯示，聖石標出了球體上兩點之間最短距離。

猶太傳說認為，耶路撒冷是「大地的臍點」。先知以西結對以色列人說，以色列是「住在大地臍點」；《士師記》提到了人們從「世界中間」的山上跑下來。所以，我們看到這些用語都顯示耶路撒冷是一個重要的通訊中心，它以「繩索」將其他登陸網絡的錨點往它拉過來。這就是為什麼希伯來語稱聖石為Eben Sheti'yah，猶太聖人使用這個詞，意味著「連接世界的石頭」。Sheti是一個編織術語，代表縱向延伸的長繩與較短的緯線交叉。對於一塊石頭來說，Sheti是一個合適的術語，標誌著石頭所在的位置，就是神聖繩索與地球交織成網的地方。

儘管有這些術語和傳說支持我們的論點，但最關鍵的問題是：耶路撒冷是不是位於登陸通道的中線上面？也就是對準了亞拉拉特山，從亞拉拉特山分別連到吉薩和烏姆蘇瑪爾山，這兩條線中間的平分線？

答案是肯定的：**耶路撒冷就位於那條線上！**

就像吉薩金字塔的情況一樣，我們在這裡也看到，神聖網絡有越來越多令人驚嘆的排列方式和三角定位。

我們發現，耶路撒冷的位置不偏不倚，**正好位於巴勒貝克—聖凱薩琳線與對準亞拉拉特山的飛行航線兩條線相交的地方**。

我們也發現，**赫利奧波利斯到耶路撒冷的距離，和烏姆蘇瑪爾山到耶路撒冷的距離相等**。

而且，從耶路撒冷到赫利奧波利斯，以及從耶路撒冷到烏姆蘇瑪爾山，兩條線形成了一個**精準的四十五角！**（見圖160）

這些連接了耶路撒冷、巴勒貝克（撒分之頂）和吉薩（孟斐斯）的航線，也出現在《聖經》時代：

> 耶和華本為大！在我們神的城中，在他的聖山上，該受大讚美。錫安山—大君王的城，在「孟斐斯，在撒分之頂」，為全地所喜悅。（《詩篇》48：1—2，編按：《和合本》將「孟斐斯，在撒分之頂」譯為「北面居高華美」。）

依據《禧年書》的記載，耶路撒冷其實是地球上四個「主之地」之一；這四個「主之地」分別是雪松山脈的「永恆園子」；「東山」指的是亞拉拉特山；另兩地是西奈山與錫安山。這四個主之地，其中三處都是《聖經》族長挪亞之子閃（Shem）的領地；它們相互關聯：

> 最神聖的永恆園子，是上帝的居所；西奈山，在曠野中央；錫安山，在大地臍點中心；這三個被創造的聖地，**相互連接**。

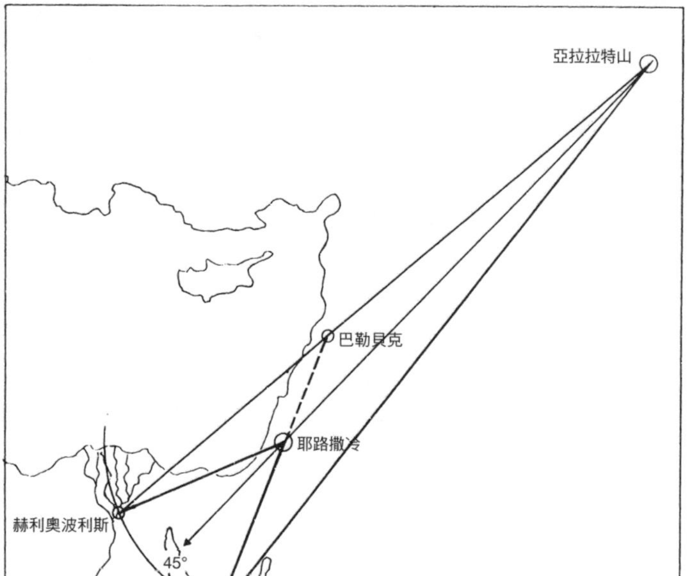

圖160　耶路撒冷的航線位置

沿著「耶路撒冷之線」的某個地方，中線航道對準了亞拉拉特山，那裡是太空站所在的地方。那裡有最後一個航標：西奈山，就在曠野中央。

北緯三十度線

我們猜測這條分界線，就是我們現在說的北緯三十度線。

我們從蘇美天文學文獻中得知，覆蓋著地球的天空分為三路，中間的中天（「阿努之路」）隔開了北路和南路。北路天空屬於恩利爾，而南路天空則屬於艾。很自然的，在大洪水之後，恩利爾和艾這對兄弟敵手，將他們統治的地球分為四區；而且像大洪水之前一樣，是以北緯三十度線和南緯三十度線為分界。

這是一個巧合，還是兩兄弟及後代之間因長期不和，而形成的一個刻意妥協，將其中三區給了人類，把聖城放在北緯三十度線上？

蘇美經文提到，在大洪水之後，「當王權從天國落到地球時」，「王權是在埃利都」。埃利都橫跨了北緯三十度線，它是北緯三十度上最接近波斯灣的沼澤地。雖然蘇美世俗的行政中心一直隨著時間而轉移，但埃利都卻一直都是神聖的城市。

第二區（尼羅河文明），世俗的首都也隨著時間不斷轉移，但赫利奧波利斯永遠都是不變的聖城。《金字塔經文》中將赫利奧波利斯和其他地點相連，稱埃及的古老神祇為「雙聖殿之主」。這一對聖殿的名字很有趣（在埃及之前就如此稱呼嗎？）：皮爾奈特爾（Per-Neter，意思是守望者前來之地）和皮爾烏爾（Per-Ur，意思是古文明前來之地）；它們的象形文字描述了兩城的古老歷史。

這成雙的兩座聖殿，在法老繼位時具有重大的作用。繼位的儀式由「閃」祭司主持，新國王要進入赫利奧波利斯加冕，而已故國王的靈魂則從東邊假門離開，啟程前往「古文明前來之地」。兩者發生的時間要同步。

赫利奧波利斯也橫跨北緯三十度線，緊挨著尼羅河三角洲！

接下來，第三區印度河谷文明，它的世俗中心是在印度洋的海邊城市；但它的聖城哈拉帕（Harappa）卻在北部幾百英里遠的地方——同樣的，也是位於北緯三十度線。

北緯三十度線在接下來的幾千年裡，仍然發揮著重要的作用。大約西元前六百年，波斯國王把皇都定在一座「全世界的聖城」，地點選在一個人煙稀少的偏遠地方。在該地中央，建了一座巨大平臺，上面修造了許多宏偉的階梯，以及附屬的神廟和建築結構——所有建築物都是用來崇拜翼球之神（見圖161）。希臘人把這個地方叫做波斯波利斯（Persepolis，意思是波斯人之城）。但沒有人住在那裡：只有在春分慶祝新年時，波斯國王和他的隨從才會去那裡參拜。如今，其遺址的宏大仍然讓參觀者深感驚歎。當然，波斯波利斯也橫跨北緯三十度線。

圖161　波斯波利斯崇拜翼球之神

沒有人知道西藏拉薩的佛教聖城是什麼時候興建。但事實是，拉薩和埃利都、赫利奧波利斯、哈拉帕、波斯波利斯一樣，都位於北緯三十度線上（見圖162）。

北緯三十度線的神聖，必須要追溯到神聖網絡的起源，當時的神聖測量者決定在北緯三十度線上興建吉薩金字塔。那麼，眾神在第四區（西奈半島）建立太空站和其他航空設備時，有可能放棄北緯三十度線這條精確的「神聖」位置嗎？

獅身人面像

現在，我們終於可以找到解答吉薩金字塔謎團的最後一條線索——斯芬克斯（Sphinx）。斯芬克斯的身體是蹲伏的獅子，而頭則是戴著皇家頭飾的人臉（見圖163）。它是什麼時候建造的？由誰興建？目的為何？它象徵了誰？為什麼會獨自蹲伏在那裡，而不在其他地方？

問題非常多，但答案卻很少。不過，有一點可以確定：**它沿著北緯三十度線，朝向東邊凝視**。

在獅身人面像的前面，有一排延伸建築物，都是坐西朝東，沿著北緯三十度線精確的排列，朝向東邊凝視（見圖164）。

十八世紀末，當拿破崙和他的部下看到獅身人面像時，只看到它的肩部和頭部露出沙漠；接下來一世紀，挖出了獅身人面像的下半身，為後

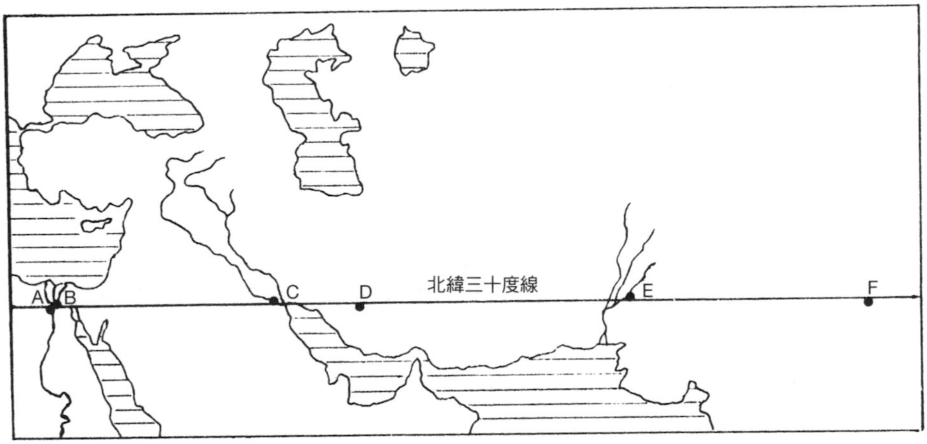

A吉薩　B赫利奧波利斯　C埃利都　D波斯波利斯　E哈拉帕　F拉薩

圖162　北緯三十度緯線上的聖城

圖163　獅身人面像

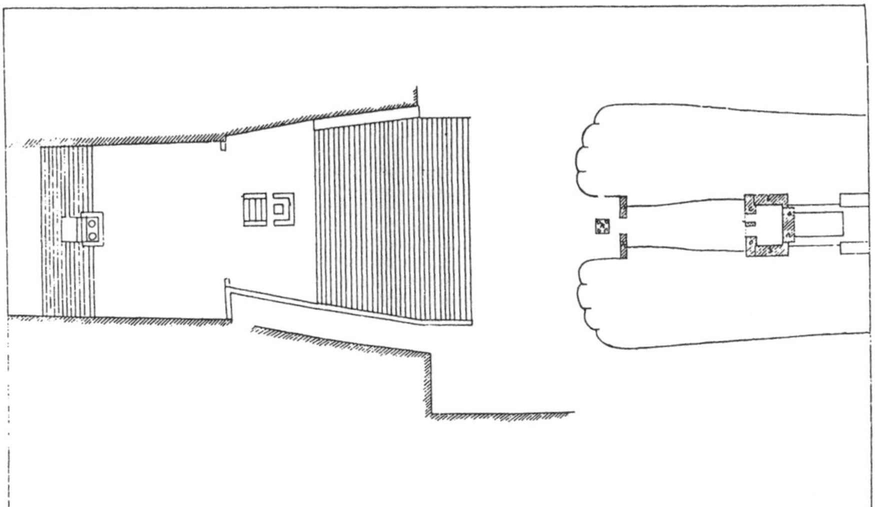

圖164　獅身人面像的前方建築

人所知。經過了不斷有系統的挖掘，才展現了它的完整面貌和巨大尺寸（長二百四十英尺，高六十五英尺），確認了古代歷史學家的描述：獅身人面像是一座單獨的雕塑，是由天然岩石鑿出的。發現完整獅身人面像的人就是卡維尼亞，他就是被維斯趕出吉薩的那個人。卡維利亞在一八一六至一八一八年間，對獅身人面像進行了挖掘，他不僅發現了獅身的部分，還發現了前面的兩隻腳，以及前方的神廟、聖殿、祭壇與豎立的石碑。

卡維利亞清查獅身人面像前方的區域時，發現了一座平臺；這個平臺延伸到獅身人面像的兩邊，但主要是往東邊。他沿著東方，向前挖掘一百英尺，發現了一座三十階的壯觀石梯，往上通向一個中途的平臺；那裡有一個看起來像講壇的東西。又在中途平臺的東邊盡頭，距離四十英尺的地方，發現了一座十三階的上升石梯；這座石梯和獅身人面像的頭一樣高。

石梯上有一個建築，用來支撐兩根柱子（見圖165）；而獅身人面像凝視的目光，正好穿過兩根柱子中間。

圖165　石梯上的兩根柱子

考古學家相信，這些遺址都是來自於羅馬時代。但正如我們在巴勒貝克看到的情況一樣，羅馬人只是在先前的建築、原來的紀念碑和神廟上，加以興建或重建而已。現在已經確定了希臘征服者和羅馬皇帝遵循法老來此參訪，向獅身人面像致敬的傳統，還留下了碑文。他們確信獅身人面像是眾神所建，這個信仰一直延續到阿拉伯時代；獅身人面像預示了未來一個和平的救世主時代。羅馬暴君尼祿（Nero）刻的碑文上，將獅身人面像稱為「阿瑪奇（Armachis」、監督、救星」。

因為獅身人面像的位置靠近通往第二座金字塔的堤道，學者就認為它是第二座金字塔的「建造者」卡夫拉所建；而獅身人面像就是卡夫拉的象徵。這個說法完全沒有事實根據；雖然早在一九〇四年，瓦利斯・布奇（E. A. Wallis Budge）就指出這個說法有誤，之後大英博物館的埃及與敘利亞文物局也認為如此。布奇在《埃及眾神》（*The Gods of the Egyptians*）一書中直接指出：「這個了不起的石像，在卡夫拉時代就已經存在了；而且遠比卡夫拉統治的時間更早，它的歷史可以追溯到古老時期之末。」

正如「清單石碑」的記載，獅身人面像早在古夫（卡夫拉繼承了古夫的王位）時，就已經在吉薩了。古夫就像後來的法老們一樣，以自己曾替獅身人面像清除堆積的沙塵而自誇。從這裡就可以看出，獅身人面像在古夫時代就是一個古老的遺跡了。那麼，是更早的法老依照自己的形象建了獅身人面像嗎？

答案是：獅身人面像並不是任何法老的樣子，它是一位神的形象；很有可能，是眾神建造獅身人面像，而不是由凡人國王所造。

真的，只有忽視古代碑文的記載，才會讓人做出其他假設。一份羅馬碑文稱獅身人面像為「神聖的導引者」，上面寫著：「您令人敬畏的外型，是永生的眾神之作。」一首希臘讚美詩的部分內容如下：

> 您令人敬畏的外型，是永生的眾神造出來的……作為金字塔的鄰居……一位天上的君主為人景仰……埃及之地的神聖導引。

在「清單石碑」上，古夫將獅身人面像稱為「伊塔爾（Aeter）的守望者，以目光引導著風」。古夫清楚寫道，它是神的形象：

神的模樣，會永遠存在；永遠將祂的臉，對著東方。

古夫在這塊碑文中還提到，有一棵非常老的埃及梧桐樹，長在獅身人面像旁邊，但「當天國之主降落在荷艾姆安可（Hor-em-Akhet）之地時」，當「地平線的獵鷹神」降落時，梧桐樹已經毀了。法老碑文經常把獅身人面像稱為「獵鷹神」；它還有其他稱號：魯提（Ruti，意思是獅子）和呼爾（Hul，意思是永恆）。

據紀錄顯示，十九世紀挖掘獅身人面像時，當地阿拉伯人建議這些挖掘的人去挖掘它的下方或裡面，可能會發現藏著古代寶藏或神祕物件的密室。我們已經知道，卡維利亞曾在大金字塔內部尋找「密室」無功；顯然，他是先在獅身人面像挖掘一無所獲後，才進到大金字塔內部尋找。佩林也做了類似的嘗試，但也只是在獅身人面像後面強行切開了一個很深的洞。

甚至更負責任的研究者也支持這種說法。一八五三年，奧古斯特·馬里特認為一般的說法有道理：獅身人面像的裡面或下方藏有密室。這種信念也可以從羅馬歷史學家普林尼（Pliny）的作品得到支持，他寫道，獅身人面像「內有統治者哈馬基斯（Harmakhis）的墳墓」，而且幾乎古代所有對獅身人面像的描述，都顯示了它是蜷縮在一個石頭結構的上面。研究者推測，如果沙漠的沙塵可以幾乎淹沒了獅身人面像，讓它從人們的視線消失，那麼其他附屬的結構很可能也被埋住。

會說話的斯芬克斯

最古老的碑文似乎顯示，獅身人面像下方的密室不止一間，應該有兩間密室——入口可能就在獅爪下面。此外，一首從第十八王朝開始流傳的讚美詩，透露出獅身人面像的下方有兩個「洞穴」，可以讓它成為通訊中心！

碑文記載，阿蒙神承擔了天國荷安可（Hor-Akhet）的工作，「當他進入（獅身人面像）腳下的兩個洞穴……將他心中的感知，用嘴脣傳達命令……」。接下來——

> 天上傳來一個訊息；在赫利奧波利斯聽到了，在孟斐斯透過公平的臉又複述一次。圖特在一個發送室裡寫下來，有關阿蒙（底比斯）之城……底比斯回應了這件事，發布聲明……發送訊息。眾神無不依令行事。

法老的時代相信獅身人面像（雖然是用石頭雕刻出來的）會說話，也能聽。描繪了翼碟象徵的法老托米斯四世（Thothmes IV），曾在獅身人面像的兩個爪子中間立了一塊石碑（見圖166），石碑上面寫了一篇很長的碑文；他說，獅身人面像會

圖166　托米斯四世石碑

對他說話，如果他將它周圍的沙塵都清乾淨了，它就承諾會讓他的統治繁盛長久。托米斯寫道，有一天，當他在孟斐斯的郊外打獵時，他發現自己走在「眾神的聖道上」，這條聖道從赫利奧波利斯通往吉薩。他很累了，於是就在獅身人面像的陰涼處休息；碑文說這個地方叫做**「時間開始的輝煌之地」**。當他在這個「創造者的巨大雕像」旁睡著之後，這位「令人敬畏的神尊」，獅身人面像就開始對他說話了，它自我介紹說：「我是你的祖先荷艾姆安可，也就是拉—阿天的創造者。」

在獅身人面像附近的神廟中，發現了許多不尋常的「耳朵石碑」和「雙鴿」的圖像（**雙鴿是神諭的象徵**）。就像古代的碑文一樣，耳朵石碑和雙鴿都確認了獅身人面像可以傳出神聖的訊息。雖然在獅身人面像下方的挖掘一無所獲，但我們卻不能排除下方藏有密室的可能性，也許可以在那裡發現眾神曾進到這些地下密室，「用嘴脣傳達命令」。

從許多葬禮經文可以清楚看出，獅身人面像是「神聖的導引者」，它引導死者從「昨天」進入「明天」。棺木上的經文，引導死者的旅程要沿著「密門之路」，顯示這條路是從獅身人面像的位置開始。經文說：「地球之主發出命令，雙斯芬克斯複述一遍。」當荷安可（**也就是斯芬克斯**）宣布「通過！」時，旅程就開始了。《雙道之書》（*Book of the Two Ways*）裡面的圖畫，就描繪了這趟旅程，顯示從吉薩的出發點開始，有兩條路可以通往杜亞特。

作為神聖導引者的斯芬克斯，經常被畫成正在指引天駁船，就像托米斯石碑上的描繪一樣（**見圖166**），有時候會畫成一對，它們會將天駁船從「昨天」導向「明天」。我們可以回想一下，這個角色和地下領域的隱藏之神有關（**參見第77頁的圖19**）；在杜亞特，它象徵性的出現在塞克神那座密封的密室旁邊。

指引方向

事實上，《金字塔經文》和《死者之書》都提到，獅身人面是「打開大地之門的大神」——這句話暗示了，吉薩金字塔旁的斯芬克斯，是用來「領路」。在靠近天國階梯的地方，有一個相對應的結構，會打開「大地之門」。一幅描述法老來生之旅的古老圖案（見圖167），只能用這種可能性來解釋（迄今也沒有其他的解釋）。它以一個棲伏的荷魯斯標誌（獵鷹）開始，荷魯斯凝視著「棗椰樹之地」，那裡有艘載著挖泥機或起重機（？）的奇特船隻，以及一個讓人聯想起恩利爾的蘇美文（參見本書第130頁的圖52），像是座指揮中心的結構。接下來，一位神接待了法老；我們可以看到公牛和永生鳥的下面，接著幾座碉堡和各式各樣的標誌。最後，在階梯符號和**朝另一邊看的獅身人面像**的中間，出現了一個「地方」（一個圓圈上有傾斜的十字架）！

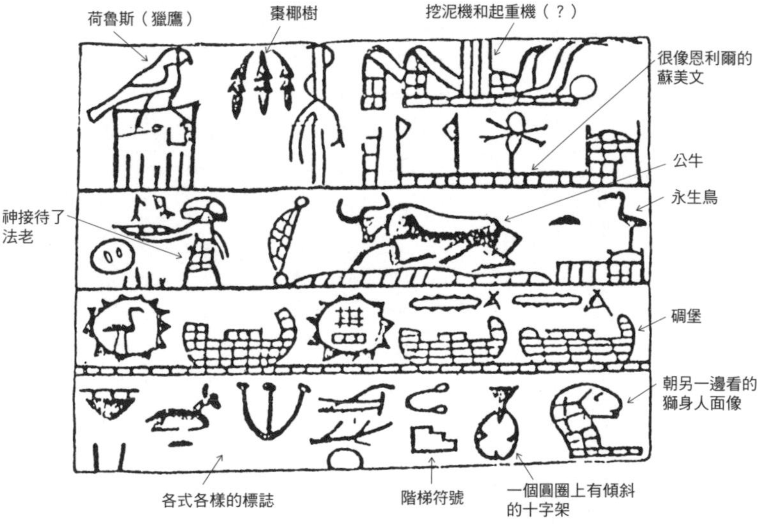

圖167　法老來生之旅

有一塊帕拉目赫伯（Pa-Ra-Emheb）豎立的石碑，他在法老時代指揮修復獅身人面像的工作；碑文內容和《聖經·詩篇》某一篇很像，令人非常好奇。碑文提到了，將繩子延長，以符合一個「計畫」，在地下領域裡打造「祕密的東西」；它們意味著一艘天駁船將會「穿越天空」，以及「神聖的曠野」中一處「受保護的地方」。這個地方是用夏底塔（Sheti.ta）一詞，表示神聖曠野中那處「名字被藏起來的地方」：

向您致敬，眾神之王，阿天，創造者……您將線延長以符合計畫，您造了土地……您在地下世界創造祕密……地球就在您的引導下；您將天空升高……您在神聖的曠野中，為自己建立了受保護的地方，那裡的名字被藏起來了……您在白天對著它們升起……您升得很美……您順著風在天空穿行……您在天駁船中穿越了天空……天空歡騰，大地歡呼。拉的水手每天都在讚美；祂成功前來了。

對於希伯來先知來說，夏底——穿過耶路撒冷的中間航線——是一條神聖的線，指出方向：「神是從神聖的西奈，經過這條航線而來。」

但對於埃及人來說，夏底塔是「名字被藏起來的地方」。位於「神聖的曠野」之中，也就是《聖經》中的「加低斯曠野」。而且，從獅身人面像延伸出來的「計畫之繩」，會連到這處曠野。帕拉目赫伯在那裡看見眾神之王在白天升天；他的形容用字和吉爾伽美什的描述幾乎一樣：吉爾伽美什到了馬舒山之後，「他看見白天的閃，它們起飛又落下……他看見沙馬氏升降」。

受保護之地就是上升區。想要前往那裡的人，都由獅身人面像引導才能抵達；因為它凝視的目光朝向東邊，和北緯三十度線一致。

我們認為，天國和地球的大門，就位於兩條線交會的地方，一條線經過耶路撒冷，另一條則是北緯三十度線；而兩條線交會之處，也就是眾神的太空站。

交會點就在西奈半島的中央平原。就像《死者之書》描述的杜亞特，西奈中央平原是一個橢圓形的平原，周圍有群山環繞。它是一個巨大的峽谷，周圍的山脈被七條通道隔開——也如《以諸書》的形容一樣；它是一個巨大的平坦平原，平原的堅硬表面為阿努納奇的太空船提供了理想的跑道。

精密布局

我們前面已經說過，尼普爾是一個重要位置（參見第288頁的圖122），它是一個同心圓的靶心；從尼普爾這個中心，可以找出西巴爾太空站，以及其他的關鍵設備和位置，因為它們之間是等距的。我們毫不訝異的發現，耶路撒冷也是如此（見圖168）：

- 以耶路撒冷為圓心，畫兩個同心圓。內圈的圓周上，有兩個地方形成了重要的設備團隊，一個是位於西奈北部中央平原的太空站，另一個則是巴勒貝克的登陸區；這兩個地方到地面指揮中心（耶路撒冷）的距離是一樣的。
- 外圈的圓周上，也有兩個地方呈對稱的排列，這是兩處航標，一個是烏姆蘇瑪爾山，另一個則是赫利奧波利斯；這兩個地方到地面指揮中心（耶路撒冷）的距離也是一樣的。

當我們一步一步填滿這個圖表時，阿努納奇構思絕妙的工程圖，就在我們眼前展開；我們對於它的精確、簡約之美，以及用大自然賦予的地標構成的基本幾何，讚歎不已。

- 巴勒貝克—聖凱薩琳，耶路撒冷—赫利奧波利斯，這兩條線相交的角度是基本和精確的45度角；中間的航行線將這個45度，平分為兩個22.5度的角；而廣大的飛行航道又正好是它的一半：11.25度（見圖169）。

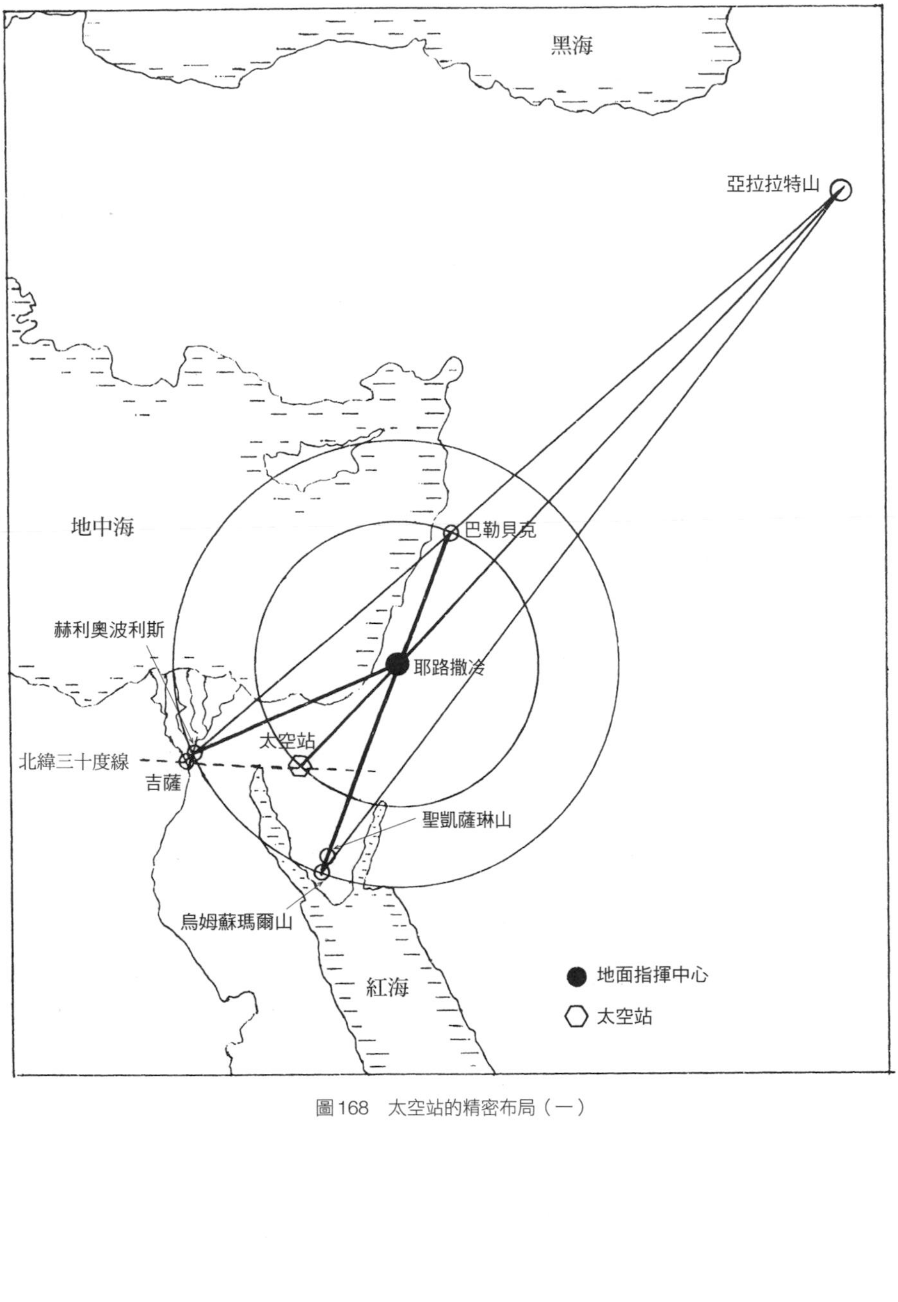

圖168　太空站的精密布局（一）

● 太空站位於中間航線和北緯三十度線的交會點，從太空站到赫利奧波利斯的距離，與從太空站到烏姆蘇瑪爾山的距離是一樣的。

從德爾斐到耶路撒冷的地面指揮中心，以及從德爾斐到西奈的太空站，兩者的距離是一樣的。這是個巧合嗎？對準亞拉拉特山的飛行航道，角度是11.25度；而另一條連接德爾斐和巴勒貝克的飛行航道，角度也是11.25度，這又是巧合嗎？

德爾斐到耶路撒冷，與德爾斐到西瓦綠洲（亞歷山大到這裡尋找他父親阿蒙神的神諭），這兩條線呈四十五度相交。難道也是巧合嗎？

此外，埃及其他神聖城市和神廟的所在地，例如偉大的底比斯和艾德芙，是國王心血來潮沿著彎曲的尼羅河隨意選址？或者也是按照網絡布局？

的確，如果我們研究了這些地方，整個地球就都會與這個網絡有關。但難道巴爾在巴勒貝克祕密安裝他的設備時，並不知情嗎？如果我們回想一下的話，就會知道他的目標不僅是要聯絡近

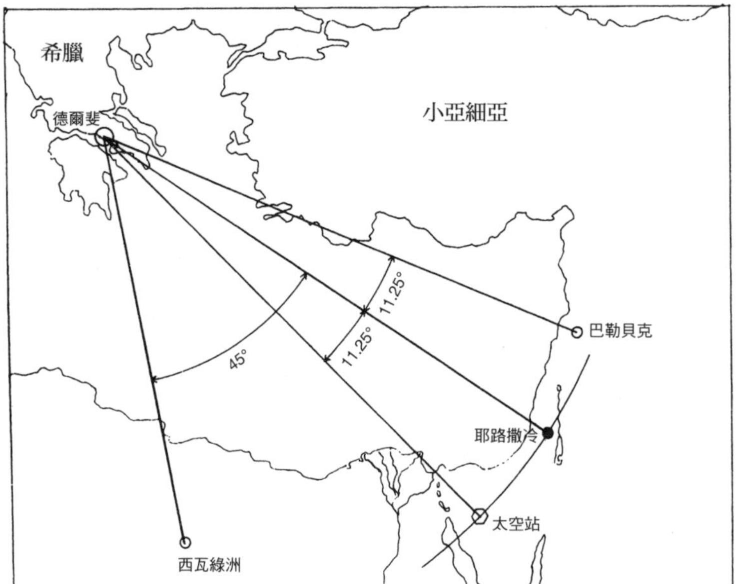

圖169　太空站的精密布局（二）

的地方，而是要和整個地球通訊。

《聖經》裡的耶和華應該也知道這些位置圖；因為當約伯去解開「神蹟」時，耶和華「從旋風中回答」，以反問的方式來回答了約伯的問題：

我問你，你可以指示我。我立大地根基的時候，你在哪裡呢？你若有聰明，只管說吧！你若曉得就說，是誰定地的尺度？是誰把準繩拉在其上？地的根基安置在何處？地的角石是誰安放的？（《約伯記》38：3—6）

接著，神回答了自己的提問。所有的這些大地的測量、平臺的鋪設、角石的安放，都是由神所做；神說：

那時，晨星一同歌唱；神的眾子也都歡呼。（《約伯記》38：7）

是的，人類雖然也很聰明、有智慧，但所有這一切都不是他們做的。巴勒貝克、金字塔和太空站——所有這些都是由眾神創造出來的。

然而，當人類尋求永生時，依然記得要沿著獅身人面像凝視的目光前進。

參考書目

I. Studies and articles In various Issues of the following periodicals:

Ägyptologische Forschungen (Hamburg-New York).

Der Alte Orient (Leipzig).

American Journal of Archeology (Concord, N. H.).

American Journal of Semitic Languages and Literature (Chicago).

Ametocan Philosophical Society, Memoirs (Philadelphia)

Analecta Orientalia (Rome).

Annales du Musée Guimet (Paris).

Annales du Service des Antiquités de I'Egypte (Cairo).

Annual of the American Schools of Oriental Research (New Haven).

Annual of the Palestine Exploration Fund (London).

Antiquity (Cambridge).

Archaeologia (London).

Archiv für Keilschriftforschung (Berlin).

Archiv für Orientforschung (Berlin).

Archiv Orientální (Prague).

The Assyrian Dictionary of the Oriental Institute, University of Chicago (Chicago).

Assyriologische Bibliothek (Leipzig).

Assyriological Studies of the Oriental Institute, University of Chicago (Chicago).

Babyloniaca (Paris).

Beiträge zur Aegyptischen Bauforschung und Altertumskunde (Kairo).

Beiträge zur Assyriologie und semitischen Sprachwissenschaft (Leipzig).

Biblical Archaeology Review (Washington).

Bibliotheca Orientalis (Leiden).

British School of Archaeology and Egyptian Research, Account Publications (London).

Bulletin de l'institut français d'archéologie orientale (Cairo).

Bulletin of the American Schools of Oriental Research (New Haven).

Cuneiform Texts from Babylonian Tablets in the British Museum (London).

Deutsche Orient-Gesellschaft, Mitteilungen (Berlin).

Deutsche Orient-Gesellschaft, Sendschriften (Berlin).

Egypt Exploration Fund, Memoirs (London).

Ex Oriente Lux (Leipzig).

France: Délégation en Perse, Memoires (Paris).

France: Mission Archéologique de Perse, Memoires (Paris).

Harvard Semitic Series (Cambridge, Mass.).

Hispanic American Historical Review (Durham, N.C.).

Iraq (London).

Imperial and Asiatic Quarterly Review (London).

Institut Français d'Archéologie Orientale, Bibliothèque d'Etude (Cairo).

Institut Français d'Archéologie Orientale, Memoires (Cairo).

Israel Exploration Society, Journal (Jerusalem).

Jewish Palestine Exploration Society, Bulletin (Jerusalem).

Journal of the American Oriental Society (New Haven).

Journal of Biblical Literature and Exegesis (Philadelphia).

Journal of Cuneiform Studies (New Haven and Cambridge, Mass.).

Journal of Egyptian Archaeology (London).

Journal of Jewish Studies (Oxford).

Journal of Near Eastern Studies (Chicago).

Journal of the Palestine Oriental Society (Jerusalem).

Journal of the Royal Asiatic Society (London).

Vorderasiatisch-Aegyptischen Gesellschaft. Mitteilungen (Leipzig).
Vorderasiatische Bibliothek (Leipzig).
Die Welt des Orients (Göttingen).
Wissenschaftliche Veröffentlichungen der Deutschen Orient-Gesellschaft (Berlin and Leipzig).
Yale Oriental Series, Babylonian Texts (New Haven).
Yerushalayim, Joumal of the Jewish Palestine Exploration Society (Jerusalem).
Zeitschrift für ägyptische Sprache und Altertumskunde (Berlin).
Zeitschrift für die alttestamentliche Wissenschaft (Berlin and Giessen).
Zeitschrift für Assyrlologie und verwandte Gebiete (Leipzig).
Zeitschrift der Deutsche morgenländische Gesellschaft (Leipzig).
Zeitschrift des deutschen Palaestina-Vereins (Leipzig).
Zeitschrift für Keilschriftforschung und verwandte Gebiete (Leipzig).
Zeitschrift für die Kunde des Morgenlandes (Göttingen).

II. Individual works:

Alouf, M. M.: *History of Baalbek* (1922).
Amiet, P.: *La Glyptique Mésopotamienne Archaique* (1961).
Antoniadi, E. M.: *L'Astronomie Égyptienne* (1934).
Avi-Yonah, M.: *Sefer Yerushalaim* (1956).
Babelon, E.: *Les Rois de Syrie* (1890).
_______:*Les Collections de Monnais Anciennes* (1897).
_______:*Traité des Monnais Greques et Romaines* (1901-1910).
Bauer, H.: *Die alphabetischen Keilschrifttexte von Ras Schamra* (1936).
Borchardt, L.: *Die Entstehung der Pyramide* (1928).
Bourguet, E.: *Les Ruines de Delphos* (1914).
Buck, A. de: *The Egyptian Coffin Texts* (1935-1961).
Budge, E.A. W.: *The Alexander Book in Ethiopia* (1933).
______: *Cleopatra's Needle* (1906).

Journal of Sacred Literature and Biblical Record (London).
Journal of the Society of Oriental Research (Chicago).
Kaiserlich Deutschen Archaelogischen Institut, Jahrbuch (Berlin).
Königliche Akademie der Wissenschaften zu Berlin, Abhandlungen (Berlin).
Leipziger Semitische Studien (Leipzig).
Mitteilungen der altorientalischen Gesellschaft (Leipzig).
Mitteilungen des deutschen Instituts für ägyptische Altertumskunde in Kairo (Augsburg and Berlin).
Mitteilungen des Instituts für Orientforschung (Berlin).
Orientalia (Rome).
Orientalistische Literaturzeitung (Leipzig).
Palestine Exploration Quarterly (London).
Preussischen Akademie der Wissenschaften, Abhandlungen (Berlin).
Proceedings of the Society of Biblical Archaeology (London).
Qadmoniot, Quarterly for the Antiquities of Eretz-Israel and Bible Lands (Jerusalem).
Recueil de travaux reLatifs à la philologie et à l'archéologie égyptiennes et assyriennes (Paris).
Revue Archéologique (Paris).
Revue d'Assyriologie et d'archéologie orientale (Paris).
Revue Biblique (Paris).
Sphinx (Leipzig).
Studia Orientalia (Helsinki).
Studies in Ancient Oriental Civilizations (Chicago).
Syria (Paris).
Tarbiz (Jerusalem).
Tel Aviv, Journal of the Tel-Aviv University Institute of Archaeology (Tel-Aviv).
Transactions of the Society of Biblical Archaeology (London).
Untersuchungen zur Geschichte und Altertumskunde Aegyptens (Leipzig).
Urkunden des ägyptischen Altertums (Leipzig).

Gaster, Th. H.: *Myth, Legend and Custom in the Old Testament* (1969).
Gauthier, H.: *Dictionnaire des Noms Geographique* (1925).
Ginsberg, L.: *Kitbe Ugarit* (1936).
______: *The Legends of the Jews* (1954).
______: *The Ras Shamra Mythological Texts* (1958).
Gordon, C. H.: *The Loves and Wars of Baal and Anat* (1943).
______: *Ugaritic Handbook* (1947).
______: *Ugaritic Literature* (1949).
Gray, J.: *The Canaanites* (1965).
Gressmann, E.: *Altorientalische Texte zum alten Testament* (1926).
Grinsell, L. V.: *Egyptian Pyramids* (1947).
Heidel, A.: *The Gilgamesh Epic and Old Testament Parallels* (1946).
Hooke, S. H.: *Middle Eastern Mythology* (1963).
Hrozny, B.: *Hethitische Keilschrifttexte aus Boghazköy* (1919).
Jensen, P.: *Assyrisch-Babylonische Mythen und Epen* (1900).
______: *Das Gilgamesch-Epos in der Weltliteratur* (1906, 1928).
Jequier, G.: *Le Livre de ce qu'ily a dans l'Hades* (1894).
Kazis, I. J.: *The Book of the Gests of Alexander of Macedon* (1962).
Kees, H.: *Aegyptische Kunst* (1926).
Kenyon, K. M.: *Jerusalem* (1967).
Kraeling, E. G. (Ed.): *Historical Atlas of the Holy Land* (1959)
Kramer, S. N.: *Gilgamesh and the Huluppu Tree* (1938).
______: *Sumerian Mythology* (1944).
Langdon, *S.: Historical and Religious Texts* (1914).
______: *The Epic of Gilgamesh* (1917).
Leonard, W. E.: *Gilgamesh* (1934).
Lefébure, M. E.: *Les Hypogées Royaux de Thébes* (1882).
Lepsius, K. R.: *Auswahl der wichtigsten Urkunden des Aegypttschen Alterthums* (1842).
______: *The Egyptian Heaven and Hell* (1906).
______: *Egyptian Magic* (1899).
______: *The Gods of the Egyptians* (1904).
______: *The History of Alexander the Great* (1889).
______: *The Life and Exploits of Alexander the Great* (1896).
______: *Osiris and the Egyptian Resurrection* (1911).
Budge, E.A.W. and King, L. W.: *Annals of the Kings of Assyria* (1902).
Capart, J.: *Recueil de Monuments Égyptiens* (1902).
______: *Thebes* (1926).
Cassuto, M. D.: *Ha'Elah Anath* (1951).
______: *Perush al Sefer Shemoth* (1951).
Contenau, G.: *L'Épopée de Gilgamesh* (1939).
Davis, Ch. H. S.: *The Egyptian Book of the Dead* (1894).
Delaporte, L.: *Catalogue des Cyltndres Orientaux* (1910).
Delitzsch, F.: *Wo Lag Das Paradies?* (1881).
Dussaud, R.: *Notes de Mythologie Syrienne* (1905).
______: *Les Découvertes de Ras Shamra (Ugarit) et l'Ancien Testament* (1937).
Ebeling, E.: *Reallexikon der Assyriologie* (1928-1932).
Eckenstein, L.: *A History of Sinai* (1921).
Emery, W. B.: *Excavations at Saqqara* (1949-58).
Erman, A.: *A Handbook of Egyptian Religion* (1907).
______: *Aegypten und Aegyptisches Leben im Altertum* (1923).
______: *The Literature of the Ancient Egyptians* (1927).
Falkenstien, A.: *Ltterarische Keilschrifttexte aus Uruk* (1931).
Faulkner, R. O.: *The Ancient Egyptian Coffin Texts* (1973).
______: *The Ancient Egyptian Pyramid Texts* (1969).
Frankfort, H.: *Kingship and the Gods* (1948).
Frauberger, H.: *Die Akropolis von Baalbek* (1892).
Friedländer, I.: *Die Chadirlegende und der Alexanderroman* (1913).

Rothenberg, B. and Aharoni, Y.: *God's Wilderness* (1961).
Rougé, E. de: *Recherches sur le Monuments qu'on peut Attributer aux six premières dynasties de Manethon* (1866).
Schott, A.: *Das Gilgamesch-Epos* (1934).
Schrader, E. (Ed.): *Keilinschriftliche Bibliothek* (188~1900).
Soden, W. von: *Sumerische und Akkadtische Hymmen und Gebete* (1953).
Smyth, C. P.: *Life and Work at the Great Pyramid* (1867).
Thompson, R C.: *The Epic of Gilgamesh* (1930).
Ungnad, A.: *Die Religion der Babylonier und Assyrer* (1921).
______: *Das Gilgamesch Epos* (1923).
______: *Gilgamesch Epos und Odyssee* (1923).
Ungnad. A. and Gressmann, H.: *Das Gilgamesch-Epos* (1919).
Vandier, J.: Manuel d'Archéologie Égyptienne (1952).
Virolleaud, Ch.: *La déesse 'Anat* (1938).
______: *La légende phénicienne de Danel* (1936).
Volney, C. F.: *Travels Through Syria* (1787).
Wainwright, G. A.: *The Sky Religion in Ancient Egypt* (1938).
Weidner, E. F.: *Keilschrifttexte aus Boghazkoy* (1916).
Wiegand, Th.: *Baalbek* (1921-1925).
Woloohjian, A. M.: *The Romance of Alexander the Great by Pseudo-Callisthenes* (1969).
Zimmern, H.: *Sumerische Kultlieder* (1913).
______: *Königsbuch der Alten Aegypter* (1858).
Lesko, L. H.: *The Ancient Egyptian Book of the Two Ways* (1972).
Lipschitz, O.: *Sinai* (1978).
Luckenbill, D. D.: *Ancient Records of Assyria and Babylonia* (1926-1927).
Meissner, B.: *Alexander und Gilgames* (1894).
Mercer, S.A. B.: *Horus, Royal God of Egypt* (1942).
Meshel, Z.: *Derom Sinai* (1976).
Montet, P.: *Eternal Egypt* (1969).
Montgomery, J. A., and Harris, R. S.: *The Ras Shamra Mythological Texts* (1935).
Müller, C.: *Pseudokallisthenes* (1846).
Naville, H. E.: *Das aegyptische Todtenbuch* (1886).
Nöldeke, Th.: *Beiträge zur Geschichte des Alexanderromans* (1890).
Noth, M.: *Geschichte Israels* (1956).
______: *Exodus* (1962).
Obermann, J.: *Ugaritic Mythology* (1948).
Oppenheim, A. L.: *Mesopotamian Mythology* (1948).
Perlman, M. and Kollek, T.: *Yerushalayim* (1969).
Perring, J. E.: *The Pyramids of Gizeh from Actual Survey and Measurement* (1839).
Petrie, W.M.F.: *The Royal Tombs of the First Dynasty* (1900).
Poebel, A.: *Sumerische Studien* (1921).
Porter, B. and Moss, R.L.B. : *Topographical Bibliography of Ancient Egypt* (1951).
Pritchard, James B.: *Ancient Near Eastern Texts Relating to the Old Testament* (3rd ed., 1969).
______: *The Ancient Near East in Pictures Relating to the Old Testament* (1969).
Puchstein, O.: *Führer durch die Ruinen von Baalbek* (1905).
______: *Guide to Baalbek* (1906).
Puchstein, O. and Lupke, Th. von: *Baalbek* (1910).
Rawlinson, H. C.: *The Cuneiform Inscriptions of Western Asia* (1861-1884).
Reisner, G. A.: *Mycerinus: The Temples of the 3rd Pyramid at Gizeh* (1931).
Ringgren, H.: *Israelitische Religion* (1963).

The Other 16

通往天國的階梯

地球編年史第二部（全新校譯版）

The Stairway to Heaven: Book II of the Earth Chronicles

作者／撒迦利亞・西琴（Zecharia Sitchin）
譯者／李良波
美術設計／陳文德
內頁排版／李秀菊
校譯、編輯／簡淑媛
責任編輯／于芝峰
校對／黃妉俐、簡淑媛

國家圖書館出版品預行編目(CIP)資料

通往天國的階梯：地球編年史第二部（全新校譯版）／撒迦利亞・西琴（Zecharia Sitchin）著；李良波譯.-- 初版.-- 臺北市：新星球出版：大雁文化發行2018.11
384面；17×22公分.--（The Other ; 16）
譯自：The Stairway to Heaven : Book II of the Earth Chronicles
ISBN 978-986-96857-1-9（平裝）

1. 末世論

242.6 107018322

新星球出版 New Planet Books

業務發行／王綬晨、邱紹溢
行銷企劃／陳詩婷
總編輯／蘇拾平
發行人／蘇拾平
出版／新星球出版
105台北市松山區復興北路333號11樓之4
電話／（02）27182001
傳真／（02）27181258
發行／大雁文化事業股份有限公司
105台北市松山區復興北路333號11樓之4
24小時傳真服務／（02）27181258
讀者服務信箱／Email:andbooks@andbooks.com.tw
劃撥帳號／19983379
戶名／大雁文化事業股份有限公司

初版一刷／2018年11月　定價：新台幣480元
初版八刷／2021年 3 月
ISBN：978-986-96857-1-9